亲历浩劫：江西省九江市九纺文革纪实

《亲历浩劫：江西省九江市九纺文革纪实》

这本简体中文纸本书乃专门为付费读者制作。
请尊重作者权益，切勿任意修改、删节、复制、转寄或转送其内容，
以免触犯著作权法。

《亲历浩劫：江西省九江市九纺文革纪实》

作者：旷小林

封面设计：旷浩茹

2020 年由电书朝代编辑出版

美国 Ingram Content Group 旗下之 IngramSpark 按需印刷，推广销售。

电书朝代 (eBook Dynasty) 为澳大利亚 Solid Software Pty Ltd 经营拥有。

网站：http://www.ebookdynasty.net/

电邮：contact@ebookdynasty.net

简体中文电子书：http://www.ebookdynasty.net/HumSci/Witness/indexSC.html

《亲历浩劫：江西省九江市九纺文革纪实》

中国的《古拉格群島》！
一部全景式反映文革十年的历史画卷！

《亲历浩劫：江西省九江市九纺文革纪实》

目录

作者简介	9
序	10
卷一：九江，我来了！	**12**
大美九纺，大美九江	13
和王明丽恋爱的四部曲	18
组长任上	28
卷二：四清来了，文革也来了	**32**
惨烈的农村四清运动	33
[附录] 省公安厅长记录四清中一桩惨烈事件	35
我和四清	40
社教工作团团长石锋的报告	44
第一张大字报的来龙去脉	47
第一张大字报遭到全厂批判	49
张培基父亲的历史问题	53
红八月，红卫兵，红海洋	55
冰火两重天	57
造神运动	62
张永红的大字报	65
精神病人蔡先太	67
揭批老资本家陈志恒	70
卷三：文化大革命在九纺全面展开	**74**
文化大革命在九纺全面展开	75
成立解放兵团	79
炉前夜话	81
九纺造反大队成立	83
桂光星下跪引发造保两派之争	86
九江市文革初期造反形势回顾	92
九江军分区支左	95

三月十七日的辩论会	97
三月十八日抓捕造反派	100
反击三月黑风	102

卷四：在北京的日子里 — 104

上京告状	105
徐建武事件	107
兰先生和南昌七中红卫兵	108
参观地下宫殿	110
我所知道的五.一六	112
北京小红卫兵	114
见到刘瑞森、黄先、郭光州	116
在清华大学见到孔新	117
活捉李世永	119
周恩来总理接见	123
1967年九纺厂"六.二八"武斗惨案	127

卷五：中央表态支持江西造反派后的九纺 — 131

被选为一把手	132
支左部队进驻九纺支持造反泒	136
反戈一击大会始末	141
辞去一把手	146
惨烈的派战	152
我的同学张开烈	154
韶山惊魂	157
贺明星到来	158
第一次联络组代表大会	161

卷六：程世清来厂掀起三查风暴 — 164

程世清到厂掀起了"三查"风暴	165
王海青导演的"牛戏"	169
九纺厂的三查运动	171
三查第一案：陆地军	172

卷七：陆允宏一家的遭遇 — 175

陆允宏夫妻最先被揪出	176

九岁儿子陆明被打成反革命份子	181
小儿子陆岩差点打成反革命	187
卷八：老资本家陈志恒的境遇	**190**
卷九：地主份子周淑英的牛鬼生活	**194**
揪出隐藏在工人阶级队伍中的地主份子周淑英	195
周淑英的身世	197
地主周淑英的牛鬼生活	200
地主丈夫车间主任涂亮升的对策和思考	203
幸福的晚年，平和的心境	205
卷十：九纺有个高立明	**206**
高立明的家世	207
高立明在湖口	209
调往九纺	210
三查被揪	212
湖口来了假材料	214
酷刑折磨，九死一生	216
气功大师余勇之死	218
卷十一：赵桂如和高立明的爱情故事	**221**
南京秦淮河边的姑娘爱上了高立明	222
高立明的臭老婆	224
她离死神只有咫尺之遥	226
雪路相逢	228
苏永春送鸡	231
赵桂如织毛线裤	232
牛棚密会	234
卷十二：三查风暴下的芸芸众生	**238**
桂绍华的择偶观	239
思想蜕变的缘由	241
充当三查专案组长	244
天堂和地狱	250
［附录］公安部干部晏乐斌关于广西文革惨案的回忆	252
兴办献忠馆和阶级斗争教育馆	259

全厂转入军事体制	261
张培基打老婆	262
三查怪象拾零	264
程敏洁之死	266
闪耀着人性光辉的老干部贾风武	269
我传达程世清讲话	270
三查众生相	272
联络组第十六期学习班	274

卷十三：程世清治赣　　281

中央派程世清率军来江西主政	282
程世清的"三查"把江西淹没在血泊中	284
程世清的工业农业两个突破	287
彭泽县讲用现场会见闻	289

卷十四：程世清下台　　291

程世清是怎么攀上林彪的	292
朱德的扁担被偷走了	293
程世清在九届二中全会后愚不可及的举动	295
程世清给自己签发了逮捕令	297

卷十五：政治教育的主要形式——忆苦思甜　　300

忆苦思甜的主旋律歌曲《不忘阶级苦》	301
泥塑《收租院》是阶级教育造假的最佳宣传品	303
艰巨光荣的政治任务——选择好忆苦苦主	307

卷十六：我的表演由盛到衰　　310

我办桂光星专案	311
多雪的冬天	313
我主持全厂庆"九大"盛会	314
贺明星下台	317

卷十七：进入张巨库十年主政期　　322

二.二八案和三.一案	323
神钓刘汝德	331
1971年"九·一三"林彪坠亡事件冲击波	333

卷十八：九.一三事件后的人和事 — 336
- 资本主义大泛滥 — 337
- 豆腐票 — 340
- 我阻止了一起灭门案（一块上海手表的故事）— 343
- 1972 年是我的幸运年 — 347
- 1973 年李庆霖的信 — 348
- 买肉风波 — 351

卷十九：批林批孔运动 — 356
- 山雨欲来风满楼 — 357
- 批林批孔很热，我却很冷 — 359
- 我得到了一个美差 — 361
- 李九莲事件 — 363
- 壮哉，钟海源！ — 366
- 天意从来高难问 — 368
- 写冯炎木的大字报 — 370
- 杨汉仕落实政策 — 372
- 虎头蛇尾的批林批孔运动 — 373

卷二十：四人帮垮台后的人和事 — 375
- 我的三大讲 — 376
- 程敏洁后事 — 381
- 黄文华偶遇改信天主教的龚玉屏 — 384
- 当年的施暴者和受害者现今如何面对 — 386
- 最后一幕 — 388

卷二十一：九纺大罢工 — 390

后记 — 398

[附录] 九江棉纺厂文化大革命被捕被判被揪斗人员名单 — 401
[附录] 文中部份人物照片 — 403

《亲历浩劫：江西省九江市九纺文革纪实》

作者简介

旷小林，男，1945年生，祖籍湖南，退休前任职于中国江西省九江市文化舘文学创作员，发表了小说、散文、诗歌、电视剧、长篇纪实等文艺作品二百余万字，多部作品获奖。

《亲历浩劫：江西省九江市九纺文革纪实》

序

　　人文泰斗，北大副校长暨教授季羡林出版的《牛棚杂忆》蜚声文坛，好评如潮。他在序言中谈及为什么要写《牛棚杂忆》，写道：文化大革命给中国人民带来了空前的灾难，绝大多数知识份子、科学家、艺术家、作家……甚至元帅将军都遭到了残酷的迫害，都被莫名其妙地泼一身污水，罗织罪名，无限上纲，必欲置之死地而后快，真不知是何居心。中国古来有"飞鸟尽，良弓藏，狡兔死，走狗烹"的说法，但干这种事的是封建皇帝，而我们却是堂堂正正的社会主义国家，所作所为之残暴无情，连封建帝王都会为之自惭形秽的，而且涉及面之广，前无古人，受害者心理难道就没有愤懑吗？为什么不抒一抒呢？

　　我日日盼，月月盼，年年盼，十年过去了，二十年过去了，虽然读到个别人写的文章和书，但还觉得不过瘾。文革受害者中，能写的又何止百万，可为什么都沉默不语了呢？等这批人一个个遵照自然规律离开这个世界的时候，这段历史也将被遗忘。十年浩劫过去还不到二十年，人们已经快要把它完全遗忘了。我跟今天的青年，甚至中年人谈起文革灾难，他们往往会瞪大眼睛，满脸疑云，表示出不理解的样子，他们怀疑我是在讲"天方夜谭"，我是在夸大其词，天下哪里可能发生这样的事情呢？我感到非常悲哀，因为我九死一生经历了这一巨变，到头来竟然得不到一点理解同情。事实上，我对他们讲的仅仅是一点零星片断，我有太多的文革经历，甚至对家人好友都没说过。

　　难道我就怀着这些秘密离开这个世界吗？

　　这么多惨绝人寰的事例，这场空前的苦难（叶剑英元帅说：文革整死一千万，祸害一个亿），没有人记录下来，则我们的子孙将不会从中吸取教训，将来，一旦气候适宜，还会有人发疯，干出同样残暴的事情来……

　　季老这段泣血的呼号，使我感到悲哀，为我们这个民族，也为我们民族那些精英份子：科学家、史学家、学者、文艺家、作家感到悲哀。他们中百分之九十九都遭受过文革的磨难，他们的父辈祖辈都有一本苦难的家史。可现在个个都噤若寒蝉，只顾享受现今优厚的待遇，对过去只字不提，生怕有半个字惹当权者不快，有损自身既得利益。

　　我鄙夷这些"精英份子"，也鄙夷我自己，我为什么不能自己动笔呢？我自身在文革及文革前后的经历及亲眼目睹的人和事，比之我看到的一些文革回忆文章不知要丰富多少，我特殊的经历，使我能接触到许多层面，再加上一个偶然的机会让我获得了大量文革原始资料（传单、通告、布告文件、被揪牛鬼蛇神人员名单、认罪书、走资派材料等等），这些原始资料再现了那个时期人们的所思所想所为，人们的生存状态和时代状态，政治语境，文中配有主要人物照片。我还有一个优势，文中我原单位很多当年老人依然健在，他们乐于向我提供自身经历的过往。

有鉴于此，我相信，我的这本回忆录一定会给后代留下详实丰富的历史记录，让我们的后代了解他们的父辈祖辈当年是怎么生活，怎么走过来的。

我已经七十多了，来日无多，不怕失去什么了，文中事件全真，文中人物也全是真名实姓，文中涉及到的很多人依然健在，对于那些作过恶的人，我尽量客观，但我不会避讳。

是为序。

——旷小林，2016年四月十日写在文革五十周年前夕

《亲历浩劫：江西省九江市九纺文革纪实》

卷一：九江，我来了！

大美九纺，大美九江

萍乡煤矿有百多年的历史，汉冶萍（汉口、大冶、萍乡，即汉口的铁厂，大冶的铁矿，萍乡的煤）公司是中国最早的煤、铁、路近代大公司，这里也是中国最早的现代工业，是产业工人最集中的地方。

刘少奇、毛泽东、李立三都在这里搞工人运动，按照马列主义的观点，搞工人运动才是无产阶级革命正宗的正确道路，只有工人阶级才是最革命的基本力量，而农民是小资产阶级的附属物。刘少奇和李立三在萍乡安源建立了路矿工人俱乐部并取得了罢工的胜利，那是1922年的事了。

但萍矿历经掠夺性的开采，到二十世纪六十年代初期已经资源枯竭，好几个矿都处于亏损状况，每年要中央财政补贴几个亿才能维持。为了减少开支，萍矿高层决定减员增效，将富余的矿工抽调出来，成立生产学习大队，在生产学习大队里再成立各种可以赢利的实体，如基建队、服务社等。我被抽调到生产学习大队，从此，摆脱了井下繁重的劳动。

而此时，九江棉纺织印染厂要上马，需要大量的劳动力。我向往九江的秀丽风光，更向往美女云集的纺织厂生活。（在我们煤矿，由于职业的缘故，招收正式女职工是被严格限制的，只有几个属于女性的岗位，如充电房、总机房、电车司机、医院、食堂有少量女工外，几乎全是男人的天下。少为贵，这有数的几个女职工被炭古佬嚼烂了，其中稍微漂亮一点的更是矿工们茶余饭后议论的中心。如果有谁讨女职工做老婆，那会被人羡慕死，嫉妒死。那些女职工当然一个个翘到天上去了，矿工们基本上都是在农村找的老婆。）九纺厂到萍乡招工的人事科罗科长说：纺织厂男女的比例是一比三，三个女人围着一个男人，那男人该有多俏。你们萍矿工人年青工资又高，到九江上班后找个漂亮老婆是不成问题。

1965年五月十九日，从萍乡开往九江的列车上，有两节车厢是专门搭载萍乡工人的。这两百多个从萍乡各地调到九江棉纺织印染厂（简称九纺）的青年男女，个个喜气洋洋，庆幸自己的转业，从煤矿转业到纺织厂，庆幸自己从煤城萍乡调到依山傍水风景秀丽的历史名城九江，又是一次改变命运的机遇。

九纺人事科罗科长曾到过我萍乡的家，受到好客的父亲招待，因此对我也格外关照，他问我想干什么工种，纺织厂的工种有二百多个，定编定岗。我想起我看过的一本小说里写过在织布车间里，修机工是当然的组长，管理二十四名女工。就冲这一条，我也要当修机工，你想想，每天上班这二十多个姑娘就如同二十多朵鲜花在你身边开放，你管理着这二十多朵鲜花，那还不挑最美的一朵给自已。

于是，人事科把我定编为织布车间修机工。

刚到九纺厂，九纺厂还是一个空厂房，还要经过工人培训，安装机器，才能正式生产。我们被安置在四栋三层楼的宿舍里，地板房，每间宿舍只住四个人，由我们自由组合。我们四个萍乡人便住在一起，张培基、黄文华和我都是萍矿巨源煤矿调来的，由于都爱文学而成了密友。现在黄文华和我住在一起。张培基带了老婆在厂外租了房子。

我喜爱文学，算一个业余文学爱好者，黄文华比我更上一层楼，他和张培基已经进入了萍乡文艺界圈子里了，认了萍乡两位专业编剧为老师，张培基更是在《萍矿工人报》发表了几篇文章，笔名为求索。他们俩在萍乡老师的帮助下，搞了个《闯关》的小剧本（独幕京剧），薄薄的三十二开的铅印本，署名黄文华、张培基。这个独幕京剧并没有上演。但在当时能把作品变成铅字，这本身便令人赞叹，小小年纪能写出京剧剧本，不简单，他们两人都是团员，更增底气。靠这个本子，我们三人都被市文化馆当作文学青年，时时通知开个会，讨论文艺新动向等等。我完全是跟着沾光，这都是后话。

我们在宿舍安顿下来后，第一件事便是在厂内外到处走走看看。九纺厂最打眼的景致便是"抬头见庐山"，无论你走到哪里，一抬头便可看到巍峨的庐山高耸入云，如一架巨大的屏风横亘在你面前，于是不由你不联想到课本上的李白诗句：

　　日照香炉生紫烟，遥看瀑布挂前川。

　　飞流直下三千尺，疑是银河落九天。

白天我们可以清晰地看到庐山小天池上的白塔熠熠闪光；夜晚则可以看到庐山天街上的灯火一片璀灿。过去只在书本上认识的庐山，现在竟在眼前，可以朝夕相望，真恍如梦中。听说从厂里走到庐山脚下也只要一个多小时，从庐山脚下的莲花洞爬到山顶街上也只要个多小时，真令我欢呼雀跃。

当然，到九江最期待的便是看长江，到厂两天后便邀几个老乡到九江市去看长江。我们几个花两角钱坐九江唯一的一路公共汽车到市文化宫下车，一下车便看到一个湖，啊，好大的一个湖，这个依傍市区的湖叫甘棠湖，足有几千亩水面，伸入湖中的烟水亭据说是三国周瑜操练水军的点将台。湖岸杨柳依依，碧波千倾，波光鳞鳞，湖中有一长堤，长堤上的法国梧桐树浓荫如云，山环水绕浔阳城（九江古称浔阳，白居易《琵琶行》中有记载），真仿如仙境。

甘棠湖一侧便是长江，长江当年并无高高的防洪堤，江水就在街边流淌，正值春汛，一江春水浩浩荡荡往东流，那磅薄的气势，那水天相接的意境，令我心潮难平，我不由吟哦起李白的诗句：

　　故人西辞黄鹤楼，烟花三月下扬州。

　　孤帆远影碧空尽，唯见长江天际流。

当地人告诉，我们沿江东去三、五里有"琵琶亭"遗址，遗址已不可寻，但白居易千古绝唱《琵琶行》凄美的诗篇仍令我眼含热泪。啊！长江，我终于见到了你，你曾无数次在我梦中出现，却不是这副模样，你比梦中的江更美更壮阔浩瀚……

有人告诉我们，旁边有口千年古井，是汉朝大将灌婴所筑，此井通江，江水有浪，此井也浪涛翻涌，因而称之"浪井"。有九江当地人向我们介绍，离厂不远有两座千年古寺：林寺和西林寺，苏东坡的名诗："横看成岭侧成峰，远近高低各不同，不识庐山真面目，只缘身在此山中。"就是在西林寺所作。还有如雷灌耳的历代名人李白、陶渊明、白居易、欧阳修、陆游、岳飞……等等等等，都在九江留下了他们的千古绝唱……

九江的古迹胜景真灿若星汉。

啊！九江，你真是上帝的杰作，集大江名山名湖名城古迹胜景于一身的绝世宝地，我能在你的土地上工作生活，该是多么幸福啊。

九纺也是个好地方，厂外的风景也美不胜收。正值暮春时节，到处郁郁葱葱，一条小河在厂边淙淙流过，这是由庐山泉水汇聚而下的河水，清彻甘冽，游鱼历历可数，河两岸是青翠的稻田，五月的微风拂来，稻香扑鼻，令人心旷神怡。

更绝的是厂外一里许，有一座千年古墓，是宋代大学者周敦颐葬身之所，以其字名之，称为"濂溪墓"。这座古墓无人管理无人守护，却保存得极为完好，一千年来，朝代更迭，兵祸连连，竟然没有损毁古墓半毫。这一千年不知历经了几百任现官，都尽了维护传承之责，须知，只要有一个贪官庸官昏官恶官动一个邪念，这座古墓便不复存在，幸运的是一个这样的坏蛋都没有出现过，使我们这批1965年来浔的外地人得以领略它的尊容，古人尊师重教的传统实在可贵。

濂溪墓依山傍水，一丈多高的围墙依山势将墓园环抱，一条小河在墓园前流淌，墓园门前有一架高大的花岗岩石牌坊赫然耸立，让人顿生崇敬之意，跨过石牌坊进入墓园便是两座并排的石亭，石亭拱卫着通向大墓台阶的拱桥，桥下有一泓池水。石亭石桥重现千年古姿，令人浩叹古人的智慧和高超技艺，沿台阶上行几十步便是周敦颐的大墓，大墓呈园形，一人多高。墓碑及墓裙皆为花岗岩石材，历经千年，字刻清晰可见。园内古树参天，气象森严，游人到此，无不发思古之幽情。这座古墓成了九纺员工休憩散步必到之处，也是我留恋忘返之所。

（痛心的是，这座千年古墓园在1967年九月前后，一夜之间被夷为平地，破坏得是那么干净彻底，整个墓园所有的砖石树木消失一空，连高大石牌坊前的踏脚石都不翼而飞，现场没留下一砖一石一树一枝，只剩下一片裸露的黄土荒坡。这绝不是红卫兵所为，也不是十几个人啃得动的，看这整个墓园被挖地三尺的规模，绝对有上百人参与挖掘，绝对是有组织有预谋的行动。大墓被毁后，我痛心疾首，问墓周围的农户，被问到的人都坚称不知情［据传大墓是座空穴，连衣冠都没有］，似乎在共同守护着一个巨大的罪恶。这桩毁古跡文物的大事，竟没有任何人过问追究，直到现在。)

　　同来的一个萍乡人电工叫刘树斌的最为活泼好动，他只有十八岁，是我们这批萍乡人中最年青的小鬼，他像猴子一样，一会窜到这里，一会窜到那里。每次到来都会报告他的新发现：快！快来看 我发现几个女的在河边抽烟，跟男人一样从裤兜里掏出烟盒抽出一支，刮一根火柴，吸一口，从嘴里和鼻孔里都喷出烟来。我说：真的？！我不相信。因为女人抽烟只有在电影里才会有，那都是高级女特务的作派，哪有一般的女人抽烟。但刘树斌发誓赌咒，说是亲眼所见，我们便跟他去看个究竟。果然，三个女的在河边洗衣服，边洗边抽烟谈笑，旁若无人。女人抽烟刚看罢，刘树斌又急急来报：男人穿花衣服。我们又随他奔去看稀奇，果然，两男人在打羽毛球，一男的身上穿的是花格子的确良短衬衣，两人油头粉面，叽哩咕噜地说着上海话，似有上海人高人一等的优越感。再看看我们同行的萍乡人确实显得土里土气，怪不得上海人管我们这些内地人叫"阿乡"。

　　九纺的上海人似乎也特别多，到处都可以看到一堆堆的上海人旁若无人地高声谈笑，说他们引以为傲的上海话。面对时尚潇洒的上海人，我们常常有些怯。但过了一段时间，上海人的优越感在我们萍乡人心目中便荡然无存，因为上海人尽管多是58年的老工人，年龄比我们大五、六岁，但工资却比我们少得多，只有三十六元，他们光鲜挺刮的外衣裤大抵是他们唯一的家当，上海人无论多么穷，倾其所有置一套外出的礼服是绝对必须的。就像鲁迅先生所说：上海人可以居斗室喂臭虫，但一条西装裤必须折好，压在枕头下，以使穿出四角有折痕。看穿了上海人光鲜背后的窘境，哦！马屎面上光，里面一包糠。萍乡人于是不再畏畏缩缩，不再那么敬畏地看待上海人了。

　　中午吃饭时，刘树斌又报：不得了哎，我看到了一个打一百分的女的。一百分？在我们，对女子容貌的评价从来没有一百分的，那可是十全十美的极致。于是，慌慌张张地跟着去看。这个"一百分"的姑娘，确实美丽，一见之下令我想起法国作家莫伯桑小说《羊脂球》里的女主人公，她最美的部位是她那双雨雾迷蒙的双眼，随意一瞥，便似有万千情愫……

　　回到宿舍后，在楼道里看到两女在吵嘴打架，用碗和茶杯盖互掷，抛出的茶杯盖竟然同飞镖一样飞速旋转直奔对方面门，而此女也如武林高手，竟能飞快地接过飞旋而来的茶杯盖回掷，两女在众人的劝说下收兵回营。我却因此得出结论，九纺厂的女人不好惹，个个都身怀绝技，深不可测。

　　隔了一会又听到唱戏声，青衣，京腔，是有名的京剧折子戏《苏三起解》，我父亲最喜欢哼这一段。(65年是大唱革命歌曲，大演革命人革命戏的年头，旧戏被江青及报刊广播批得狗血淋头。)哪来的广播《苏三起解》？我踱出门外，循声寻去，就在走廊那头的女生宿舍，一个姑娘在引颈高唱。天哪，这姑娘竟有如此演唱水平，和专业剧团的演员不相上下。

几天后,我才得知,我们这批调到九纺的男女工人来自全省各地二百八十多个单位,有矿山的、铁路的、商店的、剧团的,剧团有十几个,黄梅戏剧团、京剧团、采茶剧团、杂技团、曲艺团等。而且全国二十八个省市的人几乎全有,真是五湖四海走到一起了。

我们萍乡来的这二百多人中也是卧虎藏龙,有武林中人,有公社书记之女,有做过导演做过演员的,有考上过上海音乐学院的二胡演奏家,也有商店经理,科室秘书,有张培基这样的作家,黄文华这样的书法家,还有刘汝德这样的神钓。我的萍乡老乡刘汝德曾在路边的小河边,用一根小手指粗的竹枝鱼杆,像魔术师般可以在一分钟内连续起水二十四条游鱼,且不用上鱼食,路人围观欢呼,称为神钓。

我们萍乡来的原萍乡矿务局歌舞团的马礼灿,执掌九纺厂宣传队导演之职五年之久(后调回家乡乐平)。而九纺厂光专业剧团,艺校出来的专门人才便有三百多人。九纺厂宣传队演出的大型歌舞剧《白毛女》完全可以与九江地区歌舞团演出的《白毛女》一争高下。马礼灿在如此专业素质深厚的大型宣传队久居三军统帅,其功力可见一斑。

最让我们引以为豪的是我们萍乡人中的金嗓子左萍。左萍是萍乡安源人,是安源煤矿有名的百灵鸟,歌唱得好,舞也跳得好,更兼聪明灵俐,善解人意,一张巧嘴可以哄得下树上的鸟儿,是我们的开心果。她与萍乡才女钟醒玲是亲戚,两人同进同出,形影不离。钟醒玲暗恋黄文华,她比黄文华大两岁,人偏矮,在九纺厂这个女儿国里,几乎没有优势,她不好明讲,但并不放弃努力,她经常以借书为名,到我们宿舍找黄文华,一来必定和左萍一道。左萍的到来便是欢乐的到来,每次来,左萍总会花样翻新地制造笑料,一会儿是萍乡地方剧《江姐》中的唱段:有个双枪老太婆,两手拿着两只大驳壳,说打你的手,不打你的脚,说打你的眼,不打你的后脑壳。她边唱边用手指为枪,亲昵地往你额上比划。一会儿是萍乡的二人转、打春锣,又一会儿是独唱。总之哪里有左萍在场,哪里就是欢乐的海洋。但即便有左萍保驾护航,黄文华和钟醒玲还是没有擦出爱的火花。

和王明丽恋爱的四部曲

而我刚到九纺不久便和萍乡来的第一美女王明丽开始了无热度的恋爱，这段恋情也是左萍和钟醒玲促成的。起先我也对王明丽注入了足够的热情，但王明丽始终表现出不冷不热不温不火。她可以跟你到厂外小道上游逛半天，却始终不说一句话，不论你如何热情洋溢地谈天说地，她总是不置一词。几次约会后，我就彻底冷心了，不再约她也不再和她往来，可她却时不时又跑到我们宿舍来和我说几句话，也和我们宿舍的老乡热聊一阵，以示她和我还在保持恋爱关系。可你若真和她在厂外单独相处时，她又故态复萌。九纺厂美女如云，而我们萍乡人又具有经济上的优势（我们的工资大都在五十一元以上，而其他各地来的男工大多只有三十六元左右，甚至不少58年进厂的老工人也只有三十六元）。年龄上的优势，我们都只有二十岁左右。所以，我不担心找不到老婆，也不怕失去王明丽，我的态度，王明丽肯定也感觉到了，她突然热邀我到她家去见她父亲。

当我们风尘仆仆赶到她家时，她父亲并没有表现出应有的热度。他父亲原是某中学的教导主任，57年打成右派押送劳教，62年回校作临时老师，他头上还压着一顶铁帽子。但他在我面前仍然似当年的教导主任面对他的学生，他居高临下的发问：说一说，你家庭成份情况，我希望你真实全面地讲清楚。

这份答案是我多年来就精心准备好了的，虽然我祖母是地主份子，但她的两个儿子，即我的伯父和我的父亲，成份却是贫农和职员。我填家庭成份填的是职员。不过, 我哥哥却从始至终都填地主。我哥哥是个虔诚的共产主义信徒，处处以纯正的共产主义教义的高标准要求自己，填家庭成份也是就高不就低，以显示对组织的忠心和赤诚。但这愚蠢懦腐的忠心却害了他，无论他怎么表现进步，尽管他以优异成绩于1962年考入江西工学院，却始终没能入团。团领导也十分惋惜地对他说：你什么都好，就是家庭成份地主这一点批不下来。哥哥的愚蠢也害了我，虽然我填了职员成份，但心里却始终戴着地主的帽子。有鉴于此，我从不写入团申请书，因为入团也要政治审查，一到哥哥单位调查，亲兄弟，一个地主，一个职员，这不是犯了隐瞒家庭成份的大罪吗？！

无论我如何巧言掩饰，昔日的教导主任，还是像严厉的政审官一眼看到底，直奔要害。他沉思了一会，叹了一口气：还是成份不好哟。之后，他就不再说什么了。

他们父女俩送我到小镇旅店，便早早地回去了。这个旅店极其简陋，也沒有其它客人，沒有电也沒有收音机，只点一盏煤油灯，一夜房费八毛钱，只住我一个人。寒风扑面，冷雨如诉，一灯如豆，窗虽临河，但一片漆黑。让我想起了秋瑾就义前的那句绝句"秋风秋雨愁煞人"。我忽然萌发了不辞而别的念头，这个念头一经冒出便驱使我立即动身，一刻也不停留。我飞快地下楼找到店老板，店老板说：你现在退房，我不会退你钱的。我询问当地火车的时刻，当得知凌晨二点有一班火车到南昌，我立即提了简单的行李下楼出门。

我冒雨赶到车站，车站空无一人，就只有我这么一个夜客。离火车开行还有四、五个小时，我就窝在肮脏的坐椅上，风冷夜寒，车站工作人员全都缩在屋里，我又不敢睡着，怕错过了火车。好在手腕上有一块八十元的上海表（那年代有一块表也是很摆谱的），时不时瞄上一眼，我的心里只有一个念头，坚决和王明丽断绝关系，从此不再见她。自己是个右派，还嫌我这个地主，真她妈妈的。其实每次交往都是她主动，稍一热乎她就降温，到现在我们俩连手都没牵过，这算什么恋爱。

回到九纺厂后，王明丽又来找我，但她一进来，我立马走出宿舍，表明了我不想与她再继续下去的态度。她后来找人劝我与她见面长谈，我拒绝了。

过了一个月左右，我已将与王明丽的关系忘记了。加上天天有活动，不是厂领导作报告，就是长征老干部讲革命传统，或者是老工人忆苦思甜，忆旧社会的苦，思今天新社会的甜，再不就是学毛著积极份子作报告，谈学习毛主席著作的心得体会，我也参加了一个学毛选小组，还是这个学毛选小组的宣讲员……

这一个星期天，总算有一天完全归自己支配的时间，发臭的衣服再不洗就会霉烂。当时，我们的东西极其简单，一床铺盖、一只木箱子、一个脸盆、牙具、换洗衣裤全压在枕头下，有本把书也是放在床头边，这就是我们的全部家当。换下来的脏衣服就堆在床底下，一放几天，实在没有换洗的衣服了，才胡乱洗一通。我常盼有好心的女老乡能帮我洗洗，我曾一度希望王明丽能帮我洗，但她并没这么做，我恨死她了。我如不担着这个虚名儿，肯定找得到帮我洗衣服的姑娘。

星期天，我赖在床上，九点多钟才起床，有个老乡找我到外面走一走。我说：不去，我还要洗衣服呢？但老乡执着地一把抄起我便往外走，说：走走走，去玩玩，你的衣服包在我身上。我说：你有这么好？你自己的衣服都不愿洗。老乡接着说：反正今天包在我身上就是了。

我们走到濂溪墓，便远远地看到一个绿衣女坐在墓园前的小河边。走近才发觉这绿衣女正是王明丽。我望着同来的老乡，说：原来你……老乡一边用手捂住我的嘴，一边说：旷小（萍乡老乡对我的称呼），王明丽配你不会差，你不要太不晓得好歹。说罢，把我往前一推，径直返身走了。老乡的话让我一时愣怔了，我并非嫌王明丽，是她冷冷冰冰，我剃头担子一头热，热不起来，而且她父亲嫌我成份不好，既然如此，还有什么好说的。正当我心烦意乱，进退两难之际，王明丽主动走过来，说：我一直想跟你好好谈谈，可你一直不肯见面，我只好叫老乡喊你出来。我一声不吭，随她慢慢地往山旁小路走去。王明丽显现出与往日完全不同的态度，一路上都是她滔滔不绝。她说：我父亲准备第二天请你吃饭，跑到旅店才晓得你当晚便走了。我晓得你发气，其实，我父亲也是被整怕了，希望我找个成份好一点的，不再担惊受怕而已。

既然如此，还有必要在一起谈吗？我毫不客气地呛了她一句。她接着说：那是我父亲的想法，我觉得我们可以继续在一起谈。

真的云开雾散？我狐疑地盯着她的眼睛。她急哭了：你看我像是撒谎扯白的人么？我也不是嫁不出去的人。她的后一句倒是真的震撼了我，我这才认真看了看这位我已经相恋了几个月的姑娘，好像第一次发现她竟然是如此美丽动人，高鼻梁、大眼睛、瓜子脸、樱桃嘴、丰满挺拔的乳峰。我以前一直没有把这些优势看重，更多的是被左萍那种会哄人的巧嘴所迷惑。我感到这个姑娘还是值得交往的，但我的嘴里却说：你总是那么冷冷淡淡的，叫我怎么热得起来？王明丽说：原来总有顾虑嘛？我说：现在没有了？她说：现在当然没有了，有，我还会主动找你。一个姑娘能这么大胆地表白心迹，确实需要勇气。我一时也不知说什么，只是下意识地拉着她的手往我身上靠，她就势依偎在我怀里，这可是她从没有过的举动，过去我们连手都沒牵过。立时，我浑身躁热起来，又是吻又是摸……让人热血沸腾，我迷醉了，啊，美丽的姑娘，你是这么的美好。感情的闸门一开，便一发不可收拾，二十岁的年青人，谁都有过二十岁……我们缠绵到晚上七时才返回厂里，实在饿得受不了，中餐晚餐都没吃。

我们约定每天晚上七点到濂溪墓会合。当时，厂里尚未培训和安装，我们每天的工作安排不是擦锈就是开大会学习讨论，大礼堂的利用率极高，每天都不得空闲。

这个星期安排听报告特别多，首先是厂党委书记桂光星作报告。桂光星是湖北黄梅人，年青时跑到九江兴中纱厂做工，解放后参加工会工作被领导看中，由一个普通工人迅速提拔到厂级干部，行政级别达到十五级，比南下干部厂长张巨库的十六级还高。桂光星身材高大，挺着个大肚子，像所有政工干部一样不苟言笑，他一口湖北黄梅话，让他在厂级领导中基本上都是东北话的语境中显得不太和谐。

台上是一排厂级领导：厂长张巨库，东北辽宁人，身材矮胖，南下时不过是个警卫战士，能迅速升入高位也说明能力不俗。副厂长刘树范，东北人，因病不大出头露面。政治部主任曹国彬，原空军某部团政治处主任，苏北人，42年加入新四军，资历虽老但为厂领导不容，因而几乎不上班。政治部副主任赵福凤是厂级干部中最年青最活跃的一员，行政级别虽只有十八级，可在厂领导中出头露面的时候居多。赵福凤相貌堂堂，身材肥硕，有一张表情丰富的脸，他的嗓音浑厚圆润，铿锵有力，经常即兴发表演说，只可惜他讲话经常走火，如：越南人民军打得棒极了，从西贡一直打到汉城，毛主席和安娜.路易丝.斯特朗同志的讲话，胡志明是中国人……等等笑话。

桂光星作报告也由赵福凤主持，桂光星作报告的内容与当时的政治气候一致。当年，领导作报告有一个固定的模式：一，国际；二，国内；三，本省本地本单位。

国际上，亚非拉人民争取民族解放的斗争风起云涌，要古巴，不要美国佬！黑非州人民在怒吼，越南人民打得美军哭爹叫娘！东风压倒西风，敌人一天天烂下去，我们一天天好起来。社会主义必将战胜资本主义，帝国主义的灭亡和共产主义的胜利是不可抗拒的历史规律！如同资本主义一定要取代封建主义一样，全世界人民都盼望中国把他们从水深火热的帝修反的魔爪下解放出来，让毛泽东思想照亮全球！……

国内也是形势一片大好！越来越好！……

谈到本单位，桂光星要求全厂职工努力学习毛选，掀起轰轰烈烈学习毛主席著作新高潮，提高政治思想觉悟。我们厂来自全省二百十八个单位，挖煤的也有，唱戏的也有，铁路的也有，商店的也有，来自五湖四海各行各业，但一切都是干革命，没有高低贵贱之分。在我们厂涌现出一大批先进人物，其中有个女工才十七岁，经常利用休息日到海军后勤部帮战士洗衣洗被，这样的好同志是我们学习的榜样，该同志如果年龄到了十八岁，我们一定要吸收她入党，党的大门就是朝这样优秀的同志敞开的……

厂党委书记在大会上如此高调表扬一个十七岁的女工，这真是巨大的荣誉，这个女孩是谁？我后来得知她叫张淑琴，车间女工，东北人，家庭成份贫农，父辈中有不少高官。

每次厂领导作完报告都要组织学习讨论，白天没时间，晚上也要继续讨论。星期一的晚上便是讨论桂书记的报告，我又急又气，可又无法通知王明丽，搞得我学习讨论会上时时走神，而我恰恰又是被指定的学习组长。我本来喜欢在学习讨论时作指导性发言，滔滔不绝，爱出风头，表现自己的水平和口才，可当晚神思恍惚，说话颠三倒四，完全失去了昔日的风采。组里的女工都惊诧我的变化，我竭力想控制自己的思想抛锚，可做不到，眼前总是出现幻觉，老觉得有一对白晃晃的兔子在跳跃，那一对红艳艳的眼睛在向我抛着媚眼……

第二天又是长征老红军马廷士作报告，这位老红军不简单，他是江西兴国人，1928年便参加了红军，长征途中便是红军中的团级干部，现在任庐山党委书记。他的报告别具一格，不像有的老红军，千篇一律，简单乏味，无非是穷人被地主欺压，走投无路参加红军，在党的教育下，阶级觉悟得到提高，知道穷人要团结起来推翻富人的政权，才能争取到自已的利益。

马廷士的报告讲到了许多我们原来闻所未闻的内容。他说：我们过去一讲长征就只晓得两点，红军过草地爬雪山，吃草根树皮，好像我们一路上都是忍饥挨饿，其实不是的，长征大多数时候，我们都是吃得饱饱的。你想想，我们一路上都是逃跑，如果饭都没有吃那不早垮了。当时不叫长征，长征是后来叫出来的，当时师以下的干部战士只知道转移，在人生地不熟的环境下，人人都担心被敌人包围。当然，没有饭吃的时候也有，不过，这种情况极少。红军走到哪里第一件事便是筹粮筹款，专找官府富人筹钱筹粮，分一些给沿途的穷人，争取他们的支持。当时，我们红军最怕国民党的飞机，飞机一来队伍就乱了，红军大多是由穷苦农民组成的．十五、六岁的半大青年多，从来没见过铁老鹰可以扫射投弹，加上飞机俯冲时恐怖的尖啸声，令红军战士畏之如天神。毛主席给红军战士做思想工作，总是说：别怕飞机，飞机再厉害，它总不可能下来捉人吧？！我当时担任保卫工作，保卫中央纵队，经常看到毛主席，其实当时毛主席很随便，他喜欢由两三个挑夫抬着走，躺在担架上看书，有时一看就是一天。现在常说，毛主席在遵义会议上便当选了最高领导，其实不是的，当时只把毛主席选进了最高三人团，最高三人团是周恩来、王傢祥、毛泽东三人，原来的三人团是周恩来、李德和博古，遵义会议撤了李德和博古，另选了毛泽东和王傢祥，毛泽东和王家祥是协助周恩来的。最高三人团里，周总理才是一把手，毛主席是协助周总理指挥的，只不过毛主席性格强好争论，周总理总是让他。毛主席只是在洛川会议后才成了军事上的最高领导，政治上的最高领导。党的总书记是张闻天。我在洛川会议是保卫科长，中央的警卫工作全由我负责。唉，当年像我这一级的干部，现在都是省部级，只有我还是地厅级……

当时像马廷士这样敢实事求是讲当年情况的老红军没有几个。而且邀请退休老红军给下一代作报告时也没有条条框框，只是总的一个原则，将老前辈艰苦创业的经历讲给下一代听，让他们知道创业之不易。但老红军大多没有文化，兴之所致，口无遮拦，常常讲出一些犯忌的事来，让邀请单位也很为难。

比如，九江有一位老红军，矮壮，经常穿一身将校呢军装在街上逛来逛去，即使他穿上将校呢军装，仍然像个乡下老人。他显然属于大老粗。在九纺厂做报告时，粗喉咙大嗓子地讲起他在军分区大校场里种南瓜的事来，津津乐道，说：别人不敢在军分区种南瓜，我敢种，这么多地荒掉了多可惜，我种的南瓜又大又重，一个有五、六十斤。同来的另一个老红军提醒他，不要扯种菜，讲参加红军长征。是，我服从首长指示，讲参加红军。他粗声回应了一句，便讲起了他参军的经历：那一天，我在山坡上放牛，我长不高，十四、五岁了还只有这么高。他做了个高的手势，按那手势他十四、五岁只有七、八岁高。他接着讲：我正放牛，红军队伍从我面前经过，红军叔叔问我多大了，我说十五岁。红军叔叔不信，说看起来只像十一、二岁的样子，我说你跟我扳扳手，看谁的力气大。红军叔叔问我，你的牛是谁的。我说：是地主家的，地主家有三条牛，我帮他放两头。红军叔叔又问我：地主对你好不好。我说：不好，我睡在牛栏里，他们家的堂屋不让我睡，还经常打骂我，说我把他的牛喂瘦了。红军叔叔又问我：你家里还有什么人？我说：我是孤儿，父母亲早死了。红军叔叔又问我：你想不想当红军？我说：我怕，地主家有好几个护院的武把式，他们会杀了我的。红军叔叔接着问我：是穷人多还是富人多。我说：当然穷人多了。

红军叔叔又问我，是穷人怕死还是富人怕死？我说：当然富人怕死，富人有吃有穿有钱，他才舍不得死呢，穷人什么都没有，光棍一条绳，死了脸朝天，光脚不怕穿鞋的。红军叔叔接着对我说：你说得对，我们红军就是穷人的队伍，专门帮穷人打富人的，把他们的钱粮夺过来，我们穷人的队伍人多又不怕死，富人人少又怕死，你说哪个打得赢。我说：当然是红军打得赢。红军叔叔说：那你还不赶快当红军，走，把你这头牛也牵走。我就这样当了红军……我们当时做思想工作都是这样做的，不会讲马列主义大道理，讲马列主义，我们听不懂，这么讲，我就懂，心就开窍了。大多数没有文化的穷人都是经过这么做思想工作参加红军的，而红军中新参军的士兵大多都是像我一样十五、六岁的小青年……

　　我听了矮壮老红军的报告，也很受启发。我现在为了要在学毛选运动中显露自己的水平，经常看一些马列主义的经典，艾思奇的《唯物主义和唯心主义》，马列主义基本原理等等，总为它的艰深感到困惑，我只牢记一些警句和片言只语，以便在发言中引用它，唬得人家一愣一愣，我便快意悠然。其实，我主要是要用我的表现证明我是个政治上要求进步的青年。虽然我不是团员，但我的思想境界已经达到了团员的标准。这一切最终目的是想在领导心目中留下这么个印象，我是可以胜任生产组长这一角色的，我的目标仅此而已。

　　第二天晚上，我又没赴约，因为通知上团课，听团委干事由春英的报告。我为此很纠结，一方面那两团香乳在召唤着我，让我坐立不安，巴不得早一刻埋在那双峰之中。可另一方面，我又怕团干部说我不求上进，不靠拢组织，政治上不开展。如果落下这么一个印象，对我的总目标是有妨害的。两个念头在脑子里打架，最终，图表现求进步的念头占了上风。

　　第三天晚上，是学毛选小组活动的日子，我们这个学毛选小组全是一色预备班组长，团干部，我又是这个小组的主要宣讲员，我欲请假，一旦让人知道了是去谈恋爱，那过去一段时期造成的印象全完了。我咬紧牙关，战胜了谈情说爱的诱惑。

　　星期四的晚上，还是有事，墙报编辑小组要开会讨论这一期学雷锋的稿子编排。我坚决辞了晚上的会，说我保证写一篇二千字的稿子。（二千字的稿子可占整个墙报一半以上的篇幅。）匆忙赶到厂外约会地点，一看表还差十分钟，心想总算能准时和她约会了。但七时她未到，七时半也没到。其时，天已大黑，魅影重重，幽深的濂溪墓也显得鬼气森森，各种不知名的虫鸟一齐鼓噪起来，弹起夜的奏鸣曲，连我也感到有些悚然。我想，一个姑娘不可能单身夜赴古墓，除非她是个傻大胆。但我麻起胆子还在等，至少我来赴约了，将来她欲与我争论起诚实守信的是非时，我也有话可说，我一直守到八点半才怏怏而归。我回厂后，特意转到她们女工宿舍的楼下，想上去问个究竟，又怕遭人耻笑，怕她同宿舍的女工因她的男朋友深夜来访会对她有意见……梭巡良久终未上楼。

星期五是我必须交出雷锋墙报栏专稿的截止日，我必须写出一篇有深度的学习雷锋日记文章，如果照抄那很容易，但我不想现抄报纸，我要写出一篇我自认为有水平的文章。我找来了宣传雷锋的材料，其中一本"雷锋的故事"，讲述了雷锋从生到死的全部事迹。雷锋的父亲、母亲、哥哥、弟弟都是死在地主资本家手里，母亲在给地主家做佣人时又被地主儿子强奸，因而自杀身亡。1947年八岁的雷锋成了孤儿，地主婆还用刀砍伤了他，他对旧社会充满了仇恨，对新社会无比热爱。

看完了雷锋的故事，我总有一种酸溜溜的感觉。雷锋的一切出发点都源于地主对他家的迫害，对地主的仇恨，是他一切事迹的原动力。而他在斗争地主婆的大会上，指着地主婆的鼻子骂：你也有今天，我要向你讨还血债……

看到这里，不由为之一抖，我想到地主婆祖母也是被五花大绑押上斗争台，接受贫下中农的斗争，虽然她是小地主，且没有恶名，她年青守寡，品行端正，俭苦至极，乡声卓著。但斗争者依然可以编造谎言，信口雌黄，肆意诽谤，在那种场合造谎者有功，说实话者有罪。雷锋的家史有几分是真呢？

自从林彪在62年七千人大会上，面对因毛泽东大跃进造成的三年大饥荒而一片责难声，独自跳出来力挺。说：三年大饥荒是因为下面的干部没有全面领会和贯彻毛主席的思想方针而铸成的。这种弥天大谎当然很讨好，投桃报李。毛泽东也因此提出：工业学大庆。农业学大寨，全国学人民解放军。一时军队声誉如日中天，军人似乎也高人一等。而雷锋是解放军中的典型，经过报刊媒体铺天盖地的宣传造势，从上到下强力推动，毛主席的题词、刘少奇的题词、周恩来的题词、朱德的题词。学雷锋运动如火如荼，学雷锋的歌，雷锋作词的歌《唱支山歌给党听》成了每个广播站早晚必播的晨晚曲，一时间取代了每晚必播的国际歌。林彪题词的：读毛主席的书，听毛主席的话，照毛主席的指示办事，做毛主席的好战士。成了所有机关、企事业单位宣传栏里的题头词，而学雷锋又和学毛选结合了起来，从而掀起了一个声势浩大的造神运动。

我虽然心里对这一切都有看法，但我写的学雷锋文章却极尽颂词：啊，以庐山作笔，倾尽长江之水作墨，也写不尽毛主席共产党的恩情。猎猎东风卷旗舞，浩浩松涛齐声唱，也唱不尽赤子雷锋对党对毛主席的忠心。啊，南来的大雁，北去的风，请你在雷锋墓前停一停，捎去我们的哀思和敬礼。我们一定要继承你未竟的遗志，把消灭帝修反的伟大事业进行到底。

这篇应景的文章我写了整整一天，修修改改，晚上八点才交稿。当然，又误了约会。

这篇稿子在墙报上刊出后，得到了一些喜欢看墙报的人的赞扬，有个别的人还打听是谁写的。连张培基也夸赞这篇文章有文学性有气势。当然，墙报黑板报之类的宣传栏生存周期不会超过一星期，可对我这样一个文学爱好者来说，第一次有人把我那爬拐字抄成美术字体，登在宣传栏上，还是有点得意。这篇文章也显示了我在我们学习毛选小组中的写作实力，因之写作成了我的强项，给我将来正正规规当上生产组长加了分。

　　星期六也没法安排约会。白天，听报告，歌咏大会，晚上，联欢晚会。各车间在纺织工区大厂房里按区域方阵排列，车间又划分成工段，工段下面设八个小组。我被任临时小组长，虽然临时，我仍然心跳一阵子，我很负责任地按工长要求带队，我这时才发现，原来一个织布车间有这么多人，几乎有一千多人，一个工段也有二百来人。大会依然是政治部副主任赵福风主持，但作报告的却是厂长张巨库，坐在主席台上的有总工程师陈志恒及织布工程师葛勉仲。陈志恒虽然七十多岁仍然高大威严，身板挺得笔直，花白的头发梳得一丝不乱，唯一影响他形象的是他的嘴唇总是不由自主的抖颤。有人告诉我，这是因为他原先抽鸦片，鸦片瘾很大，后来戒烟了就留下嘴唇颤抖的后遗症。陈志恒原是上海大资本家，拥有好几家纺织厂，讨了几房太太，现在跟在他身边照顾他生活的是他的三太太。而织布工程师葛勉仲却是一个身高不足一米六的瘦小个子，他那单薄的身子似乎一阵风都可以吹倒。

　　张巨库讲话的内容是：生产情况，主要是厂子筹建过程和要达到的规模，有各种数据。最后宣布的是：所有工人一律到上海、武汉、江纺等地培训几个月，回来开始正式生产。大家欢呼雀跃。

　　最后是各车间拉歌，各地调来的演员就大显身手，有的车间大概早已酝酿了这场歌赛。一首《我们走在大路上》的合唱拉开了序幕。这首歌是由准备车间推出的，准备车间上海人多，赶时髦新潮的能力强，所以歌声整齐嘹亮，气势磅礴。加上厂房回音效果，使这首歌的感染力很强，搏得了满堂喝彩，全场掌声喧天。

　　准备车间马上挑战细纱车间，细纱车间开始挑战织布车间，拉歌拉得惊天动地：几乎挣破了嗓子，震垮了屋宇。

　　这场群众歌咏会，一直闹腾了三个小时，是开厂以来最大的盛事。年青人旺盛的精力第一次充分的喧泄了一番，几千人大轰大嚷也展示了巨大的能量。

　　晚上的联欢晚会是最让人期待的，因为九纺厂的工人中有几十个剧团来的几百名专业演员，晚上的演出肯定是精彩纷呈。因此，我早早地便来到大礼堂。（当年每个单位必有一个大礼堂，大礼堂必定是全厂活动中心，领导作报告，文艺演出，车间开大会，以后的文革中批斗会，忆苦会等等都在大礼堂举行。）

　　晚会比我预想的还要出色，每个演员都拿出了看家本领。现代采茶戏《江姐》中的一段折子戏"路劫军火"，似乎比我以前看过的江西歌舞团演出的歌剧《江姐》还要精彩，演匪兵甲更是天生丑角，逗得全场轰堂大笑，地方方言的对白，比普通话对白更有情趣。几个宜春演员演出的《采茶舞曲》也搏得掌声一片。至于杂技团出来的蹬技，人躺在台上双足蹬挪硕大的瓷缸，真是出神入化，两只脚像手一样灵活的腾挪翻转重达百斤的大缸，令人叹为观止。杂技女演员表演的水流星更让人叫绝，杂技演员口衔五米长绳，绳两端各有一盏油灯，然后飞快旋转，两灯快到形成一团火圈时，全场关灯，只见那火流星上下翻舞如一条火龙，在舞台上翩翩起舞，美不胜收。接下来的独唱、快板、相声、舞蹈都各尽其妙，高潮一波接一波，全场观众始终处在高度亢奋之中，如醉如痴。我由此想到，九纺厂这么雄厚的演员队伍，如果成立一支宣传队该多么出色，肯定将九江盖了。（而以后我成为了这支宣传队编剧长达五年，这是后话。）

　　晚会后，回到宿舍，我开始强烈地思念王明丽，思念她的一切，我身体内的每个细胞都在嗷嗷叫着要见王明丽，要见王明丽……明天是星期天，这一天的时间终于归我支配了，我明天要和她甜甜蜜蜜地消磨一天。我同时也想到，如果她怪我这一星期整整六天，为什么不来找她？我会以实相告，化解她的误会和抱怨。

　　但第二天，我却找不到她，到她宿舍也没有人，也没给我留一纸短信。后来，我请老乡帮忙找寻，也一无所获。我终于想到，她一定会来食堂打饭或者托室友带饭。晚餐一开饭，我便守在食堂最边远的饭桌旁，仔细留意来买饭的人，终于我堵住了她。她虽然随我来到了饭堂最边远的桌上吃饭，但神情却又回到了从前那种淡淡的样子，让我凉了半截。我先开口：你怎么这几天没去濂溪墓赴约。我想用先发制人的手法掩盖我的失约，好像我天天按约到了那里。王明丽轻飘飘地说：班里总是开会，有事走不开。我一则以喜一则以忧，喜的是，我可以倒打一耙，责备她不守信任，忧的是，她似乎又变回去了。这到底是为什么？一时冷，一时热，让人一会在九天云中一会儿又在地下八层，真像书上说的：女人的心，天上的云。我说：你怎么回事，上个星期天还主动约我，热情似火，现在又冷冰冰，凉飕飕的。王明丽一言不发，埋头吃饭。我禁不住火冒三丈：你倒是说话呀，本来我就对你冷了心，是你坚决要和我重新和好，现在又是米汤淘饭——一本返原。你是十八岁，不是十八斤（这些语言都是我在井下学来的），怎么像三岁的孩子似的一会哭一会笑，一会风一会雨，你要不谈就说明白，省得老乡说我的闲话。我的一顿霹雳炮火，打得她泪眼婆娑，她幽幽地吐了一句：我也没说不谈。我仍穷追猛打：你这是谈恋爱吗？比个老乡都不如，我说十句，你不回半句。还硬要我跟你去你家，给你父亲过目，可又冷冷清清连顿饭也不留我吃，下午四点便把我送到小旅店了事，晚上也不来陪我说会话，你想想你做的这些事，哪点像一个正常的女朋友，简直就像个神经病，算了，算了，我们还是做老乡。

　　王明丽却不同意一刀两断：你听我说两句好不好，我们都还小，你二十，我十八，都没到结婚年龄，我们都成份不好，还不晓得今后会对我们这些成份不好的人怎么办。我们先谈两年，等各方面条件都好了些再准备结婚，现在不要太急，你是急性子，一来就想那样，万一……

哦，原来她是这样想的，但我已再下决心。我说：算了，算了，我本来就已经冷了心，是你主动找我，现在又这样，算了，算了，不要再说了。说完，我转身便走。我虽然说得那么决绝，但我的心像被掏空了一样，这种大喜大悲的结局，让我很受伤，脚步像腾云驾雾一般，神思恍惚。成份成份，这顶帽子一直压在我头上，我虽然填了职员成份，但我内心深处还是戴着地主这顶帽子。我曾想，我成份不好，我不当官不入团入党行吗，我只想找个老婆，过点普通日子行吗，可连这点都受到影响，这成份不好的人真是没有活路了……

我回到宿舍，黄文华正在应付一个河南姑娘。萍乡到九江来的单身男子几乎都很快找到女人，他们每月五、六十元的高薪可能是最大的吸引力。黄文华也不例外，追求他的不但有萍乡的才女钟醒玲，还有不少外单位调来的女子，河南姑娘对黄文华非常热烈，而且落落大方地与宿舍里的每位室友都发展友好关系。见我满面愁容地回来，立即上前嘘寒问好，不大一会，王明丽竟也跟踪而来，我不理她，她照样跟宿舍里的几个萍乡老乡寒喧一阵离去。在室友看来，我们只不过发生过一点小小的不愉快，没有人会相信我已经向她宣布了分手，我也没跟室友们讲，反正很快会去外地培训，冷几个月便一切烟消云散。

我原以为很快便会派往各地培训，但又拖了半个月。在这半个月里，九纺厂又掀起了一轮政治思想教育运动，学毛选讲用表彰会，学雷锋先进分子讲用会，忆苦思甜大会，收租院泥塑巡回展览会。

组长任上

66年初,我们从江纺培训回来后,就开始正式投产了。我荣任织布车间丙班八组组长,我们八组在车间东北角,拥有二百四十台布机,十个挡车工,十个摆梭工,二个帮接工,二个修机工。帮接工就是机动工,由资历较老的女工担任,她们的任务是顶替一下上厕所或喂奶的挡车工,另一个任务便是帮因轧梭造成布面损坏的机台上拆除坏布,并把机子正常开出来。帮接工一般技术好年纪大,对我这个年青的组长不以为然,但那些十七、八岁的挡车工、摆梭工却对我绝对服从,我的话就是领导的指示,就是圣旨。

我的修机工副手王大吉,是个十七、八岁的小青年,满脸青春痘,虽然个子高大但憨厚老实,只是时不时有神经质的表现,他会突然表情严肃地在车间对着轰鸣的布机用九江普通话高声朗颂小说《红岩》中陈然烈士临刑前的就义诗:

　　任脚下响着沉重的脚镣,
　　任你把皮鞭举得高高,
　　我不需要什么自白,
　　哪怕胸口对着带血的刺刀,
　　面对屠刀我放声大笑
　　魔鬼的宫殿在笑声中动摇
　　这就是我,一个共产党员的自白,
　　高唱凯歌埋葬蒋家王朝。

当时,政治教育宣传铺天盖地,年青人每一个细胞都被政治灌输的内容充满了,都恨没有早出生十几年,没赶上战争年代,做不了黄继光、董存瑞、陈然(《红岩》书中的人物)那样的英雄。那本颇有感染力的长篇小说《红岩》成了要求进步的青少年必读的文艺书籍,书中共产党人的坚贞不屈英勇无畏大智大勇,让人感动的涕泪双流。根据小说《红岩》改编的歌剧《江姐》,更是全国最风行的舞台剧。无论各省市的专业剧团,各地市的专业剧团,还是各厂矿企事业单位的业余剧团,无一不排练演出歌剧《江姐》。小说《红岩》和歌剧《江姐》及根据小说《红岩》改编的电影《在烈火中永生》是那个时期最有影响的革命文艺宣传品,它的知名度、感染力超过了江青搞的八个样榜戏,它的政治影响力,文学感染力也超过了八个样榜戏和此前所有的红色经典作品。如《青春之歌》、《红旗谱》、《烈火金刚》、《林海雪原》、《野火春风斗古城》、《朝阳花》、《苦菜花》、《钢铁是怎样炼成的》等等。所以十七岁的修机工王大吉经常神经质地来这么一嗓子,也就不足为奇。

我大概有几个月完全陶醉在组长的官威中，我喜欢背着手巡视我的疆域，视察我的臣民。对那些空了梭的摆梭工常常会送出一瞥责备的目光，对于那些在自己管理的二十四台布机间手忙脚乱，停车停了一半的挡车女工，我会绕到她的前面给她脸色看，并命令帮接工去帮助她恢复正常。至于标示着坏车的红牌子，我当然要优先处理，因为红牌子多就说明修机工组长无能。我往往先确定坏车性质，如果是小毛病，我会让王大吉去修，大的疑难坏车我才动手。

　　我们组的黑板报更是我这个领导得力的宣传工具，我的黑板报从没空过，一个班要更新二、三次，表扬这个批评那个或鼓劲或提示工种注意事项，忙得不亦乐乎。

　　至于修机工组长工作的劳，累对于我这个经历了煤矿井下艰苦环境历练过的人来说，简直是闲庭信步。

　　织布车间最大的特点是噪声大，那两千台布机奔腾咆哮的声浪如海啸一般，要让对方听懂你的话，你必须附在对方的耳朵上大叫，这也使我可以名正言顺地近距离地感受到少女的气息。她们找组长修机子、说事、告急、请假等，都要贴到我耳朵边扯开嗓子喊叫，我若装作听不清，她们便会将嘴唇完全包住我的耳廓放声喊。我享受在她们之间游曳的快感，像欣赏花园中的鲜花一样，这二十位姑娘，高矮不一胖瘦各异，但你仔细观摩，就会发现，她们各有其妙，就如同花园中的花朵一样。你不能说鸡冠花就比月季丑多少，凤仙花比玫瑰差多远，究竟哪一朵才是我最喜欢的呢，我常常踌躇难决。我想起我在煤矿时，每一个女职工都是那么傲，自我感觉良好，每个女职工都像口香糖，在矿工嘴里嚼了又嚼，连她们身上的每根毛都要品评一番，连麻婆子也是美女。稍微一个姿色出头点的女子走过，便会有一些色痨目不转睛的盯着看，目送她们一扭一扭地消失在视线之外，嘴角边流出长长的涎水，矿工们称这些人叫"涎狗"。现在，我是掉在女人堆里流连忘返，总是觉得一个班一下子就上完了，一会功夫下班时间就到了。

　　我最在意的是班后会，无论是在煤矿还是在纺织厂，进班会及班后学习会都是必不可少的。纺织厂的出班会却很不受欢迎，浑身花絮满身臭汗的女工，经过八、九个小时超强劳作，极需早点洗澡吃饭。但还要在寒风呼啸的露天里开半个小时的会，真让人高兴不起来，特别是那些要喂奶的女工，更是躁动难安，奶水洇湿了衣服一大片，白色工作围兜的奶迹都清晰可见，浓腥的奶味四散，汗湿的衣服被寒风一吹都冰一样地凝结在身，女工们都冷得战栗不已，却仍要雷打不动地开会。小组里有一个姓朱的喂奶挡车工，她虽然是个老职工但工作并不咋的，次布率也不比新工人好多少，特别是总以喂奶为名（按规定，喂奶女工八小时工作期间有一个小时的喂奶时间），让帮接工代她看车，时常超时，帮接工对她有意见，经常在我耳边叨叨她又超时了。她那翘起的大奶子常常把白围兜工作服都洇湿一大片，身上总是洋溢着一股浓烈的奶腥味。我不愿挨近她，可她却总是竖起红牌子召唤，当我到竖红牌子的布机旁，她便紧贴着我的耳边诉说布机的毛病，与此同时，她那高耸的胸脯也死死地顶在我身上，湿漉漉的奶液也沾到我衣服上，我总是想阻止她的靠近，但她总是那么不管不顾地蹭在你身上，让我既恼怒又无奈。我虽然喜欢挡车工姑娘贴在我身上说话，但我不喜欢哺奶女工的亲近。加上她学习迟到开会晚点，总是一副魂不守舍的神情，让我对她很有看法。但我并不愿在会上指责她，对于有家有室的女工，我总是有几分畏惧，她们往往会当面顶撞你，倚老卖老，伶牙俐齿，让你下不了台，我刚当组长，最好还是不惹她们，得饶人处且饶人。

　　但有一天早班，她中饭加喂奶，起码二个小时了还没有来，帮接工几次跟我唠叨：太不像话，超半个多小时了，我还没吃饭咧，组长，你叫人顶我，我吃不消了！可哪里去找人顶呢，另一个帮接工已请事假，无人可派，这个朱婆娘。我真的生气了，把原有的顾忌抛在一边，气冲冲地跑到哺奶室去。哺奶室并不远，就在车间对面的平房里，一掀门帘进入哺奶室，立刻被一股浓烈的混合着尿臊味、屎臭味、奶腥味、奶粉味的热烘烘的怪味扑面而来，差点把我熏倒。室内光线暗淡，我刚从太阳下进来，还不适应室内的暗，揉了揉眼睛定神一看，只见七、八十张婴儿坐椅杂陈在空阔的哺奶室，每张坐椅上都有一个婴儿，婴儿年龄也参差不齐，从一两个月到一两岁的都有，满头飞花的喂奶女工毫无顾忌地敞开胸怀手捧奶子给孩子喂奶，对我这个男工进入毫不在乎。没有大人的孩子则或哭或叫或睡或笑，一个睡着婴儿的嘴边脸上爬满了苍蝇，我走过去时惊动了它们，它们"轰"地飞了起来，像腾起了一阵蝇雾，在我脸上乱撞，有一只苍蝇甚至撞到我的眼睛上。我用手挥赶着眼前成群的苍蝇，眼睛搜索了一遍，才找到朱婆娘，她正与哺奶室的阿姨吵架，几个喂奶的女工边喂奶边观看。朱婆娘看到我来尖声叫道：我们组长来了，看你还有什么话好说。似乎我是她的后援团。近前一看，发现朱婆娘正抱着她那一岁多的孩子，母子俩都满脸泪水，孩子还在有一声没一声的低嚎。朱婆娘一把拉住我：组长，你看，这个阿姨把我孩子摔成这样，你说该怎么处理，哺奶室的阿姨太不负责任，太歹毒，太没良心，把人家的孩子当阿狗阿猫，不管不顾还不说，还总是把孩子跌得鼻青脸肿的，总是搞得破皮烂肉的，今天还摔了这么大个包，你说要不要处理……朱婆娘话还没说完，一脸横肉的阿姨便高声叫起屈来：组长，你不晓得她的这个鬼要几翻生就有几翻生，一岁多的毛伢子跟孙猴子差不多，捉不住绑不住，稍不留神就从坐篮里钻出来，他自己跌的，我们有什么法子？我们只有两个人两双手，这七、八十个毛伢子怎么顾得过来？你去告，到厂里去告，我巴不得，赚这二十八元钱遭孽，天天挨骂受气，何苦呢，我早就不想干了，你去告，我多谢你……

　　本来我一肚子火，想狠狠训朱婆娘两句，但看到这个场面，也深感纺织女工的不易和艰辛。我同她一道返回车间，一路上她又哭又诉，诉说她一个人又上班又带孩子的种种苦楚，爱人在外地工作，婆婆又不肯帮忙……看着她满头满身的花絮（织布车间棉花绒漫天飞舞飘落在工人身上），看她双眼哭得又红又肿，我也黯然神伤，这是我第一次深切地体会到女工的苦楚，那一团蝇雾在我眼前久久地不肯散去。从此，我对朱婆娘就睁一只眼闭一只眼……

　　我更喜欢在小组会上演说，讲解学习材料中重大意义，诠释领导意图，从而显示我的水平和能力。过去在煤矿总是听班长讲七讲八，常常幻想我如果能当上班长该多好（井下的班长相当于工段长），我绝对要比班长讲得好。我当时有一个远大的目标，希望经过努力能在三十五岁之前当上班长，管二、三十个"炭古佬"。但想不到我刚二十一岁便当上了组长，虽不是正式干部，但也管了二十几号人，而且这二十几号人都是人见人爱的美女，你说我能不飘飘然吗。

卷二：四清来了，文革也来了

《亲历浩劫：江西省九江市九纺文革纪实》

惨烈的农村四清运动

这时，马上要搞四清运动的风声四起，宣传舆论的主基调又转向了四清。厂党委又开始了四清工作队进厂前的预热，一切工作又开始围绕这个中心展开……

现在人们一说到四清，一说到文革，就是干部的受难史，知识份子的挨整史，很少涉及农民的苦难。其实，农民才是苦难最深重的人群，这其中也包括贫下中农，但因为他们没有文化没有笔，所以，浩如烟海惨绝人寰的故事都被遗忘在历史的尘埃中。知识份子有文化有笔，可以记录下他们的辛酸往事，因而可以在历史上留下印迹，干部更是有话语权，一旦重新上台，就可以直接书写历史。唯独农民，占全国人口百分之九十的农民，谁书写过他们的苦难。可是，四清运动却掀开了历史的一角，让人们得以知道当年农村苦难的一鳞半爪。

四清运动首先是在农村开展起来。

1962年八月，毛泽东在北戴河会议和党的八届十中全会重新强调阶级斗争。并拿小说《刘志丹》首先开刀，发出了那条著名论断：利用小说进行反党活动是一大发明。他认为阶级斗争已空前复杂尖锐起来。农村的基层政权已经有三分之二不在我们手里，全党要紧急动员起来，开展一场轰轰烈烈的社会主义教育运动（简称四清运动）。所有在校大学生都编入社教工作队（组），抽调大部份在职干部，浩浩荡荡杀向农村基层干部。当时制定的《关于目前农村工作中若干问题的决定（草案）》（简称前十条），这个文件的发布，对四清运动已经过火的做法等于火上浇油，像反右一样，四清运动不可避免地扩大化，血腥化，人为地制造了阶级斗争激化的现象。四清工作队进村斗争农村基层干部，普遍采取体罚的手段；打人吊人，捆绑跪斗是家常便饭，甚至出现当场打死人的现象。一些大小队干部熬刑不过，上吊自杀，投水而亡，喝药咽气的时有发生，工作队连尸体也不放过，鞭尸批斗，声称：这是为了洗净反革命份子的罪恶灵魂，肃清他们的流毒。

既便如此，中央还是一再强调要反右倾，鼓干劲，大张旗鼓，大兵团作战，兵临城下，刺刀见红。对那些顽固份子、大坏蛋大恶霸、死顽固、橡皮堡垒，更要狠批猛斗，可以采取武斗形式，打耳光，踢跪吊打。

应该说，当时四清工作队批斗基层大小队干部，很受底层农民的欢迎，并积极参加之，因为广大农民都对59年到62年这几年噩梦般的苦日子铭心刻骨，对大跃进时期基层干部不顾人民死活、多吃多占、打骂社员、逼死人命、作风极其恶劣的行径深恶痛绝。这股恶气在基层政权的高压下只得强咽下去，现在有四清工作队组织农民揭发批斗，他们仇恨的怒火就像火山爆发一样，坚决要求罢免惩处这些为非作歹欺压百姓的基层干部。

《亲历浩劫：江西省九江市九纺文革纪实》

　　四清运动批斗农村基层干部时，老百姓像当年斗地主一样，欢天喜地，踊跃参加。这些土改时期依靠的土改根子基层干部已经形成了一股强大的恶势力，他们在上级部门和政治部门的支持下，横行霸道，无恶不作，从四清揭露出来他们的恶行，他们比旧社会的地主恶霸还要坏百倍，是新社会的恶霸，土皇帝。

　　四清工作组开展社会主义教育运动，一项重要内容便是忆苦思甜，忆旧社会的苦，思新社会的甜，但每个工作组都遇到一个尖锐的问题：农民社员群众不忆旧社会的苦，而是专忆"大跃进"的苦，"大跃进"种种惨绝人寰的苦楚。尽管工作组事先选好苦主，教他们如何诉旧社会的苦，可他们一到台上就变了，说着说着就不由自主地说到"大跃进"时干部是如何逼迫他们饿着肚子去修水利，炼钢铁，沿路鞭抽捆打，倒卧路边，家里人是怎么一个个眼睁睁的饿死……这时候，如果有当地干部在场，只要台下有一个人喊他的名字，群众马上会蜂拥而上，把他揪到台上，拳打脚踢，谁也制止不了疯了似的要报仇雪恨的群众。忆苦思甜会变成了武斗会，被批斗的社队干部走投无路，只有自杀一途。仅青海省惶中县一个不足十万人的小县，四清运动便有社队干部三百四十九人自杀身亡。惶中县所在地区四清运动中有一千七百一十七名社队干部自杀。青海省是我国内陆地广人稀的偏远省份，七十二万平方公里的土地上，只有三百多万人，而四清运动中，这个三百多万人口的省竟有多达几千基层社队干部自杀。

《亲历浩劫：江西省九江市九纺文革纪实》

[附录] 省公安厅长记录四清中一桩惨烈事件

原安徽省公安厅常务副厅长尹曙光，撰写一篇他亲自调查青海惶中县四清运动中批斗自杀身亡大队书记的事件。其中的血腥诡异曲折离奇令人毛骨悚然。

1964年十二月，中共西北局为此事件发出通报：批评青海省惶中县李家山公社新庄大队四清工作组违法乱纪，组织群众对已经畏罪自杀身亡的大队马书记的尸体进行批斗，造成了恐怖气氛和极其严重的后果。

新庄大队共有七个生产小队，人口共计一千九百多人。58年到61年"大跃进"时期，该大队干部作风恶劣，打骂欺压群众，群众苦不堪言，全大队饿死五百多人，占全大队总人口的四分之一强。其中六户人家全家死绝，死绝的六户中，五户是地富家庭，一户是中农家庭。

到该大队进行"四清"的工作组共七人，组长仲某某是湟原县一个公社的副书记，组员六人，其中三人是刚从大学毕业的大学生，其余三人，一位是当地公社的路秘书，一位是省农林厅来的姓方的干部，再就是当地驻军沈排长。

下乡前，工作组七人在省会西宁集中学习了半个月。进村后，通过一个多月的访贫问苦，扎根串联，组织贫下中农队伍，揭批干部的四不清问题，整个搞法跟当年土改斗地主一模一样。多数干部在刑讯逼供高压批斗下都低头认罪，愿意退赔贪污受贿多吃多占的粮食和钱款。（实际上是空头支票，他们根本拿不出来，）唯独大队马书记，虽经过十几次的狠批猛斗仍然不认罪，态度极其顽固。

为了锻炼三个大学生的实际工作能力，仲组长下令，把马书记交给他们，要他们不论用什么办法也要攻下这座顽固堡垒。甚至可以动武，他们自己不愿动手可以调民兵助阵。可这三个大学生磨破了嘴皮也攻不下这座堡垒，大学生束手无策。

仲组长严厉地批评了他们思想右倾，心慈手软，他要亲自示范给他们看。

仲组长把马书记叫来，令他交代自己的罪行，马书记的回答仍然是老一套：我有错，但没有罪，刮共产风，扒房子，没收社员家里的东西，瞒产私分，搜社员家的粮食，把社员家锅碗勺盆拿走，强迫吃公共食堂，都是根据县委统一部署干的，在公社干部严厉督促下干的，不干不行，大队饿死那么多人，我心里也很难过，可是没办法，粮食被国家调走了。1960年，我们大队有三个生产队连种子也没有，地也没法种，哪有粮食给社员群众吃，大队食堂也只好停火，饿死人主要是那个时段。我向公社反映了多次，要求发放救济粮，公社书记叫我到社员家去搜，说一定搜得出粮食来，我们搜了十几家，一粒粮食也没搜出来，公社书记还骂我无能。要说多吃多占我确实有，但如果我不多吃多占，我全家也

《亲历浩劫：江西省九江市九纺文革纪实》

会饿死的……

马书记的话还没说完，仲组长走向前去，斥责道；你贪污盗窃多吃多占还有理？狠狠地抽他两个耳光，踢了他一脚，把他踹倒在地，马书记的鼻子被打得流血不止，这还不算，仲组长把民兵叫来，把马书记绑了起来，拖到外面罚跪五小时后才让他回家。

三个大学生目睹了仲组长的厉害，但即使这样，马书记仍然没有认罪，这使仲组长很没面子。仲组长感到，要攻破这座堡垒，只有借助那些受到过他迫害的群众了。为了启发群众的阶级觉悟，需要深入开展诉苦活动。

1964年十一月十九日，惶中县李家山公社新庄大队四清工作组，在新庄大队门口广场上隆重召开了全体社员大会，进行忆苦活动。社员们自带板凳坐在台下，黑鸦鸦一片。

台上，地富反坏右份子跪在一边，四不清干部低着头站在另一边。诉苦的社员由工作组确定为六人，诉苦社员按工作组排列的顺序一个个上台诉苦，这些人的诉苦主要是诉说解放前在马步芳家族受到的剥削和压迫，但这些人的诉苦，群众反应冷淡，没有共鸣，台下群众"嗡嗡"地开着小会。接着，一位叫韩有禄的社员诉苦，他说；1948年他仅十五岁，就被马步芳的军队抓了壮丁，他不愿意就被捆绑吊打，1949年春天在兰州和解放军打仗，腿上中了三颗子弹，被俘虏。是解放军治好了他的伤，还发了路费让他回家……

韩有禄还没说完，一个叫李秀英的女社员突然站起来，走到韩有禄面前，打断他的话，对他说；你那也叫苦，不就是被马匪绑去当兵，差一点叫解放军打死，那算什么苦，你下去，听我诉……

社员们对前面几个的诉苦不感兴趣，听李秀英这么一说，跟着起哄，对，你下去吧，听李秀英诉苦，他家苦大仇深。

工作组员看到这场面，不知怎么办，李秀英不是他们内定的诉苦对象，万一他讲错了怎么办？会场群众情绪失控了怎么办？他们看着仲组长，让他表态。仲组长也感到今天忆苦会的效果不理想，没有把群众的情绪调动起来，这个李秀英看架式可能行。于是，他挥了挥手说；好，李秀英，你诉苦吧！

李秀英说；1960年九月，我家五口人饿死三口，我丈夫饿死在水利工地上，连尸体也没见着，公公婆婆得浮肿病，卧床不起，不能干活出工，马书记说不劳动就不给饭吃，结果三天就饿死了。我和女儿拖着浮肿的双腿去拼命干活，一天才给两个糠馍，一碗水一样的拌汤。

记得是二月二十九日那天晚上，我实在饿急了，想到大队食堂偷馍吃，走到食堂，从窗户里看到马书记和几个干部正在吃烙馍，还有炒鸡蛋，我闻到香味就不想走了，心想，无论如何也要偷个馍给我女儿尝尝，可怜她二十岁了，一年多没来月经。乳房干瘪，像个男的。我死了不要紧，要让她活下来，不然，将来谁给我们上坟烧纸。我看炊事员给大队

《亲历浩劫：江西省九江市九纺文革纪实》

干部上菜，离开了伙房，我连忙溜进去，看到锅里面有一个大馍，足有半斤重，我拿起来狠狠地咬了一口，逃出伙房，刚走到门外，就看见马书记正在门外解小便，我一慌，绊了一跤，跌倒在地。马书记问；谁？我说是我，李秀英。我迅速地把大馍塞进棉袄里。马书记走到我跟前；你来干什么？我说我饿，想到食堂找点吃的。这时炊事员在伙房里喊；谁把大馍偷走了？马书记问我；是你偷的吧？跟我来。我跟他走进炊事员的住房。马书记把门关上，对我说；大馍就藏在你的破棉袄里吧，你把棉袄给我脱下来！我马上跪下，给他磕头求饶，对他说；马书记放了我吧，我和我女儿一年多没吃过大馍了。马书记说；要吃大馍可以，你把你那朵（小）丫头叫来陪我睡一晚，明天早上带一个更大的馍给你。我说；我那朵丫头，腿脚都浮肿，瘦得只剩下一把骨头，你就饶了她吧，如果你不嫌，我愿陪你睡觉。马书记说；你把衣服脱下来给我看看。我站起来，把大馍也拿了出来，解开破棉袄和里面破褂子的纽扣，敞开胸膛让他看。马书记说；你的奶子呢？我说吃不饱饭瘦了。我朵丫头跟我一样。马书记叫我脱下裤子给他看。我照办了。他上上下下打量了一番我赤裸的身子，看我瘦得不成人形，不想跟我搞了，也知道我女儿跟我差不多，放弃了奸污我母女俩的企图。他用穿着大头皮鞋的脚踢了我一下，骂道；滚！谁稀罕你的臭义！

我连滚带爬回到家，女儿看我狼狈不堪的样子说；妈，你挨打了吧！我叫你不要去，你不听，没偷到东西还挨了打。

我摸摸胸口，那块大馍没有带回夹，于是，我放声痛哭起来……

这就是我的苦！我的恨！

说到这里，李秀英走到马书记跟前，指着他的鼻子问；马书记，我没有冤枉你吧？要不是我饿瘦得不像样子，那天晚上你能放过我吗？你说说，我们全大队有多少女人被你搞过？

李秀英在诉苦的过程中，边说边哭，全场不少社员跟着她哭。全场一片哭声，连工作组的几个大学生，也被这惨绝人寰的悲诉感动，不由自主的跟着掉泪。

这时，一个衣衫褴褛的汉子站起来，走到马书记跟前，揪住他的衣领，把他拉到会场中心，罚他跪下，他不跪，汉子就狠狠踢他，踢得很重，他哎哟一声终于跪下了，恰恰就跪在了李秀英面前。

仲组长站起来说；大家可以批斗他，但不要打人。

李秀英看见马书记跪在她面前，对他不打不骂，也不踢他，只是定定地看着他。过了一会，她突然蹲下身子，把手伸向马书记的腰间，双手使劲一拽，将他的腰带扯断，右手伸进马书记的裤裆里，大声骂道；我倒要看看，你那骚毯咋么么坏！话声刚落，只听见马书记惨叫一声，歪倒在地。（事后，四清总队法医验尸发现马书记的睾丸碎了，可以肯定是李秀英捏碎的。）

这时，仲组长命令工作组员将李秀英拉下去。

但与会的社员群众正在情绪激愤的高峰，社员自发地高喊口号：打倒马书记！人们自发地涌上台控诉马书记的滔天罪行，有人踢着台上躺着的马书记，说他装蒜赖死，吼叫着要他跪起来……

仲组长终于意识到：如不尽快结束会议，马书记会被愤怒的群众当场打死。想到这里，他立刻宣布散会，明天继续开。仲组长并对马书记大声说：马步芳，你给我听着，回家好好准备，明天彻底向贫下中农社员群众交代自己的罪行！

马书记没有半点反映，仲组长派人通知他的家属，把他搀扶回家。

第二天早上，一位社员早起挑水，发现马书记吊死在昨天开会会场旁的一棵榆树上。

愤怒的群众并不因为马书记自杀身亡而善罢干休，要求继续批斗，尤其是那些饿死人的家庭，他们找到工作组说：如果不答应继续批斗马书记，以后就不参加任何会议。

仲组长召集工作组开会商讨对策，三个大学生坚决反对批斗马书记的尸体，沈排长和农林厅干部不表态，只有公社路秘书赞成。

仲组长说：如果我们不答应群众的要求，就会挫伤他们的积极性，下一阶段对敌斗争的工作就很难开展下去。但具体现场怎么操作，仲组长要求工作组派两个人，一边一个架着马书记的尸体让社员群众批斗。

对于仲组长提出的做法，大家都不吭声。仲组长说：小沈，小路，你们两人负责扶尸体。沈排长找借口推掉，他说：现在农村阶级斗争这么尖锐复杂，要防止敌人狗急跳墙报复我们，工作组只有我一个人有枪，我要保障大家的人身安全，所以，让我扶尸体不合适。秘书小路也说：要工作组的人扶尸体不好，斗尸体是群众提的要求，应该由群众选两个年青人来干这件事。三个大学生随声附和，仲组长只好改变主意，决定选两个苦大仇深的群众来干。

人选好了，仲组长找他俩谈话，说明干这件事的重大意义，并发给他俩每人一瓶白酒，批斗前喝酒壮胆。

第二天，批斗马书记的群众大会准时召开。随着仲组长一声暴喝：把死不改悔的阶级异己份子，蜕化变质份子，反革命份子马步芳拖出来示众！

两个小伙子把马书记的尸体从大队羊圈里拖了出来，这两个小伙子把尸体拖到台上，然后每人抓住他一只胳膊，扶着他站着，但两个小伙子的脸都朝一边歪着，不敢看死者的脸。死者的脸狰狞可怖，像地狱里的厉鬼，比他生前的凶狠形象更恶十分。

那些坚决要求批斗马书记尸体的群众，现在也都被死者的凶相震撼，向台上扫一眼便赶紧低下头，不敢再看。工作组计划批斗会开一个小时，四个人发言，每人十五分钟，但前两个人每人仅讲五分钟，而且远离马书记的尸体，匆匆讲了几分钟便鬼赶似的下了台，第三个人上台发言，刚开口说话，一个扶尸体的小伙子不知中了什么邪，松开了马书记的胳膊，马书记的尸体便朝他砸了下去，小伙子倒地，死者的尸体便正正地压在他身上，被压的小伙惨叫一声"救命啊！"便死命地推开压在身上的尸体，拚命逃窜，另一个扶尸体的小伙更是早跑了。会场顿时炸了锅，群众惊恐地号叫着，四散奔逃，一会儿工夫，整个会场便只剩下台上跪着的地富反坏右份子，和低头站在另一边的"四不清"干部。

批斗会在混乱中草草收场。两个扶尸体的小伙子当晚便发烧住院，他们哭诉：他们本来不愿干扶尸体的事，是仲组长硬逼着他们干，不干不行，不干就是和阶级敌人划不清界限，他们是硬着头皮干的。加上多年没有酒供应，一下子喝一瓶酒，头晕眼花，站立不稳，加上害怕手脚哆嗦，不知怎的，人就倒下了……

我和四清

我当生产组长这几个月是我人生最幸福的几个月。那么得意，那么风光，整个身子好像能飞得起来。

但这种飘飘然的感觉仅仅持续了三个多月，便被"四清"运动（又叫社会主义教育运动）搅黄了。"四清工作团"是66年三月份进驻九江棉纺织印染厂的。九纺厂是九江地区最大的企业，因而进驻九纺厂工作团的规模也空前庞大，足足有三、四百人的大队伍，那架式真如同共产党全面接管国民党政权。

四清社教工作团在进厂后的大会上庄严宣布：全厂所有中层以上干部全面接受审查，洗澡下楼。除了纯生产外，一切活动均按工作团的布置进行。厂级领导一律从四个方面检查自己的错误，清政治，清经济，清思想，清组织。要彻底脱裤子割尾巴，不论现实的还是历史上的错误问题统统都要彻底交代，凡有隐匿，一经查出从重处理……

各车间也一律开大会宣布：由各车间所属的四清工作组接管政治领导。在车间大会上，四清组长对车间书记主任头头品脚，肆意指责，而车间书记主任也如同小媳妇见到恶婆婆一样忍气吞声，唯唯喏喏。然后是工段、小组。我所在的织造丙班八组也来了一个工作组员，这是一个微胖姓吴的姑娘，年纪只比我稍大几岁，但俨然是一副职业革命家的作派。她一来便宣布：旷小林现在仅仅是生产组长，至于学习组长还要经过进一步的考察才能确定，在目前，她暂代学习组长。（从此，我们便称她为吴组长。）这样一来便夺去了我一半的权柄，本来我大权独揽，小权也独揽，特喜欢在小黑板上卖弄，更喜欢在小组会上表现自己的口才能力。可现在一下子剥夺了我宣传舆论政治学习的大权，我当然不满。于是，我开始消极怠工，我撒手不干，连管理生产上的事也没有积极性，一副应付了事的架式，政治学习时，我一言不发，两眼望天。

吴组长主持每天的学习讨论，她把四清的必要性说得很恐怖。她说：我们国家处在非常激烈复杂的阶级斗争形势下，全国有三分之二的政权不在无产阶级的手中，农村更有一半以上的基层领导权不在无产阶级手中，被打倒的地主资本家千方百计地以各种方式腐蚀我们的党和政权，我们不少干部娶了地主资本家的女儿，这些人表面上是共产党，实际上已经变成了地主资本家的代理人，有的被地富反坏右几包香烟就收买过去。至于和平演变的例子就不胜列举，原先干革命打敌人时是一条好汉，可进城后做了官，香风一吹，昏了头，图享受，图舒服，图吃图喝，身懒了嘴馋了，一贪金钱二贪美女，很快就变质了。他们虽然表面上是共产党干部，内里早成了党内的腐败份子。于是，不分敌我，不辨香臭，只要投其所好，不管你是什么成份，什么出身，统统收罗门下，封官晋爵，有的部门，有的单位便整个腐烂了……

吴组长说的这些，女工们根本没有反应，什么阶级呀，腐败呀，阶级斗争复杂尖锐呀，赫鲁晓夫呀，她们不关心不感兴趣。无论吴组长说得多么激昂慷慨，她们好像无动于衷，一脸的不耐烦，巴不得早点散会。想想也难怪，小组二十四个人，除了七个老工人，其余全部是十、七八岁的小姑娘合同工，根本不敢在人多的场合下发言，而那几个老工人一开会便心神不定地东张西望，屁股下像坐了一盆火，急着要赶回去带孩子做家务。吴组长要大家发言，谈学习心得，推了半天没一个人吭声。最后，吴组长点了我的将，我是生产组长，只好发言。但也只说了两句应付差事。

这样唱独角戏唱了二周，她也泄气了，私下里让我继续主持政治学习，我没有答应，心想，你上星期才宣布我不兼任学习组长，搞得全组人以为我有什么问题，让我很没面子，现在搞不下去了，又让我上，我是一块任你摆弄的抹布？过了几天，吴组长在中班学习过后与我长谈（小组会经常在我住的宿舍召开）。同宿舍的室友都在上班，整栋楼都静悄悄的，倒很适合密谈。这一次，吴组长不再以四清工作组员特有的那种居高临下的姿态跟我讲话，而是用一种推心置腹寻求帮助的口吻：小旷，我知道你对我有意见。没有没有！我急忙辨白。你不要解释，我知道你的想法。其实，我对你并无成见，我们工作组看过你们每个人的档案，你本人历史清白，也有一定的工作能力，完全可以胜任学习组长一职。不过，我们四清工作团对整顿基层组织骨干有十分严格的要求，一定要家世清白，我们就是在这一点上还不放心，要调查清楚，家庭成份固然重要，各种社会关系也很重要，这些标准要求很复杂，我也不好向你透露太多……

她后来的话让我反感，我打断她的话，说：吴组长，你不必费心，我不想当这个学习组长，我没这个水平。

吴组长说：不是你想不想当的问题，是组织上让不让你当的问题。

我没好脸色地顶了她一句：就是组织上让我当，我也不当！

吴组长的脸刷地变白了：小旷，你不要带情绪好不好，我这是代表组织正式跟你谈话，对于你家庭问题已经函调回来，基本没大的问题。我在车间工作组会议上已经为你担保了，现在我就是来正式通知你，你已经被批准为织布车间丙班工段第八生产组学习组长。

这真是一幕大起大落大悲大喜的肥皂剧……哎，如果她一开始便将这个底告诉我，不就省去了那么多的弯弯绕……

吴组长宣布了对我的任命后，并不打算停止她的说教；"小旷，你别小看了一个学习组长的份量，它是直接联系群众第一线的指挥员，是政治组织最基本的细胞，是反修防修第一线的哨兵，是无产阶级专政的基石……"她说这些副词时"铛铛铛铛"一气呵成，绝不停顿，显示出政工人员特有的素质……她准备推荐我为四清骨干分子，去参加首届四清积极分子大会……

晚上吃饭时，我碰到黄文华。黄文华分配到机动车间，但他实际上没到工人的岗位，而是留在车间搞宣传。黄文华能写文章，一笔字也写得又快又好，成份好又是团员，很快便得到领导的青睐，让他当上了车间的团支部书记，四清运动开始后又被四清工作队看中，抽到四清工作队部（车间）工作。他很忙，总是行色匆匆，除了吃饭很少待在宿舍。今天吃饭碰在一起，自然热聊了起来。我谈到我最近的一些情况，说我被定为四清骨干分子，要参加首届四清积极分子大会。他不屑地说：哦，那算什么，我现在搞四清专案，全车间只抽调两个人，除我之外另一个叫桂春喜，党员，只有我们两个人才可以接触机密材料，参加工作队会议。告诉你，别乱讲话，马上要大抓阶级斗争，要整一批人，揪一批人，会有大动作，我这话，你千万不要讲出去。工作队的赵清河部长（星子县武装部长）对我说：我们最信任你，在工作队听到的每一句话都是机密。其实，工作队对每一个人的情况都了如指掌，就是对我也弄得清清楚楚。赵清河部长说：小黄，你虽然是下中农成份，但你的伯伯是地主，你还有几个叔伯亲戚成份都不过硬，你们黄家那块地方出了不少旧社会的名人，他们的思想多多少少对你有影响，所以你也要注意自身的思想改造。黄文华又对我说：你看看，不但我，连我家的亲戚，祠堂里的叔伯兄弟都查得滴水不漏，共产党确实厉害。

看到他那副得意洋洋的神态，我又是羡慕，又是嫉妒，羡慕他有那么个好成份，嫉妒他凭这个好成份就可以进入四清工作队的核心圈子里。毫无疑问，他今后肯定会作为接班人培养。而我一天到晚为自己的成份忧心忡忡，总要装出一副进步的面孔，实在太累了。

四清工作队号召大揭厂部、车间领导的盖子，从南昌江纺（江西棉纺织印染厂，江西最早最大的纺织企业）调到九纺的万志健夫妻发言特别踊跃、激烈。万志健是在织布车间保养工段大骂邓继尧，而万志健的老婆则在我的组里揭批邓继尧，这个瘦精精的织布车间老挡车工，逢会必骂邓继尧，说邓继尧是钻进党内的投机份子，专门拍领导的马屁，对工人冷冷冰冰，动不动就训斥指责。邓继尧最大的爱好就是围着漂亮的小姑娘转，就像骚公狗闻到了母狗的尿，笑嘻嘻一副色痨的丑态，江纺细纱车间哪个不晓得他的丑事，江纺对他也作了处理，这样的人竟然还调到九纺当团委副书记，九纺领导真是瞎了眼！这个人不搞出来，九纺的四清就白搞了……这个女人每次会议都要唠叨半个小时，但也没有说出更有份量的事来，我对江纺的人和事毫不知情，也只好耐心听她一遍又一遍的喋喋不休。

我比较感兴趣的是车间四清工作组对车间主任胡映林的批斗。胡映林是上海人，近五十岁的年纪，烟瘾酒瘾奇大，他曾在解放前上海资本家的厂子里当过车间主任。于是，解放前资本家的车间主任在解放后共产党的工厂也当车间主任，这不是资产阶级专了无产阶级的政吗？因而，揪出这个资本家的残渣余孽是九纺四清运动的伟大成果，但在批斗会上胡映林还是蛮顽固的，他不承认是资本家的狗腿子，说他当资本家厂子的车间主任，也是养家糊口，凭本事吃饭……群众批他是"拿摩温"的总头子（在忆苦思甜会上，"拿摩温"曾被当作毒打工人的恶魔），但胡映林反驳说："拿摩温"其实也是老工人师傅，是教新工人操作技术的师傅，就等于我们现在教新工人的小先生，现在把拿摩温说得比流氓地痞还坏，不是那么回事嘛……

九纺厂的四清运动让我很不以为然：拿一根铁丝做衣架，拿一点包布做裹脚布，拿一团废棉纱回去洗碗抹桌子，发晚餐卷剩余的两张，自己私用。接受成份不好的职工请吃，给妻子孩子买了花衣服花裙子，在忆苦思甜会上不认真不严肃，不做出感动状，等等等等都是思想不健康的表现，都是资产阶级腐朽思想的反映，都要警钟长鸣，防微杜渐，都要作检查，痛骂自己一顿。当然，重中之重，还是查出身查历史，查社会关系。

其实，工厂里的四清运动主要还是搞阶级斗争，揪阶级敌人，彻查每个人的出身、历史、家庭成员和社会关系。实际上就是政治身份大审查，矛头主要指向党内当权派，干部。

《亲历浩劫：江西省九江市九纺文革纪实》

社教工作团团长石锋的报告

几天后，我出席了厂首届社教积极分子大会，会议在办公大楼里的大会议室举行。办公大楼是58年建厂时兴建的一栋二层楼房，楼上各房间里全部是地板，楼上西头有一个大会议室，可以容纳二百人开会，另一头有一个小会议室，作为厂部党委会议室。这栋办公楼最大的特点是楼上楼下各有一个冲水的男女卫生间，这在当时是顶级豪华生活的象征，也是高贵身份的象征。

我和百多名四清积极分子怀着激动而神圣的心情参加了这个会议，我们统统席地而坐。社教工作团团长石锋给我们作报告。

石锋是一个四十岁左右的中年人，英俊潇洒气度不凡，一口磁性的东北话更添了魅力。他首先称我们这批四清积极分子是四清工作团依靠的力量，四清工作团要求我们这批积极分子以更激越高昂的战斗姿态，投入到这场伟大的四清运动中去，取得四清运动的彻底胜利。

社教运动首先是从农村开展的，实践证明广大农村基层政权有三分之二不在我们手里，被敌对阶级份子篡夺了领导权，地富女儿嫁给了社队干部，这些人便成了地富阶级的代理人。基层干部为了一点蝇头小利，几包香烟啦，几瓶酒啦，几餐酒饭就被腐蚀过去的不在少数。至于多吃多占贪污集体财物搞腐化坠落更是普遍现象，至于革命意志衰退，成天浑浑噩噩混日子的干部也比比皆是。大多数农村基层干部身懒了、嘴馋了、眼蒙了、鼻塞了、腐化坠落了，他们看不清路，辨不出香臭，他们文件不看报告不听不学习不看报，只图舒服享受，为吃一餐好饭可以跑几十里，为了多报几块钱可以毫无廉耻地去车站捡地上的废车票。谁巴结奉承他，请他吃吃喝喝，谁就是好人，就提拔重用。谁爱提意见，不顺着领导，谁就是他的眼中钉肉中刺，非把他整死不可。久而久之，身边尽是阿谀献媚之徒，耳边全是吹吹拍拍之声。这样下去，我们提拔重用的那些干部很可能都是些品质很坏的干部，这些人一步步升到高位再提拔跟他们臭味相同的腐败份子，就会形成一个庞大的贪腐集团，你包庇我，我护着你，一损俱损，一荣俱荣，我们党就会被他们腐蚀变色变修变资变黑霉烂。这些人钻进我们的核心领导层就会成赫鲁晓夫，就会使我们的党全部变色变修，由无产阶级政党变成资产阶级政党，修正主义政党，法西斯党，这是多么可怕的景象。我们搞四清就是要重新清理阶级队伍，重新组织阶级队伍，保证我们的党永远沿着马列主义毛泽东思想的轨道前进……石锋报告的内容有些和到我们组蹲点的女队员讲的差不多，只不过从他嘴里说出来更有份量，一个观点反复宣讲就容易在脑子里扎根，我也为此感到不寒而栗……

石锋继续说：农村情况如此严重，我们工厂情况又如何呢？

他历数我厂存在的种种四不清问题，说得怪异恐怖，扑朔迷离；一个大资本家掌握了全厂的技术大权，医院里有七个国民党的军医，资本家在我们的车间当主任，出身地富资反子女掌握着我们厂大部分权力，还有与台湾军方官方有很深关系的大官仍然在我们厂执掌大权。至于我们这几百个单位调来的人中，鱼龙混杂，有的人虽然年青，但在原单位光情人便有好几个，为之争风吃醋打得一塌糊塗，还有的人思想反动恶毒攻击我们党和政府，有的人在原单位便是老大难，领导卸包袱调进厂的。当然，要全部摸清我们九纺厂全部情况，还要经过我们共同不懈的努力……

石锋最后要求我们不要有优越感，不要高高在上，要和群众打成一片，要积极地迎接即将到来的阶级斗争的暴风雨……这次斗争的重点是整党内走资本主义道路当权派……

一场报告让我听得惊心动魄，浑身直冒鸡皮疙瘩，看似平静的社会，它的内里竟然腐败不堪，会有这么多污秽。不过，我天生的逆反性格使我对石锋的报告又产生若干疑问：地富女儿嫁给干部，这干部就成地富一伙的啦？与出身不好的人同吃一餐饭就被腐蚀了？拿几块包布拿点废纱擦桌子洗碗就是走资本主义道路？……

是不是太小题大做了？然而这些疑云倏突而来又倏忽而去，一切都是上面安排，老百姓纵有千万疑问，又向哪里说呢？一切都随大流吧！虽然我己混入了积极分子之列，但我总感到我是一个戴着面具的另类。与此同时，父亲也成了虔诚的共产主义信徒，在家信中也常常一本正经地要我努力学习毛主席著作，投身到改造和消灭资产阶级思想的运动中去。有一封信中写道：我们不仅是父子，还是同志。那种处处讲究革命风范的警句居然出现在他的家信中。

我虽然也应付他几句应景的话，但内心深处却很不以为然，我感到由于祖母的地主成份，你再表现革命进步，都不会有人相信你的，何必那么认真，我早已绝了进步的念头，我从没写过入团申请书。我想，连我哥哥这么优秀这么赤诚地追求进步都没有被批准入团，我这个有不少毛病的人就更不用想了。建国十几年来，政治教育贯穿到一切领域，讲阶级斗争，仇恨美帝，仇恨旧社会的地主资本家富人及国民党政权遗留下来的知识份子，旧职员，官兵，宗教人士等等。上海市委书记柯庆施更是强调要写解放以来共产党领导的十三年，在中国历史上只有这十三年是光荣伟大的，是在毛主席领导下的，过去几千年都是封建主义的，都是糟粕，都不应该宣场。柯庆施的说法竟成了中央宣传舆论的方针政策。薄古厚今，甚至非古颂今成了文艺界热流，批判封资修，批判才子佳人帝王将相，歌颂工农兵，歌颂新社会，歌颂共产党，歌颂毛泽东，成了各种宣传舆论工具的底线。所有标明的阶级敌人（地富反坏右资）和隐形的阶级敌人（和明的阶级敌人有关系的一切人）都惶惶不可终日，我何必去自讨没趣。

教育为无产阶级政治服务，是前三十年的教育方针。这是一种典型的政治化革命化的教育，它的内容是无时无刻不在的政治学习（类似传销活动中的洗脑），形式多样的活动，听团课，听党课，听英雄模范人物的演讲，参观革命历史展览馆，参观重庆白公馆渣滓洞，上饶集中营，听老红军、老工人、老贫农演讲，忆苦思甜等等。各种文学艺术、音乐、戏曲、电影、美术等无一不在政治统帅下，服务当前的政治需要，所有的宣传工具都是党的喉舌。

但我在任何时候都会冒出我的祖母是地主这条警示！每当我得意忘形的时候，这条惊叹号会倏突而至，像一柄重锤敲在我发热的头脑上。

四清工作团在全厂组织了一次揪斗阶级敌人的大会，几十个过去有点问题的人或者有点历史问题的人（比如国民党军中的军医）都被揪了出来示众。作为狠抓阶级斗争的一个大战役，在批斗这些历史遗留下来的人物，人人都要上阵表态，都要表现自己的革命立场。我当然也不例外，而我涉猎了一些马列和各种政治书籍，因而发言的理论水平也很突出。虽然我并非认可这些东西，但为了适应生存环境以自保，我还是要装得更像一点。当然，这些想法只是我最隐密的思想碎片，既不系统也无创见，只是时不时窜来的疑问，不过我当时就给自己设立了红线，绝不向任何人暴露自己的真实想法，没有任何人可以与之交流，我提防一切人。

《亲历浩劫：江西省九江市九纺文革纪实》

第一张大字报的来龙去脉

这一天，大概是五月份的一天，市文化馆来了通知，通知张培基、黄文华、旷小林去开会，我受宠若惊，跟着张培基，黄文华一道来到文化馆。张培基曾在《萍矿工人报》发表过几篇文章，他和黄文华写了一个京剧独幕剧《闯关》，上万字薄薄的一本，已经印刷出来了，凭着这个剧本，他们联系上了文化馆，我是沾了他们的光，也成了文化馆联系的文学青年。

其时，文艺界也正处在暴风雨的前夕。

从1963年初开始，毛泽东便对文艺界有很多严厉的批评和批责：说文化部是才子佳人部，帝王将相部，总有一天会滑入"裴多芬"俱乐部那样的泥坑中去。要薄古厚今，让贫下中农工农兵的形象占领银幕和舞台……江青开始搞样板戏，批过去的一切影片戏剧，批过去的影视名人戏剧大家。于是，一切过去的影星名角都惶惶不可终日，所有文艺界人士都胆战心惊，都极力迎合上意，都表现出极端革命的姿态以求平安。

市文化馆召我们来是响应中央关于批判三家村的活动的，是一种应景的活动。当时的政治形势是"山雨欲来风满楼"。

开始是姚文元的《评新编历史剧海瑞罢官》，各大报各刊物电台广播全部传播这一篇文章。

紧接着，《解放军报》发表了《向反党反社会主义的黑线开火》，《光明日报》重磅推出了《擦亮眼睛，辨别真伪》，两篇文章都不长，但其口气之大，调子之高，却说明了它们的来头不小。紧接着，上海《解放日报》、《文汇报》同时发表姚文元的《评三家村：燕山夜话，三家村札记的反动本质》。全国各地全部媒体都刊登转载。紧接着报刊连篇累牍地登载了全国工农兵群众愤怒声讨"三家村"的反动罪行，批判邓拓、吴晗、廖沫沙。各个领域内的知名人士都站出来亮相，慷慨激昂地批"三家村"，大中小学也卷进了批"三家村"的怒潮中。

参加会议的人都十分认真的发言，声讨"三家村"黑帮，个个义愤填膺，口沫横飞。我记得其中九江师专的一位老师李某更是激昂慷慨，他大背头，气宇轩昂，状如雄狮，声如洪钟，令人印象深刻。我们几个虽然没发言，也感受到这个气氛，很震撼。

回去的路上，张培基便提议要跟厂里宣传科传达会议精神，要求厂宣传科主持召开厂文学爱好者声讨"三家村"的会。到了厂里，跟厂宣传科一说，宣传科不同意，宣传科长王治安说：这是文化系统的活动，我们跟他们没关系，我们厂有对应的上级领导，上级领导没有布置开展这项活动，我们不能擅自召开。

厂宣传科这样的态度，我们感到很意外。张培基很生气，他说：我们响应中央号召，要求召开批判"三家村"的会都不予支持，这是政治上的麻木不仁，也是官僚作风的反应，我们要贴大字报揭露。

第二天，张培基便起草了一份：厂宣传科不允许召开批判"三家村"的会议，究竟为什么？黄文华的毛笔字写得好，由他抄成大字报，签上了张培基、黄文华、旷小林的名字。我们在宿舍里写大字报的举动，有人很快反映上去了，惊动了高层领导，厂四清工作团的领导、厂党委领导、厂政治部领导急如星火地赶来，召我们三人问了情况，拿走了大字报，并承诺：一旦可以贴大字报时，一定让你们第一个贴，现在没有组织许可，不可以随便贴大字报。九江市委书记兼工作团党委书记江波（县级市），这是个南下干部，东北人，他打着哈哈，拍着我们的肩膀：小伙子，年青有为嘛！我们受宠若惊。

我们也为我们的一张大字报竟然惊动了市委书记四清工作团党委书记出面接待而感到自豪，似乎做了什么了不起的大事。

不久后，北京大学聂元梓的一张大字报在《人民日报》发表了，《人民日报》及全国报纸电台以头条重大新闻予以报道。厂里广播喇叭的声音统治了一切空间，无论你走到哪里，都摆脱不了高音喇叭的喧嚣。天天如此，不由得你不跟着宣传的调子走。

我们听了聂元梓炮轰北大党委书记陆平的大字报，及《人民日报》评论《欢呼北大第一张马列主义大字报》的报导后也热血沸腾，心潮澎湃，感到我们写的大字报竟然和中央的部署相吻合，实在是有眼光有政治头脑，虽然暂时不让贴，但总会让我们第一个贴，我们也就成了厂里贴第一张大字报的英雄、勇士，将在厂史上有它辉煌的一页。

1966年八月五日，毛泽东的《我的一张大字报》发表后，四清工作团允许群众贴大字报。我们的大字报被第一个贴出，一时轰动，开群众可以给领导贴大字报之先河。紧接着，全厂铺天盖地的大字报似万箭齐发，有贴车间领导、工段领导的，有贴同事朋友的，有揭发某某历史问题的，有揭露某某某资产阶级作风，甚至某某某女士有一双红色高跟鞋也会揭露批判……

《亲历浩劫：江西省九江市九纺文革纪实》

第一张大字报遭到全厂批判

　　群众这种乱箭齐发、放任自流的局面只维持了几天，工作团便介入了。由工作团、厂党委部署，掀起打击阶级敌人新高潮的运动，全厂两个重点，两个大车间，细纱车间和织布车间，这两个千把人的车间各揪出一个狠批猛斗。细纱车间是保全工段的张中良，张中良有历史问题，织布车间便是张培基，张培基是现实问题，写第一张大字报。

　　首先由工作团集中力量揭批张培基等人的大字报，重点当然是打在领头署名的张培基身上。围攻第一张大字报的声势不可谓不壮，由工作组组织的织布车间（我们三个分别在织布车间丁班张培基，丙班旷小林，机动车间黄文华）大批判组，连续用通栏大标题，正正规规的斗大的仿宋体撰写的：揭开张培基等人第一张大字报的反动实质。大字报正文用极规正的毛笔字抄写，大字报占了整个批判栏的一半，计有百十个平方米的篇幅，这是自工作组进驻以来声势最为浩大的一次有组织的批斗运动。

　　我们三个人都被打蒙了，当然重点在张培基身上。三个人都噤若寒蝉，彼此不敢见面。黄文华因为是车间四清工作队的红人，日子稍微好过一点。我也被轮番施压，车间、工段、工作组三天两头找我谈话，要我从反党反社会主义反人民的罪恶深渊爬起来，跟首恶分子张培基划清界线，揭发他的资产阶级阴谋家野心家的真面目，重点是揭发出他反党反社会主义的事实。

　　找我谈话的各级领导个个都是阶级斗争的高手，从政治的高度，从阶级斗争的长期性、复杂性及隐密性出发，分析这第一张大字报的反动实质。如果我不从中觉悟，必定会滑到反革命阵营中去，成为不齿于人类的狗屎堆。在这恐怖的气氛下，我觉得似乎天空中到处都是监视的眼睛。愤怒的拳头，真可谓千夫所指，千目所眦，老鼠过街，人人喊打。

　　说得最骇人的是工作组的吴女士，她找我谈话调子最高，频率最高，纲也上得最高。对于所有领导找我谈话，我都是一言不发，唯独对工作组吴某某女士，我顶过两次。我虽然怕得要死，恐怖之极，生怕被揪出来挂牌子游街示众，但偶尔也会头脑发热，不管不顾，一冲动起来就提头一掷。

　　那天，上中班，自从批判张培基以来，我的学习组长被撤，生产组长也被撤了，开起会来再也不是我唱主角，而是被敲打的对象。新上任的组长是个女的，铁路列车广播员裁员调来的，生产技术上不行，但搞政治批判那是一套一套。上午的班组学习会上（每天都有政治学习会，或念报或围绕当前政治活动讨论，总之，每天都安排有会，无论早中晚班，让成了家的女工和住在厂外的女工苦不堪言），这位铁组长又拿我开刀：当前厂里批判张培基，大家都知道吧？如果不知道的那就是政治上的糊涂虫，将来脑袋被敌人砍了，还不知是怎么回事。我们组的旷小林也是跟张培基一伙的，只不过因为年纪小是从犯，就没有在厂部大字报上点名，但这个人至今还没跟张培基划清界线，不作声，不表态，不揭不批，企图蒙混过关。大家说，我们同意不同意？

铁组长的话，只有修机工王大吉附合了一句，其他的人都没作声。我知道这些女工不作声并不代表她们对前组长有好感而心存不忍，而是她们实在太不关心政治学习，根本没有听组长说的话，只想早一点散会回家，还有许多没做完的家务事在等着她们去做。

铁组长的话没有激起热烈的反应，她并不感到尴尬，而是自打锣鼓自唱戏：旷小林，你看到没有？群众对你这种态度非常不满意，你小小年纪，却有花岗岩般的脑袋，拒绝组织的挽救，自绝于人民自绝于党。告诉你，你的抵抗注定会失败，蒋介石八百万大军都被我们打垮了，何况你这么个小罗卜头……

我当时真想跳起来跟她大吵一顿，我怎么能和蒋介石扯在一起呢？简直是胡说八道，我们贴的大字报是要求宣传科紧跟中央部署，召开批判"三家村"的声讨会。宣传科不同意，我们批评宣传科不作为而已。我们是拥护毛主席党中央的，紧跟党中央的部署的，我们是积极革命要求上进的。可现在却说我们是蒋介石的八百万大军的一伙，什么狗屁逻辑，简直是颠倒黑白，信口雌黄。

我满腔怒火，却没有说出来，只是狠狠地剜了组长一眼。组长火了：嚄，还挺凶的，怎么啦，想跟组织对抗，告诉你，跟共产党对抗没你的好！……

散会后，已到吃中饭时间，拿碗到食堂打饭。我要了份最贵的二毛钱的酱爆肉，掌勺的一瓢下去，起来后抖了两下便只剩下两块带毛的肥肉皮，扣在我碗里，我跟他理论了两句。他用勺把我的碗扒到一边，往我后面的人吆喝：要什么菜。我后面这个人是上海人，油头粉面，他用最谄媚讨好的笑容对掌勺者说：师傅，麻烦你也给来份酱爆肉。结果他这一勺下去，不仅比我多一半还尽是精肉，气得我火冒三丈又无可奈何。我端碗到宿舍丢在桌上，一口没吃便躺在床上生闷气，宿舍里只有我一人，我感到绝望，仿佛全世界的人都在与我为敌，都在欺侮我，敌视我，可我到底犯了什么错误？要受到如此对待？……

这时，房间外传来急促的脚步声，稍敲了两下门，便推门而入。原来是工作组的吴组长，她一脸严峻，我也翻身坐起，方才气恼的表情尚未褪尽，不像平时领导找我谈话时，那种低眉顺眼的样子。

吴组长看我这样子，目光更尖历可怕，她用一种瘆人的语气说：小旷，你今天表现很危险，组长在会上批评你，你还不服，还狠狠地瞪她，是吗？

我说：瞪她一眼也犯法，她说我是蒋介石八百万大军一伙的，我怎么能和蒋介石八百万大军扯到一起了呢？我们贴的那张大字报你看过没有？我们是批评厂宣传科没有跟上中央部署，组织批判"三家村"，这有什么错，难道要求厂宣传科紧跟中央部署有错吗？而

《亲历浩劫：江西省九江市九纺文革纪实》

这就是反革命，就罪该万死，有这样的道理吗？紧跟毛主席党中央的部署走的有罪，不紧跟毛主席党中央部署的有功，这不是颠倒黑白，是非不分吗？

我的一顿霹雳炮火打得她张口结舌，她嘴唇嚅动了几下也没吐出声来，最后终于从牙缝中挤出凌厉的尖声：好啊，旷小林，我原来还认为你年纪小，只是思想认识问题，现在看来你一直在顽强地对抗组织对你的挽救，坚持反动立场，你现在是立场问题，是站在反党的立场，是顽固不化。

我也火了：什么反党，反社会主义，反对组织挽救。我问你，我们的大字报是要求领导批"三家村"，哪一句哪一个字是反党，一讲就拿大帽子压人，我不怕，紧跟毛主席党中央部署有罪，说到天上我也不怕。

吴组长惊讶地睁大眼睛，仿佛不相信我会说出如此胆大包天对抗工作组的话。她一时语塞，只是咬紧牙关连连说：好，好你个旷小林，胆子倒不小，我告诉你，跟组织对抗是绝没有好下场的，对于紧跟党中央部署，我们工作团是有计划的，不是你想跟就跟的，党中央毛主席的部署也是要一级一级布置下来的，每级组织都是代表党中央实施具体领导的，这就是组织原则，每个人都在一级组织里生活工作，也被上一级组织管着，一切言行都要听上一级组织安排，连这点起码的常识都不懂，还妄谈什么你们是紧跟党中央部署的，一个小小的工人，妄图对工作团党委的工作妄加指责，这不是反党又是什么？旷小林，你今天的态度说明你已完全拒绝组织上对你的挽救，你既然一条死路走到底，就别怪组织上没给你打招呼，我将把你的态度汇报上去，你等着对你的处理吧！她甩门而去。

那"哐"的一声轰响让我燥热的头脑顿时冷了下来，我这是怎么啦，吃了豹子胆啦，竟敢这样顶撞工作组，这不是找死吗，连车间主任看到工作组都点头哈腰，像老鼠见了猫。其实从他们洗澡下楼的检讨上看，他们都没有什么大不了的错误，有的仅多占用了几张晚餐券（三毛钱一份，上晚班每人一份），都检讨得下不了台，和出身不好的人多接近几次就是阶级立场不稳……贪占几张晚餐券便成了挖社会主义墙脚的蛀虫，资产阶级腐朽思想在共产党员身上的反映，阶级斗争在党内的反映，修正主义在党内的反映。说得那么惊心动魄，其实不就是几张晚餐券吗，一块几毛钱都搞得惊天动地，上纲上线到亡党亡国的地步。连车间主任都被如此恶搞，何况我们这些小工人，要把我们打成反党反社会主义的反革命份子还不是易于反掌。我越想越怕，仿佛我已经被押上了刑场。

吴组长那一句：你等着组织上对你的处理吧，宛若悬在我头上的达摩克利斯的利剑，不知什么时候落下将我头颅刺穿。从此开始，恐惧如影随形时刻不离我前后左右，我感到所有人都在监督我，天空中有无数眼睛在怒视着我，黑暗中也有无数眼睛在窥视着我，仇视的眼神和警惕的目光无处不在。我陷入了恐惧和忧愁的深渊，像待宰的羔羊，时时刻刻都惴惴不安，我这时体会到恐惧的魔力，恐惧，它无形却威力无比，它可以摧垮你的一切自信和勇气。让你匍伏在权力的魔杖下战战兢兢，听任驱使宰割……

有一个人救了我，他就是我的室友张安之，萍乡上栗人。他看我终日愁眉不展，便开导我：旷小，有么子了不起，总不至于坐牢吧，想开些，宁可打死也不要被吓死。他的这两句极朴素的话，救了我的命，我反复地思考这两句话，让我从愁肠百结的心态中解放出来。我还是照常上班下班，只不过组长通知我今后不能参加小组政治学习了。

但对我组织处理的决定迟迟没有下达。

《亲历浩劫：江西省九江市九纺文革纪实》

张培基父亲的历史问题

有一天，是上早班的傍晚，宿舍的人都吃晚饭去了，整栋楼静悄悄的，我拿着碗也正准备去吃饭。一出门便看到张培基鬼魅般地蹑手蹑脚地走来，我知道他是来找我，肯定有什么重要事情要说，我把他让进屋，他一进门就连忙把门关上，我走过去把门打开半边，我想，如果别人看我们关门闭户地密谈，肯定疑心更大，我开门敞户到时候也可辨白，张培基也认可我的举动。我看他形容憔悴，脸色腊黄，眼泡肿得垂了下来，不用说，他受的压力比我大得多。

我望着他，等他开声，他嗫嚅了半晌才说：旷小，我告诉你，我父亲解放前在萍乡县法院搞过一年书记。

我惊讶地望着他，他忙解释：解放前法院的书记就是记录员、文书。也叫录事。

我一时蒙了，天哪！这可是打倒我们的重磅炸弹。我现在只所以敢强硬一点，就是因为我们三人都历史清白，家世清白，特别是张培基、黄文华的成份好，让我有些底气。现在，我们三人为首的张培基的父亲竟然是国民党县法院的书记，天哪，书记这顶帽子是共产党干部最红最革命最可靠的帽子，而这顶帽子戴在解放前旧政权雇员的头上，那他就是罪大恶极的反革命。这可怎么办？张培基父亲是国民党县法院书记这个信息一公布，我们便会陷入万劫不复的深渊……

想到这些，我全身冒汗，我嘴巴张开半天合不拢来。终于，我回过神来问：你不是说你是中农成份，你父亲60年出事故，因公死亡。

张培基说：是呀，是60年在青山矿运输区，在地面被桶子碰死的（桶子是矿车，萍乡人习惯的叫法），算工伤死亡。

我说：人都死了，还说什么过去的事，你真是多一事不如少一事，你说了没有。

张培基说：我还没说。

我松了口气：没说就好，没说就好，你一说你父亲是国民党县法院的书记，马上全厂轰动，人家可不会管你什么书记员不书记员，文书不文书的，巴不得有一点名堂就把你打倒。你也是，你怎么会想到你父亲的什么书记不书记。

张培基叹了口气：唉，实在受不了，一天到晚逼我交代，如果不老实交代一切，查出来就严厉处罚。我想，我就是父亲是县法院书记这一条没交代，我想把这也交代了，省得将来查出来，罪加一等，可又怕无事生非。所以，到你这里来商量一下。

我一切都明白了，我凭直觉感到张培基是被整得昏头昏脑，不然怎么会做这个蠢事，好在他在最后关头到我这里来讨主意，不然，后果不堪设想。

我说：你父亲人都死了，鬼来查，退一万步，即使查出来了，你一口咬定不晓得又能怎么样，哪有你这样送肉上砧板的？！

张培基似乎猛然醒悟，一拍大腿，连声说：我晓得了，我晓得了，好，我走了。

我补了一句：今天，我没见到你，你也没跟我说什么，我什么都不知道。

张培基点点头，仿若卸下了千斤重担，满面舒展，出门走了两步又返回嘱我两句：旷小，领导逼你写我，你尽管写，反正大帽子压不死人。

张培基和我这次会面，我们两人以后一直没再提过，也没向任何人透露这次讲话内容。在那种环境下，我们都学到了守口如瓶。我心里许多大逆不道的想法及我独自遇到的私密事件，我不会对任何人说，包括张培基黄文华，更包括父母兄妹妻儿。对这次会面我的做法，我始终感到自豪和得意。人一生中不知要面对多少选择，我一生不知做了多少蠢事、错事、傻事，悔断肠子的事，作出过多少错误抉择。但这一次，我做了正确的抉择，这一正确抉择使我们改变了人生轨迹，否则的话，我们后来的发展将又会是另一番模样……

这以后，车间领导找我又有几次谈话，但口气缓和得多。我知道工作组是绝不会放过我的，难道领导决定了的事情，会在一个小工人那里翻船吗？终于，吴组长又来找我了，她并没有宣布对我的处份决定，而是按她的说法，最后一次挽救我。我说：我实在回忆不出他有哪些反动言行，我又不能编造。吴组长说：我们并不需要你提供张培基的罪行，我们只需要你的态度，希望你回到毛主席的革命路线上来，和张培基彻底决裂，世界上的路千万条，但只有紧跟组织才是正道。你自己考虑一下，写一个与张培基决裂的声明，就可以了。当然，你不写也可以，只是我不会再找你谈话了……

这最后一句威胁让我着实恐惧。我也想解脱开来，这无休无止的威逼、胁迫，这悬在头上的剑，让我身心俱疲。加上张培基私下说的那句：旷小，领导让你写我，你就写，反正大帽子压不死人。

于是，我写了与张培基划清界限的大字报。当然，那是份只是表态、毫无内容的大字报。

《亲历浩劫：江西省九江市九纺文革纪实》

红八月，红卫兵，红海洋

　　林彪担任国防部长主持军委工作后，在部队内大力开展学习毛主席著作运动，毛泽东鉴于此，立即号召"全国学解放军"。之后，全国各行各业积极响应。一个学毛选、学雷锋、学老三篇的热潮在全部宣传机器的推动下，正一浪高过一浪的向前推进。毛泽东自己正是对自己个人崇拜热的推动者。

　　正是这种对毛泽东的个人崇拜和神化，成了文革中红卫兵狂飙骤起的前提。

　　红卫兵运动起源于清华附中。

　　1966年六月二十四日，清华附中一批学生私下组织红卫兵组织，贴出了"无产阶级革命造反精神万岁"的大字报，宣称：敢革命，敢造反，这是无产阶级革命家最可贵的品质，不造反就是百分之百的修正主义。革命者就是孙猴子，要抢大棒显神通，施法力，把旧世界打个落花流水，打个天翻地覆，打个人仰马翻，打得乱乱的，越乱越好……

　　学校工作组把这批学生组织打成反动组织，但工作组越压，青年学生反弹越烈。清华附中红卫兵学生又于66年七月四日、七月二十七日贴出了二论三论"无产阶级革命造反精神万岁"的大字报。

　　在清华附中学生的影响下，其他学校的学生也纷纷成立了红卫兵组织。这些学生组织实际上就是反对工作组的战斗队，当然遭到工作组的反对和镇压。

　　但毛泽东却热烈地支持他们。66年八月一日，毛泽东在写给清华附中红卫兵的一封信中说：你们的行动，说明对一切剥削压迫工人、农民、革命知识份子和革命党派的地主阶级、资产阶级、帝国主义、修正主义和他们的走狗，表示愤怒和声讨。说明对反动派造反有理，我向你们表示热烈的支持……

　　有了毛泽东公开的支持，北京各学校中的红卫兵组织便如雨后春笋般纷纷成立，并推向全国。从此，红卫兵作为一股狂热的政治力量，登上了文革的舞台

　　1966年八月十八日是毛泽东、林彪第一次在天安门广场接见赴京学生红卫兵。林彪代表毛泽东讲话，支持红卫兵砸"四旧"扫荡旧社会遗留下来的污泥浊水，支持红卫兵的打砸行为，重申支持清华附中红卫兵的四论。"无产阶级革命造反精神万岁！"大破四旧：旧文化、旧思想、旧风俗、旧习惯，砸庙宇，毁古迹，一切旧社会遗留下来的字画，扁额招牌，雕塑，装饰古董，统统在横扫之列，全部代以毛泽东画像。林彪说：要弄得天翻地覆，轰轰烈烈，大风大浪，无产阶级睡不着觉，资产阶级更睡不着觉。

　　于是，1966年八.一八接见后，红卫兵的暴力恐怖行为便让京城浸没在血泊之中。从八月二十号到八月三十号，短短十天，被红卫兵打死的有名有姓的教师市民有一千七百七

十二人，被打伤者数万人。最残暴的红卫兵集中在高干子弟云集的中学，其中包括薄一波的三儿薄熙来，原东北局书记宋任穷之女宋彬彬（后由毛泽东改名宋要武）。薄熙来打杀"黑帮"勇冠三军，为了表现他的革命精神，他冲上批斗薄一波的台上，一拳将其父打翻在地，又用脚踢断其父三根肋骨。宋彬彬也是雄纠纠的女杀手，八月的毒太阳下，她带头用铜头皮带欧打清华附中女副校长致死。（值得指出的是，薄一波和宋任穷都是邓小平钦定的幕后最高决策机构八老会成员，就是这个八老会撤消了党内最开明，最有良心的总书记胡耀邦的职务。）而这位坚决打倒美帝的红二代太子党宋彬彬竟然加入了美国籍，成了正宗的美国佬。薄熙来的独子薄瓜瓜也是定居美国的太子党，薄熙来这个"唱红、反美"的旗手，竟然把最心爱的独子送到美国去做美国佬。难道我们红色的中国就这么不堪？这种高官的两面人格，让人们有理由怀疑他们每一句话的真伪。

  在四清工作团围攻第一张大字报的同时，北京红八月的旋风也刮到了九江。九江一些学生也学北京红卫兵的做法砸庙宇打菩萨、拦截行人剪小裤脚、剪女人卷发、察看穿回力球鞋（因鞋底据说有反动图案）、缴高跟鞋……九纺厂工人中也有红卫兵，他们是如何成立的我不知道，只见他们戴上红袖套就似乎成了宪兵，对奇装异服、时髦发式、高跟鞋等有处置之权，人们都避之如瘟神……

  紧接着便是"红海洋"。一夜之间到处都是红色，房屋墙上、厂围墙上、大字报栏、厂门上，总之，所见之处统统被红油漆刷上红色，加上几十米长的红缦，厂区飘扬的红旗，手臂上的红袖标，手里拿着的"红宝书"（毛主席语录），好像整个世界都被染红了。

  红色最早源于马克思的一句话，有人问马克思，你最喜欢什么颜色，马克思的回答是红色。于是根据马克思主义教义创建的党便把红色作为革命的颜色，苏联共产党的军队叫苏联红军，中国共产党的军队叫中国工农红军。中国的无产阶级文化大革命更是把红色推向极致，举目所及全是红色。红领巾红宝书红旗飘飘红色娘子军红色种子红色书籍红灯记红袖套红袖章红横幅红天红地红海洋……红得辅天盖地，红得惊心动魄。

随着红海洋的风靡，紧接着便是毛泽东的像章热，一时间到处都在找像章发像章买像章，人人都在胸前挂上毛泽东像章。前纺车间一个工长叫涂长印的南昌人竟把像章挂在前胸的皮肉上，引起轰动。

  接着是一切社会活动都要先讲毛主席万岁，背一段语录，早上上班碰到人打招呼，先要喊毛主席万岁，继而背一段语录：我们从五湖四海走到一起来了。只有经过这么一番仪式才可进入正题，到商店买东西同样如此，这使很多人都不敢出门，生怕说错话挨揍……

《亲历浩劫：江西省九江市九纺文革纪实》

冰火两重天

我虽然是贴第一张大字报的罪魁祸首，生产组长和学习组长都撤了，而且不准参加小组的活动。但并没有限制我的自由，没有隔离，没有关押，我可以不受监督地想去哪里就去哪里。熬过了最初几天的痛苦之后，我想开了，不让我当组长，不让我开会，更好，我可以有时间到处玩。 当然，我最热衷的是：到九江市西门口、文化宫、烟水亭等热闹地方看形势：看大字报，看传单，看红卫兵演讲，看红卫兵与围堵他们的捍卫军赤卫队的干部及群众辩论……

当时，九江市仅一路公共汽车，从市区的一菜场到三五二五厂。九纺厂是倒数第二站，从九纺到市中心烟水亭要二角钱车票，来回四角钱，这对于每个月仅三十多元工资的人来说，定是一笔沉重的负担，很多人因而很少上街。而我一个星期起码跑三趟，为的就是感受冰火两重天的感觉：在九纺厂，依然是工作队、厂党委的一统天下，死水一潭。而在九江市，红卫兵已经闹得热气腾腾，天翻地覆。每次到市里一走都有新的收获，都热血沸腾，跃跃欲试。

我最早看到的红卫兵是在地委门前绝食，要求地委免去该校校长书记的职务。其实绝食的并不多，也就一百来号人，但支持他们的后援力量却十分强大，人数几倍于绝食的人群。他们高声呼喊口号，唱歌，好不热闹，围观的市民把两边路都堵得水泄不通。红卫兵大声合唱《造反有理歌》、《红卫兵战歌》。

《造反有理歌》
马克思主义的道理千头万绪，
归根结底就是一句话：
造反有理！
根据这个道理，
于是就反抗就斗争，
就干社会主义。

《红卫兵战歌》
我们是毛主席的红卫兵，
大风浪里练红心，
毛泽东思想来武装，
横扫一切害人虫。

>敢革命，敢斗争，
>革命造反永不停，
>彻底砸烂旧世界，
>人民江山万代红。

时至中午，前来应付红卫兵的地委干部劝红卫兵回家吃饭，说：同学们，回家去吃午饭吧，身体是革命的本钱。

一个红卫兵高声回应：放你妈的狗屁，毛泽东思想才是革命的本钱。

那位说错话的地委干部连忙认错：我说错了，我向红卫兵小将认罪，向你们学习！向你们致敬！

我因为在人圈外，听到两个回家吃饭的地委干部私下里叽讽说：什么绝食，全是吓人的，我亲耳听到学生说：走，回去吃饭去，吃完饭再来绝食。两人一同哈哈大笑起束。

一个说：什么小将，十五、六岁的毛孩子晓得什么，一个个指手划脚，神气活现，真当自己是钦差大臣天兵天将。

另一个说：你看你，刚才还说向小将学习，向小将致敬，转过脸又是另一副腔调。

哎，有什么办法，上面封的嘛，只好鬼哄鬼啰。于是两人又笑……

另一次，我看到女红卫兵在人民剧院门前的台阶上演讲，那气势，那姿态，那口气实在令人赞叹，宛若五四街头振臂高呼的女学生。

这是一个十七、八岁的女红卫兵，扎着两根小刷把辫子，黄军帽黄军装，臂上戴着红卫兵袖套，挎着黄书包，腰间扎着军皮带，雄纠纠，气昂昂。她在众多捍卫军老保的围攻下，毫不畏惧，她跨上几级台阶，站在高处，从书包里拿出一叠传单往人群中一撒，纷纷扬扬的传单飘散四方，我也捡到一张。

传单上写的是：北京来电：

毛主席最新指示：凡是镇压学生运动的人都没有好下场！

毛主席还说：组织工农反学生，是极端错误的，不准各地这样做！

红卫兵的革命造反精神万岁！

……

一个老工人看着传单说：造反造反，这不是造政府的反，造党委的反。这样下去，不就乱套了？！

站在台阶上的女红卫兵在同伴的护卫下，义正词严地高声回应：我们就是要造反，造走资派的反，造资产阶级的反，造一切不符合毛泽东思想的反，那些一听到造反就浑身紧张的人，那些一听到造反就歇斯底里大发作的人，不是反革命，就是糊涂虫！我们就是要把旧世界造个天翻地复，我们就是要把旧世界杀个人仰马翻，一反到底，不获全胜，绝不收兵！我们这一代担负着埋葬帝修反的伟大历史使命，靠的就是无产阶级革命造反精神，革命无罪，造反有理！……

小红卫兵的演说充满了革命的豪言壮语，充满了有中国特色的大话套话，让人听了荡气回肠，可我总感到有点以势压人，不是以理服人的味道，但我绝对是站在他们一边的。

当时，最令我敬佩的是一位商业局的女职工，她，三十来岁，矮壮的身躯，一副江湖女侠的架式。几十个人把她围在中间，与其辩论，当然，看热闹的是大多数，我也是其中一员。但也确有几个是张永红似的人物，咄咄逼人地向她提问：你说"怀疑一切"是对的，那么党的领导也可以怀疑啰？

你说学生不在学校上课，到处串连反对各级党组织也是对的吗？

学生到处串晌影响工农业生产也是对的吗？

十五、六岁的学生屁也不懂，还到处指手划脚，这不是捣乱吗？

……

面对连珠炮似的责难，这个女侠毫不畏惧，舌战群儒，不输须眉。令我频频为之叫好！这位勇敢无畏的女子，我后来才知道她的名字：她的名字叫黄萍……

到九江市区看形势，最令我震撼的是围绕一副对联之争，这副对联上联是：老子英雄儿好汉，下联是：老子反动儿混蛋。横批是：基本如此。

这副对联最早发源于七月二十九日北京航空学院附属中学学生中的干部子女，最初的动因大概出身不那么好的同学竟然敢于剑指出身贫苦的老革命干部，你们这些出身不好的子女有什么资格对老干部说三道四，于是愤愤不平，这才有贴对联的冲动。对联一出，引起了巨大反响，对联迅速传遍了全北京所有学府，贴对联的一方还给这副对联起名为"鬼见愁"。这副对联在北大、清华、人大等中国一流大学引起了激烈的辩论，拥护与反对的尖锐对峙，辩论通宵达旦。

中央文革高层得到这一讯息，立马赶到辩论现场，中央文革组长陈伯达建议将这副对联修改成：父母革命儿接班，父母反动儿背叛，横批是：理应如此。江青也支持陈伯达的观点。

但被激情燃烧起来的红五类学生始终认为他们血统高贵，可以凌驾于黑九类头上，并为此在学校成立了贫下中农协会，但贫协一露头，遭到了中央叫停，周总理八月五号明确指出，学校不能成立贫协。

八月六日，围绕对联，两派辩论在天桥剧场召开。中央文革康生、江青等高层领导出席了辩论会。

整个辩论会始终是拥护对联的一方占上风，拥护对联的发言者个个穿着父辈的将校呢军装，威风凛凛，不可一世。虽然康生、江青委婉地批评了这种观点，但温和的批评根本压制不住高干子女红卫兵的狂热冲动，因为建国以来以阶级斗争为纲的国策与对联的精神是一脉相承的。

天桥剧场的大辩论，推动了血统论的大传播。

北京工业大学三年级学生（高干子女）谭立夫受对联影响，竟然提出：要把"老子英雄儿好汉，老子反动儿混蛋"当作党的阶级路线来推行，要把它提炼成政策条文。

不久，谭立夫在北京工业大学学生辩论中的讲话，风靡北京，火遍全国，处在惶恐不安的当权派，宛若久早逢甘雨，把这篇讲话当作救命稻草。福建省委将谭立夫的讲话印了几十万份，广为散发宣传学习讨论。有的省份规定此讲话为大中学必学文件。

谭立夫热已成时髦，谭立夫成了一部份人崇拜的偶像，不少人甚至要改名为李立夫，王立夫，张立夫。

谭立夫热引发了"血统论"的猖獗，一时间，出身不好的人被称为狗崽子、渣滓、残渣余孽、孝子贤孙……上火车汽车要自报成份，进商店、旅店要报成份，甚至进医院看病也要报成份，成份不好的不准看病，在家等死吧！反动阶级的后代死了还省了我们一颗子弹……

最后，谭立夫的讲话及"血统论"还是遭到中央的大力弹压而臭名远扬，因为它妨碍了毛泽东推动文化大革命的部署，毛泽东准备打击的那些走资派很多是对联中的"英雄"，而要冲决刘少奇等大小走资派所构建防线的一部份生力军又要靠这些"混蛋"。

争论的双方都是红卫兵，都是一样的军装打扮（只除了没有领章帽徽），但赞成"老子英雄儿好汉，老子反动儿混蛋"这副对联的占多数，反对这副对联的是少数，多数派有着先天的自来红优势，说：被打倒阶级的后代，和贫下中农、革命干部的后代，怎么可能对党对毛主席的态度是一样的呢？猎人和豺狼虎豹能和平共处吗？……他们高唱从北京传来的歌：

老子英雄儿好汉，
老子反动儿混蛋，
要革命的，你就站过来，
不革命的，就滚他妈的蛋，
滚滚滚，滚他妈的蛋，
撤他妈的职，罢他妈的官……

反对的一方说：马克思、恩格斯、列宁、毛泽东都是出身于剥削阶级家庭，但他们都背叛了自己的阶级，而带领无产阶级闹革命，可见家庭影响小于社会影响。因此，出身不好绝不是反革命的代名词？！

……

家庭出身不好是我的心病，我对这副对联的争论格外关注，找到谭立夫讲话仔细地看了两遍，深深地为谭立夫的口才所折服。谭立夫这篇即兴发挥的演讲词，幽默，风趣，智慧，大气磅礴，旁征博引，信手捻来，喜笑怒骂皆成文章，痛快淋漓，实在是一篇极为精彩的演讲词。但我绝不认同他的观点。其实，我一边看，一边便在心里升腾起若干反驳意见，但我承认，他这篇演讲词很有气势，在气势上已压过对方一头。

他的讲话中提到：他所在的工业大学，出身不好的竟占全校总人数的百分之八十，而红五类出身的仅占全校总人数的百分之二十，这个比例起码说明出身不好的知识份子占知识界的绝大多数。如果我也算小知识分子，那我就有一大帮同病相怜的伙伴，我并不孤单，中国的科学家、教授、工程师、作家、艺术家、史学家等都出身不好，如果把他们统统杀掉，这个国家能不能生存下去？国家将会变成什么模样？为什么总是把知识份子看成另娄呢？

在毛泽东所有论述中，我最恐惧的是这一条：毛泽东说，美帝国主义丢原子弹，我也不怕，无非是死一半人，死了三亿，我们还有三亿人……而这注定要死的三亿人，肯定包括地富反坏右资等一切份子和他们的子女家属，我也肯定属于这先死的三亿人……为此，有一段时间我常常做恶梦，梦见我与一大群成份不好的狗崽子，一同押往一座空城去挡原子弹。这座空城楼房的窗上挂满了赤条条的尸体，尸体在风中晃荡，突然一道强光闪过，接着是天崩地裂的一声巨响。我绝望地惊恐万状的喊：原子弹爆炸了！于是，我被吓醒了，一身冷汗。醒来后，依然惊悸不已，心跳如鼓，梦中情景清晰地呈现在眼前……

造神运动

毛泽东的崇拜热在林彪的强力推动下，已经发展到事事处处先要念一句相对应的语录，再谈事的地步，报刊文章甚至书信前必有一段最高指示。

再后来，发展到开会吃饭前都要做会敬餐敬，餐敬又分早餐中餐晚餐，于是分为早敬午敬晚敬。

会敬和餐敬的仪式如下：

所有人肃立，右手握红塑料皮的毛主席语录贴于心脏处，以示从内心深处对毛主席的敬仰，主持人挥舞着毛主席语录领呼：首先让我敬祝我们伟大领袖毛主席，众人立即也挥舞着毛主席语录，齐颂：万寿无疆、万寿无疆、万寿无疆！

主持人继续领呼：祝毛主席的亲密战友，林彪副统帅，众人齐颂：永远健康、永远健康！

这是最简单的祝词，不能再省略了，再省略哪怕一个字，都是对毛泽东的大不敬，就是反革命，就万劫不复！

也有很多人为了表示忠心，在敬祝后面加很多副词，有的副词多达几十个，如：伟大的军事家，伟大的哲学家，伟大的诗人，伟大的文学家，当代列宁、马克思最伟大的继承人，全世界无产阶级的救星，穷人的靠山，全世界几百年、中国几千年才出现的天才，一个世纪内同时打败美帝日本的伟人，彻底埋葬帝修反的统帅，世界的灯塔，人类的希望……我们伟大领袖，伟大导师，伟大统帅，伟大舵手，我们心中最红最红的红太阳，毛主席万寿无疆，万寿无疆！

好不容易祝完毛泽东，本想松口气，但别急，还要祝林彪呢，于是又是一段长长的副词：祝毛主席的亲密战友，百战百胜的军事统帅，毛泽东思想学得最活，毛泽东思想红旗举得最高，毛泽东无产阶级革命路线跟得最紧，最忠于毛主席的党和国家接班人，我们最最敬爱的林彪副统帅，永远健康，永远健康！

我们鲜血凝成友谊的邻邦朝鲜虽然当时与中国翻脸（称中国是货真价实的修正主义），但这些副词全学过去了，只不过加在金日成头上了，而且，青出于蓝胜于蓝，他头上的光环还有：一个世纪内同时打败美国和日本这两个最强大的帝国主义的伟大统帅，连中国共产党解放军打败国民党军也是金日成的功劳，是他派遣由朝鲜人组成的几个师帮助中国解放军打仗，才取得胜利的。至于中国派到朝鲜参战的几百万志愿军，朝鲜方面根本不提，在朝鲜战争纪念馆中根本没有中国志愿军参战的内容，朝鲜的中青年一代根本就不知道中国人帮他们打美国佬，而且兵力是朝鲜人的三倍，伤亡的人数也是朝鲜人的三倍，战争物质、后勤补给、粮弹供应统统是中国人民勒紧裤腰带省出来的，苏联提供的武器都是中国人买单，中国为此背上沉重的外债。中国为帮助金日成保住政权付出了极其沉重的代价，但金家独裁政权却严历地封锁历史真相，反而说正因为金日成率领朝鲜军队打败了美军，才使中苏避免了被美军占领的危险，中国人为了报恩，感谢金日成元帅，才每年送粮食给朝鲜。你如果告诉朝鲜人，是中国帮助朝鲜人打败美韩军队，他会认为这是天方夜谭！反动谣言！

不是还有当年参战的老年人在吗？他们可以告诉子孙后代历史的真相，但他们敢吗？一旦被儿孙揭发，等待他们的便是绞刑架和集中营，这就是专制独裁政权恐怖的魔力所在，它可以撒弥天大谎，篡改，涂抹一切历史。使之整整几代朝鲜人竟然连举世皆知的抗美援朝的历史真相都茫然无知……

（几十万中国志愿军为保住金家封建法西斯王朝的宝座献出了生命，他们的坟茔大多被金家王朝摧毁，他们魂魄无归。倒是阵亡在韩国国土上的志愿军被韩国人礼葬。）

祝完了这两位后，便是念语录，大多数会议都是台上台下共同念，所以每个人无论到哪里，语录本都要随身带，不然灾祸随时都会降临到你头上。

念语录也分场合，开生产会念抓革命促生产的语录两句就完了，可开生产会只占会议的五分之一，大多数会议都是政治运动和政治学习讨论，那就是搞阶级斗争，于是大念毛泽东搞阶级斗争的语录，那都是些杀气腾腾的话：

阶级斗争，一抓就灵。

千万不要忘记阶级斗争，阶级斗争要年年讲，月月讲，天天讲。

凡是反动的东西，你不打它就不倒，这也和扫地一样，扫帚不到，灰尘照例不会自己跑掉。

在拿枪的敌人被消灭以后，不拿枪的敌人依然存在，他们必然要和我们作拼死的斗争，我们绝不可轻视这些敌人。如果我们现在不是这样提出问题和认识问题，我们就要犯极大的错误。

上面几条几乎是人人都知道的老生常谈，每会必念的警句。当然，大部份主持人不会满足这几条，往往还要加上：南京政府向何处去，敦促杜聿明投降书，念这些阶级斗争语录都是为了造成恐怖气氛高压态势，让人人都生活在恐惧之中。但忽然一夜之间又不搞"红海洋"了，说那是阶级敌人故意从左的方面干扰运动，说是形式主义不要搞，说不搞形式主义，但并没有减少群众多少负担，因为两个敬祝照搞，早中晚敬照念……

那时候，群众苦于会多，天天有会，班前会班后会谈心会，一帮一一对红会，忆苦思甜会，后进职工帮扶会，班组长会，大会小会一天甚至有几个会，单身汉还好一些，只可怜那些拖儿带女有家务的女工确实苦不堪言，每天睡眠不足三小时……

《亲历浩劫：江西省九江市九纺文革纪实》

  这就是我们当年的真实生活。二十一世纪的中青年闻所未闻的他们祖辈父辈当年的政治生活画卷……

《亲历浩劫：江西省九江市九纺文革纪实》

张永红的大字报

红卫兵旋风越刮越猛，他们高唱着"造反有理"的战歌，所向披靡，不可阻挡。他们从开始的扫四旧、砸庙宇、毁古跡、批斗校长老师，到杀向社会，杀向各地党政机关工厂企业。他们高喊着：舍得一身剐，敢把皇帝拉下马！他们唱着最粗俗的无产阶级战歌：撤他妈的职！罢他妈的官！滚他妈的蛋！……

只有这些最粗俗最暴力的语言才能代表无产阶级造反的气势，才能和当年共产党领导那群大字不识的农民造反军冲决旧世界的蛮劲相接轨。红卫兵毫无理性的做法得到了最高当局的鼓历和支持，林彪称红卫兵是捉拿牛鬼蛇神的天兵天将。中共中央机关报《人民日报》一再为红卫兵的行动叫好，一再推波助浪地号召红卫兵发扬大无畏的精神，向旧势力、旧习惯、旧风俗、旧秩序开火！红卫兵的革命造反精神好得很！新华社也连声为红卫兵造势，红卫兵大破四旧大立四新，得到广大工农兵的赞扬喝彩……

红卫兵把批判的投枪刺向社会上的每一个角落，沿用了多年，从旧社会遗留下来的旧名、老字号，统统被红卫兵改了名；东交民巷被改成反修路，长安街被改成东方红大街……

这些十五、六岁的孩子，个个横眉立眼，不可一世，把红袖章往袖子上一套，便成了不可一世的奉旨拿人的天兵天将。

各地的党政高官，各地的工厂企业当权派，对红卫兵怕得要死，恨得要命，总是千方百计想把红卫兵、特别是来串连的外地红卫兵拒之门外，他们视红卫兵为洪水猛兽！因为红卫兵每到一地便煽动群众起来造反，他们一到，往往首先贴出几十个为什么？

为什么该单位长期执行刘少奇反革命修正主义路线得不到揭露和批判？

某某某厂到底是谁家之天下？

某某某书记究竟是何许人也？

彻底砸烂执行刘少奇修正主义路线的黑党委！

……

红卫兵每到一地（工厂企业），该地的秩序就会大乱，他们贴大字报，发传单，总的意思就是当地运动死水一潭，他们到这里就是要打破这死水一潭，打破这沉闷的空气，要乱！要大乱！

所以，红卫兵一到，当地便人心浮动，流言四起。当权派胆战心惊却又无可奈何，私下里，咒骂最高当局的胡作非为。

当然，各级党委、各地当权派也不会坐以待毙。他们想出了对付红卫兵的绝法子，利用老劳模老工人对党委的感情，组织捍卫军，辩论队。红卫兵一到，捍卫军便围了上去，由精选的辩论队员上前与之辩论。这些辩论员都是马列斯毛著作的饱学之士，开口马克思《资本论》第几章几行怎么说，列宁怎么说，斯大林怎么说，毛泽东怎么说，以子之矛攻子之盾。这些十六、七岁的中学红卫兵哪有这套本事，往往张口结舌难以应对，捍卫军群众趁机起哄，几个回合下来，红卫兵怏怏而退，确有一段时间，红卫兵处处碰壁。

当权派的另一招是组织反击的文章，以工人的名义发表，而且是正正规规铅印的传单。张永红的大字报就属于这一类。张永红是省拖拉机厂工人，他的大字报传单（全部是正规铅印刷品）发到九江后，当权派如获至宝，九纺厂社教工作团和九纺厂党委立即组织全厂干群学习讨论。

书记桂光星、厂长张巨库在干部会上极力宣杨张永红大字报的水平高，张巨库厂長在会上动情地说：人家张永红大字报水平这么高，毛主席著作学得这么好，真使我佩服，值得我们好好学习，这张大字报看了真过瘾，说出了我的心里话，不然，怎么得了啊！

张永红的大字报，经过各级组织布置学习讨论，确实影响了大部份人的思想，红卫兵遭到了空前未有的围攻，他们在家里也遭到了家人的责难，工厂企业几乎进不去，红卫兵运动一度沉寂。但毕竟有红司令的号召，舍得一身剐，敢把皇帝拉下马！鼓历红卫兵造反派以命相搏！中央文革的推动和支持，新华社、《人民日报》、《红旗杂志》、《解放军报》等中央喉舌的鼓动造势，不久以后，又以更大的能量席卷而来，掀起更大的风暴……

《亲历浩劫：江西省九江市九纺文革纪实》

精神病人蔡先太

蔡先太是九纺细纱车间总支书记，纺织厂最重要的两个车间细纱车间和织布车间，都是千多人的单位，举足轻重。对这两个车间干部的配置是重中之重，不仅要资历，还要业务精，管理强，既要有水平又要能团结人，总之各种素质都在考量之列。蔡太先能出任细纱车间总支书记，可见其确属重量级中层干部。就连"四清"工作队都对他信任有加，放手让他主持工作。可就是这样一个被各方面看好的干部，却执拗地反对批判刘少奇，甚至在细纱车间大会上宣布：我们细纱车间不准批判刘少奇。那时是1966年十月，毛泽东的一张大字报《炮打司令部》已公开发表多时，虽然没有正式文件，但红卫兵早就率先发起了批刘运动。全国批判运动如火如荼。可蔡太先竟然在这时冒天下之大不违，公开宣布不准批判刘少奇。称：我们细纱车间不跟风不揭不批，谁在细纱车间批刘就是违反组织纪律，就要受到处分。

这惊世骇俗之举令在场的人都惊呆了，很快便有人猛醒过来，冲上台质问他为何公开发表反革命言论。继而有人呼喊：打倒对抗毛主席的现行反革命份子蔡先太。经过各种政治教育洗礼的群众立即跟着呼喊。蔡先太立即被戴上高帽子，立即在厂内刷上大标语：

细纱车间书记蔡先太死保刘少奇罪该万死！

蔡先太对抗毛主席党中央的战略部署罪该万死！

蔡先太是隐藏在我厂的赫鲁晓夫！

几乎是同时，厂社教工作团党委和厂党委召开紧急会议：决定撤消蔡先太细纱车间总支书记的职务，立即召开全厂大会批判反革命份子蔡先太。

在社教工作团的主持下，召开了声势浩大的批斗蔡先太大会。

当时，批斗的方式还不像后来那么野蛮暴烈。两个押着他的人把他往舞台中间一推便下去了，扩音机旁领呼口号的男女把口号喊得惊天动地。蔡先太似乎并没有被这排山倒海的声浪吓倒，他微偏着头，怒视着坐在台边的主持人，其容铮铮，其言也铮铮，一副坚持真理不惜以死相博的架式。

大会主持人是社教工作团的秘书，他不知是缺乏主持的经验，抑或出自明批暗保的动机，总之主持人的气势压不倒蔡先太的气势。

主持人问：蔡先太，你为什么要死保刘少奇？！

蔡先太说：刘少奇是国家主席，他代表的是国家，你要打倒刘少奇就是要打倒中华人民共和国，我当然不同意，这有什么错？！

主持人问：毛主席党中央的战略部署，你紧跟不紧跟？毛主席反对的人，你也拥护？

蔡先太说：毛主席什么时间说过要打倒刘少奇？党中央什么时侯宣布过打倒刘少奇，你拿中央文件给我看看？！如果是毛主席指示，他会公开明明白白讲嘛，不会这么稀里糊塗乱搞！

主持人语塞。

主持人示意喊口号。

于是，惊天动地的口号声又响了起来。

主持人说：毛主席早就在《炮打司令部》的大字报里就点了名，你身为党支部书记，管政治思想工作，难道连这一点政治嗅觉都没有？装聋作哑，你完全是刘少奇死心塌地的忠实走狗。

蔡先太说：不管怎样，工作有争论有分歧和打倒是两回事，这是个组织原则问题，我入党十多年，最讲究的是组织原则，党内没宣布没传达，就大轰大嚷，简直是乱搞三千，这不是党的政策。我绝不相信毛主席自已制定的政策纪律，他会带头违反？

蔡先太口沫横飞，气势汹汹，越说越激动，以致于每句话都结结巴巴重复一遍。会场静极了，只有他那带有南昌话尾音的普通话尖利高亢，在会场上空铿锵有声，仿佛所有人都被他滔滔雄辩征服。一时间主持人都没反应过来，听任蔡先太那大逆不道的反革命言论公开泛滥。蔡先太甚至声明他要给刘少奇主席发电报。

打开僵局的还是呼口号。

人们直到呼口号时，才从近乎接受反动宣传的境界中惊醒过来，急忙回到毛主席革命路线上来，跟呼的口号又喊得地动山摇。

社教工作团领导意识到这个会不能再开了。再开下去，不知他还会放出什么毒来？于是匆忙宣布散会。

问题是，散会后，蔡先太竟然按他声明所宣布的，径直步行到十里邮电所去发电报：

九纺厂离十里老街邮电所有三里路，蔡先太昂首阔步，沿马路大步流星朝邮电所走去，跟随他前后左右看热闹的有上百人，我也是其中的一员。我在心里嘀咕：社教工作团和厂党委为什么没有把蔡先太像对待阶级敌人一样的控制起来？这是很容易做到的呀！因为按照他在批斗大会上讲的话，证据确凿是现行反革命嘛。

所有簇拥着蔡先太的人都莫名兴奋，我也一样。群众都是跟风派，这也难怪，因为你不随风倒，你就会被风刮倒。其实，每个人心中都有两杆秤，一杆是人性本能的认知，另一杆则是动物趋利避害的本能。大多数人对于打倒刘少奇都心存疑惑，但至高无上的领袖发了话，那就只有跟着走。当时，中央报刊虽然没有直接点刘少奇的名，但连小学生都知道，中央要打倒刘少奇。只有蔡先太这个车间书记竟然像《皇帝的新衣》中的那个孩子一样。不管蔡先太说的对不对，但人们对他那大义凛然、舍身取义的举动还是心生敬意的。

当时没有哪一个人敢在众目睽睽之下，千人大会之上，公开对阵社教工作团，公开为刘少奇辩护？

蔡先太一到邮电所，就立即在电报纸上写上："北京，中华人民共和国主席刘少奇，中共江西九江棉纺织印染厂细纱车间书记蔡先太有紧急情况向您汇报。请回电。"

电报员扫了一眼电文，大惊失色，他拿着电文纸转身进去，报告了上级。邮局负责人不敢怠慢，又立即向他的上级报告，最后还是转到九纺社教工作团党委和九纺党委，由九纺厂保卫科派人把他从邮电所押回厂。人们一致认为蔡先太是精神出了问题。

蔡先太被正式看押起来。

九纺社教工作团党委和九纺厂党委紧急商讨对蔡先太的处理意见，根椐蔡先太的出身经历和他一贯的工作作风，都没有找出任何问题。

但竟然就是这样一个根红苗正忠厚正直的政工干部却说出了如此大逆不道的反革命言论。如果不是精神病就无法解释。最后的结论是：精神病。送精神病院治疗。

蔡先太事件前后仅折腾了三、五天，却给九纺厂带来了轰动效应，也给狂热的政治操盘者送上了一道黑色幽默大餐。使很多人产生了必然的联想：看来只有精神病人才会说真话，没有精神病的正常人说的都是假话……

从此，挂着刘少奇孝子贤孙牌子的蔡先太遭到无数次残酷的批斗和打骂，长期精神和肉体的双重折磨，让他成了真正的精神病人……

《亲历浩劫：江西省九江市九纺文革纪实》

揭批老资本家陈志恒

在四清工作团党委和九纺厂党委共同策划下，于1966年九月十日，由厂政治处厂办工作人员署名的揭批资本家总工程师陈志恒的大字报出笼了。写大字报署名的有：

厂党委办公室主任，伍清波

厂组织科长，厂长老婆，龚玉屏

厂团委副书记，邓继尧

厂生产技术科长，胡必瑜

厂生产调度室副主任，余官林

保卫科主任科员，钱玉颂……等三十多位厂部干部

《对准目标集中火力炮轰陈志恒》

陈志恒吸人民的血，吃人民的肉，已经有超越半个世纪的历史。解放前，他从头到脚，每一个毛孔都挤满着劳动人民的血。解放后，他的牙缝里仍夹着劳动人民的肉。旧仇新恨，我们怎能容忍！怎能容忍！

这个反动的资产阶级份子，长期来不但不接受无产阶级的改造，相反地，他醉生梦死，他苦苦地思念着解放前花天酒地的生活，他梦想着被夺去的天堂，他盼望着蒋介石回到大陆，他对共产党咬牙切齿，他对无产阶级恨之入骨。他张着老嘴残牙宣传东风压倒西风不正确，叫嚷帝国主义还有核牙齿，赞扬帝国主义还有经济回升，讽刺社会主义的经济没完成计划，胡说修正主义的"三和"是发展了马列主义，饮酒嘲笑我国"调整、巩固、充实、提高"八字方针。反动资产阶级份子陈志恒真是罪大恶极，我们怎能容忍！怎能容忍！怎能容忍！

无产阶级的地盘上，岂能让反动资产阶级份子鼾睡，社会主义企业里，哪能容反社会主义的资产阶级份子存在。

无产阶级文化大革命已经敲响了一切牛鬼蛇神的丧钟，现在是和陈志恒算总帐的时候了。

我们要把陈志恒反动的丑恶嘴脸挂起来示众！

我们要把陈志恒打翻在地，再踏上一只脚！

革命的同志们，我们要把炸弹、手榴弹、爆破筒一起扔到陈志恒这个老狐狸身上。我们要对准目标，集中所有的炮弹，向陈志恒猛烈开炮！

我们振臂高呼：

无产阶级文化大革命万岁！

无产阶级专政万岁！

伟大的中国共产党万岁！

战无不胜的毛泽东思想万岁！

伟大的导师、伟大的领袖、伟大的统帅、伟大的舵手毛主席万岁！万岁！万万岁！

附件：资产阶级份子陈志恒反党反社会主义反毛泽东思想的十大罪状。

革命职工：

伍清波，胡必瑜，邓继尧，许恩国，段琳，余官林，龚玉屏，

冯礼铭，林和来，周发荣，余乃顺，李火松，劳水珍，黎金香，

李陕芝，刘玉屏，叶招生，王祖贻，钱家璜，曾明，吕玉屏，

王旺水，冯英，陈侃，钱玉颂，陆纯耀，赵智汉，李华芳，

温源，陈岳泉，杨佩林，余国萱，严锦荣

——1966年九月十日

［附件］资产阶级分子陈志恒反党反社会主义反毛泽东思想的十大罪状

无产阶级文化大革命在我厂开展以来，全厂广大的革命职工，揭发了反动的资产阶级分子陈志恒大量的反党、反社会主义、反毛泽东思想的罪恶事实。现在我们将主要问题加以归纳摘录、予以公布，请全厂职工批判，并进一步揭发陈志恒的反动事实。

一、恶毒地攻击毛泽东思想

陈经常说：帝国主义是纸老虎，但纸老虎有核牙齿，能吃人。

攻击毛主席的关于帝国主义和一切反动派都是纸老虎的英明论断；陈又说：现在不能说东风压倒西风。公然和毛主席的东风压倒西风的英明论断相抵抗。1961年三月陈讲：说帝国主义一天天烂下去，我在思想上搞不通，美国1958年经济危机，结果生产回升了3%到10%，今年美国的经济危机，生产可能又要回升，怎么能说他一天天烂下去。

二、大肆鼓吹修正主义谬论，充当苏修的辩护师

1961年陈说：赫鲁晓夫提出的和平过渡，无条件的和平共处，全民的党，全民的国家等观点，不一定不对，也可能是发展了马克思列宁主义，因为客观情况发生了变化，对这些问题不该过早地下结论，要看今后的事实。1963年陈又说：赫鲁晓夫在古巴撤出导弹是一种有效的措施，如果不搞这样明智妥协，可能会引起第三次世界大战。又说：赫鲁晓夫用的方法，也是一种反帝的方法，就是用经济竞赛来消灭帝国主义。1965年说：黎荀去苏联是买武器的，发表了公报对苏联表示态度，黎荀虽不是修正主义，但看

起来援越抗美还是要依靠苏联。公然为苏联修正主义领导集团的投降政策唱贺歌。

三、极力否定社会主义制度优越性，美化资本主义

1964年陈说：周总理说社会主义阵营日益发展，但从国民经济来看，63年只有四个社会主义国家完成了计划，大部分国家都未完成，特别是农业问题，这怎么能说是发展呢？歪曲和否定社会主义制度的优越性。1966年六月份还说：解放前我办厂管理生产，我管了几个厂只用三部电话，就可以指挥生产，有什么重要事情，下边写报告，我只要一批就行了。推行他的资本主义的管理方法。

四、散布阶级矛盾调和论，为资产阶级涂脂抹粉

1961年对宋信善（市针织内衣厂私方副厂长）说：过去我们是从工人阶级变为资产阶级，现在是从资产阶级变为工人阶级。企图混淆阶级界限。陈还经常宣扬他所谓的办厂"三史"，说什么：办工厂是为了解决失业工人的生活问题。又胡说：我是抗日时期为了工人的生命安全，停产照发工资而破产的。又吹嘘地说：解放前我是进步的，因为支援解放区而被国民党没收了三船货物。

五、攻击和破坏党的方针政策

1961年九纺决定缓建，陈在欢送一批干部外调的酒会上，疯狂大笑地说：九纺下马了！嘲笑和攻击我们党的八字方针。并在工人中散布说：你们不要写申请，厂里就没有办法要你们到农村去。以破坏党的加强农业第一线的政策。

六、制造混乱，破坏社会主义建设

陈志恒采取恶劣手段破坏社会主义建设：

1、在我厂基建时有意多订购三台梳棉磨盖板机，造成我厂积压和兄弟厂缺货；

2、我厂存SG081型整经机，陈认定是大跃进产品没过关，任意停止安装，严重影响安装进度；

3、并条机原来是双区迁伸，只需部份缺件，陈却订购了全部零件，造成积压；

4、整经机吊轨弯道，某某技术员向他建议不要安，陈却不理，采购钢材，造成积压；

5、65年底，一百台细纱机要投入生产，陈不顾保全师傅反对，硬把二十台四分锭带全部割断，浪费锭带七十公斤，误工达二百余工，直接破坏生产。

6、我厂停建时，陈有意把细纱机罗拉浸在油箱里，造成锈蚀严重。

七、反对突出政治，主张技术第一

陈对王某某说：你好好钻研技术，只有从技术方面去努力，将来可以提拔为工程师。又经常对年轻技术员说：你们要好好钻研技术，少参加一些社会活动。大肆鼓吹青年走白专道路。

八、招降纳判，为资本主义复辟准备工具

陈在兴中时，通过私人关系，把反革命分子蒋某某、沈某某、张某某、周某某和周某某全部弄进厂，安插在清、梳、併、粗、细纱、保全等部门工作，组成一个"陈派"。九纺续建后，陈又四处奔走，搜罗门徒，千方百计把王维昂弄进厂来，作为亲信。同时还搜罗了投机倒把分子曹某某，坏分子陈某某，精心安插在梳棉、细纱车间工作。陈还和反革命分子曹金保勾结密切，把曹当作座上客，认作"干儿子"。不仅如此，陈还和右派分子杨思让保持紧密地联系，把杨介绍来的某某某和某某某编入他的黑帮，为资本主义复辟准备工具，共同与社会主义为敌。

九、反对党的领导，企图夺取无产阶级领导权

1966年五月间陈说：我只管安装，还有一个党员干部搞生产，我认为现在和将来在技术队伍中党员总是少数。其言外之意不要党员管技术。当纺织处处长来厂时，陈诉说什么：我有职无权。妄图取消党对技术队伍的领导，夺取无产阶级领导权。陈在1963年九月与某某某对话说：过去不尊重科学实验，不听技术人员的话。公开对毛主席提出的三大革命运动进行恶毒攻击。

十、宣扬资产阶级腐朽生活，搞和平演变阴谋

陈经常在群众中宣扬说：我家的猫吃的鱼比你家里人吃的鱼都大。又说：我的猫还懂人情，问几点钟，猫就抓几下。

伟大的战无不胜的毛泽东思想万岁！

我们最最敬爱的伟大领袖毛主席万岁！万岁！万万岁！

伍清波，龚王屏等

——66年九日十日

批判陈志恒是"四清"工作团和厂党委在"四清"期间做的一项最主要的工作，陈志恒是作为资本家和厂部总工程师的厂级干部来批的，陈志恒从此便作为九纺厂第一号批斗对象，受到漫无尽头的批斗。他的家也被抄过无数次，但没有抄到什么反动信件、资料及旧社会有联系的纸字，倒是抄走了他的一些营养补品，其中有二根正宗的野山参极值钱的，张利仁经手把这批抄家物品交给了三查小组的冯立东。后陈志恒临死时要求还一根野山参给他救命，但未能如愿。

卷三：文化大革命在九纺全面展开

《亲历浩劫：江西省九江市九纺文革纪实》

文化大革命在九纺全面展开

形势的发展出乎各级当权者的意外，自从毛泽东写了《炮打司令部》的大字报后，紧接着是毛泽东八次接见红卫兵。林彪作为毛泽东的法定接班人副统帅，在接见红卫兵时代表毛主席讲了话。他说：红卫兵战友们，你们斗争的大方向始终是正确的，毛主席和党中央支持你们，你们的革命行动，震动了整个社会，震动了旧世界遗留下来的残渣余孽。你们大破"四旧"、大立四新的战斗取得了光辉的战果，那些走资本主义的当权派，那些资产阶级反动权威，那些吸血鬼，寄生虫，都被你们搞得狼狈不堪。你们做得对，做得好，红卫兵是捉拿牛鬼蛇神的天兵天将！

最早的红卫兵是北京市西城区出身将帅高官家庭的中学生，他们穿着父辈将校呢军装，戴着半尺宽的绸制红袖套，骑着新款的自行车呼啸而来，呼啸而去。他们拿到派出所提供的黑七类名单（地富反坏资），挨家抄没财产物质，挨家把黑七类份子押到广场毒打。当年这批官二代没有赶上在国共战场上杀国民党，现在要补上这一课。把这批黑色人物像打杀国民党军一样消灭，要杀出一个红彤彤的新世界。他们把这群黑色人物打得血肉横飞尸横街头，逼着这些资本家地主历史遗留下的军警特宪等黑七类份子吃屎喝尿，然后，他们便兴奋得大笑狂笑，又呼啸而去，去打杀下一批黑色人物……

他们私设刑讯室将派出所提供的有问题的人押到刑堂，将这些黑七类、残碴余孽、狗崽子、遗老遗少、流氓、混混等等打得鬼哭狼嚎，血肉横飞，各种酷刑全上，刀劈火烧，老虎凳滚钉板，开水洗澡老虎钳拨牙……

红卫兵在市郊更是大开杀戒：1966年八月二十六日红卫兵在公安派出所的引导下，将大兴县的"地富反坏"四类份子毒打致死。仅八月二十七日至九月一日，五天内打杀"四类份子"及其家人三百二十五人，其中年纪最大的八十岁，年龄最小的才三十二天。有二十二户人家被杀绝……

在毛泽东及中央文革的指挥下，红卫兵运动声势浩大起来，他们打砸抢，无人敢挡其锋芒，因为他们是毛主席派来的红卫兵。

红卫兵不仅打杀四类份子，也冲击四清工作组，不论是学校工作组还是工厂的工作组，一律驱赶打击。

九纺厂工作组在红卫兵的冲击下，风声鹤唳，很多工作组员已不见身影，我的那位"女克星"也不见踪影，人间蒸发了。

其实，早在七月份，毛泽东批评派工作组是犯了方向路线错误，应当统统驱逐之。当然，毛泽东是针对刘少奇往学校派工作组，而我们厂是四清工作团，因而地方上的四清工作团仍然大权在握。

直到十一月份，红卫兵来厂串连，才又燃起了我们申冤控诉的怒火。我写出了批判工作组的大字报，这份大字报由黄文华抄正，共计五十三张大字报纸。虽然落款为织布车间丙班工人旷小林，但还是在众目睽睽之下，由我们三人在厂门口大字报专栏最显眼的位置上贴出，大字报绵延二十多米，通栏大标题，编排也是尽善尽美，文字长达五千。尽述三个年青人出于良好的革命愿望，敦促厂宣传科召开批判"三家村"座谈会，这么一个小小的事端，竟招致社教工作团疯狂地围攻，工作组及车间如何施加压力威胁逼迫我写揭发张培基的大字报，那种极端政治化的小题大作到了令人匪夷所思的地步。我没有把自己说得如何勇敢坚强，而是显得软弱无助。文中把一个年青人面对压力那种恐惧、委屈、无奈诉于笔端，充满了真情实感又凄恻动人。几句古诗词又恰到好处的穿插其间，更添文采。最后，又点出了我们的清白家世，但我没说自己，只说张培基和黄文华。张培基家庭出身中农，本人成份学生，高中文化，团员；黄文华家庭出身下中农，本人成份学生，初中文化，团员，机修车间团支部书记。我们的问题仅此而已，岂有它哉？

这张大字报如同一颗重磅炸弹，震撼了九纺厂，大字报前人山人海。政治处，四清工作团都派人全文照抄，也有自发抄录的，大字报的轰动效应持续了一个星期。张培基感慨地对我说：你这张大字报，把我们三人的水平提高了个层次。

在这份大字报的带动下，九纺厂又掀起了一轮批判工作组的高潮。群众贴的大字报虽多，但一个星期内竟然没有人复盖在我的大字报上，一直保持到它自然寿尽而止。

这轮大字报热潮中，社教工作团开始正式退出九纺厂，但退出之前召开了全厂大会，正式给受工作组围攻打击的张培基和张中良赔礼道歉。张培基和张中良两人都在台上讲了话，张培基在会上的讲话有点知识份子腔，一句一顿，只可惜他的萍乡腔实在太重，让很多人听不懂。

形势的变化真如万花筒一般，超乎任何人的想像。

工作组撤走后，厂党委主事了。厂级领导共六人，党委书记桂光星是湖北省黄梅县人，纯粹的本地干部，资历浅，解放初的工会积极份子提拔起来的，竟然一路顺风，行政级别到了十五级，是全厂级别最高也是职务最高的厂领导，他四十岁，说一口的黄梅话，这与当地县级干部主要是东北南下干部一口的东北话语境极不协调。桂光星个子高大，挺个大肚子，一脸严肃不苟言笑，以稳重著称。厂长张巨库是辽宁铁岭人，三十六岁，南下干部，以工作有魄力著称。党委副书记黄问官，四十六岁，九江人，是个老好人。副厂长厂政治处主任曹国彬，江苏盐城人，四十五岁，部队转业干部。副厂长刘树范，东北人，南下干部，四十岁，地主成份（后被打成地主份子）。厂政治处副主任赵福风，东北人，三十五岁。

《亲历浩劫：江西省九江市九纺文革纪实》

  红卫兵早已提出：炮打地市委火烧地市委。自然也延烧到了基层厂矿，人们开始被这些口号都吓了一跳，炮打党委，这不是反党吗，换到前几个月都是不敢想像的事。可现在，在地委，市委大楼，大字报贴得密如蛛网，人都钻不进。我们经常跑去看，我们谓之看看外面的形势。所有批判当权派的大字报都是帽子大，帽子下面没有实质罪行，唯独批判王书枫的大字报引起了我强烈的兴趣。地委第一副书记王书枫的反动言论是这么说的：粮食产量始终是我最关心的问题，65年是天帮忙，政策好，粮食丰收。唉，美国是百分之三的人搞农业，不但能保证国内需要，还向世界各地倾销剩余谷物，我们呢，百分之九十的人搞农业，搞饭吃，还不够吃，还要进口粮食，唉，怎么说呢？王书枫的这番话被重点批判。机关造反派批其为美帝国主义唱赞歌，恶毒攻击毛泽东思想，贬损社会主义制度。他的讲话，竟然没有提毛泽东思想的威力，简直是罪大恶极……

  我们这些完全在官方政治宣传的舆论环境中生存的平民百姓，第一次知道，原来万恶的美国佬科技如此发达，仅用百分之三的人搞农业，却粮食富足得可以大量向外国倾销，太不可思议了。而这句话竟然是从地委书记口中出来的，那绝对是真的。我们中国人解放以来，一直生活在粮食困窘之中，有饱饭吃便是最大的幸福。大多数农民十几年来都过着半饥半饱的日子，60年那几年更是饿死几千万人。连毛主席的女儿李纳都吃不饱，星期天从学校回家把菜盘子都舔得干干净净（这都是公开报导过的）。可美国佬从不用为吃饭发愁，狗日的美国佬真厉害。过去，我们的宣传机构总是说：美国人民饥寒交迫，过着牛马不如的生活。希望中国人民去解救他们，现在看来全是骗人的谎言，我由此对我们过去听到的种种宣传都开始怀疑。虽然我们天天骂美国佬，可暗中不知有多少人羡慕美国佬，向往到美国去生活。这就是批判党内走资本主义当权派的副作用。

  另外，揭发当权派走资本主义道路的同时，也揭发出他们生活奢侈腐化，男女作风淫乱等内幕隐私：省委第一书记杨尚奎光住房就有三十六间，还把省军区一个军官的妻子霸为己有。省委副书记白栋材怕死到从不接人民币，说钱是最脏的，每张钞票身上都有无数细菌，我是从不接钱的……

  从北京传来的大字报揭露出来高级干部的特权生活真令我惊得目瞪口呆：高级干部与群众的工资待遇相差几十倍，他们除了拿高薪外，还有国家配给他们的各种服务人员：秘书司机警卫勤务员厨师医生护士保姆等等，还享受医疗保健旅游及各种物质特供，同时还有物质分配官员提拔安排等方面的无限权力，真是一人当官，鸡犬升天……

  当权派奢侈腐化的生活让底层群众愤恨不已，他们满嘴革命道理，共产主义理想，其实都是假的，骗骗老百姓，暗地里他们都在过纸醉金迷的资产阶级生活。

  （应该指出的是：当时大多数干部还是清廉的。即使贪污的干部，涉贪也有限，如果涉贪上千元那就非坐牢不可。与现在任何一个小贪动则上千万相比都是小巫见大巫，微不足道。）

在红卫兵冲击地市委的形势下，厂党委也受到炮打火烧。厂党委成立了两届文革领导班子，第一届厂文革领导小组组长是潘先祥，南昌人，前纺车间的老工人老党员、劳模，但上台仅一个星期就被轰下去了。第二届厂文革领导小组组长是刘斯印，应该说也是个比较有能力的人，但也被轰下台。

厂党委书记桂光星被冠以走资本主义的当权派，遭到集中攻击，打倒九纺厂头号走资派桂光星，砸烂桂家天下的大标语大字报，贴满全厂每个角落，各种关于桂光星的负面传闻不迳而走，弄得桂光星很快便威信扫地。贴他的大字报中有一张问：他与党办主任伍清波的老婆郭凤英是什么关系，总是把她带在身边。这张大字报在全厂如同投下一颗炸弹，人们必然联想到男女关系。气急败坏的桂光星亲自写了一张大字报回击。我亲眼目睹他自己提着浆糊桶，拿着大字报，挺着大肚子，满脸怒容地贴在厂门口的宣传栏上：我和郭凤英是同志关系！这张辨白的大字报，反而让更多人相信其中肯定有名堂，真是越描越黑。（其实，桂光星是个老实忠厚人，没有任何作风及经济问题。）

《亲历浩劫：江西省九江市九纺文革纪实》

成立解放兵团

张培基自从平反后，我们三人参加运动的积极性空前高涨。尤其是张培基，我们自认为自己的水平高，对中央的精神吃得透，有政治远见。第一张大字报奠定了我们在厂里造反领头羊的地位，自以为了不起。三个萍乡矮子（我一米六五，他们俩还稍矮一些），总是一起出没于大字报栏前，成了运动初期的一道风景线。我们针对厂里运动情况写了十评，从一评到十评：内容都是当前形势和我们的任务。仿照《人民日报》评论员的口气，对当前运动提出我们的看法，实际是指导。

一时间，我们三人成了厂里的关注点，很大一部份中层干部及群众中一些关心运动的人，很看好我们，认为我们三个年青人，政治历史清白，个人品行端正，政策水平高，行事不鲁莽，属于温和的造反派。所以，当运动发展到成立群众组织阶段时，我们三人成立了解放兵团。解放兵团团长为张培基，副团长为旷小林和上海人余锡林。余锡林是个身高一米八二的美男子，聪明能干。黄文华始终没担任过公开的职务，但绝不是我和张培基排斥他，是他自己不愿挂名，虽然他没有挂名，但他实际上还是我们的核心成员，开会讨论任何问题都一样地参与。

厂里也立刻冒出几十个群众组织：解放兵团、从头越兵团、鹰击长空兵团、一五一一战斗兵团、钢刀连、红色娘子军、红尖兵、红医兵、铁扫帚、串联队……不一而足。有的兵团仅十几个人，有的却有千多人，人数最多的是合同工临时工造反兵团，因为厂里临时工合同工占了一半，尽是些十六、七岁刚进厂的小姑娘小伙子。

我们解放兵团始终是全厂关注的重点。出于对我们三个人的信任，全厂中层干部（指车间主任一级）六十六人中有三十六人参加了解放兵团，其中以部队转业干部为多，各车间科室参加解放兵团也是精英居多。因此，解放兵团虽只有二百多人，却有着不可小觑的战斗力。在厂里也有着举足轻重的地位。

当时，厂党委为了适应全厂纷纷成立群众组织的形势，把厂办公大楼一楼腾空，作为几个大的群众组织的办公室。我们解放兵团分到了原厂工会办公室，这是一间足有四十平方的大办公室。我们对面的是临时工合同工造反兵团分得的办公室，只不过，出没于他们办公室的全是些稚气未脱的小姑娘小青工。临时工合同工造反兵团只存在了五天，他们的诉求是取消临时工合同工制度，好让他们转入正式工，他们造反的目的仅此而已。中央出台反经济主义后，全厂几十个组织立马联合行动，抄了这个组织的家。这个组织也就不复存在了。

我们解放兵团始终人来人往，热气腾腾。人们总是在为形势如何发展而各抒已见，争执不休，争得面红耳赤。但也有人很不以为然，总是唱反调的赵知汉（食堂总务科会计），曾私下里说我们是一群疯子、呆子、傻子，是一群被人操纵的木偶。中央今天让你搞一天，你就只能蹦跶二十四小时，明天中央宣布你是反动组织，你立马就被抓到牢里。你看，党委书记桂光星有什么大不了的问题，我看了批判他的大字报，尽是些执行上级路线的问题，你能怪他，还不是中央要这么搞……赵知汉的谬论我驳不倒，但我一再嘱咐他别到外面乱说。但我也受到他这番话的影响，对于投身文化大革命，心里总在打鼓，但南下大学红卫兵的一夕夜谈又坚定了我的立场。

《亲历浩劫：江西省九江市九纺文革纪实》

炉前夜话

1966年十二月底，北京南下串连的红卫兵来到我厂。这次北京南下串连的红卫兵十几个人全部是高校红卫兵，有的年已二十四、五岁了，这与过去到厂支持我们的红造司红卫兵都是十五、六、七岁的孩子，虽然勇气十足，但知识储备浅薄，社会阅历明显不足，而这些已经成人的高校红卫兵则显得成熟睿智，大气凌然，十几个人的到来便胜似千万雄兵。

在一个风雪交加的夜晚，我们几个运动积极份子听北京来的大红卫兵讲北京当前的形势和种种我们闻所未闻的内部消息，让我们听得心惊肉跳。其中主讲人是北师大的一名女生，这个戴眼镜的女红卫兵神态从容镇定，很有领导人气质。她谈到毛主席发动无产阶级文化大革命的重要性和必要性。

她说：苏联赫鲁晓夫以阴谋手段处决党和国家的二把手贝利亚是一记强烈的警钟。贝利亚是苏联最强有力的领导者，是他在德军突然进攻苏联时，在斯大林面临这突然打击惊慌失措时，勇敢地挑起了稳定军心、政权的职责，利用秘密警察控制住了局势，并组织起所有潜在资源与德军对抗，终于扭转了战局，他在打败德军的伟大卫国战争中功不可没。战后美国拥有原子弹，称霸世界，贝利亚又千方百计策反了参与原子弹制作的科研人员，拿到了制作原子弹的机密文件。终于在1949年也造出了原子弹，打破了美国垄断核武器的地位，使社会主义阵营人心振奋。贝利亚也成了美帝和资本主义阵营最怕最痛恨的人物，贝利亚虽然也犯了肃反扩大化的错误，但他是捍卫社会主义阵营最坚强的柱石，可就是这么一个伟大的人物，却被赫鲁晓夫阴谋杀害了。赫鲁晓夫又作了个秘密报告，把苏联肃反过程中出现的一些错误，错杀了几百万人的错误，暴露在世界面前，让全世界为之震撼，原来共产主义国家这么血腥残暴。帝国主义阵营为此兴高彩烈，社会主义阵营则遭受重大挫折。赫鲁晓夫对社会主义阵营的损害到了令人发指的地步，他做了帝国主义想做而没法做的事，他简直是帝国主义的代理人和帮凶。

她接着说：在我们中国也有赫鲁晓夫这样的人物，他趁毛主席退居二线的时机，拼命为自已捞取政治资本，妄图羽翼丰满时逼宫。中国的赫鲁晓夫甚至准备暗害毛主席，他手下的党羽已经在北京西山调集了军队，准备兵变。我们国家正处在危急之中，毛主席开创的事业也处在危急之中，我们伟大领袖也处在危急之中。国际上，帝修反都在卡我们的脖子，美帝是我们不共戴天的仇敌，苏修是我们目前最大的敌人，我们周边的国家也都对我们怀有敌意，连朝鲜这个我们为之牺牲了几十万人的国家，也对我们施以冷箭，把我们志愿军烈士陵园全部砸了，破坏了，连我们伟大领袖毛主席长子毛岸英的陵墓也毁坏了。我们四面是敌,现在是帝修反一齐来攻击我们,国内赫鲁晓夫式的人物也在蠢蠢欲动,所以我们要起来保卫毛主席,这就是我们红卫兵的来历。我们现在面临着中国赫鲁晓夫集团的重重阻力,他们千方百计要对抗毛主席的伟大战略部署,组织保皇军对抗造反派。所以,我们一定要把困难估计得足一些,把前进道路上的艰险设想得多一些,任重道远,我们要准备长期作战,要有韧性的战斗。

听了这位北师大女红卫兵的一席话,让我感到全身汗毛直竖,想不到我们的国家处于如此凶险的境地,毛主席竟然遭到这么大的潜在危险,怪不得毛主席要绝地反击,怪不得要成立红卫兵,怪不得要对旧的领导体系来个全面冲击。

北京红卫兵煽情的演说,让我坚定了做造反派的决心。

《亲历浩劫：江西省九江市九纺文革纪实》

九纺造反大队成立

十二月下旬，全厂的各个组织统一组成九纺厂工人造反大队，大队长为织布车间保养工段的南昌人万志建。当年三十二岁的万志建体格壮硕，头大胆也大，一口南昌话，敢冲敢打。在全厂群众组织负责人开会选举大队长人选会上，有人提议由我担当大队长，我坚辞不干（我确实不想当，我有自知之明）。记得科室群众组织负责人刘金福一开始便提我的名，我声色俱厉地坚辞。几经反复选出万志建当大队长，张方顺当政委。我作为解放兵团负责人之一专门负责对外联络，我的优势在于我的普通话比张培基好些，对外交流没有大的语言障碍。由于我奔走于各群众组织之间，出头露面的机会自然就多些。

九纺工人造反大队成立大会由我主持，全市几十个大点的单位都派人参加祝贺。当时，每个单位成立全厂性的群众组织都发通知到全市各大点的工矿企业，让他们前来祝贺，以壮声威。各单位或来几十上百人，或来几个人，都打着硕大的旗帜，贺词大都千篇一律，一般如下：

九纺厂无产阶级革命派的战友们，在毛主席无产阶级革命路线的指引下，伟大的无产阶级文化大革命已进入夺取全面胜利的时刻。九江棉纺织印染厂工人造反大队正式成立了，我代表某某厂无产阶级革命造反队向你们表示最最热烈的祝贺，让我们团结在一起，战斗在一起，胜利在一起……

前来祝贺的各单位群众既没有车接车送，也没有中餐、晚餐招待，甚至连茶水都没有，祝贺完了便自行回去。这在现在几乎不可想像，但当时就是那样。我也曾率队到外单位祝贺，也同样自来自去。根本没想到要接受什么招待。

我们九纺工人造反大队成立时，规模和声势都很大，全厂几千人出席成立大会，整个大礼堂都装不下，余下的人只好在会场外站着。这么大的会千头万绪都找我，我也不知哪来的那么大的胆量和魄力，几分钟便把各种杂乱无序的问题处理完。如：某某单位怎么安排，发言的先后次序，锣鼓军乐队何时奏乐，口号什么时候呼喊，播音员甚至对宣读的稿件提出修改。而会议的真正主角大队长万志建却显得心神不定，明显地怯场，手里拿着我给他准备的发言稿，嘴里叽哩咕噜地念着，所有的杂事一律推给我。我既紧张又兴奋，这么大的会我唱主角，这真是个出风头显本事的时刻，可我又没有主持大会的经验。万志建脸上冒汗，紧张地在台上踱过来踱过去，他跟我说：小旷，能不能快点，会开短点。这正中下怀，我立即砍掉了一大半议程，厂里各群众组织代表发言砍掉了大半，祝贺单位几十个只选了几个大点的单位发言。吩咐广播放《大海航行靠舵手》，放鞭炮后，我便宣布大会开始，请九纺工人造反大队大队长万志建讲话，万志建的讲话毫无精彩之处，南昌普通话鳖脚的很，稿子都念不顺畅。倒是几个群众组织代表的发言，有点气势，外单位祝贺发言也说得很好。

这时，台下不知为什么事骚动起来，万志建要我去看。我说：赶快结束会算了。他连说：好，好。我不顾原来还安排了几个外单位发言，硬是吩咐快放《大海航行靠舵手》，当歌声一起，我便宣布大会结束。

整个会议不到一个小时便结束了，对于我们一班从来没组织过大型会议的普通工人来说，这无疑是成功的。虽然会后好几个没有发言的群众组织代表和外单位代表找我抗议，我也觉得值。

会后，黄文华直夸我主持得有水平，特别是前倾身子宣布下面请某某某发言时，很有风度，完全看不出是新手。黄文华的赞扬让我心里喜滋滋的，很为自己的表现骄傲，一时有些飘飘然。

这一次主持大会使我的知名度大增。

66年十二月，是个狂热的月份，南下北上的红卫兵总要到所经过的地方煽风点火。九江更是红卫兵必经之地，无论这些红卫兵在所属学校是造反派还是保守派，他们到地方上串连，必定步调一致地支持造反派，炮打火烧地市委。

我们九纺工人造反大队成立后参加过几次市里的活动，我们属市工交司令部领导。由于九纺人多车多钱多（九纺是九江市第一大厂，上交的税费占九江市财政收入的一半），所有单位都想借重九纺的名气和实力。工交司令部更是把九纺当成镇寨之宝。九纺厂每一次出动都地动山摇，几十架八人扛抬三米宽两米高的油画，几十面彩旗，一千多名身着白色工装围裙，着白色工装帽的纺织姑娘，排着整齐的队列，如仙女下凡美不胜收。这几乎成了一道风景，一旦九纺厂游行队伍上街，沿街便观者如潮。

但我们造反大队做得最多的还是批斗当权派，厂里主要斗桂光星。厂长张巨库很少涉及。由于党政两家的隔阂，当厂里火力集中在桂光星身上，挖桂家天下的人马，有人提供炮弹，厂档案室、组织科积极参与。组织科科长为厂长张巨库的老婆龚玉屏，应该说厂长张巨库的老婆，为了保丈夫，联合了厂办党办的一些人贴桂光星的大字报，声明与革命造反派站在一起，与桂光星划清界限，狠批桂光星的罪行。并抛出了桂光星档案中的一些问题，桂光星的叛徒一事也是由此而来。

我主持批桂光星的大会多次，但很多次都批不下去。因为桂光星的问题有三条。一条是：解放前夕与他当时进厂时的工头帅鳌，洪吉安照过相。帅鳌，洪吉安解放初便作为反革命份子被枪毙（有相片为证）。其二：他在九江国棉一厂任党委书记（该厂为历史悠久的兴中纱厂）期间，在60年困难时期，为了贯彻上级调整收缩的政策，裁减了厂里老工人六百人，占全厂工人总数的三分之一。这些工人失去了饭碗，又没有在农村生存的技能，他们在那饿死人的年代里要生存下去的艰难可想而知。这些被精减回去的工人们后来在经济恢复时期又被招收回来，但这些工人一想到60年下放回家后的艰辛便怒火中烧。他们在批斗当权派时特别揪住桂光星当年下放他们的罪行，许多老工人一提起60年下放回家的苦楚便泪水涟涟，满肚子的苦水要倒。九棉一厂的老工人几次到厂里控诉桂光星，但几次诉苦过去，明眼人明白，这场精减下放运动，罪不在桂光星，而是上级的政策。其三：不知谁抛出桂光星在档案里有自首的记载，因而他便成了叛徒。大字报上的标题便是打倒大工贼大叛徒走资派桂光星。但桂光星不承认自己是叛徒。他反问：我既不是地下党又不是解放军，解放前我只是一名工人，我怎么叛变。这也把批斗会主持人难倒，我当时也没看过他的档案，常常被他问得无言以对，只好用口号来过渡……

　　曹国彬的亮相，给厂里的运动又带来一波热潮。一个革命资历如此辉煌的老干部杀出来了，并直接投入到揭批厂党委的阵营中，这在厂级领导中还是第一人。机修车间"从头越"兵团贴出大字报：热烈欢迎厂政治部主任副厂长曹国彬从厂党委这个黑堡垒里杀出来，站到人民群众这一边，我们坚决支持。热烈欢迎曹国彬同志回到人民的怀抱。曹国彬也表示加入"从头越"兵团（但他这一举动为他后来被迫害致残致死埋下了祸根）。

《亲历浩劫：江西省九江市九纺文革纪实》

桂光星下跪引发造保两派之争

  形势总是变幻莫测。全厂群众组织统一在造反大队旗下不过一个月，便分裂成了势不两立的造反派和保守派两大阵营。其实观点对立早已显现，只不过没公开撕破脸，公开决裂是67年一月二十一日批判桂光星会上让桂光星下跪引起的。

  那天晚上，在厂办公大楼二楼的大会议室批斗桂光星。这是间可以容纳二百多人开会的室内会议室，过去是厂里干部开会的场所，现在哪个群众组织都可以使用这个会议室，作为批斗"牛鬼蛇神"的会场。那晚似乎是细纱车间造反派组织组织的批斗会，贴了海报：欢迎厂里各群众组织前来参加。批斗桂光星已经不新鲜了，批斗的内容也炒剩饭般地炒过几次。俗话说：现饭炒三遍狗都不吃。而桂光星的批斗内容又何止重复三、五遍，普通群众已经过了那股热劲，参加批斗会的都是那些热衷运动的各组织的积极份子，他们乐此不疲。

  批斗开始还是老一套，问他为什么要和被枪毙的封建把头在一起合照，你是不是资本家的走狗？桂光星还是照老套回答：我们都是刚进厂的新工人，穷人要想吃稳这碗饭，只得讨好执掌我们饭碗的工头（那些工头其实就相当于现在的工段长，连车间主任都算不上），所以和他们照了相吃过饭。解放前的新工人都以与工头照相为荣，我也不例外。我的这些情况在解放初，工会积极分子填表时都交代过了。

  接着主持人又问：60年你是怎么迫害工人，有多少工人被你精减回家后衣食无着饿死、投河、上吊，你的心比豺狼还黑，对工人比资本家还狠，你为什么这么心黑手辣？！快说！

  桂光星又从容回答：这次大规模精简下放工人，是根据市工交政治部第某某号文件执行的，我有错，我向被下放的工人道歉。

  这样的回答几乎如同背书般地精准，让主持人很难再深入下去。但有人发问了：桂光星，工交政治部只让你下放三百人，你擅自提高了比例，下放了六百人，提高了一倍，是不是这样？快说！

  桂光星说：是多精减了一些人，但那些人是临时工合同工。

  这时，一个是临时工合同工的小青年冲上前指着他的鼻子骂：桂光星，你这个狗日的东西，就是喜欢整我们临时工合同工不是？他突然上前卡着桂光星的后颈往下按：老子叫你整。叫你整！！

  这时，有人在人群中高叫：桂光星，你老实交代，你在我们厂搞没搞黑名单？说！桂光星说：我没搞黑名单。

《亲历浩劫：江西省九江市九纺文革纪实》

人群中的这个人抖出了真材实料：我向大家披露一点内幕，桂光星和他的黑党委在文革前就内部定了个内部控制名单，一共有三十八名，今天，参加批斗会的群众中就有几个。

如同向会场丢下了一颗重磅炸弹，会场的气氛徒地紧张起来。几个声音同时发问：桂光星，老实交代，你有没有搞内控对象名单？桂光星不予回答。又有人怒声发问：桂光星，你指出来，今天会场上哪几个人上了你的黑名单？！不少人同声怒吼着：说！

桂光星无语。

说！不要耍死狗！老实交代！桂光星不投降，就叫他灭亡！几个人冲到他面前口沫横飞地指斥。

这时，一个高亢的南昌口音响起：让他跪下，跪下！冲到桂光星面前的几个人上前要按跪桂光星，但高大的桂光星一反昔日的温顺听话，此刻，坚决不肯跪下。这几个人一时硬是按不下桂光星，于是，又上来了七、八个人用尽蛮力，终于按跪了桂光星。跪下的桂光星突然撕心裂肺地嚎叫一声：我不跪你们，要跪，我向毛主席下跪！

原本他是被按跪面对批斗群众，现在他转向主席台上的毛主席像跪下。

这一瞬间，批斗会静默无声。

猛然，从批斗群众后面响起了"要文斗、不要武斗"的呼声。有个别人在人群中咕噜着：像什么话，党委书记向地主崽下跪，这个会我们不开了，走！

于是，櫈子乒乒乓乓响成一片，批斗会人群散去一半。

主持人见状也只好及时收场，宣布散会。会散了，但人还没散，反对跪的人和赞成跪的人立时分成两派。

当晚，办公大楼里，各个群众组织的办公室内都灯火通明。九纺厂两派生死对立的乱局即将拉开序幕。

第二天，反对跪的一派首先贴出了大字报：一月二十一日批斗桂光星的大会是一个黑会，让贫农出身的党委书记跪倒在反动地主的儿子面前，跪倒在有重大历史问题的人面前，跪倒在国民党员面前，我们工人阶级和贫下中农坚决不同意，这是阶级报复和反革命复辟的前奏。桂光星执行资产阶级反动路线的错误要批判要斗争，但应该由我们工人阶级贫下中农来批来斗，绝不允许地主崽子和国民党的残渣余孽借造反为名，行阶级报复之实。特别是毛主席党中央反复强调要文斗不要武斗，可有的阶级异己份子借批斗为名，对贫农出身的党委书记又踢又打，还向他们下跪，贫农向地主下跪，这是我们绝对不能接受的⋯⋯

与之针锋相对的是机修车间的"从头越"兵团。他们大字报的观点是：一月二十一号的批斗会好得很，让走资派大工贼大叛徒桂光星下跪也不是什么大不了的问题（虽然我们也不赞成下跪这种做法）。毛主席教导我们：舍得一身剐，敢把皇帝拉下马。桂光星就是九纺厂的皇帝，他顽固地执行资产阶级反动路线，干了那么多坏事，并以党的化身自居，俨然九纺厂的皇上，我们今天把这个皇上拉下马，也许拉得重了一点，但无损于拉下马这一革命行动，革命是一个阶级推翻另一个阶级暴烈的行动……

我们解放兵团也贴出了类似"从头越"兵团观点的声明。

这以后，赞成跪的群众组织和反对跪的群众组织分别成立了，九纺无产阶级革命造反派联络组（简称联络组），属造反派系统，九纺无产阶级革命造反派指挥部（简称指挥部），属保皇派系统。

这以后，联络组和指挥部分别与省地各自观点相同的组织挂上了勾，接受他们的领导。两大派的基本格局便形成了。两方的实力悬殊，造反派主要由运动初挨整受压的群体为核心，造反派内文化程度高的知识份子多，出身成份不好的多，常和领导顶撞不服管教的多，调皮捣蛋独立特行的多，也有很多是感到中央和红卫兵是支持造反派而选择站在造反派一边的，其中包括许多劳模、标兵，建厂初被桂光星表扬的张淑琴就是最早亮相到造反派这边的……

保皇派的强大在于他们基本上是以整个政权系统司法系统军队系统作为靠山。往往一个车间一个工段全体人员跟着领导集体加入保皇派，普通女工最容易被她们的组长、工长裹胁而去。

在联络组和指挥部成立初期，联络组和指挥部的人员对比是一比四，指挥部人数四倍于联络组。但随着两派斗争几个回合下来，此长彼消，联络组发展到一千余人，但仍只有指挥部人数的二分之一。

联络组人员虽然少于指挥部，但在造舆论、写大字报、辩论会上、口诛笔伐上绝不逊于指挥部。联络组这方面大字报的理论水平，文字水平明显高于指挥部，这是指挥部方面也承认的，写不过造反派也辩不过造反派。造反派这边的优势在于红卫兵始终是支持他们的。（尽管红卫兵在学校里也分裂成对立的派别，但他们一到工矿企业煽风点火时，无一例外地都支持造反派。这也是毛泽东通过中央文革支持造反派的一个途径。）

对立的双方各有自己这一方的领导干部。造反派这边选择的是厂政治处主任副厂长曹国彬，他是自己亮相投入到造反派阵营的，保皇派这边选择了厂长张巨库。张巨库由于前面有桂光星挡着，没有受太大的冲击，虽然也触及到他，但始终游走于缝隙之中。桂光星早在66年十二月便被夺权、打倒、扫马路接受监督改造，而张巨库一直在厂长任上行使厂长的权力，其他副厂级干部基本上都是倒向保皇派的。

从全省而言，造反派这边从文革运动开始，便打倒了省委书记杨尚奎，省长方志纯及副书记白栋材、黄知真。亮相支持造反派的省委书记处书记刘俊秀，成了保皇派攻击的主要对象。打刘俊秀还是保刘俊秀成了造和保的分水岭，以后发展到在县城关卡处，守卡民兵询问你是保刘还是打刘观点，你若答保刘时，便会立即被关押起来，因为大部份县城都在保皇派的控制之下。

省里保皇派推出了省委副书记刘俊秀作为全省保皇组织的旗帜，刘俊秀出身雇农，没念过书，文革前到处作革命传统教育的报告，名气很大，是根红苗正的穷人出身，肯定压地主出身有文化的刘瑞森一头（其实，刘瑞森家庭出身并非地主，而是中农）。

在江西亮相支持造反派的省级干部有刘瑞森、郭光洲（南昌市委第一书记）、黄先副省长（全省管工业的常委）、李杰庸副省长等十几位，亮相支持造反派的厅处级干部有五百多名（附名单）。

但倒向造反派一边的领导干部在整个干部系统中仍是少数，只占百分之二十左右，因而保皇派的整体力量仍远远大于造反派。

在九纺厂联络组和指挥部尖锐的对峙着。你批张巨库，我就批曹国彬，而且批得更狠。你贴我的大字报，我就立马写新的大字报复盖在你刚贴的大字报上，让你的大字报白贴了。你派人守护大字报，我就派更多的人另行张贴、搔扰、复盖你的大字报。

两派的对立逐渐升级，对立情绪也遂渐升温。原来和和美美的一家人，分裂成对立两派，吃饭桌上都脸红脖子粗的辩论，夫妻双方为观点之争可以闹离婚，闹分居。卫生所的护士，上海人王某某是坚定的造反派，而她的丈夫是织造车间保全工段"一五一一战斗"兵团的老保宣传员，该人最大的特点是嗓门大，他领呼口号时，一个人的声音可以当得几十个人。夫妻观点尖锐对立，闹到分居的地步。

两派之间由口舌之争发展到动手动脚，文斗发展到武斗。这正中指挥部下怀，指挥部人多的优势凸显出来。首先指挥部将织布车间保全工段"一五一一战斗"兵团拉出来显示实力，这两百多号身穿统一工装的年青小伙子，个个精壮剽悍，他们排成整齐的队伍，踏着铿锵的步伐。喊着响亮的口号：打倒大地主刘瑞森，打倒刘瑞森的干儿子破锣组（联络组）。绕厂一周，那声势确实令人震撼。一时，保皇派士气徒涨，造反派显得气势衰微。但联络组也以眼还眼以牙还牙，组织了一个"岿然不动"战斗队，一色的高大威猛的汉子，一色的高统马靴，钢盔，尽管只有三十几个人，但那踏地欲裂的凶猛之气，足以震慑人数虽多但狠气稍逊的纸灰铺（指挥部）的打斗队伍。联络组又组织机修"从头越"兵团战士一百多号人也整队绕厂一周，细纱保养工段"串连队"几十号人也列队示威。这期间，抚州纺织厂来九纺厂培训的三百多名青工也加入了造反派这边。使造反派这边声威大壮，足以与指挥部抗衡。

保皇派指挥部对付造反派的主要武器便是宣传造反派队伍成员严重不纯，地富反坏右子女多，历史上有问题的人多，独立特行与领导作对的多，虽然挂名的头头成份好，但幕后的军师个个都出身于反动家庭。比如"从头越"兵团，虽然团长是出身工人阶级的张中和，但出谋划策的是曹克皓（地主出身）、于学喻（其父为蒋介石的侍从副官）、黄昆

（其父为国民党上校军官），由这些人操纵的"从头越"不是帝修反的别动队又是什么？！

指挥部的各级领导成员在向他们的部下宣讲政治形势时，不谈当前中央部署和要求，不谈《人民日报》、《红旗杂志》、《解放军报》（这是中央领导文化大革命的主要工具）最近的社论，要求提法，红卫兵传递的中央首长讲话等信息。而是宣传江西省造反派的总头子刘瑞森是大地主，历史上有多少问题等，九纺厂造反派里哪些人出身不好，哪些人历史有问题，哪些人虽然出身好，但吊儿郎当，偷奸耍滑，跟领导对着干，典型的刺儿头。那些上海佬，看着就恶心，男的穿花衬衣，尖头皮鞋，头上擦的油光水滑，女的穿高跟鞋，奇装异服，头上烫的抱鸡婆头，妖里妖气，典型的资产阶级小姐公子哥派头，什么玩意？如果让这些人掌权，我们能放心吗？他们肯定会把我们往资产阶级邪路上引，会让我们贫下中农、工人阶级吃二遍苦受二茬罪。那就是资产阶级全面复辟，地主资本家又会骑到我们头上拉屎拉尿，千百万穷苦人又会人头落地……你们再看看一屁股坐到造反派这边的原厂政治处主任曹国彬是什么货色，他谎称他出身中农，其实是富农，是个地地道道钻进党内的富农份子，他恶毒攻击毛主席，说什么：我没有这么大本事挑动群众斗群众，只有毛主席可以挑动得起来。当有干部不同意他的工作安排，他竟然举刀要杀他……

保皇派的宣传与十几年来一贯的阶级和阶级斗争的教育是一致的，所以很容易被普通群众接受。

造反派由于有红卫兵的支持，有中央文革或明或暗的支持。这种支持主要体现在中央的文件、报纸、社论及中央首长的讲话上。联络组这方面的负责人大多把中央报纸上的提法和精神，当作指导自己行动的指南，和红卫兵保持一致，处处得到红卫兵的支持。那些处于混沌之中的群众会联想到，红卫兵小小年纪的学生如果没有中央的指挥，他们能跟强大的党政系统领导的保守组织作对吗？毛主席说：各级领导看到火烧到自己身上来了，便拼凑保守组织保他们自己。这不正是保守派的写照吗？

解放兵团办公室离车间很近，不少参加解放兵团的女工，上下班之际或生产间隙之际，跑来解放兵团办公室寻求解答她们困惑的问题。她们处在第一线，面对着比她们人数多得多的老保围攻、辩论，经受很大压力。老保们的一些问题也常常问得她们难以回答，难以应付。她们便找到我们这些头头，提出一个又一个尖锐的问题：

你说，他们是老保，保张巨库，保桂光星，保刘树范，他们说我们保富农份子曹国彬。

他们说，你们有红卫兵支持，我们有解放军支持，到底是红卫兵这些学生娃娃力量大，还是解放军的力量大。毛主席说过，全国学解放军嘛！

他们说，你们的总头子是大地主出身的刘瑞森，我们的总头子是雇农出身的刘俊秀。

他们说，你们造反派那边尽是些成份不好的，历史现实有问题的，我们老保这边清一色的贫下中农，只有少数成份不好的。我们的阶级队伍比你们纯正，你们这些地富反坏右的子女也口口声声说拥护捍卫毛主席革命路线，我们贫下中农也口口声声说拥护毛主席革命路线。你们父辈被我们镇压打倒，你们难道不恨吗？……

这些问题，我回答了，但确实难以圆满。但我有一条特别有底气的消息，可以让我的部下有了对付老保的"杀手锏"，这是我从北京来电看到的消息。消息说：毛主席的侄儿毛远新原来是保守派，后在毛主席的指示下，改换门庭成了造反派……

其实，造反派成份不好的也仅占四分之一左右，只不过独立特行的人、喜欢顶撞领导的人、喜欢舞文弄墨的人、刺儿头这类人多一些……

这些刚从车间出来，工作帽工作服头发丝中沾满了飞花的女工，都是那么忠诚忘我追随我们的普通女战士，她们赤热的献身精神显而易见，常常面对围攻他们的老保毫无惧色，辩论起来常常以一当十，女人天生的伶牙俐齿在她们身上得到完美的体现，无私无畏的精神丝毫不逊于男工，甚至强于男工。这些参加解放兵团的女工都是基层女工中最有活动能力最有思想见解的一群人，是我们联络组赖以抗衡指挥部压力的中坚力量。

她们的疑惑，也是整个中国在文化大革命中全体人民的疑惑。老保的困惑在于：解放后，所有的教育宣传都是为了突出两个基本点，忆苦思甜，阶级斗争和阶级路线，旧社会穷人受压迫，新社会穷人翻了身，地主资本家被打倒了。政治审查阶级成份成了第一要素，成份不好有问题家庭出身的子女不能入团入党参军，更不能在保密机要部门工作。成份不好，成了不少青少年最苦恼的问题，他们处处受歧视受排挤，低人一等。可偏偏出身不好的人又特别聪明有才能干，如果不是成份压在他们头上，他们肯定会爬到贫下中农工人阶级的头上。现在这些人都变成造反派了，昂首挺胸不可一世，实在让人难以理解。另一个令人不解的是，解放十多年来，党的领导被认为是无比光荣正确，领导干部是党的化身，攻击领导便是攻击党，就会受到严历处置。57年反右就是明证，五十五万右派份子被打入地狱。可现在中央又明显地支持那些过去受压的群众反对各级省地市县厂党委，把他们统统打倒再踏上一只脚，这不是翻了天吗？这不是资本主义复辟了吗？可这又明明白白是毛主席发动和领导的。

造反派的困惑也同样大：毛主席党中央不是号召全国人民炮打司令部，批斗党内走资本主义道路的当权派吗？又派红卫兵去煽风点火支持群众造各级当权派的反，甚至让群众自行拉队伍组织团体与当权派斗。可为什么又容忍军队支持保皇组织呢？容忍党政干部支持保皇组织呢？

《亲历浩劫：江西省九江市九纺文革纪实》

九江市文革初期造反形势回顾

九江市造反派的领导机构是工交司令部。"工交"这一名称源自文革前政府机构的名称，全称是工交政治部，统管工矿企业交通运输企业，取代过去的机械局、电子局、纺织局、交通运输局等行业局。顾名思义，工交政治部只不过是管政治宣传、档案机要、干部调配、干部审查、党员发展等政治方面的事情。其实不然，工交政治部还统管生产方面的一切事务，这种名不符实的组织形式，也是为适应整个国家趋势走向越来越革命化、政治化的举措。

因而，九江造反派领导机构的名称也沿用了工交这一名称，全称为 九江市工交无产阶级革命造反派司令部，简称工交司令部，再简称为工交。

当然，还有文卫司令部、农工司令部、临时工合同工司令部、妇女联合司令部、红卫兵造反司令部、井岗山红卫兵司令部……等等司令部，但所有这些组织加起来的实力也不及工交的十分之一，其中农工、临时工、妇女等组织是搞经济主义，很快被砸烂取消。

九江工交司令部的人员组成及领导成员的组成，其实，都是无序的，人员来来去去，领导成员来来去去。唯独一人始终稳居工交司令部一把手的位置，此人以后又转为九江地区大联筹（九江地区无产阶级革命造反派大联合筹备委员会，简称大联筹）一把手，再以后为九江地区革委会副主任，是九江造反派公认的一把手。此人叫王道广，原九江化工厂保卫科干事。

王道广，男，1932年出生于河南省一户贫农家庭，自幼家贫没读过书，1951年入团，1952年入党。52年参军，在抗美援朝战争中立过三等功。53年回国，进入军干校，曾为学员班班长。据他自述：因为没有文化，学习始终跟不上趟，又因病导致退伍。转业到江西氨厂，63年又调往九江化工厂任保卫科干事。文革造反，一开始便选为化工厂造反派负责人，因他的政治条件过硬，以后在九江市工交司令部也被选为一把手。

王道广个子高，相貌堂堂，很有官相，但能力却一般，我采访他时，他已八十三岁高龄，对于五十年前的往事大多已模糊不清，时间、地点、人物，常常颠倒错乱，但对几件他认为做得正确的事却记得清楚，津津乐道：一件是67年造反期间，位于距九江市区五十里的高垅水泥厂造反派，截住了九江老保头杨佩英等人的汽车，抓住了这几个老保头头，打电话请示王道广怎么处理？王道广让他们用船沿鄱阳湖长江水道悄悄押送到九江，不要用汽车经威家送来，免得被威家老保阻拦发生武斗……

在九江井红司和红造司两派激烈冲突期间，南昌红卫兵坐船从水路赶到九江，支持九江井红司打红造司，而九江港务局造反派却是支持九江红造司的，这两派观点的人狭路相逢必然会刀枪相向，血肉横飞，为避免武斗，王道广力劝港务局造反派回避……

但王道广对他支持孔新镇压红造司这一派的举措却极力回避（尽管我有许多这方面的资料），只说孔新年老糊塗，瞎搞……

我采访九江大联筹二把手王少枝的时候，王少枝说的与王道广说的大不相同。王少枝是1951年银行中专毕业生，是造反派头面人物中文化程度最高的一位，他在文革前已经是中层干部了。现虽八十有五，仍思路清晰，对五十年前的人和事仍然有印象，他比较完整地回顾了文革在九江发展的脉络。王少枝说：他本是66年九、十月间被市委市社教工作团派去围攻红卫兵的干部，却反过来接受了红卫兵的观点，成为支持红卫兵的少数先觉者，也是九江市最早的造反派。他与赣西北地质队的王炳章及港务局的某某一同组织成立了支持红卫兵的红后盾，当时九江市工厂企业还都在社教工作队及当地党委的控制之下，到处都有围堵红卫兵的辩论队。王少枝及他的红后盾便是在这种艰难的环境下，为红卫兵保驾护航。当然，所起的作用也非常有限。九江最早起来造反的应该是地市委的机关干部，他们从66年十月份便开始在地市委内部造反，但后来不知为什么，这批最早造反的机关干部反而没有什么大的动靜和名气。

九江全市范围的造反大潮出现在1966年的十一月份，中央通过《红旗杂志》社论及《人民日报》社论，号召工人自行组织自己的团体，组织与当权派对着干，这确属毛泽东下的一着狠棋，让工人自行组织起来与各级政府党组织对垒，各级官员顿时慌了手脚，乱了方寸，不知如何是好。

群众组织于是像雨后春笋一样冒头了，一时间，各厂矿企业各机关团体贴满了各种名目的造反组织的成立宣言，九江市工人造反派的领导机构——九江市工交司令部也应运而生。这时，王道广才走上前台，而王少枝因为是九江医院系统，属文教卫生司令部，实力远逊于工交司令部，便在造反舞台上退居次要地位了……总的来说，当年这些威风凛凛的造反派头目，现今都老迈昏溃，采访大联筹三把手熊纯善更是所获甚微。

在我的记忆中，九江市工交司令部成立会议，是1966年底在市少年文化宫的一个大厅召开的，我参加了这次会议。会议由谁倡议召开，由谁主持，我当时也没弄明白。只记得那天很冷，甘棠湖结了很厚的冰，大家互不认识，房子里没生火，大家都冷得缩头缩脑，搓手跺脚，也没听清主持人讲什么，也没分组讨论，就这么不明不白马马虎虎一哄而起地成立了工交司令部。

工交司令部占用原市总工会的房子。当时天下大乱，市政府、市委基本瘫痪，可以说造反派想怎么搞就怎么搞。不过，九江的造反派也没有做出什么太出格的动作。工交司令部也没有实质性的领导权，下属各单位都各行其是，工交司令部对各单位的人事任免、工作日程、运动安排绝不干预，只是在组织全市性的大活动时安排协调一下（如毛泽东发表最新指示要庆祝一番，节日庆典，全市性的批斗会等）。当时，我一心专注于厂里的事务，对市里运动态势、人员关系、矛盾纠葛毫不知情……

（我采访这几位当年造反派一、二、三把手时，他们都心有余悸，也都是八十多岁的人了，都是因造反而获刑，刑期都在十年左右，后都作为"林彪、四人帮"两案涉案人员（九江共九人属此类人物）发了一点生活费。我采访他们后，他们托人传话：不要再采访他们了，别弄得他们到时候把生活费也取消了。

《亲历浩劫：江西省九江市九纺文革纪实》

九江军分区支左

1967年二月，毛泽东又发出了"人民解放军要支持左派广大群众"的号召，各级军事机关立即响应。其实，军队各级领导机构不是没有参与文化大革命，他们暗中早已参与了运动，只不过是站在保皇派一边。现在，毛主席提出军队支左的口号后，他们便迫不及待地向各单位派出"支左"军代表。

九纺厂是个大厂，军分区派出了两个重量级的科长前来支左。这两个科长一位姓尹，尹某某是军事科科长，正团，长得高大伟岸，一脸正气，一面之下会觉得他是个很有素养的高级军官。另一个是康永福，后勤科的副科长，副团职，康永福是从始至终一直蹲守在九纺厂的军代表（其他几个来来去去经常调换）。一直到中央下文支持造反派并指出：江西军区犯了方向路线错误，支持了保守派，应向全省人民作深刻检查。直到这时，康永福才作了检查，挨了批斗，退出了历史舞台。康永福在整个支左期间，一直是代表解放军坚定地支持指挥部，并直接冲杀在第一线，与红卫兵造反派面对面的发生冲突。

尹某某和康永福刚到九纺厂时，还伪装一副公允的姿态。声称：我们首先不表态支持那一方，我们要先调查研究。但他们的行动暴露了他们早已有了立场，他们俩经常待在武装部，和武装部长酒鬼张治平吃吃喝喝，亲如兄弟。对造反派联络组不理不睬，甚至没找过联络组这边的头头谈话，了解情况。他们总是喝得脸红脖子粗的从武装部出来，康永福经常是军容不整，歪戴军帽，风纪扣和领子敞着，不像个正经的军人，倒像个兵痞。

军代表让联络组和指挥部都准备材料，于三月十七号召开全厂两派公开辩论会，在辩论会上各自亮观点，摆看法。军代表根据辩论的结果，再确定支持谁。

虽然，我们明知军代表倾向明显，但既然让我们准备材料辩论，那我们就认真准备吧。

当时，联络组是由"解放兵团"、机修"从头越兵团"、细纱车间"串联队"、科室"鹰击长空"、"红色造反者"等十几个大小不等的群众组织组成，并没有统一的领导机构，属于一种松散的联盟。各组织派一名代表协商下步行动。我作为解放兵团的代表，经常奔走于联络组各组织之间，显得分外活跃。我也就被指挥部认定为联络组负责人之一，于是，我也被指挥部盯上。

一天，武装部通讯员找我，通知我到武装部去一趟。接到通知，我顿生疑惑，我从来没与武装部打过交道，甚至没和武装部长张治平说过话。武装部长张治平在我的印象中，只是一个总是穿着旧军装、浑身酒气、醉眼朦胧、专管民兵的中层干部。在这两派生死对峙的时刻，他找我所来何为，虽有戒备，仍应召前往。

推开武装部大门，顿时一惊，一挺马克沁重机枪正正地对着门口，也就是正对着我，定眼一看才发现这挺重机枪是架在武装部办公室那张乒乓球桌上，枪口直指大门。重机枪旁站着四个人，军代表尹某某，康永福，张治平，还有指挥部的头头蔡安福，四个人定定地望着我，并不说话。这种怪异的沉默让我有不祥之感，静默足有一分钟，还是我打破沉默：你们找我有事吗？尹某某开腔了：旷小林，你什么成份？我立马回答：家庭成份职员。尹某某紧接着问：是旧职员还是伪职员？我应声而答：旧职员，我父亲是搞地质勘探的工程师，萍乡市政协委员。

我对指挥部或者对立面质询我的家庭成份，早已作了应答的准备，绝不会语塞和支支吾吾，那就会显得你有鬼，底牌不硬，成份假。

尹某某与其他三人交换了一下眼神，然后说：好，没什么事，你先回去吧。

走出武装部，直觉告诉我，不论辩论的结果如何，军代表已经铁定是和指挥部穿一条裤子了。

我把这次武装部之行得出的结论，告知了联络组各主要成员，要大家为应对更加险恶的局势作准备。但大家都对辩论的结果抱乐观的看法：明摆着嘛，我们就是按照毛主席党中央的要求，牢牢抓住斗争大方向，始终揪住党内走资本主义当权派不放。而老保攻击我们的都是枝节问题，这次辩论，我们百分之百赢定了。大家接着商定辩论会上台人选，决定由我充任第一辩手。

《亲历浩劫：江西省九江市九纺文革纪实》

三月十七日的辩论会

　　三月十七日的辩论会如期举行，无论是联络组还是指挥部都精心布置全力备战。军代表指示：全厂停产参加旁听辩论会，大礼堂装不下就在大礼堂外面听广播。会场的布置也遵照军代表的指示，由厂部调美工人员布置，尽显盛大隆重的气势。指挥部和联络组的人员分别坐在大礼堂的两边椅子上，中间那条通道犹如楚河汉界，泾渭分明。指挥部这边椅子上坐满了人，还有人没有座位，只好站在后面，大礼堂站不下就在室外听。联络组这边却椅子都没坐满，后面几排椅子空着。有指挥部的人欲到联络组这边空椅子上坐，被指挥部的头头拦住，低声喝斥道：你们蠢啊，还想增强他们的实力。

　　两边人数对比，指挥部明显占了上风。联络组人数虽少，但却是斗志昂扬信心满满，坚信自己这一派一定会胜。指挥部的群众更是容光焕发，成竹在胸，他们甚至不屑于和造反派这些牛鬼蛇神共处一堂，更不会相信牛鬼蛇神能战胜贫下中农。（他们的头头在向他们部下灌输两派的对比，常常这么简而化之的称呼。）

　　军代表主持，宣布联络组和指挥部辩论开始：首先由指挥部代表陈茂荣发言。

　　瘦长的陈茂荣手捧一叠稿纸从台侧匆匆上台。由于他很少上台讲话，将麦克风过于靠近嘴唇，所以他的声音从广播里传出来便显得尖啸刺耳，他一上台便扯起嗓子照稿子叫：联络组大方向错了，完全错了，他们犯了方向路线性错误，他们以批判走资派为名，让党委书记贫农出身的桂光星以及七名党员干部向地主份子、国民党员及有重大历史问题的四不清份子下跪，这完全是阶级报复。他们破坏抓革命促生产，指挥部召开全厂抓革命促生产大会，他们冲击会场，使大会开不下去。他们打砸厂广播站，将厂广播站的设备抢到他们机修车间楼上，布上电网，把宣传毛泽东思想的工具，变成了宣传他们反动谬论的工具。他们打砸"紧跟毛泽东思想战斗团"，他们搞武斗，冲击指挥部的游行队伍……因此说，联络组大方向错了，大错特错！

　　陈茂荣的讲话搏得了台下指挥部听众一阵又一阵热烈的掌声。

　　军代表宣布：下面由联络组旷小林发言。

　　我上台，没带一张稿纸，即兴发挥。其实我在左手掌心写了几点提示，如果万一哽住了，就可以瞄一眼手掌心那几个只有我自己知道的符号。由于经常主持会以及和各组织沟通交流，我发言基本上不用稿子。

　　我站在讲台前，将话筒调整到合适的位置，然后故作老练地敲了敲两下话筒，试试它的音质，一切显得从容不迫，胸有成竹。我说：刚才指挥部的代表上台发言，指责联络组的大方向错了。可从他发言的内容来看，却好像是在证明他们自己的大方向错了，而且错得一塌糊涂，指挥部的要害就是大方向错了。这次运动的大方向是什么？四清也好，文革十六条也好，《人民日报》、《红旗杂志》的社论也好，都一再强调这次运动就是整走资本主义道路的当权派。指挥部人才济济，怎么会派这么一个连小学生政策水平都没有的人来作第一发言人，而且一上台就提出他们最不该提出的辩论题目，运动大方向。我向台下联络组方阵喊：他们配谈大方向吗？（台下联络组的人齐声呼应：不配！）九纺厂的大方向就是批斗桂光星，张巨库，他们一个是党委书记，一个是厂长，他们是党内的当权派，又走资本主义道路，斗争他们就是大方向。联络组一贯坚持的方向，就是斗桂光星，张巨库，可我们在斗走资派桂光星时，指挥部的某些人就心疼了，你们不该让他下跪呀，不该给他戴高帽子，挂这么大的牌子呀，不该拍他的脑袋呀，还有"从头越"不该抢广播站呀等等。我们认为批斗走资派是大方向，什么下跪、戴高帽子、挂牌子都是枝节问题。"从头越"抢广播的做法欠妥，但广播站背离了宣传毛泽东思想革命路线的轨道，专门播反映指挥部方面观点的文章，这就让人无法接受，在交涉无果的情况下，才采取了这一行动。当然，我们一再声明，我们反对武斗，反对下跪等侮辱性的做法，我所在的解放兵团就一贯坚持文斗，但这些都是枝节问题，是可以改进的枝节问题。某些人想以此大做文章，否定联络组的大方向，那是痴心妄想，大家说是不是呀？台下的联络组方阵，群情振奋地动山摇的回答：是呀！

台上台下的互动热烈，指挥部方阵的人开始交头接耳，指责埋怨选错了发言人，士气明显低落下来。我的发言，明显地要压过指挥部发言人一头。

我发言的最后部份，更是极尽挖苦之能事：我建议指挥部的头头们，在挑选发言人时，最好请子弟学校五年级的学生给他们上上课，讲一讲什么是大方向。

我的发言让我方阵营笑开了锅，我得意洋洋下台时，掌声笑声震荡着整个会场。

接下来指挥部很长一段时间，派不出上台发言的辩手。联络组这边的宣传鼓动人员，竟然用拉歌的方式羞辱指挥部，一人带头喊：指挥部。其他的人喊：来一个。接着又是：指挥部。来一个。

指挥部的辩手拖延了几分钟，终于上台了。但内容依然还是下跪呀、抢广播、黑七类子女搞阶级报复、冲击指挥部抓革命促生产会议啦……我方第二、三拨辩手，也继续了我开创的良好势头，穷追猛打，其中有个辩手更是准备充分，他找到一份《红旗》杂志社转载上海《文汇报》元月七号社论"革命造反有理"。

《红旗》杂志社评论说：《文汇报》社论"革命造反有理"说得何等好啊！它把那些形形色色的不准造反的奇谈怪论痛加驳斥，大长了革命造反派的志气，大灭了资产阶级威风。有些人直到今天对无产阶级文化大革命还很不理解，跟着一些别有用心的人瞎说什么：大方向虽然是好的，但过火了！过头了！太乱了！革命造反精神是好的，但做法有问题，我们要对这些人猛击一掌大喝一声；醒醒吧，这样下去就会有人不理解滑向对抗的深渊里去！

在这场史无前例的无产阶级文化大革命中杀出了一批造反派，他们高举革命造反大旗，向党内走资本主义的当权派发起了猛烈进攻，这批造反派在无产阶织文化大革命中立下了不朽的功勋。革命造反派对毛主席感情最深，为了捍卫毛主席，他们刀山敢上火海敢闯，天不怕地不怕，鬼不怕神不怕，围攻不怕打击不怕，敢想敢闯敢革命敢造反，真正做到了"舍得一身剐，敢把皇帝拉下马"。他们深深懂得：革命不是请客吃饭，革命是暴动是一个阶级推翻另一个阶级的暴烈的行动。因而他们为了保卫毛主席的革命路线做出了许多越轨的行动，越轨就是革命，就是造反，这些越轨行动就是大无畏的革命精神，每个要革命的同志都应该说好得很，而不应该说糟得很……

他们面临形形色色的指责、刁难、漫骂，过火了，过头了，越轨了，总的一句话就是：不准造反！

但我们要说：造反有理！革命造反精神万岁……

《红旗》杂志社是中共中央委员会主办的刊物，绝对是代表党中央毛主席的声音的，它转载的《文汇报》社论似乎是为我们量身定做的，句句都直指老保的死穴。老保方面也明显感到压力，老保们坐的那一边鸦雀无声，人人都脸色阴沉如丧考妣，造反派这边则欢声雷动，我则趁机大呼口号：

毛主席万岁！

革命造反精神万岁！

毛主席为我们撑腰，我们为毛主席争气！

……

最后是指挥部方面的代表邹怀昌说了攻击中央文革组长陈伯达的话，被联络组这边揪住不放，说他攻击无产阶级司令部的人，强烈要求公安局把他作为现行反革命处理。当时公安六条规定：攻击无产阶级司令部的言行作为现行反革命处理。我记得邹怀昌最后一句话是：你们来吧，有多少高帽子都给我带上吧，我不怕！

最后，主持人支左军代表宣布今天辩论会到此结束，明天继续辩论。

明天，就是1967年三月十八日。

三月十七日的辩论会结束后，联络组这边的群众一直兴奋地议论辩论会的情景，久久地不肯散去。联络组的头头们则不约而同一齐来到机修车间的办公室，这里是联络组头头们商谈重要事情的秘室。办公室生起了炉火，三月，春寒料峭，大家围坐在火炉边，畅谈明天的布署。笑语喧哗，激情滔滔……

《亲历浩劫：江西省九江市九纺文革纪实》

三月十八日抓捕造反派

三月十八日，支左军代表尹某某命令主持工作的党委副书记黄问官，下午三时全厂停产参加辩论会。

下午三时，全厂全部停产，往日喧嚣的马达声一旦全部消失，整个厂显得怪异的安静。黑压压的人群在大礼堂外集合，集合的队伍也显得指挥部这边的听话守纪律，队伍排得整整齐齐成建制的多，倒是联络组这边的人马或许是跨行业的缘故，也或许是本来就是独立特行的成员较多，联络组的队伍显得零乱散漫。进入大礼堂会场后，双方仍按昨天辩论会的座次就座，但我明显地感到有一股阴森的杀气。主席台侧出现了很多穿蓝公安制服但没戴领章帽微的人，他们三三两两在主席台侧台后转悠，我们联络组中的很多活跃人士不见踪影。

三时半，会议主持人突然宣布：现在由九江市无产阶级专政委员会宣布市无产阶级专政委员会第三号通告。

一个穿公安蓝制服的大汉，蹬蹬蹬地冲上主席台，粗声大气地念着专政委员会的三号通告。（他们都没有帽徽和领章，市公检法已于去年八月份便在江青的号召下砸烂了，以后公安局内也成立了若干群众组织，后在军分区支左军代表的支持下，结合了市公安局中层干部科长田的述，夺了权，组成了"九江市无产阶级专政委员会"，代替过去的市公安局行使职权，当时军代表支持的派系都是保守派，无一例外。）

《专政委员会第三号通告》

一、九江棉纺织印染厂一小撮牛鬼蛇神和党内走资派勾结在一起，打着造反的旗号，披着革命左派的外衣，干着反革命的勾当。九江棉纺织印染厂的"红色造反者"就是这样一个反动组织，应予取缔。

二、九江棉纺织印染厂"从头越"造反兵团也是一个被少数坏人操纵的反动组织，应予解散。

"红色造反者"及"从头越兵团"中的反革命首恶份子：许恩国、邓继尧、胡家瑞、于学喻、曹克皓予以逮捕。

"红色造反者"及"从头越兵团"中的坏份子：袁山藩、陈侃、胡必瑜、曹国彬、段林及张福宝，交群众批判斗争，监督劳动。

这一宣布如同晴天霹雳，联络组全体人员都被打蒙了。

随后，我们看到许恩国、邓继尧、胡家瑞、于学渝、曹克皓被穿兰公安服的警察一一押上台，立即戴上了手铐。袁山藩、陈侃、胡必瑜、曹国彬、段林及张福宝等人也被押上台，都由指挥部的民兵押着，低头俯首站在台前示众。

最后由指挥部头头，宣读指挥部热烈拥护，坚决支持九江市无产阶级专政委员会对九纺厂的反动组织"红色造反者"、"从头越兵团"实行取缔和解散的决定。拥护支持对许恩国等人实行无产阶级专政的决定。对曹国彬等坏份子批判斗争监督劳动的决定。

然后历数联络组的罪行：要走资派下跪为阶级报复，抢广播是挑动武斗，网罗牛鬼蛇神，密谋夺权封官，密谋放火烧工厂，书写反动标语，呼喊反动口号等等。

"三.一八"宣布造反派垮台后，造反派幸存的骨干分子都如惊弓之鸟。人们又回想起1957年反右运动，许多人仅仅因为提了支部书记一点小意见，就被划为右派份子，关进牢房，打入地狱，这一次是否又是57年的重演呢？但不少联络组里最基层的群众，倒有些不怕死不信邪的。有几个人当天就跑到我住的宿舍（二栋二楼东一号），向我表示，军代表和专政委员会的做法不对，要起来抗议。我心有余悸，对他们表示，先看看。

"三.一八"抓人的第二天，由军分区支左军代表尹某某召开全厂干部大会。我被通知一定要到会。会场设在办公大楼大会议室，到会的联络组骨干分子有十多人，其余均是兴高采烈的指挥部各级头头及工长以上的各级干部，见到我们都是一副不屑的神态。

尹某某和康永福被众星捧月般拥坐在主席台正中的麦克风前。指挥部主持人请军代表尹某某讲话，尹某某当仁不让，以君临天下的姿态说：昨天的大会开得好不好？台下一片欢呼：好！好得很！早就该开了！

尹某某说：有人说早就该开了，我说不行，要等待时机，要让牛鬼蛇神充分表演，蛇窝在洞里不好抓，要等它们钻出洞才能一网打尽。有人说我们搞阴谋，不是开辩论会吗，干嘛抓人？我们说：我们是搞阳谋，无产阶级专政的政权，怎么能让地富反坏右资敌特宪这九类人横行霸道呢？怎么能让阶级敌人再爬到贫下中农工人阶级的头上呢？我们解放军作为无产阶级专政的柱石，坚决不答应。这一小撮跳梁小丑自以为聪明，自以为了不起。结果呢，我们伸出根小手指头，它们就垮了！这都是些什么玩意儿？……有人说，这些人是野火烧不尽，春风吹又生，过不了几天又会起来捣乱。我负责任地告诉大家，有我们解放军在，他们永远也起不了浪，翻不了身！九江棉纺织印染厂永远也不会回到过去那乱糟糟的局面！……

指挥部的人员热烈的鼓掌，有人领呼口号：向解放军学习，向解放军致敬，我们工人阶级永远和解放军团结、战斗、胜利在一起！

反击三月黑风

然而,他们也高兴得太早了。没过几天,风向变了,来厂串连的红卫兵带来了北京和各地的传单。传单上的信息表明,北京的老帅们掀起了"二月逆流",各地的走资派和地方军区刮起了"三月黑风",镇压造反派,许多造反派的头面人物被投入监狱,轰轰烈烈的无产阶级文化大革命被打压了下去。现在,毛主席中央文革又吹起了反击的号角,那些老帅都作了检讨,首都和各地的红卫兵又南下北上煽风点火,新的风暴即将形成。我这时并没有和联络组过去的活跃分子联系,只是在宿舍里与那些找上门的散兵游勇交换看法。最早到我宿舍的都是名不经传的小人物,如闵忠泉、胡玲娣、李招娣(南昌人,细纱车间工人)、李招娣还带来了周国良(绰号老瘪),"老瘪"这个后来九纺厂大名鼎鼎的人物就是在这时加入造反派的。我记得当时指挥部的势力如日中天。

四月初,我抄的第一张大字报是转抄自湖北武汉新华工(华中工学院)红卫兵传单,传单的内容是《坚决反击三月黑风》,大字报写好后,我还不敢自己贴出去,怕遭到指挥部人员的围攻。是李招娣自告奋勇带周国良去张贴。

四月初以来,来我宿舍的联络组旧部人员越来越多,宿舍已经容不下了,我就带他们转移到灯光球场里的雨棚里。如果说是黑会的话,我们当时确实是开黑会,在灯光球场雨棚的集会,都是在长日班下班后。在灯光球场雨棚里,既没有电灯也没有凳子,但大家仿佛离散的孤儿找到了组织找到了家的那种感觉。大家聚在一起,畅谈外面的各种信息,诉说着"三.一八"抓人后,他们受到指挥部方面的各种打压歧视,以及他们对于造反派必胜的信心,让我很感动,大家越谈越热火,久久地不肯散去,每天都要我再三催促,才依依不舍离去,来厂串连的省市红卫兵也常常参加我们在灯光球场雨棚里的黑会。(应该指出的是,后来在联络组出头露面的人物比如董楚明、余锡林、邹雨田、靳润香、吴金水等人,此时都没出现。)

奇怪的是指挥部及厂保卫部门,对于联络组死灰复燃蠢蠢欲动,丝毫没有采取监视、拦阻、威胁、打压等措施。他们是迫于上级压力抑或形势威逼,我不得而知,但绝不是出于善心。

而形势似乎越来越有利于造反派,南京大学的红卫兵纽同顺、金玉璋等甚至住到厂里了。我宿舍里就住着金玉璋,他是个黑黑的漂亮小伙子,嘴唇上有一颗醒目的黑痣。他常常独自一个人上阵与指挥部的干将们辩论,面对几十个人的围攻毫不畏惧,舌战群儒所向披靡。有一次,我看他跳上大礼堂旁的乒乓球桌上,大声宣传反击三月黑风的意义,大有当年北大学生街头演讲的风范。有指挥部的人顶他: 你们外地学生,又不了解情况,跑到我们这里指手划脚，算哪门子角色？金玉璋气势昂扬地回复：天下者，我们的天下，国家者，我们的国家，我们不说谁说，我们不干谁干？！

指挥部的一个老工人骂他：你们说，说个屁！你们干，干个屁！

金玉璋立即揪住这句话不放：你是什么人？竟敢反对毛主席讲的话！这还了得，赶快找保卫科的人来，把他押起来！

这个老工人吓得面无人色，同派的人赶紧把他拉走，其他人也不敢再和红卫兵辩论。

频繁来厂串连的红卫兵为我厂联络组重整旗鼓，带来了春风。有人唱起了改编的歌曲：东风吹，战鼓擂，现在世界上谁怕谁，不是造反派怕老保，而是老保怕造反派……

"三.一八"被抓去的五个造反派许恩国、邓继尧、胡家瑞、曹克皓、于学瑜四月中被放出来了。虽然没说平反，但明显地指挥部及他们后台的日子不好过了。

到四月底，九纺厂暗流涌动不可抑制，距离公开举旗造反仅有一步之遥。而这时，我决心赴京告状。

卷四：在北京的日子里

《亲历浩劫：江西省九江市九纺文革纪实》

上京告状

一个南昌来的红卫兵小汪（江西大学），曾多次到九纺串连，他跟我说：你们光在下面造反不行，必须将下面的情况反映到中央，毕竟，最后的结局还得由中央决定。现在江西有个总的控告团在北京，已经跟中央文革挂上了勾，但九江地区还没有代表，你可以代表九江地区嘛。

我说：我到北京找谁呢？他们能相信我吗？

小汪说：你是九纺厂造反派负责人，这是大家公认的。我给你写封信，找省控告团的张文军（化名），省控告团的地址在建工部大院。

经过一番考虑，决心赴京。我怀揣着小汪的介绍信，于五月三日独自踏上了赴京之旅。那时候，人们生活极其简朴，就是两套换洗衣服，一双布面塑料底鞋，毛巾牙刷往人造革黑提袋一塞就可成行。为了省钱，沿路都是逃票混上去的。我晚上便睡在火车座位底下，这是个令人羡慕的位置，我头上有人议论：怎么让这小子霸到这么个好地方。

但躺在火车座位底下睡觉的滋味并不好受，我头上的座位上挤着五条大汉，晚上的呼噜声惊天动地。最可怕的是正对着我面门的那副屁股放出来的洋葱屁，奇臭无比令人窒息，吐出的浓痰距我的头不到半尺。为了怕我占的地盘被他人占去，我十几个小时不喝水不吃饭，只是为了不上厕所。

我枕着自己的提包，久久地不能入睡。我蓦然觉得此行实在荒唐：我身上除了小汪为我写的那封介绍信外，没有任何能证明我身份的证件，没有介绍信、没有工作证、户口本、甚至连造反派组织的介绍信都没有，我在北京没有任何熟人。另外，我离厂外出没有任何组织或个人的授权，更没有向我所属的织布车间请假（当时，我们解放兵团已获厂部同意全脱产）。我走时，联络组下属各组织也没正式恢复活动，我无法向任何人交代。我仅仅同宿舍里的两个萍乡老乡讲了一句：我到北京去。便毅然前行。一个二十二岁的青年冒着丢掉工作的危险出走，后果是十分严重的，如果指挥部这边获胜，我的出行便会作旷工处理，我将面临开除。但年青就意味着冲动狂热，理想主义和幼稚轻率……

但命运似乎特别眷顾少不谙事的我，我一到北京便找到建工部大院，这是一栋旧式的三层办公大楼，它的建筑特色受苏联影响，走廊特别宽大，省控告团就在其中的三楼，我找到了小汪让我找的张文军（化名）。这个张文军完全不像个学生，初一看快三十岁了，一副地地道道乡村会计模样。他在控告团也仿佛是个秘书，看了小汪的介绍信很热情（或许小汪已经就我赴京给他打过电话），要我填了一张表，简单地向我问了点情况，然后打电话给北京地质学院后勤处，要他们给我安排住的地方，这一切都在十分钟便办完了。我

105

告别他，直奔北京地质学院，因为我首先必须解决住的问题，出门在外，吃住是头等大事。

北京地质学院后勤处的一个学生接待了我，他说的话让我吃惊：你们虽然是江西九江地区的代表，我们也只能分给你一间教室，没有多余的房子。他领我到北京地质学院南翼楼二楼的一间教室，打开门，嗨呀，太好了，不但宽敞明亮，红漆地板，里面还有堆在一角的课桌椅，在那堆课桌椅上还堆放着十多床草席和棉毯。比起昨夜火车座椅底下那滋味，我简直如同到了天堂。我谢字还没出口，接待我的那位开口了，他一脸歉意：对不起，只有这个条件了。他把教室门钥匙给我之后，又递给我一张膳食卡，说：你可以在我们这里借饭菜票，每人每天一斤饭票三角钱菜票，这是十人份的，不能超支。真是天上掉馅饼，我的天啦。我张大嘴巴，不敢相信我有这么好的运气。

我拿着膳食卡到食堂卖饭菜票的窗口，递上这张卡，售票员问我：你要领多少。我随口说：一个星期。售票员在我的膳食卡上划了几道，就递给我七斤饭票二块一毛钱菜票。地质学院有四个食堂，每个食堂都供应碗筷，你空着手到食堂掏出饭菜票就可以吃得饱饱的，而且没有人把我当外人，我二十二岁，面相甚至还小一些，与大学生毫无区别。只几天功夫我便如鱼得水，似乎是已经在大学里生活了几年的资深学生。

《亲历浩劫：江西省九江市九纺文革纪实》

徐建武事件

我把在北京的遭遇夸张的用电话告诉厂里的同伙。于是，旷小林的北京来电便经常出现在联络组的号外上。得知旷小林在北京成立了九江控告团，不少人找到江西省控告团又被转到我这里，很快，到我这里食宿的人便超过了限额。每天到我这里吵着要吃饭要住的九江地区的造反派上访人员成几何数增长，我不胜其烦。于是，把食宿的大权交给九江磷肥厂的张俊文（南京人），由他去对付纠缠不休的上访者。我称他为"事务长"，我则主要规划应采取的集体行动，我们的集体行动主要是受省控告团的指挥安排。我仅组织过几次到天安门边劳动人民文化宫贴了几次大字报，反映九江造反派受压迫的状况，呼吁首都人民关注三千万井岗山儿女在旧省委资产阶级反动路线压迫下受到的苦难。当然，言词夸大和激愤在所难免。

很多满怀热望到这里寻求食宿帮助的造反派上访人员，因为名额已满，我们爱莫能助，他们只有怏怏而归。有个上京告状的造反派，找到地质学院九江控告团，央求食宿，被张俊文拒绝后又来找我哀求。这个黑瘦汉子是永修贮木场的造反组织头头徐建武，他找我叙述苦衷时言语极哀婉，容颜惨淡，我动了恻隐之心，找张俊文商量能否挤出一点饭菜票。张俊文这才吐露了苦水，他自己的弟弟都在外面住自己买馒头吃，我们已经超支一人，尚允许徐建武吃住，不知多少人又会学他的样，到这里哭闹，这个口子一开不可收拾。我也无奈地点了点头，但还是和张俊文一起凑了一斤饭票，买了几个大馒头让他带在路上吃。我把他送到校门口，他也一步三回头。我想，他一定不会怪罪我吧。

但万万没想到的是一个星期后，省控告团通知我到总部去，我转了几趟车赶到总部，看到的是十几个永修造反派上访人员来找我算帐，兴师问罪。他们说：由于我没有收留徐建武，导致他回到永修后，被老保抓住活活地打死了。我对徐建武的死表示深深的歉意，但我绝没想到会造成这样的后果，我很难过，但当时确实无法再安排吃住。然而，无论我如何解释，这伙怒气冲天的造反派，认定是我害死了徐建武。他们中有人又哭又喊，冲动得要动手打我。他们的吵闹声，惊动了省控告团的工作人员，他们几次劝解都无济于事（据说其中有几个人是徐建武的亲属）。这十几个人把我围在走廊一角，口水吐了我一脸，手指戳到了我鼻子上，发展下去的结果硬是要痛打我一顿才能消气。这时，一个高大的胖姑娘扒开围攻我的人群，挡在我的面前，像护雏的母鸡把我屏护在后，她愤怒地朝这群人吼道：旷小林是我们的头头，是响当当的造反派，你们没有资格指责他，你们要打他，我就跟你们拼了。她那母狮一般的凶相，终于逼退了这班疯狂的男子汉……这个救我出困境的姑娘叫卢育敏，赣州人，听说我被围攻，不顾一切地为我解围。

《亲历浩劫：江西省九江市九纺文革纪实》

兰先生和南昌七中红卫兵

围攻我的事件还有一起。那是永修县云山垦殖场军山分场的两个上访者，他们不是造反派组织的代表，而是为自己的历史冤案上访的。年纪大的那位姓兰，五十岁左右，江西萍乡人，民国时期赣东北报纸的主编，年纪小的那位姓邵，是兰先生的陪伴。兰先生的申诉材料我看了，他出身豪门毕业于名校，后又在几家著名的报刊就职，以后经营一段时间的赣东北报社。解放后任过老师，但57年划为右派，受尽磨难。他这次赴京是为自己所遭受苦难申冤诉苦，他的优势在于他过去的学生，现在有的做京官，有的在各大学任教。特别是他清华大学的一个弟子是老师，并是清华红卫兵造反派的一个活跃人物，他主要是投奔他而来。我对兰先生遭遇到的苦难甚为同情，对他赴京申冤也理解支持，但他毕竟是为他私人的冤屈而来，与我们为整个造反派呼喊的宗旨不符，公私有别嘛，我婉言谢绝了他食住的要求。但他再三请求能暂时住两天过渡一下，刚到北京熟人的情况还没搞清，不好贸然开口，并声明不在这里吃饭。

我勉强同意他俩在这里暂住两天。从此，他俩便早出晚归。常常是早上五点多便起床而去，晚上十一、二点才匆匆而归，甚至连洗漱都免了。一个星期过去，他俩还没有半点想离开的意思，而投奔我这里的九江九纺厂人员也与日俱增，常常两三个人合盖一床棉毯合睡一床席子，我只好催促兰先生另找别处安歇，但他俩依然我行我素，不肯离去。

这期间，九江市公安局造反派"红井士"的黄荣鑫也来到我这里，这是个高大英俊的青年。公安局造反派总是带着那股出身成份纯正、血统高贵的傲气和专政强力部门人员特有的霸气。与我一见之下，便询问：九江控告团中人员纯不纯，别混进几个地主或黑五类出身的人，让老保抓到把柄，攻击我们。他一个个询问住在里面人员的出身成份，像审犯人一般。当我谈到兰某某两人的情况时，他不由分说地一劈手：绝对不能让他们在这里住，这个情况让老保知道那就不得了。黄荣鑫仅在我这里待了一天，但他说的话使我下决心驱逐兰先生他俩。于是，我示意张俊文采取行动，赶走他们俩。张俊文便把他们的几样简单行李一包放在门口，下了逐客令，他们俩当天便走了。

第二天下午，我刚从省控告团回来，便看到我所住教室走廊及教室内挂满大字报，全是骂我的内容：把窃居九江造反派控告团大权的旷小林赶下台；旷小林迫害受资产阶级反动路线迫害的老人罪该万死；旷小林不能代表九江造反派……大字报的落款竟然是南昌市七中红卫兵。七中红卫兵是南昌地区文革中，以极其血腥暴力而闻名。他们竟然为兰先生张目，后果委实很严重。据留在教室里的人告诉我，上午姓邵的小伙子带来一班南昌中学生到这里找我，要批斗我。没有找到我，便到处张贴攻击我的大字报，有的大字报甚至贴到学校的校园里,被地质学院有关人员制止了。闹腾到中午才散去并留下狠话,一定要找我算帐。大家都劝我避一避,我实在有些害怕,深知这班无法无天的中学生是什么事都做得出来。好汉不吃眼前亏,我只好到外面去避几天,暂不回教室。

参观地下宫殿

我在外游荡了两天，跑到颐和园、十三陵逛了一圈。晚上随便躲在哪个避风的角落里，找几张废报纸铺一下就可以一觉到天亮。我在煤矿的煤渣上石渣上都可以安然入睡，何况北京到处都有来京露宿公园的红卫兵上访人员与我为伍。

那天上午，我到了十三陵，主要是想看看地下宫殿定陵。十三陵规模最大的是长陵，但最值得一看的是定陵，定陵埋的是明万历皇帝。他的地下寝宫被挖开了，里面的珍宝及随葬品都见了天日，我们在纪录影片中都看到过，但能亲眼目睹几百年前帝王墓葬的真容，那当然是我们梦寐以求。到上午十时，定陵管理者以上级指示闭馆为由，拒不开门。这时，定陵外聚集了几百各地来京的各类人员，人们来京不管是为了办什么事，另一个附带的目的便是参观北京的古迹。聚集在定陵外的群众突然呐喊起来，有人说：他们不开门，我们就造反，撞开大门冲进去。这个建议得到所有人的齐声响应，于是有人就自告奋勇充当了现场指挥撞门。他呼一二三，大家便"嗨"的一声用肩膀撞门，那雄壮的号子声和撞门的巨响，终于惊动了陵园领导，他们最终同意我们进去参观，条件是要听从陵园管理者的引导和安排。

这次造反行动让我们看到了真实的定陵挖开后的原貌，没有经过整理和修饰的原貌。我们随导游进入定陵下行的甬道，甬道两边是用红油漆书写的两排鲜红的大字：不忘阶级苦，牢记血泪仇。每个字都有二米见方，让背着地主成份包袱的我如同当头棒喝，汗毛不由自主地竖立了起来。但这只不过是一刹那的惊恐，很快我便镇定下来，以一个历史探究者的眼光来观看定陵地下宫殿。

地宫的入口是一个砖砌的三角形缺口，砖头都呲牙裂嘴的支棱着，像张开血盆大口的鳄鱼嘴。缺口处仅容一人侧身而过。通过入口进去后，里面便是宽大平整的甬洞，走过甬洞便有一扇对开的石门，石门有二米高，一米半宽，石门厚约五寸。跨过石门槛便见一个硕大精美的瓷缸，一眼便可以认定这是景德镇官窑出品的皇家御用瓷，锃亮燿眼的釉光，历经几百年仍光洁如新，缸外饰有九条龙，缸内蓄油，是皇上阴间的长明灯。绕过长明灯缸就是大殿，正殿空无一物。正殿两边各有一个侧殿，由窄窄的甬洞相连，侧殿也空无一物。万历皇帝的骨骸放置在后殿，后殿的空间很大，高可五米，万历的棺木停放在后殿一围起来的台阶上。棺木漆成土红色，并不十分高大，我估计高不过两米，比起我看过的长沙马王堆汉代女贵族辛追的棺木，那真是小巫见大巫，辛追棺椁有十米见方，光是外椁的一根木料便有一米见方。

万历的棺椁旁还摆着几个漆成土红色的木箱，比万历就寝的棺木小很多，无疑，这就是他的陪葬品。看到棺台上几个大大小小的土红色木箱，忽然感到贵为皇帝也不过如此，而且原先想观看古迹的好奇心徒然消失。昔日王谢堂前燕，飞入寻常百姓家。世事无常，遥想当年万历在老师兼宰相张居正的辅佐下，曾一度开创了太平盛世的辉煌。但当张居正去世不到一年，亲政后的万历便开棺戮尸，株杀张居正的家人。原因只是因为万历年幼时受到张居正的呵斥责骂严训，万历自尊心受到极大伤害，年幼无奈，但仇恨的种子却种下了。一旦大权在握，便可置国事不顾，疯狂报复把国家治理得井井有条的恩师。将整个国家推入水深火热之中，宦官专权，东厂西厂特务治国，无边的黑暗笼罩着明朝中后期的历史岁月。

　　正遐想间，又随人流涌向定陵博物馆，观看了定陵出土的随葬品，其中黄金打就的皇冠及皇后的凤冠是我仔细浏览的两件，其他的玉器珍宝我都没有鉴赏能力，只觉得金光灿灿，宝气逼人。据导游介绍，这些都是真品，以后陈列的都是复制品。最后，导游按照解说词向游人上了一堂活生生的阶级教育课，他背得滚瓜烂熟激昂慷慨：万历皇帝朱翊基是个十恶不赦的封建地主头子，他一餐饭就是我们穷人十年粮，他头上的一颗珍珠就是我们穷人百年的血汗。这些珍宝显示了封建帝王的穷奢极欲，荒淫无耻的皇家生活，他一个人可以拥有成千上万个妻妾宫女，他霸占我们穷人的妻女任意蹂躏，他挥霍着山珍海味，日费千金，那都是我们穷人的血穷人的肉，他便是在穷人的尸山血海中快活消遥。我们要不忘阶级苦，牢记血泪仇。永远牢记毛主席把我们从地主资本家的魔爪下解救出来的丰功伟绩。我们绝不能忘记过去穷人受的苦遭的罪，绝不能让地主资本家老爷再骑在我们头上。我们要牢记毛主席的教导：你们要关心国家大事，把无产阶级文化大革命进行到底……

　　在外面闲逛了两天，回到地质学院。张俊文告诉我：南昌七中红卫兵没来，我们都虚惊一场。

《亲历浩劫：江西省九江市九纺文革纪实》

我所知道的五.一六

　　到北京地质大学南翼楼安顿下来不久。五月十六号夜十时左右，北京地质大学的大喇叭突然响起，它的前奏曲是《大海航行靠舵手》，前奏曲一过，便是紧急通知：紧急通知，地院的东方红全体战士立即到体育场集合，钢院（地质大学的对面便是北京钢铁学院）一小撮丧心病狂的反动学生贴出了反周总理的大字报，这是个重大的反革命事件。江青同志说了：周总理每天工作十二小时，为国操劳，还要反对他，炮打他，这些人有没有良心。我们地院东方红全体战士坚决保卫周总理，誓死捍卫周总理……

　　地院东方红的红卫兵便兵分两路，一路连夜到钢院游行、呼口号、贴标语，一路走到王府井、天安门等繁华地段游行、呼口号、贴标语：周总理是人民的好总理！谁反对周总理，就砸烂谁的狗头！地院东方红兵团战士永远捍卫周总理，永远保卫周总理！

　　地院东方红兵团红卫兵的行动又受到江青的批评。第二天晚上，传达江青的指示说：你们现在满街贴拥护周总理的大字报，这不是从反面说明有人反对周总理，这样就把反对周总理这个事闹大了，闹到全世界都知道了，所以你们还是幼稚，没有政治斗争的经验。当然，你们的出发点是好的，不过，今后要采取什么行动，要多动动脑，多想几种可能性……

　　我当时听到有人反对周总理，立即血往上涌，这简直是大逆不道，这些人绝对毫无人性毫无天理，是一些十恶不赦的疯子狂人。我激愤不已，找到经常到我们住处闲聊的小季询问究竟。小季是地质学院大二学生，一进校就遭遇到文化大革命，基本上没上几天课，他是江苏人，活泼好动，经常和张俊文讲家乡话，两人很热乎。我将我的愤慨诉说于他，想不到他竟然说：这有什么。除了毛主席，什么人都可以怀疑，反对周总理就是钢院那十几个人搞的，现在弄得全市红卫兵都要表态反对他们，也太小题大做了。文化大革命本来就是要把每个人的根根底底搞清楚嘛！周总理的根根底底为什么不可以刨出来看一看呢？

　　我对他的话很不以为然，两人辩论了很久，相互都说服不了对方。还是张俊文做和事佬才把我俩拉开。

　　（但从1968年起，一个在全国范围内的揪"五一六"份子的运动如十二级台风海啸般卷来。在全国揪出了数百万"五一六"份子，这些人大多是造反派头头、骨干，红卫兵领袖及其骨干份子。这场由中央文革直接领导的从上而下层层铺开，有组织有领导的"清理阶级队伍运动"是一场地地道道的迫害运动。真正的"五一六"份子早在1967年五、六月便清楚明了，他们是以北京钢铁学院张建旗等少数几个学生在怀疑一切的思潮煽动下，贴周恩来是"二月逆流"的总后台的大字报等等，这一小伙人早已清楚明了。参加"炮打周总理"的各校学生总数也不过才几百人,而且并无横向的组织联系。最后,却以这么一个事件在全国掀起一个声势浩大煞有介事的揪"五一六"份子运动,这个莫须有的罪名使数十万人身陷囹圄,被迫害致残致死的人无数,而以这个无中生有罪名构陷全国数百万人受苦受难的运动,竟然是当时领导中国的领导人。)

《亲历浩劫：江西省九江市九纺文革纪实》

北京小红卫兵

　　我在北京还有一个权力就是搞不要钱的火车票。当时好像我有权给欲到九江支持造反派的红卫兵搞到火车票，于是有不少中学男女红卫兵找到我所在的地质学院，要求到我们那里去支持造反派，他们是那么坚决和热诚，真像当年要求当兵的男女青年。

　　有一天，省控告团通知我到总部去，我以为有什么重大的活动布置，便急如星火赶去。到总部一问，原来有个女中学生红卫兵硬是要到九江去支造，赖到总部不走，不达目的誓不罢休。总部接待人员不敢得罪这个胡搅蛮缠的小姑娘，只好叫我来处理。这个小姑娘一见到我就缠住我不放，她用那种中学红卫兵天都敢捅一个窟窿的胆气，给我下最后通谍：我实话跟你说，你别想蒙我哄我糊弄我，你要不给我车票，我就缠住你不放，你到厕所我都跟着！我看着这个一身黄军装（仿制品，当时，亿万人民身上的军装都是仿制品），扎着两个冲天辫，满身倔劲的小姑娘，实在发怵。我只能说：我去搞车票试试看，如果搞到了，我立马送到总部梁同志这里，没搞到你也别怨我。

　　这小姑娘尽管只有十五、六岁，可那架式那派头简直像阎王爷派来逼债的小鬼。总部梁同志悄声嘱我：这张票你一定要搞到，不然脱不了身。我只好说：明天这个时候，我到这里交票。这小姑娘立马把话说死：君子一言。我说：驷马难追。

　　第二天，我如约到总部把票给了梁同志，再由梁同志递给小姑娘。小姑娘拿到票后咯咯咯的笑了，她笑的时候，才像一个稚气未脱天真活泼的可爱女孩。先前她那逼票的模样，真有手握铜头皮带打老师打校长打四类份子打黑帮时的凶杀之气。这时，不可思议的是，她把票收好后，突然对我说：旷大哥，我们小江姐战斗队想跟你谈谈。说完不由分说一把抄起我就走。

　　一路上，我问了她的姓名，她叫鲁红雨，我问她：你们小江姐战斗队到底找我谈什么？她笑而不答，嘴角挂着一丝诡异的讪笑。我怀疑她肯定有什么阴谋诡计，但绝不会打我。

　　她带我走过几条小街小巷，穿过几条胡同，来到了一个有石狮子蹲守的大院。这个大院看得出过去是王公贵戚的豪宅，现在已面目全非，到处用碎砖头破瓦片搭就的简易住房，低矮狭小的厨房也毫无规划的占据着过道，里面的大厅也隔成许多小间，到处都晾着衣物，到处是喧闹之声，豪宅成了大杂院。估计过去住的大户（黑五类）人家被扫地出门，然后把拖板车、捡破烂、摆小摊及街道工厂就业的出身城市贫民的人家迁了进来。

　　鲁红雨把我带到后院，这里相对安静整洁一些，走廊上还摆着一张条凳。她让我在条凳上坐下，然后拍了下巴掌，吆喝了一声，立时，从我身后的房里涌出七、八个十五、六岁的小姑娘，她们一律黄军装，一律红袖套，一律挎着军用黄书包，一副奔赴疆场的打扮。

她们出来后便围着我，七嘴八舌地提一个要求，要我带她们到九江去支造。

带我来的小姑娘鲁红雨这时站在一边，洋洋得意地欣赏自已的杰作，估计她不但自已要去，还想带她们一班同学同去。我顿时勃然大怒，站起身来怒斥鲁红雨：小鲁，你也太不像话，为了你这张票，我昨天到火车站排了三个小时的队，挤在人堆里，衣服都汗湿了，全身像水里捞出来一样，好不容易才帮你搞了一张票。现在你又变本加利，想让我又给你们七、八个人搞票，我坦白告诉你，我没这么大本事，我绝对没有办法再搞到票了。你们这些小红卫兵不要太娇横霸道，无法无天了，不要仗着自已是红卫兵就可以为所欲为不讲道理，实话告诉你，你们这样的红卫兵，我们不欢迎！

一顿霹雳炮火把这班十五、六岁的女孩们骂哭了，我扭头就走，几乎是一路小跑地冲出这所大杂院，生怕她们会追出来逼我就范。

《亲历浩劫:江西省九江市九纺文革纪实》

见到刘瑞森、黄先、郭光洲

  刘瑞森是江西省委书记处书记,大概在省委领导人中排名八、九位。文革前从没听说过刘瑞森的大名。但刘瑞森声明支持红卫兵造反派炮打省委后,他便成为令全省保守派最痛恨的人。刘瑞森是大地主大叛徒的标语口号贴遍全省。刘瑞森成了造反派和保皇派的分水岭,支刘或打刘径渭分明,在保守派势力强大的农村地区,道路关卡上有戴红袖套的民兵把守盘问,如同日据时期守卫关卡的日本兵,当询问你的身份时,你要出示大队(村)证明你所属的派别,如果是支刘的,对不起,要扣留起来,吊打审问,保刘的自然通行无阻。许多人仅仅因为回答是支刘派而惨遭杀害。

  但刘瑞森我们没见过,他的政治主张,他长什么样,我们一概不知。那些为他丧命的人实在冤枉。

  但我在北京江西控告团总部见到他。那天,总部通知我向刘瑞森等领导同志汇报九江的情况,我激动莫名,我们造反派这边的省委书记约见,这也是我莫大的荣幸。我将我知道的九江文革情况整理了几条就连忙赶过去,总部的工作人员引领我到了三楼的一个房间,这间房很小,大概只有十个平方大小,屋角还堆了一些杂物。三位领导已到,在工作人员的介绍下,他们依次和我握手,他们是省委书记处书记刘瑞森,南昌市委书记郭光洲,省委常委黄先。

  我的汇报毫无新意,他们的讲话插话也没有什么特别之处,整个汇报和接见不到半个小时。估计是每个地区代表都要接见和交谈一次,几乎都是走过场。开始对这次接见很是期待,真正接见又觉得很平常。给我印象最深是刘瑞森的长相,他有一颗北方人粗糙而硕大的头颅,脸部要比一般人大一半。他手托腮帮陷入沉思的样子,令我想起北京动物园那头大猩猩,那体重三百斤,总是托腮沉思的大猩猩给我留下很深的印象。刘瑞森等领导接见我透露出,中央已表示出支持造反派的迹象。

《亲历浩劫：江西省九江市九纺文革纪实》

在清华大学见到孔新

孔新是个资深老革命。但性格脾气倔犟暴躁，喜欢顶撞领导，所以虽然资历很老，但依然升迁不快，在庐山管理局只是个中层干部（文革前的庐山管理局属地师级，中层干部也是县团级）。他的妻子任长华在庐山云中公社任书记。

孔新是文化大革命中最早起来造庐山管理局党委的反，而且态度十分坚决，敢面对面地揭发批判庐山管理局党委书记，敢于公开出面领导庐山造反派与庐山保守派斗争。

清华大学南下红卫兵在庐山与孔新结识后，坚决支持孔新，并坚称孔新应在未来九江新成立的领导班子中占据首位。这次找我去见孔新的就是曾到庐山支持孔新的清华红卫兵，郑重其事地来地质学院找我。

在清华大学宿舍区的一间普通宿舍里，我见到了孔新。这也是个北方大汉，大脸庞现出衰老的迹象。陪他见我的有五个清华红卫兵（当时他们都没有戴红袖标），他们大概把我当成在九江造反派中很有发言权的人物。因而极力介绍孔新的革命经历和他在庐山造反的表现，把孔新吹捧成一个高大全的领导干部。其中那个戴眼镜姓张的瘦高个红卫兵把话说得更是出格：你们江西的领导干部，我们反复比较过，像孔新这样，既有革命资历又革命造反精神强，敢于冲上第一线与资产阶级反动路线血战到底的领导干部几乎没有。有些领导干部虽然亮相早资格老，但革命闯劲不足，推着他走还一步三回头，瞻前顾后，怕东怕西，甚至做缩头乌龟，缩在家里不出面。这样的领导干部我们要警惕，不能让他们等到胜利后赶紧下山摘桃子。孔新同志虽然级别低了一些（县团），可我们用人不能看级别和资历，主要看他在文革中的表现和工作能力，孔新同志有胆有识，有魄力有担当，是将来九江地区三结合班子中的首选。

小旷同志你看呢？戴眼镜的张同学仿若中组部的特派员，似乎正在指导我们筹建九江市领导班子，而我似乎对九江未来的领导班子筹建有发言权，这真是荒诞不经。我能说什么呢？我既不是九江地区造反派的负责人，也不是九江市造反派负责人，甚至也不是九纺厂造反派的负责人。我只是一个工人，或者说是一个造反派战士，仅此而已。但阴差阳错，命运把我推向一个连我自己都晕眩的高度，我能说什么呢？我既不能解释又不能表态，我只能连连打哈哈。倒是孔新比较现实，他说：我们先不忙说班子的事，那只有在大局初定，敌人已经消灭再考虑，现在两军正在生死搏斗（他双手握拳对撞在一起，以加强他的语气），我们还是商讨一下，下一步怎么向中央文革首长汇报的事宜吧。

戴眼镜的张同学激烈地反驳他的话：孔老，我不是跟你说了，中央态度已经很明确了，只差发一个文件。你总是要看到文件才放心。政治斗争是需要前瞻性的，下棋看三步，在我们已接近于完全胜利的前提下，我们最首要的问题是政权问题。林副主席说：政权是一切问题的重中之重。一旦局势完全明朗再伸手争座位，对不起，人家早抢光了。毛主席教导我们：在我们通向胜利的路上，不但荆棘丛生，而且路旁常常有扒手在窥视着，趁我们不备窃取我们的胜利果实而去，我们对于这类政治扒手应有更多的警惕。我们绝不能让我们的胜利果实让那些跟风派、两面派、投机派、摘桃子派窃取！小旷同志你看呢？

小旷同志脸红了。讷讷地说：哎呀，这个，当然，只是……

当然，最终我也没在孔新是否是能任九江地区一把手问题上表态，我哪里有这么大的底气议论谁可以任九江地区一把手。这次会见最终不欢而散。

（但在中央《关于江西无产阶级文化大革命运动中的若干决定》下达明确了造反派获胜后，孔新真的被江西革命委员会筹备小组任命为九江地区革命委员会筹备小组组长，掌握了九江地区党政军大权。但他不知怎么回事，偏偏在上台不久便掀起了打击老红卫兵的派仗。惨烈的派仗执续了几个月后，被省革委会免去了一切职务交群众批斗。这时，他又成了老造反派老红卫兵泄恨的总根子，批斗他的场面非常血腥，不仅挂牌下跪，拳打脚踢，还被红卫兵活生生地折断手指。但孔新也不愧一条硬汉，无论多么残酷的批斗，他都一声不吭，不求饶不叫痛。这种宁死不屈，吃铁化钢的胆气，让我由衷佩服。）

《亲历浩劫：江西省九江市九纺文革纪实》

活捉李世永

　　一天，我得到一个情报，说九纺厂的李世永正在北京劳动人民文化宫国务院来访接待站告我们的状。我一听勃然大怒：老保竟然跑到北京来告刁状。北京是毛主席党中央的所在地，是我们造反派的靠山，造反派的大本营、根据地，怎能允许老保来这里造谣诬告呢？我立刻叫上九纺厂朱贵荣等几个人，直奔劳动人民文化宫。

　　上海人李世永是九纺厂指挥部的骨干，九纺厂的上海人大多参加造反派，他是一个另类。而且他在指挥部的活动中表现得相当活跃，刷标语、写大字报、辩论，到处都有他的身影。

　　劳动人民文化宫在天安门的右侧，原来也是皇家庭园的一部份。解放后，作为人民群众休憩的公园，里面有几栋宫庭建筑，其中的一栋就是国务院来信来访接待站。我带着几个人进去一个屋一个屋地搜寻，像公安搜寻逃犯。在最后一个接待室里，我们发现了李世永，他挎着一个黄书包，手里拿着一叠材料，正在喋喋不休地向接待员诉说着。

　　我走进屋内喝了一声：李世永，你竟然跑到北京来放毒！

　　李世永看到我们，立刻面无人色地站了起来，惊愕得张大嘴巴，却说不出话来。我对接待员说：这是我们单位的一个很坏的老保，我们把他带回去。说完一挥手，我带来的几个人便又拖又拉地把李世永带离了接待室。李世永一边抗拒着，一边返身向接待员求救，接待员说：你们也太不像话了，跑到接待站抓人！我说：北京是革命派的大本营，怎么容许一个老保到这里来造谣生事呢？接待员虽然嘴里表示不满，但没有采取行动。我们顺利地把李世永带出了国务院接待站和劳动人民文化宫，李世永大概做梦也没想到我们敢把他从中央国务院信访接待室里直接抓走，而接待员也没拦阻。意识到北京是造反派的天下，而老保到这里是老鼠过街，人人喊打。因而出了接待站便老实多了，顺从地随我们上公交下公交，转了几趟车到了地质学院。到了地质学院已是傍晚，吃了晚饭便开始审他。地质学院有几个学生见我们抓了老保回来，便也兴致勃勃地赶来参与，我们让他站在条凳上，地质学院的学生拿来一根稻草让他拿在手里，便开始讯问他：是谁派他到北京来告状的？告了些什么状？九江老保现在情况怎么样？等等。

　　李世永开始还支支吾吾地避重就轻，被地质学院的学生抽了两皮带就吓得全身筛糠，当地质学院的学生准备用皮带铜头抽他时，我制止住了，李世永看在眼里对我很感激。于是，便竹筒倒豆子，把九纺厂的情况一五一十地尽他所知全部讲了。我也相信他讲的是实话。

　　从他嘴里我得知，九纺厂指挥部方面的老保，得知中央并不支持他们，都士气低落。

指挥部方面的活动很少召开，军分区接到上面的命令也不再支持老保指挥部了。但仍然有少数铁杆死硬分子不服气，不认输，认为中央偏听偏信了造反派的一面之词，他们要向中央反映江西文化大革命的真实情况。于是，效法造反派方面成立江西控告团的做法，也派出一个老保方面的上访团。但因为老保最上层的头头已得风气之先，对采取上访的措施不抱希望，因而老保方面的省上访团迟迟没有就位。由各地市各单位自行上访，李世永就是在这样的背景下被派往北京上访。

审讯李世永大概只进行了两个小时，除了地质学院的学生的学生打了他两皮带外，我们都没有动他一指头。

晚上，李世永向我恳求放了他，他说：小旷，求你放了我吧，我如果不回家，我的老婆又会到外面瞎搞，你不是不晓得我老婆的情况……

李世永的老婆叫王阿华，上海人，是有名的"公共汽车"，全厂人人都知道的。

我对李世永说：我肯定会放你走，不过，你要写一份检讨书。同时要说明我们没有打你虐待你，不然你回去编瞎话说我们怎么怎么对你了。李世永满口答应，并立即奋笔直书，写了一份检讨书，表示与指挥部脱离关系，回到毛主席革命路线上来。对于旷小林对他的帮助教育表示感谢，并说，把他带到地质学院教育他的过程中，没有打他骂他，政策掌控得好，等等。

我收了检讨书，问他：这么晚了，是不是在这里住一晚再走。他连连说：不，你如果肯放我，我现在就走。我说：如果晚上你还有其他地方可去，你现在走也可以。

李世永如同皇恩大赦般惊喜不已，连连鞠躬道谢转身离去，一眨眼便不见踪影。

这次抓李世永是我在文化大革命中最出格的一件事。违法乱纪到竟然冲到国务院来信来访接待站的接待室里，直接把人从接待员眼皮下抓走。而且，从决定到执行都是我亲力亲为。

但令我没想到的是，李世永回厂后竟然没有提到北京国务院接待站被抓一事。甚至到68年清理阶级队伍搞"三查"，全面整治造反派时，他也没有提起这件事。本来，这件事是可以大做文章的，可他始终没提，跟我同去抓他的几个九纺厂造反派也没提，我自己当然更不会提。抓李世永这件事就仿佛从没发生过一样。

但李世永并非忘记了抓他的仇恨，他最终还是报复了我一下，只不过报复的方法太笨拙太荒谬，最终是搬起石头砸自己的脚。

那是在打倒"四人帮"后，以华邓叶为核心的中央提出，要彻底清查与四人帮有牵连的人和事，对于造反派进入班子的一律清除。此时，对造反派的打击已经超过对地富反坏右资产阶级敌人的打击力度，造反派经过一轮又一轮的打击清洗和镇压后，又一次拿他们开刀了。

当时，我早已不任任何职务，只是一介普通工人。我们写第一张大字报的三个人张培基、黄文华、旷小林也久不往来，张培基调往都昌县，黄文华在基建科负责建筑材料的采购运输，我们很长时间都难得见上一面。

这时候，运动的中心转入揭批与"四人帮"有牵连的人和事，各单位都把过去参加过造反派的人又拉出来锤打一番，李世永趁此时机出来发难是可以理解的。但他在供销科揭发出来的事件却令人难以置信，他说：旷小林、黄文华等人曾在一起开黑会，密谋篡党夺权，这是李世永在供销科全体会议上言之凿凿的揭发，当然立即被报上去了。不过会后，我们萍乡老乡供销科搞计划的刘翠云碰到黄文华，戏谑地称黄文华为黄书记，然后告知李世永在会上揭发旷、黄等人曾在一起开黑会阴谋篡党夺权的情况。黄文华因而对此有所准备。

果然，隔了几天，厂清查与"四人帮"有牵连的人和事领导小组组长、厂党委常委杨长山便找到基建科，会同基建科科长、书记对黄文华展开询问。

杨长山是个年纪比我们还小两三岁的青年干部。因为解放前，母亲在九棉一厂做女工时，临产还在车间上班，把杨长山在车间厕所生下来。逐成为忆苦思甜的典型，杨长山也因之成了苦大仇深、根红苗正的接班人苗子加以重用，成了细纱车间党总支书记、厂党委常委、清查领导小组组长。杨长山年青气盛，一上来便对黄文华严词厉色，逼他交代重大问题。

黄文华已经成竹在胸，可他装憨，反问：我有什么重大问题。

杨长山故作高深地发问：你自己的重大问题，你难道还不清楚，你再不承认就被动了，就不属于你自己交代的了。

黄文华故作害怕：你能不能提示一下。

杨长山以为他心虚因而提高了调门：坦白从宽、抗拒从严，这是我们党的一贯政策，何去何从，你自己掂量吧？

黄文华与基建科领导关系很好，对部下爱护有加的基建科支部书记杨三元因事先已得到杨长山的通报，很为黄文华焦急，一再催促：老黄，有什么事就讲，讲了就好，就是主动交代的，就会从轻，千万别死扛。

黄文华说：我真不知道我有什么重大问题，你说，你提个引子，就算我抗拒好了，我确实不知道我自己的问题。

杨长山说：好吧，你要往死路上走，我也没办法。那我就给你提个醒，你和旷小林等人在一起商量篡党夺权的事，你要交代清楚！

黄文华说：篡党夺权？根本没有影的事！你再说清楚，提个具体的细节，当然，不算我交代，该怎么从严就怎么从严。黄文华是欲擒故纵，但杨长山却一头跳进了陷阱。

杨长山终于把底牌兜了出来：你们在一起商量阴谋篡党夺权.

黄文华啊了一声，一本正经地说：哦，这桩篡党夺权分工的事，我想起来了，是你杨长山召我们在一起开的，李世永、张巨库都参加了。你自封党委书记，还要发展我和旷小林入党当常委，你忘记了？

杨长山和所有人一时都打蒙了。大眼瞪小眼，愣了一会，人们终于恍然大悟，这是黄文华在搞恶作剧，在戏弄他。杨长山嘴发抖脸发青，猛地一拍桌子：黄文华，你讲话要负责，你，你要考虑后果！

黄文华也反拍了一下桌子：杨长山，你讲话也要负责，这么一个弥天大谎，这么一个无耻荒唐的诬陷、谣言，你也相信，这么小儿科的假话也可以骗倒你这个堂堂的常委，你就不想想，我和旷小林连党员都不是，旷小林连团员都不是，怎么会有资格篡党夺权，要当党委常委，这样的谎言连三岁的孩子都骗不到，你是二十多岁又不是二十多斤。你连这点辨别能力都没有，亏你还是三查清查小组组长！

黄文华一番话说得杨长山脸上红一阵白一阵青一阵。这时，基建科的几个人都明白是怎么回事了，都为杨长山害臊，又都为杨长山圆场：

老黄，把话说清楚了就行了。

领导上也是为了你好，把问题搞清楚嘛！

老黄，要相信组织，相信领导，尊重领导。

杨长山最后悻悻地走了，走前抛下了一句狠话：黄文华，我会查清的，你等着！

黄文华说：希望你尽快查清，还要把制造谣言的坏蛋查出来……

第二天一早，厂党委书记张巨库就守在基建科门口，见到黄文华就说：老俵，杨长山跟你说的那些事，我知道，都是瞎编的，你别理睬，只管干自己的事。

李世永最后承认是他编造的谎言。但也没有处理他。

倒是杨长山后来作为"三种人"被开除党籍，撤消一切职务，开除公职。（"三种人"是打倒"四人帮"后，中央文件硬性规定的欲处理的人，即靠造反入党当官的人，特别是进入各级领导班子的造反派人员一律清除。杨长山是参加了造反派后入党当官的属"三种人"。同时，追究他迫害程敏洁致其自杀的罪责差点坐牢。）当然这些都是后话，都有一个长长的故事。

《亲历浩劫：江西省九江市九纺文革纪实》

周恩来总理接见

  1967年七月上旬，我忽然接到水院江西上访团总部的通知，让我立即赶到上访团总部开会。

  我吃完晚饭，连忙坐公交车赶到总部，总部一位负责人热情地跟我拉了手，抑制不住内心的喜悦轻声说：今天晚上，总理接见。来了就不要乱走，七点集合前往人民大会堂，准备一下你们九江地区要汇报的情况。上访团负责人虽然声音很轻，但对我来说无疑于一声惊雷，我顿时张大嘴巴，一脸错愕的神情竟然僵在脸上，负责人笑笑拍拍我的肩膀又去接待其他地市上访团代表。我好一会才从这巨大的喜悦中清醒过来，我按捺不住激动的心跳，在水院宽大的走廊踱来踱去。想不到我一个普通的工人竟然可以走进人民大会堂，竟然可以受到总理的接见，还要向他汇报，这从天而降的幸福让我神魂颠倒，手脚抖颤，我急忙掏烟，想抽支烟镇定一下，可竟然将火柴梗塞到嘴里，发现错了，又慌慌张张四处搜烟，甚至摸到烟叼到嘴角又忘了划火柴，干吸着，折腾了好一会，我才把烟点着。

  我抽着烟，可脑里子还是乱糟糟的，各种怪念头纷至沓来，让我一时喜又一时忧。我的祖母是地主，这个惊叹号忽然在我脑海中升起，我虽然填成份时一直填的是职员，但我的祖母是地主这个沉重的包袱始终背在身上，如果见总理之前，临时要填个表，我该如何填，如果因我祖母是地主而取消我的被接见资格，我将何以做人？我常常想起经常放映的老电影《列宁在十月》，"契卡"主席捷尔任斯基指着混进契卡内部的奸细说：我们怎么会让你钻到我们的心脏里来了。每当这句话响起，我便像中了弹一样，仿若我就是那个钻进契卡心脏的奸细，只不过我钻到造反派心脏里罢了。联想到，如果有人趁接见之机谋杀总理怎么办？我又为总理及中央首长的安全担心起来，所以应该在接见之前严查被接见人员的三代，排除安全隐患，仔细搜查被接见人员身上是否藏有武器凶器，总理的安全人员必须执行严格的安保措施，以确保总理及中央首长安全。但一切想法都是多余的，没有任何人来审查被接见人员的身份和情况，也没有对被接见人员进行安全检查。

  其实，省上访团的人，我认识不了几个，即使认识的也是数面之缘，连他们的名字也记不清，见面只是小张小李的叫，他们对我更是缺乏了解，可就因同是一个造反派阵营便亲如兄弟，信任有加。我们七时准时集合，点名时我才知道，每个地市上访团只来一个负责人，总共十六个名额中，地市只占六个，其余十个名额为省直属单位。我们十六个代表由总理联络员刘同志和上访团负责人带领坐车来到人民大会堂。

  啊，巍峨雄伟的人民大会堂，我在纪录片电影中多次看过，在北京也多次远望过它，今天终于亲身登临，我的眼睛像照相机一样贪婪地把这一切都录入大脑皮层。经过八根巨大的柱子，走上高高的台阶，步入人民大会堂，红地毯一直延伸到前面远处的大会场台阶上。我们一行被总理联络员引入左侧的一个会议室，坐在那里等候。这个会议室大约可容纳二百人左右，现在仅我们十六个代表坐着，显得空空荡荡。我们开始都安安静静地坐着，我坐在第一排最靠里的座位上，我旁边坐着一个四十岁左右的中年人，胖胖的，属于省直属的代表，他似乎姓苗，我看他也是坐立不安，神色紧张，一双眼珠滴溜溜地转，头也扭来扭去，宛若被追捕的逃犯，不像个好人。我对他顿生警惕，甚至设想他如果掏出暗藏的手枪或凶器，我一定会扑将过去。

等待接见是幸福的，也是漫长难耐的。我们七时半到人民大会堂，说总理九时接见我们。可现在九时已过，还没有一点动静，总理联络员刘同志焦急地窜出窜进。后来宣布，总理因临时安排接见罗马尼亚军事代表团，可能会晚几个小时，让我们耐心等候。我们顿时松弛下来，交头接耳有之，东张西望有之，但更多是上厕所，我也随大流去上厕所，厕所的小便池是一长溜敞开式的池坑，步上台阶就可直接往里放水，虽然放有卫生球，但那浓重的尿骚味仍直冲脑际。此时正值大会场散会，涌进来小便的军人特别多，我身边一连走了三拨人，我还拉不出来，直到散会的人走尽，我才拉出尿来。散会后的大厅安安静静，到处都是金碧辉煌，流光溢彩。只有穿白色的确凉制服的服务员小姐飘然出入，宛若仙境。

我回到我的座位，开始仔细打量周围的一切。我所在的会议室虽然不大，但内空却很高，足足有五米。巨大厚重的金丝绒窗帘将窗户遮得严严实实。大会堂的女服务员殷勤地给我们端茶倒水，这些服务员一律高挑苗条，二十岁以下的美女，她们也一律着白色短袖的确凉短衬衫，衣袂飘过淡淡的余香袅袅，透过薄薄的的确凉白衬衣可以清晰地看到里面的白胸罩。这使我大为惊讶，因为我们那里的女人绝不会穿这种透视装。如果让领导看见女人穿可以看见胸罩的外衣，一定会当场让她回去换衣服，否则就会以资产阶级腐朽的生活方式批她个灵魂出窍。

到晚上十二时，终于等到了总理马上就到的准确消息。很快，总理联络员刘同志匆匆赶来说：大家起立，迎接总理。大家便一齐站立，待总理一行人刚一露头，所有人便举起毛主席语录本摇着并齐声呼喊："毛主席万岁，毛主席万岁！"

总理、康生、谢富治、戚本禹等八人便一起走了进来。我们前面是一溜长条桌，条桌后面是八个大籐椅。

总理等人也摇着毛主席语录缓缓走到各自的籐椅前，总理用双手压了压，示意大家坐下，我们都坐下后，总理才入座。总理旁边坐着戚本禹和谢富治，我隔着一个座位对着戚本禹，距离总理斜隔了两个座位，但我是第一排，仍然可以清晰地看到总理。

我从总理一进来便目不转睛地盯着他。总理外穿军装内着白衬衣，一坐下便把军装脱了，他当年六十九岁，仍然英姿勃勃神采奕奕。我当年是那么崇拜他，今天终于亲眼目睹总理的风采，我有一股从未有过的幸福感在全身激荡，全身也因之不由自主的战栗着，牙齿也抖颤得咔咔作响。

我同时还注意到康生。康生并没有坐在总理的身边，而是坐在靠门边那一头的籘椅上，康生坐下后，右手往后做了个夹烟的动作，他的秘书便连忙从他随身携带的小提箱里拿出一支烟，递给康生，并掏出一盒特大号的火柴，从中抽出一根特大特长的火柴"嗤"地一声划燃了，捧着火为康生点燃了烟。（顺便提一声，康生那个四十来岁的秘书，无论从长相到他的那个作派，甚至连他手里提的小箱子，都与我在萍乡看到的理发师十分相像。当时在萍乡走街串巷的理发师有两类，一类挑担，挑担的这一类可以随便在路边巷旁放下担子就开始做生意，基本做的都是普通穷人的生意，五分钱一个头。另一类则必须到顾客家里做上门生意，这一类理发师自身都收拾得十分利落，服饰整洁时髦，小分头抹了油，梳得溜光，脚上蹬着皮鞋，上衣口袋里总是插着两只钢笔，当然这两只钢笔大抵是两个笔帽筒，装模作样，他们手里提的理发工具箱也很小，薄薄的，一平方尺左右。这一类理发师一般都是三十几岁的标致汉子，专门给大户人家或有钱人服务。儿时，我们经常追逐在这一类理发师的后面，齐声唱着贬损他们的儿歌：皮鞋子笃笃响，打开门来看一看，原来是个剃脑匠……)

在康生的秘书这儿稍微走神后，我又一心一意专注地盯着总理，我要把总理接见我们的每一分每一秒的瞬间都刻在脑海里。省直汇报江西省委走资派特别提到省委副书记白栋材的怪癖，他从不接钱（人民币），声称人民币最肮脏，经过千百万人的手辗转流通，每张钱币都沾染了无数细菌，不得已要接钱，也须用钳子夹住它。总理笑了，一语中的：怕死啊。

接见持续了三个小时，前两个小时主要是省直属单位的代表讲述南昌六.二八武斗打莲塘的事件。总理兴致很浓地询问起具体细节，谈到南昌的百花洲、中山路，总理还要来地图仔细查找，似乎在追忆当年南昌八一起义的故地。八一南昌起义已过去四十年了，当年的总理才二十九岁的英俊青年，便率领几万部队起义开创共产党以武力对抗国民党的新纪元。眼前的总理虽已高龄，日理万机昼夜操劳，但仍雄姿英发风度翩翩，实在是高山仰止。

正暇想间，十几个赣州红卫兵进入会议室，他们一进来看见总理就像看见亲人，泣不成声哭诉六.二八赣州郊县的几万武装民兵在军分区武装部的指挥下进攻赣州城，对赣州红卫兵造反派的几个据点进行血洗，一共打死枪杀红卫兵造反派三百多人。

总理闻讯十分震惊，详细地询问了具体过程，可惜，这些红卫兵都是在枪林弹雨中逃离出来的，都是局部所见所闻，对全面具体情况仍不十分了解。

总理接着询问了各地区的情况。当总理问到九江地区的代表来了没有，谈一谈你们九江的情况。我立即应声而起：报告总理，九江地区的情况也和全省其他地方的情况一样，老保在军分区武装部的指挥下向造反派红卫兵发起武斗，九江市的九纺厂六.二八也发生了大规模的武斗。据报告九江造反派被打死打伤数十人，详细情况正在进一步核实中。总理点点头，我便坐下了，刚才的回答虽然紧张但没有语塞。我之前已在心中作了预案，准备了答词，只是九江的武斗规模和死伤人数和其他地市相比实在太微不足道了，而且最近从九纺厂得到的消息也不详尽，但都没到动刀动枪的地步，双方只是用棍棒石块拳脚互殴，在全省各地如此惨烈的情况下，九江似乎成了太平盛世。

三个小时的接见很快便过去了，整个会见几乎都是总理一个人包打包唱，连康生也没插话，只有戚本禹附在总理耳边叽咕了几句，我听清了，是说江西完全是地方军区支持保守组织进攻造反派红卫兵。

整整三个小时，总理一直精力充沛，毫无倦容，掌握全局，举重若轻。这次会见给我的感觉是：中央是支持江西造反派的。

最后，总理联络员宣布：总理接见到此结束。我们便全体起立，又摇着毛主席语录喊着：毛主席万岁，毛主席万岁！目送着总理一行步出会议室。

我们走出人民大会堂时，夜已深沉，浩大的天安门广场，寂无人声。但我仍激动不已，思绪万千，我附在人民大会堂门前那根圆柱上，久久不敢相信刚才的那一幕是真。其实，我跟同去的所有代表一个都不认识，相互之间甚至连点头之交都没有，竟然一个通知参加了这么重大的接见。我回答了总理的提问，我太幸福了，我太幸运了，即使今后为参加造反派付出代价，我也无怨无悔……

我步下台阶，回头仰望人民大会堂巍峨的身影，我并没有看到有执枪的哨兵，也没有感觉到暗哨的身影，祖国的心脏也并不戒备森严。代表们都走了，他们怎么走的我不知道，只剩下我一个人在空旷的天安门广场上踽踽独行。我并不感到孤单凄凉，我愿意一个人默默地反刍着降临到我头上巨大的幸福和由此而生发出的无尽联想，在这空寂的天安门广场，在这旷达的长安大街……

那一夜，我是步行回到我下榻的地质学院。

过了几天，传来了消息，周总理第三天接见江西赣州两派代表时把赣州地委书记及军分区政委李胜等人也一同召去。会上，总理问军分区政委李胜：你在皖南事变被捕后是怎么出来的？李胜回答说：我在皖南事变中被俘，关押在上饶集中营，后来在集中营中秘密联络其他同志，集体越狱出来。总理说：不对，我们已掌握了确切情况，你有问题。把李胜给我抓起来。总理命令一下，早已埋伏的警卫战士冲进来，劈手扯掉领章帽微押着李胜往外走了。老保这边的人都吓得面无人色，总理就是在这次会上明确地表示支持造反派。

《亲历浩劫：江西省九江市九纺文革纪实》

1967年九纺厂"六.二八"武斗惨案

周总理接见我们后，我有好几天都处于极度亢奋的状态之中。总理接见我们的情景时时浮现在眼前，特别是我向总理汇报九纺厂"六.二八"时的镜头，总让我忐忑不安，似乎是我欺骗了总理，因为此前我得到的一鳞半爪的信息，九纺厂的"六.二八"是造反派打老保，而不像全省其它地方都是老保打造反派，我为此详细了解九纺厂的"六.二八"惨案。

1967年五月初，九纺厂原联络组各组织纷纷扯旗造反，死灰复燃。来厂的红卫兵一批又一批，都是支持造反派批"二月逆流"、"三月翻案风"的。到九纺厂来的红卫兵层次越来越高，不仅有市内各大中学校的红卫兵，还有省大中学校的红卫兵，甚至还有不少首都赴赣红卫兵及南京大学、华纺、华中理工等大学红卫兵，红卫兵在学校也分派，但不论是哪派，到社会上都是支持造反派。他们旗帜鲜明、观点明确，而且敢于直接面对人数占优的保守派围攻，常常以一抵十抵百的气势辩得老保指挥部方面理屈词穷。渐渐地，脱离指挥部的声明多起来，指挥部这边渐渐地气势衰落下来，造反派这边的气势明显地上扬。

67年六月，九纺联络组和红卫兵联合起来搞了一个大动作：在军分区门前绝食抗议，要求军分区为前一阶段支左犯了方向路线错误作出公开检查。不达目的，绝不停止绝食。

一时间，各厂造反派队伍前往军分区门前慰问绝食的造反派红卫兵，呼喊口号，送茶送水。军分区系统大概接到上级指示，对绝食的红卫兵要尽力劝说，绝不能以武力对付。所以，军分区越低姿态，红卫兵造反派这边气焰越高涨。一时间，军分区前歌声嘹亮，口号声此起彼伏，好不热闹。经常会出现绝食晕倒的红卫兵，于是穿白大褂的医护人员便急如星火地把担架抬了过去，把这些人送往医院。

军分区门前，红卫兵造反派又是出海报又写十万火急传单，并贴满附近的大街小巷，让军分区头头天天如坐针毡。

造反派另一个动作是砸九江市无产阶级专政委员会，造反派称之为"资专会"，造反派一批批涌入公安局示威，砸烂"资专会"的歌声震耳欲聋。

当时，九纺厂指挥部依仗的是军分区武装部的支持（地市委已瘫痪），一旦军分区派来的军代表态度软化下来，指挥部上下也就慌了手脚。但指挥部的骨干份子仍然坚信，他们会最终得到中央的支持，指挥部的王龙贵（人事科副科长）说：我就不相信毛主席党中央不要贫下中农，会放心让那黑七类子女掌权！指挥部的宣传口号简单明了，你是支持解放军还是支持大地主刘瑞森，答案当然也是简单明了的。尽管经过一系列的冲击，但指挥部方面仍具有人数上的优势。

九纺在 1967 年五月十七日发生了一起因指挥部方面制造谣言：说武装部长张治平等人被红卫兵造反派打死了。于是指挥部方面的人就冲到联络组头头住的宿舍，把他们从床上拖下来毒打……这桩血案被联络组方面称之为"五.一七"血案。

"五.一七"血案更是荒诞不经：

1967 年五月十七日清晨六时，天刚亮，一个惊人的消息便像长了翅膀，飞上厂区的上空。这个消息说：厂武装部的张部长被造反派打死了。传播这个消息的是南昌籍女士法兰香，法兰香是个小儿麻痹后遗症患者，又矮又胖，走路一脚高一脚低，一张南瓜般的大圆脸上布满雀斑，眼睛斜视。此女子虽然其貌不扬却显示出极强的战斗力。当"三.一八"抓造反派后，她会踮着脚一个个警告造反派中的积极分子：你也跳得蛮高，今后你再跳，我就把你关起来……

这天，又是她，一边嚎哭一边高声宣布：不得了啦，张部长被造反派打死了！

听到这消息，指挥部方面的武斗队立即集合起来，冲到造反派头头住的宿舍，不由分说把他们从床上提起来就打。造反派的几个负责人当时就被打得鼻青脸肿鲜血淋淋。他们是张培基、章才高、余锡林……

令人啼笑皆非的是，早上八时，长日班上班的人群中竟然出现了武装部长张治平，他一边走一边啃馒头，人们好奇地看着张治平：这不是好好的吗？怎么说他死了呢？当人们问起张治平：你不是死了吗？他勃然大怒：这是谁在造谣生事，胡说八道……

九江市造反派和老保发生最大的武斗事件便是 1967 年六月二十八日的武斗。简称"六.二八"惨案。

1967 年有一个奇怪巧合，江西省各地市几乎都有一个"六.二八"武斗伤亡事件。除九江外，大多数地市都是由军分区武装部组织农民武装进城屠杀或进攻造反派、红卫兵。赣州便发生了军分区组织农民进城杀害二百八十六名红卫兵、造反派的惨案。

而九江的"六.二八"却是另一种情况，属于全市造反派进攻九纺指挥部老保。

事情的起因是这样的。

这天上午九时，九江红卫兵派一辆宣传车到九纺厂来宣传造势。宣传车欲开进生产区，遭到九纺厂西门值班门卫廖中林的阻挠。他当年仅十九岁，年纪虽小，却是个铁杆老保，他关上大铁门不让宣传车进厂。廖中林是个身高不足一米六的小个子，却不惧来势汹汹的红卫兵，当红卫兵宣传车要强行进厂时，廖中林竟双手高举一块大石头砸向宣传车挡风玻璃，飞溅的玻璃碎片刺伤了坐在驾驶室里的司机和红卫兵，这就铸成大错。满面流血的红卫兵立即高喊：捉拿九纺老保指挥部的打人凶手。广播车上的高音喇叭也大声吼叫：九纺指挥部老保又制造血案，我红卫兵小将在流血，血债要用血来还！

九纺指挥部方面的群众闻讯赶来保护他们的战友，并仗着人多势众，围攻红卫兵，宣传车上的红卫兵打电话到市造反派的工交司令部求援,市工交司令部立即通知市属各单位的造反派前去支援。于是,一车车的造反派便赶赴九纺厂打老保。当时,在省内已风传中央已表态支持造反派,造反派这边士气高昂,正愁没有发泄的机会,现在有机会打老保,个个摩拳擦掌,跃跃欲试,各路人马(包括红卫兵)纷纷奔赴疆场。(作为"六.二八"事件的始作俑者廖中林也开始害怕了,他告诉我,他急中生智,躲在下水道的窨井里整整一天。)

九纺厂指挥部人马虽多,其实大都是没有战斗力的女工,女工也都是随大流,并没有什么坚贞不屈的精神,见这么多人来打,已纷纷作鸟兽散。武斗从厂生活区转到生产区,工厂便停工了,外单位冲到厂区追打老保的造反派随手从布机上抽出铁棍和打梭棒作兵器,与负隅顽抗的老保拼杀,很快,老保溃不成军一个个举手投降,不少车间上班的人员逃跑了,溜之大吉……

被抓获的老保被驱赶至灯光球场。

被打散逃跑的老保也四处呼吁求援,各厂的老保组织也有一些来支援,但一探听到九纺厂现有造反派的规模,便不敢前来救援,纷纷退了回去。但有一支有战斗力的队伍却不顾危险,毅然前来救援,这支队伍便是与九纺厂一墙之隔的三线军工厂三五二五厂的"钢铁连"。三五二五厂是老牌军工厂,从业人员绝大多数是退伍军人。这个厂老保力量雄厚,"钢铁连"便是从各车间精选而成的武斗队伍。清一色的退伍兵,一色的蓝布工装。这支二百多人的队伍训练有素,装备精良,每人都手持一支刺杀练习用的木枪,每人胸前吊一只钢盔,钢盔里装满适合投掷的石块。

他们在傍晚时分突然冲杀而来,一边猛力投掷石子,一边高声呐喊冲锋,这从空而降的石雨,将造反派这边看守灯光球场俘虏的队伍打了个冷不防,又看到这支杀气腾腾的武斗队伍,听到那威武雄壮的喊杀声,一时慌了神,乱了阵脚,纷纷四处逃窜。"钢铁连"冲到灯光球场,救出了一部份九纺指挥部被俘人员,看到造反派人数众多,又撤了回来。

造反派重新控制了灯光球场,将队伍又调整了一番,由最有战斗力的港务局"铁骨头"战斗兵团,充当打败"钢铁连"的主力。(港务局造反派占港务局人员总数的百分之九十,是九江市各大单位唯一造反派人数占优的单位。)布置一番后,造反派这边等候"钢铁连"第二次来袭。因为,还有很多指挥部的老保们被看押在灯光球场,造反派方面估计"钢铁连"尝到了第一次进攻的甜头后,一定还会来第二次进攻,救出灯光球场剩余的老保,以显其威。

"铁骨头"枕戈往旦。三五二五厂的"钢铁连"一直到第二天早晨才发动第二次进攻。二十九日清晨,天刚蒙蒙亮,前面布置的暗哨报告,"钢铁连"又在重整队形准备进攻。这边,"铁骨头"那些由扛包负重的水手壮汉组成的武斗队早已人手一根竹杠,蓄势待发。"铁骨头"把人员分别埋伏在"钢铁连"欲进攻路线的两边。待他们冲进包围圈，再包他们的"饺子"。

果然，"钢铁连"的进攻仍然沿袭他们第一次进攻的路数，一边投石子一边呐喊着往灯光球场冲。但这一次"钢铁连"失算了，他们还没冲到灯光球场，就被数倍于已的对方围住。"铁骨头"的壮汉与慓悍的退伍兵相遇，搏斗应该说不分伯仲，但毕竟人数占优的一方更胜一筹。"铁骨头"人手一根扛重物用的竹杠对打起来远胜"钢铁连"的木枪，粗大的竹杠和木枪的撞击声震撼着九纺厂的黎明。很快，"钢铁连"便败下阵来，"钢铁连"的头见势不妙，立即下令撤退。于是，后队变前队又拼死打开包围圈，败退回厂，但走在后面的"钢铁连"战士仍被打翻两个，被一阵乱棍打死。

这实际上是九江市文化大革命中造反派和保守派两派斗争史上唯一死人的事件。也是全国造保两派斗争阶段死伤人数最少的地区。这与后来造反派内部两派争斗死亡的人数相比，那是小巫见大巫。

"六.二八"事件后，九纺厂停产了。九纺厂指挥部的部份人员追随厂长张巨库上山打游击，实行农村包围城市的战略。造反派的人员则退到市内。当时，九江以十里铺为界，十里铺以外的农村、山区地带是老保的势力范围，十里铺以内的市区属造反派的势力范围。当然，对于两派的一般群众而言，无论城里城外来去都不是太危险。

应该说，九江文化大革命中，造保两派争斗的凶狠程度比之江西其它地市要和缓一些，比起全国那些武斗惨烈地区更是不值一提。但文革发展的几个阶段步骤及造反派的遭遇却是惊人的一致，造反派老保对立的基本格局也是惊人的一致。

在两派对立的时期内，那种派内的同志的亲切感、骨肉相连的切肤之情也是令人难忘的。我有多次被素昧平生的同派战友营救、帮助的经历。那种无私无畏的同志情，令我联想颇多。有时，这种感情会迸发出惊人的能量，就在"六.二八"事件中，"钢铁连"的石块砸伤了九纺造反派负责人之一的余锡林，余锡林腿被砸伤，躺在路边沟里爬不起来。这时，同派一个体重仅八十斤的弱女子辛叶华，竟然背起了这个体重一百六十斤、身高一米八二的壮汉到卫生所。

九纺造反派退到市区后，不少外地职工没有地方吃住，九棉一厂的造反派（这时，他们已掌权）组织便腾出大礼堂，让九纺流离失所的造反派居住，大礼堂里的长椅便是同派战友的床，九棉一厂的食堂便是九纺战友用膳之所。

我从北京回到九江，也在九棉一厂大礼堂的椅子上睡了一星期，那种兄弟战友情直到现在仍令我萦系于心。

卷五：中央表态支持江西造反派后的九纺

《亲历浩劫：江西省九江市九纺文革纪实》

被选为一把手

1967年七月底，我回到了九江，我是带着中央支持造反派的喜讯回来的。

其实，九江的造反派也早已知道胜利的消息，这个消息不仅来自北京、来自红卫兵、也来自老保、来自军分区、武装部。军分区政委卓树文早已公开表态，军分区犯了方向路线错误。老保的靠山虽然倒了，但老保的骨干份子依然不肯认输，他们不能接受这么一个结论：解放军和各级党组织错了？贫下中农错了？而乌七八糟的那些造反派胜利了？毛主席不可能不要贫下中农解放军，而要黑七类子女及七七八八的人成份不纯的人占半的造反派？（实际上，造反派成份不好的比例被夸大，我的统计显示成份不好的成员仅占造反派总人数的四分之一。）他们在等待中央最后的文件。因此，他们仍据守在广大乡村山林地带拒不投降，现在还掌握不少武器。（"六.二八"后，双方都搞了一些武器。）

有鉴于此，造反派现在还不能回厂。我也在九棉一厂大礼堂住了下来。

回九江的第二天，我便在九棉一厂大礼堂边召开了各车间造反派组织头头的会议，会议一致选举我为总负责人。（联络组此前的斗争中，一直没有一个统一明确的班子，各车间造反组织头头一直是以联席会议的方式，统一协调各车间科室的行动。）现在胜利了，要正正规规管理三千人的大厂。我绝对没想到我会窜到这么高的高度，我的理想不过是当个生产组长。我并非不想当官，但我的出身使我恐惧，使我不敢有更高的企望。我并非刻意去追求高位，一切似乎是命运，仿若一股不可抗拒的潮头托拥我一路走来。（回厂途中路过上海，停留了几天，九纺厂上海人不少，上海人中的造反派占绝大多数，"六.二八"武斗后，上海人都回到上海，听说我从北京归来，都涌来与我相见，有人在宾馆找到一会议室，大家便相见在这大会议室内。造反派战友久别重逢，相聚一堂，而我带来的又是胜利的喜讯，那种喜极而泣的场面实在动人。会上，人们就提出选我当造反派总负责人，我拒绝了，我说：总负责人应该回厂由全厂造反派选举。）现在真的在全厂造反派各组织头头的会议上一下子被推举为总负责人，绝不是我运作的结果，而是时势弄人。我当时并没有推辞，也没有过多地考虑我是否有能力负起这一重任，造反派中的多数人也没把这一位置看得多么了不起。应该说，当时九纺造反派中并没有为争夺最高权利而不择手段的钻营者。各车间造反派组织头头开会选举联络组负责人时，有几个人提议：旷小林当总负责人。便一致举手通过，连一个提异议的都没有，也没有另提候选人的，一点杂音都没有，似乎我是理所当然的一把手。初生牛犊不怕虎，我也就开始了我九纺厂造反派一把手的历程。我虽然是一把手，但上上下下一切人都称呼我为：小旷。毕竟我只有二十二岁，这么称呼也恰如其分。

我到九江的第二天，便得到了张巨库被抓获的消息。很快，九江街头便到处贴的都是喜报：九纺厂老保的总头目、原厂长张巨库已被我造反派抓获。

张巨库被人押到我面前。张巨库见到我的第一句话，就是：小旷，我绝没活埋六个红卫兵，

前一段时间，张巨库带领九纺厂老保还在山上时。九江街头不知谁贴出了张巨库在九江螺子山活埋了六个红卫兵的骇人新闻，一时间，这条消息疯传，九江全城轰动。我到九江时，人们见到我的第一句话便是张巨库在螺子山活埋了六个红卫兵。我追问这个消息的来源，他们都说是听来的，问他们到底听谁说的，又都说不出个所以然。我当即表示不信，凭我在九纺厂目睹张巨库处理一些与红卫兵造反派有关的事情来看，他不可能这么干。

因此，当张巨库向我声明他绝没有活埋六个红卫兵时，我也明确地答复他：我相信你不会做出这种事。

张巨库被关在九棉一厂大礼堂舞台侧的房间里，由张淑琴负责看管。我向她嘱咐：欲问到张巨库活埋红卫兵之事，坚决回答此系谣言，以防红卫兵因此传言而置张巨库于死地。但她未能阻止厂里有些造反派冲进去打张巨库。

抓获张巨库，完全是由厂政治部副主任赵福风自告奋勇，带路到张巨库秘密躲藏的农舍里抓到的。

赵福风在七月中旬造反派首批返厂的队伍到来时，表现得特别热情，他赤膊着上身，系着围裙，端着一大盆米汤，欢迎造反派归来，高声吆喝：造反派的同志们，你们辛苦啦！请喝碗米汤解解暑。

随后，他为了反戈一击立功，特意找到造反派负责人董楚明：老董，我知道张巨库躲在哪，我带你们去抓他。

董楚明大喜过望，为怕夜长梦多，当即便叫上一个执枪的造反派战士，董楚明自己也挎着一把手枪，感到力量还不够，如果张巨库身边有几个卫士，怎么对付？于是，又叫上正在操场打球的黄文华。黄文华应声前往，为壮胆朝别人借了一颗手榴弹提在手上，。

董楚明带着两个造反派战士，跟随赵福风来到濂溪墓山背的一所乡村偏厦屋前，赵福风一边敲门一边高声喊着：老张，出来吧。出来没事，造反派讲政策，优待俘虏。

赵福风一连喊了好几遍，门才打开，矮胖的张巨库颤颤巍巍地出现在他们面前。只见他满脸浮肿，胡子拉碴，小眼睛无神地搭拉着，他身边既无警卫，也无伺候他的勤务员及部属，形只影单，败兵之将，楚楚可怜。

赵福风指望他如此表现会得到造反派的重用。但我们对他始终是淡淡的，掌权后的我并没有封他什么官。（其实，这是一个错误，当时如果用起他来，对造反派回厂收拾烂摊子是有极大帮助的，可惜，我们都没有这个政治眼光。）他积极了一段时间后也消极了，

他对我说：唉，你们能赏碗饭吃就行了。不过，虽然没有给他官当，但没斗他揪他没跟他过不去，他自由自在。比起他在老保中的作为，我们对他还是不薄的。

回到厂，走进我们原宿舍，展现在我面前的是一幅遭到强盗洗劫的末日景象，一片狼藉，衣服被子都不翼而飞，床上地下只剩下几双破袜子。好在是夏天，所需不多。

怎么会造成这么一副情景。原来，"六.二八"后，老保造反派都离开了厂，特别是参加过造反派的更是全数走光，因为怕人数占优的老保报复。整个九纺厂宿舍区除了极少数老保仍在宿舍住，几乎是一座鬼城。周围的农民成立了所谓的护厂队，这个护厂队究竟是护厂还是窃厂只有天晓得。反正是造反派回厂后纷纷叫苦不迭，衣物被褥被洗劫一空。很多人围着我要求公家补偿，我让造反派中原财务科长潘德铭写报告请省纺织厅批复。当时，联络组大部分领导成员都是亮相在造反派这边的中层干部。潘德铭积极为此到省厅奔走，后来还真批下来二万多元，每人一百五十元，但为了表示一心为革命，毫无私心，我没领这一百五十元。这在当时也是一笔巨款。

七月底，《中共中央关于处理江西问题的决定》正式文件下达，重申了我们早就知道的那几条：

一、江西大联筹（造反派）是革命左派组织，中央予以支持。江西"联络总站"是保守组织，应予解散。

二、方志纯、杨尚奎是走资本主义道路的当权派，应予打倒，交群众批判。

三、江西省军区党委支持"联络总站"，犯了方向路线性错误，应作出深刻检查。

四、中央派六零一一部队政委程世清为江西革命委员会筹备小组组长，六零一一部队军长杨栋梁为江西革命委员会筹备小组副组长兼江西省军区司令员。

五、六零一一部队随程世清、杨栋梁赴江西支持左派广大群众。

中央关于处理江西问题的决定，全面彻底地表达了支持江西造反派的意向。尤其是为了防止支持江西老保的总根子——江西省军区阳奉阴违，竟然另外派一个军赴江西支左，这是在处理江西以外的省份绝没有的例外。

在这样的形势下，造反派的欢欣鼓舞和老保的土崩瓦解的情景是可以想像的。但当时九纺厂仍有少数持枪顽抗到底的老保死硬分子。我们联络组武装连的副连长张利仁便是在回厂后不久的一次搜山行动中，被一梭子冲锋枪子弹打中了小腿。四颗子弹贯穿了小腿肚子，但张利仁仅在医院里待了十来天，便一拐一拐地出了院。又挎上了他那支大号的勃朗宁手枪，出现在武装连的队伍中。

联络组的武装连头头是由上海人余锡林为连长，萍乡煤矿来的长沙人张利仁为副连长。这两个人带领武装连出行时极不协调，余锡林是一个身高一米八二的大汉，而张利仁仅仅是个身高一米五五的矮个子。张利仁背着那支大号的勃朗宁手枪，在屁股后甩来甩去的架式实在叫人忍俊不禁。但张利仁是我们萍乡人的骄傲，他是钳工，一手钳工活做得十分精致，他又成份好，地道的工人成份，造反又十分坚决。当"三.一八"抓人后，造反派陷入到低谷到红卫兵串连反三月黑风时，他独自一人以数个战斗队名义连夜刷几十条标语，似乎一夜之间，造反派死灰复燃了。让指挥部的老保们慌了手脚，谁也想不到，这竟是他凭一己之力掀起的波浪。特别是这次挨了四颗子弹，伤未愈就上战场，无私无畏令我感动。

不过，老保最后的顽抗也终于消融了，因为支左部队正式长驻九纺厂。

《亲历浩劫：江西省九江市九纺文革纪实》

支左部队进驻九纺支持造反汲

八月初，六零一四支左部队，有光荣传统的"青州连"连长张仕奇带领干部战士十来人进驻九纺厂，他们没带一支枪一颗手榴弹，只是穿着军装徒手进厂。

支左的官兵一色的山东人一口的山东话，唯独张连长是湖南人，但他的身材长相作派却完全是一副北方大汉的模式。一见之下，我感到他像极了电影《霓虹灯下的哨兵》中的赵大大。当然，他的工作能力和领导水平绝不是赵大大可以比拟的，而是《霓虹灯下的哨兵》中连长和指导员的综合体。

我们热烈地欢迎支左部队的到来，并腾出招待所让他们安顿。本来，要安排他们在小食堂用餐，但他们坚持，像普通职工一样的买饭菜票排队买饭，不搞特殊化。

顺便说一声，我这个一把手回厂后，也没有任何特殊之处，依然住原来四人一间的宿舍，依然自己排队买饭，抽自己买的烟。许多描写文革的作品，写造反派头头掌权后，如何的肆意妄为，如何的花天酒地，捞钱享乐，把造反派妖魔化，那简直是信口雌黄，完全是为了迎合当时的老干部出山后的政治需要。（老干部文革初吃了苦头，他们不敢记恨最高当局，一腔怨恨全部发泄到奉旨造反的造反派头上。）即使是省革委副主任，造反派头头万里浪，在后来批判他的《江西战报》的一篇文章中也说：万里浪老婆在洪都机械厂食堂排队买饭时，同事跟她搭讪：你老万现在是省革委副主任，你还要自己买饭菜。万里浪的老婆说：唉，我老万只升官不发财，现在还不是过去那点死工资，什么都跟过去一样。

据我所知，绝大部份造反派头头在掌权后并没有谋私利捞油水。这并不是说造反派头头品德如何高尚，造反派头头也是人，也有人性的本能，也是一样地向往荣华富贵、金钱美女。只不过，造反派头头稍有一丝劣迹，便会被自己这派的造反派及对立派的老保造反揭发批判倒台，在怀疑一切权威的大旗下，言行任何一点微小的不慎，便会成为舆论的焦点。当然，权力是最大的腐蚀剂，造反派头头如果长久掌权肯定也会腐败，只不过没等他们坐热椅子就被赶下台了。在以后揪斗造反派头面人物，列举他们的罪行五花八门，唯独没有对他们贪污腐败的指控。

张连长找我谈第一次话的情景，我还清晰的记得，张连长以军人的直爽问我：你们造反派掌权后下一步打算怎么干？

我说：我们打算立即恢复生产，工厂停工一个多月了，给国家造成了很大的经济损失。我们派了好几拨人到南昌等地召集离散人员回厂，并拟了通告，写了信。并且，立即把水电汽，食堂这些后勤供应部门先恢复起来，最强的干部都派出抓这项工作。估计一个星期就可以全面恢复生产。

张连长听完了我的汇报后，说：你们的工作安排很好。但搞好恢复生产这一工作的动力是什么呢，还是要政治挂帅。我有个不成熟的建议供你们参考，我觉得我们还是应该把学习毛主席著作放在先于一切，高于一切，重于一切的位置上，结合毛主席亲自批准圈阅的《中共中央关于处理江西问题的决定》文件的宣传，从这个高度出发去推动其它各项工作。我的意见不一定正确，仅供你参考。

我一听，就感到自己的汇报抛开了凡事必讲政治必讲学习毛泽东思想、毛主席革命路线等等必不可少的套话的危险性。连忙附合张连长的指示，因为支左部队才是最高权威。我说：张连长的指示非常重要，非常及时，我们回厂面对这么一副烂摊子忙得焦头烂额，忙得忘了抓学毛选这一根本。我一定召开会把张连长的指示贯彻下去。

张连长微微颔首，又说：还有一件事我想请你注意，你们造反派中有个中层干部叫陆允宏。据反映，这个人的父亲是国民党中将，兄弟是国民党少将，现在都在台湾。对于这样的干部，你们使用时一定要注意。

我当时便心头一颤：陆允宏，一个循规蹈矩到极致的中层干部，看样子是凶多吉少了。

回到厂后，一直受压处于少数地位的造反派，急于要享受胜利果实，那就是以胜利者的身份，批斗那些在两派斗争期间跳得高的老保头子，骨干分子，批斗支持老保的当权派，出一口恶气。

于是，回厂不久，便召开了声势浩大的批斗厂党委书记桂光星、厂长张巨库、副厂长刘树范的批斗会。胜利后的造反派对这次会议作了充分的准备，首先会场的布置便显出气魄，大礼堂主席台两边贴着一米见方大字的两联：

左联是，彻底批臭刘邓陶

右联是，坚决打倒桂张刘

横幅是，斗争走资派大会

桂光星、张巨库、刘树范三人被武装连持枪民兵押着，推上台来，两人押跪一个，他们三人也乖乖地跪下。然后，开始由批判者上台控诉他们的罪行，一个接一个发言，每个发言者都激烈慷慨声嘶力竭，口号声惊天动地。我会前对会议力求精短，结果批斗大会不到一个小时便结束，会场气氛始终保持着高昂的态势。其实，这次大会主要是批张巨库，因为桂光星、刘树范运动之初便被打倒，一直处于监督劳动的境地，以后一直是张巨库作为指挥部老保的领袖。所以，张巨库是造反派打击的主要靶子。

过了两天，便是批判军分区头头支左犯了方向路线性错误的大会。

这次大会是谁组织的，军分区的头头是怎么押来的，我统统不知，我这个一把手其实很多事都不知道，很多造反派头头并不把我这个一把手放在眼里，我也睁一只眼闭一只眼。

这个批斗会，把军分区司令员熊振武及军分区不少领导成员押来了。我是第一次看到熊振武，他是参加过长征的老红军，这是一个瘦小的老头，看样子起码有五十多岁，这在当时的各级干部中是很少见的高龄老人。他上台把军装一脱，剩下里面的白衬衣更显得瘦小枯干，与农村老农别无二致。其它军分区领导大多没脱军装，这一溜军人胸前挂着牌子上书各人姓名职务，低头弯腰。

他们受审受批的场面让我很震惊，总感到有点不对头。因为宣传学习解放军的舆论从没间断过，解放军在我们这一代人心目中总是无比神圣光荣，他们头上有无数光环环绕。而现在，这一大帮军队领导却在我所领导的造反派组织被批斗。我仿若做了一件错事，宛若第六感觉提示我不能这么搞，想立即改正却又不知如何改正。急得在台下团团转，我问了几个人，都说不知道谁组织的，又不可能中断，于是忐忑不安地注视着这场批斗会进行下去。

台上的主持人问得最多的是军分区驻厂军代表康永福。

康永福，你为什么明目张胆地打击和镇压造反派，公开说造反派已到了反革命的边缘了，还疯狂的反对毛主席，说毛主席湖南农民运动考察报告里讲的话已经过时了，那时的话不能拿到现在用。同志们，康永福丧心病狂到公开抵毁毛泽东思想，这么反动透顶是可忍孰不可忍！

口号声起：谁反对毛主席，我们就砸烂谁的狗头！打倒康永福，打倒军内一小撮走资派！九江军分区支左的方向大错特错！

主持人又喝问：康永福，你承不承认你反对毛泽东思想。

康永福低头回答：我不承认我反党反毛主席，我是贫农出身，我不会反党反毛主席。

康永福一句贫农出身的回答，像一记勾拳击中了我的软肋，我退出会场，寻找到一个没人的地方待了下来。脑子里乱哄哄的，有一种犯罪的感觉，宛若亵渎了神灵。同时联想到有一天翻过来追究今天斗军人的性质，立即可以上纲到阶级敌人疯狂报复的典型案例。一个地主阶级的孝子贤孙竟然把我们长征老红军司令员押到台上批斗，这不是反革命政变又是什么？这不是阶级报复又是什么？真是大逆不道，大罪当诛。想到这里惊出一身冷汗。可又一想，这些军人在台上似乎又是心甘情愿接受批斗，而且他们又是军分区造反派送来的，似乎又是大势所趋……

当我看到支左部队军代表在大礼堂后晃荡的身影，我一下子从恐惧的深渊解脱出来。啊！支持我们的支左部队才是真正的解放军！在台上被批斗的解放军只不过是犯了方向路线错误的地方部队，他们为他们的错误受罚理所当然，于是，我的心也就平静下来了……

我把支左部队军代表看作是上帝的使者，对他们唯恐不恭，但支左部队军代表并不干预厂里的施政举措，他们时来时走，人员、人数也不固定，除刚来时有十几个人外，一般只有五、六个人，人员也经常变换。连张仕奇连长也不经常在厂里，他们归六零一四部队支左办公室管。他们有时也参加联终组的会议，一般也仅仅是听听而已，请他们发表意见，他们也只是笑笑：你们放心大胆干，我们支左部队支持你们。

有一个支左部队班长私下跟我说：小旷，你别总是那么客气，我们部队都是听命令行事，上级没有布置我们说什么，我们是不会插嘴的。我们既不了解厂里的情况又不懂生产管理，你要我们说什么？我们只不过把在厂里听到的看到的向上汇报一下而已……

班长这番话，让我对处理与支左部队军代表的关系有一个正确的认识，不再那么缩手缩脚了。

但支左部队军代表艰苦朴素的作风还是显而易见的，他们穿的军装除了第一次到厂穿得铮亮整齐外，以后就不那么讲究了，有人的旧军装上还打了补丁。

一般干部战士都要保留两套新军装，以便转业退伍送人或自穿，正规军装在身是身份的象征，成份的象征，政治面貌可靠的象征，因而，干部战士都尽量延长旧军装的寿命。

支左部队军代表牛连正排长是艰苦朴素的曲型。这个黑瘦小个子排长，短小精悍，喜欢发表议论。他有一支巴掌长的烟杆，竹身石嘴，吊着一个烟荷包，装在裤袋里。吸烟时，从裤袋里摸出烟杆，从烟荷包里捏一撮烟丝按入烟锅，用火柴引燃，猛吸两口，吞云吐雾，烟雾顿时弥漫整个房间。我虽然也抽烟，但对那浓烈呛人的生烟丝烟雾也受不了。吸完烟，牛排长会把烟锅使劲朝鞋底磕去，磕去烟锅里的烟渣，再用手掌抹了一把烟嘴，再从容插入裤兜。他这种作派被看作是真正老八路作风，令人肃然起敬。

牛排长看不惯上海人的作派，男的女的他都看不惯，而上海人造反派多，因而他对造反派也有看法。一天，他在家属区转悠，看到高立明被老婆赵桂如侍候着喝牛奶吃面包，勃然大怒，虽然没当面指责，回到联络组办公室跟我们几个负责人却大发感慨，说：你们造反派中有些人真不像话，我在家属区看到高立明翘起脚坐在椅子上，他老婆像佣人一样，双手捧着一杯牛奶递给他，他就这样（牛排长学样）翘着脚，一手拿杯牛奶，一手拿块面包，就这样（牛排长又学高立明喝牛奶吃面包做派头）。啧啧！活像当年资本家老爷的派头。有人告诉我，高立明确实出身大资本家，唉，你们造反派呀……

他没有说下去，但那摇头叹息的余味是显而易见的，那就是对造反派中的很多人看不惯，我的心也沉重起来……

其实军队干部基本姓左，他们参军入伍第一关便是成份关，当兵首先必须出身贫下中农，家庭成员主要亲属没有被杀、关、管的敌对份子。当兵第一天受到的便是实实在在的阶级教育，加上部队从始至终贯彻的突出政治，不忘阶级斗争的理念，让部队干部战士个个都像是从阶级斗争炼鋼炉锻造出来的斗士。他们支持造反派只不过是奉命行事，他们内心的认知还是倾向于老保的，这从后来搞三查支左军代表露出了真容就是铁证。

应该说，我当造反派一把手这短短两个月来，我一直是战战兢兢，小心翼翼，从不张牙舞爪，得意忘形，反而有一种危机四伏，如临深渊，如履薄冰之状。唯一的变化是我学着过去当官的样，喜欢叫年纪小的女工叫小鬼。但叫了几次便中止了，因为有一次遭到对方的抢白：小鬼小鬼，你不晓得自己有几大，可能还没我大，当了几天官就作烧，烧得自己都不晓得姓么事！遭到小姑娘这一顿抢白，顿时让我脸上火烧火辣。意识到自己开始端起官架子来，但别人并不买帐，我的这个一把手的权威，别人并不当回事。

　　我当时唯一的特权是有时睡在办公大楼原厂长室前面的凉台上。厂长室是我办公的地方，也是联络组头头讨论问题的地方。厂里的几大部门都由造反派这边的中层干部管着，他们可以自行其事，车间头头们都安于在他们自己车间管事。

　　其时正值夏天，厂长室前面那个凉台凉快。晚上，我往往搬几张靠背木椅放到凉台上睡觉。就是在这个凉台上，夜深人静之时，往往有指挥部老保方面的中层干部偷偷地溜到凉台来，压低嗓子，向我汇报指挥部老保中的头面人物，特别是张巨库他们的情况。他们在"六.二八"前后怎么布置的，怎么安排的，对造反派是怎么咒骂的，对造反派中的人物是怎么评论的，自己是如何的不得已而为之等等。这些站错队的中层干部对我的那份讨好的姿态，令我有一种君临一切的幻觉。只有在这时，我才尝到当一把手的滋味。但我从来没把这些向我暗中汇报的中层干部的情况告知他人，也从没以此要挟。即使在我处境险恶之时，这些人中有能力帮我之时，我也没有找过他们。

《亲历浩劫：江西省九江市九纺文革纪实》

反戈一击大会始末

　　造反派虽然回厂掌权，指挥部老保群众的抵触情绪仍然不小，虽然已经开工，人员也基本到齐，可生产效率上不去，次纱次布率居高不下，产质量都处于历史最低水平。不少干部阳奉阴违，消极怠工。我到我熟悉的织布车间察看，往往看到布机停了一大片，无人去处理开出来，一些挡车工和帮接工在停车的布机旁大声说笑也无人管，车间的飞花败絮弥漫半空，这些飞花飘落在布机经纱上，立即将经纱纠结一团，很快断头停机。显然，长日班的清洁组和三班的清洁工都在磨洋工，挡车工对那一片停车视若不见，或交头结接耳或懒洋洋地走巡回。看到这些，让我心急如焚。

　　针对这一情况，我召集头头们开会，商讨对策。面对对立派的不合作，特别是对立派的中下层干部消极怠工，大家都唉声叹气，苦无良策。生产纪律、劳动态度和工作作风，这都是系统工程，不是一朝一夕能见成效的。几经讨论，所有问题都集中到指挥部老保方面的中下层干部，虽然让他们仍然管着生产（各车间造反派头头只是起监督作用），但他们都不认真履行职责，敷衍应付，放任自流。

　　在讨论中有的人提出：造反派回厂后对老保方面的干部太宽大了，除了几个跳得高的干部批了几下以外，绝大多数都还是原职原任，对他们的灵魂丝毫没有触及，从没有人认识到自己是犯了方向路线错误，一句站错队便轻飘飘过关。站错队这顶帽子比纸糊的还轻，怪不得他们不把造反派的话当回事，我就是站错队又怎么样，你能把我怎么样？我就是不管事。你又能把我怎么办？！

　　有人把指挥部老保方面的干部现时心态归纳为四句话：不认输、不服气、不服管、不配合；当面是是是，背后呸呸呸！当面好好好，背后操操操！

　　我不大同意某些人过激的观点，我认为老保方面的干部大多数还是想做点事的。比如，整理车间主任毛淑霞是老保，造反派斗她，斗完之后，她把挂在胸前的牌子一摘，又召呼起群众：大家别走，斗完了，我还有话讲，就是当前生产上的几个问题。既然还要我管生产，我就要说要管。这样的干部我们要表彰要树为狠抓生产不放松的样板。据下面干部反映：我们造反派中也存在着不少问题，使人家难管，有的造反派以功臣自居，人家管他，他会说：你算老几？管起我来，我造反时，你还在做老保，为刘少奇邓小平卖命！

　　还有的连造反派方面的领导管他也管不了，他说：操，你管我？！你才站出来造反几天，就下山摘桃子，老子造反时，你还在老保那边喊口号！

　　我的观点遭到第一线上来的头头们的激烈反驳，好像我是针对他们而言。

　　一个说：小旷，你是不晓得当时造反派压得几苦，细纱、织布两个大车间的少数造反派压得更苦，几十个人围着你骂，上班像个麻疯病一样，没人敢沾你的边。骂你是刘瑞森的干儿干女，刘瑞森的小老婆，连回到屋里也遭人围攻。到军分区绝食回来，路都走不稳，车间却要算你旷工，扣你的工资。唉，造反派受的苦三天三夜都说不完。现在我们赢了，却又是要正确对待受蒙蔽的群众，受蒙蔽的干部，不能打不能骂，连批斗都要严格限制，这算什么回事，好像我们还欠他们一样，早晓得这样，我也不会当造反派，当老保几好，打你骂你搞得你人死牛发瘟，最后胜利了，还要把他们供得像祖宗一样。

有一个头头甚至激动得一屁股坐在桌子上，指着我说：小旷，当时我们跟老保斗得你死我活，你跑到哪里去了？！你跑到北京躲起来享福，胜利了你才回来当官，捞个一把手当当。你哪里晓得我们的苦。过去穷人起来斗地主，分了他的田分了他的房，他当然恨穷人，当然看不惯穷人的一切。作为老保也是一样看不惯造反派的一切。现在，你站在被打倒的老保一边，也看不惯造反派的脾气、作为，甚至帮老保讲话，你的屁股到底坐在哪一边？！

这几个人的一番话，气得我脸红耳赤 全身颤战，真想跟他们几个大吵一顿。这时，几个中层干部出来当和事佬，抹了稀泥。我是个脾气暴躁，容易冲动的人，我深知自己的性格脾气不宜当官，我深知自己才不堪此任，经验不堪此任，资历更不堪此任。所以，我每天睁开眼的第一件事便是自己对自己说三遍：冷静、克制、忍耐、寡言。此时，尽管我的肚子几乎要爆炸，我还是咬紧牙关忍着没发火没作声。

有个中层干部为我解围，抛出了一个新的议题：我们确实对指挥部这边的中层干部太宽大了，要把他们烧一烧，也要让他们触及触及灵魂，发发烧出出汗。

这个议题引起了热烈反响，大家纷纷围绕这个议题提出种种搞法。

有的提出：让每个中层干部在各自单位都办学习班，白天上班，晚上揭批，让他们紧张紧张。有的提出：由联络组给他们轮流办学习班。

最后，有人提议：搞个"反戈一击"大会，让老保干部揭发检举张巨库等指挥部高层的罪恶活动，让他们以实际行动回到毛主席的革命路线上来。

这个主意得到满堂喝彩，人们纷纷为这次活动注释新的含意。

这样一来，让他们狗咬狗……要分化他们，不能让他们铁板一块。

有一个人的说法让我震惊。他说：46年、47年国共全面内战打响后，共产党取消了抗日战争期间执行的不打土豪地主的政策，重新改成打土豪分田地给贫下中农的政策，而且，动员贫下中农跟地主土豪面对面的批斗，让贫下中农跟地主土豪撕破脸。因为，农村宗族势力盘根错节，很多土豪地主往往又是宗族祠堂的族长、主事人，跟一些贫下中农沾亲带故，要发动贫下中农起来斗争，往往会面子上抹不开。只有撕破面子，贫下中农才会死心塌地跟我们走。以后，国民党进攻解放区，很多分了地主田地的贫下中农便跟着解放军的部队一起撤退,成了拥护我党我军的铁杆基本群众。三大战役,我们就是依靠这些基本群众才打败国民党的。所以,一定要动员老保方面的中层干部跟张巨库这些老保头子撕破脸,他们才会死心塌地跟造反派走!

一番议论,全场折服。于是,决定召开"反戈一击"大会。

"反戈一击"大会是在办公大楼二楼大会议室召开的。一部分厂级干部、全体中层干部和大部分基层干部出席了这次会议,能容纳二百人的大会议室坐得满满堂堂。造反派中的基层头头和厂部头头也出席了这次会议,厂长张巨库是这次会议的主角,所有的准备工作都是围绕他进行的。

这次会议的主持人致开场白。开场白也是经过我精心准备,要让听者有压力,词锋暗藏杀机。开场白的大意是这么说的:经过造反派和指挥部老保这几个月的生死搏斗,毛主席和党中央已经对江西问题作了结论。造反派取得了全面胜利,毛主席还特地派了支左部队千里迢迢到江西来支持我们。现在,造反派已经在支左部队的支持下,接管了九纺厂的全部权力,造反派掌权后,坚决执行对受蒙蔽的群众不歧视不报复不打不斗、团结教育的政策。使绝大部分受蒙蔽群众都告别过去,安心生产,对站错队的干部,我们同样执行不歧视、不打击报复、团结教育、放手让他们工作的政策,大部分干部都告别过去,在各自的工作岗位上兢兢业业的工作。但也有少数干部,特别是少数中层干部,对造反派的领导采取阳奉阴违、口是心非的态度,对工作敷衍塞责,放任自流,甚至纵容部分原指挥部的群众消极怠工。这些人,他们过去疯狂镇压造反派,对抗毛主席的无产阶级革命路线,跟随张巨库之流做了大量的坏事,这笔帐我们都记录在案,我们现在就是要看这一小撮人到底要走多远。有的人甚至暗中与张巨库等人通风报信,我们对这些情况,统统都心中有数。今天这个"反戈一击"大会就是给过去站错队的干部一个机会,看他们是真正地与过去的资产阶级反动路线划清界限,还是假装跟过去划清界限。忠不忠,看行动,你是真革命派,还是假革命派,就看今天你们的表现。有句口号叫做"受蒙蔽无罪,反戈一击有功"。你们过去受蒙蔽,跟着坏头头张巨库干了不少坏事,今天在这个"反戈一击"大会就竹筒倒豆子讲出来,面对面地揭露张巨库等一小撮指挥部坏头头的丑恶面目……

主持讲完后,立刻就有中层干部起来发言。(当然,这都是事先经过动员做工作选中的首轮发言人。)

这位中层干部揭露了张巨库在"六.二八"武斗前后的言论:

我们有解放军支持,还怕这几个牛鬼蛇神。

我们有些人也太胆小了,人家造反派进攻,他还四处躲藏,就凭他这副熊样,将来准成叛徒……

你们看看,人家九玻厂的老保多厉害,那几个造反派都不敢进厂。我们倒好,人是他们的两三倍，写，写他们不赢，说，说他们不赢，一游行，一打起来，反而占下风，丑不丑？！

今后提拔干部，主要看文化大革命中的表现，墙头草，风吹两边倒的绝不提拔！……连党委副书记、好好先生黄问官都揭发了两条，虽然材料没份量，但起码表明了态度。

张巨库对所有揭发都认帐，都表示认罪。

我们对他也宽大，没有人押，不坐喷气式，也没有让他下跪。

随着揭发越来越热烈，张巨库开始头上冒汗，揭发的问题也步步升级：

我（张巨库）每天上午第一件事，便是到指挥部这边碰头，鼓励指挥部的头头提高士气，把我的想法意见告诉他们，指挥部实际上是我在当家。

张巨库经常给指挥部出点子，说遵义造反派笔杆子多，可以及时以观察员的名义写短小精悍的文章造舆论。

张巨库批给指挥部两个头头各一百元上京告状。

"六.二八"以后，张巨库带领指挥部人员上山与造反派对抗，赤膊上阵在一线指挥。

张巨库在"六.二八"后，把食堂的米、油、猪都抢运到山上，又把厂招待所、医院、学校的蚊帐、被子都运上山，还把造反派宿舍里的蚊帐、被子搜去运上山。

张巨库命令厂武装部把枪支弹药全部分发给老保，声称：斗争进入了以战争消灭战争的阶段，对待联络组就是要以武力镇压。

我们指挥部就是不行，"六.二八"吃了亏，还没吸取教训，要赶快编班、练兵，加强战斗力。

我已准备好，运动后期不当这个厂长，准备老婆守寡，和他们（指造反派）拼了，到那时候，回到东北老家种地，或到长白山去出家，怕什么，没什么了不起的。

如果联络组晚上敢到我家破门而入，我绝不客气，干掉他几个再说，干一个够本，干两个赚一个。

张巨库于"六.二八"以后的七月十五日，率领两个武装班，荷枪实弹，分乘两辆汽车，把十里银行办事处包围起来，把银行办事处负责人绑架上山，勒令银行送十万元上山。

中层干部的揭发如此积极踊跃，是我们始料不及的。但最后的高潮出现在中层干部彭志对张巨库的一记耳光上。

彭志，湖南长沙人，是九纺厂公认的最强的中层干部，他讲话条理清晰，简繁得宜，看问题尖锐深刻，处理问题干脆果断，雷厉风行。如果单从水平而言，厂级干部也未必有他那个水平。张巨库是个很会用人的厂长，很器重彭志的才干，重大问题一定要咨询彭志的意见。彭志也是张巨库的最重要助手。

可就是这么一位张巨库的铁杆哥们，竟然揭露张巨库对宣传和学习毛选方面很不认真热情的情况：

生产实验室在墙上贴毛主席语录和学习毛选的标语时，张巨库发现后大发雷霆，说：你们贴这些东西干什么？雪白的墙壁搞脏了，赶快撕掉！保全车间贴毛主席语录也被他制止，说：好好的墙壁搞得乱七八糟，赶快给我搞掉！

张巨库马上意识到这几条的份量非同小可，坚决不予承认。彭志很生气，就从后排冲到前排，怒吼着：大庭广众之下，这么多人都可以作证，你还抵赖？！说完伸手一个响亮的耳光甩在张巨库的脸上。这一声脆响，全场震惊，这记耳光出自彭志之手，是人们无论如何也想像不到的，但这记耳光也使全厂站错队的干部彻底面对这么一个现实，现在是真正改朝换代了，造反派已经实实在在的掌握了权力，一切言行都必须在这个大前提下运行。

"反戈一击"大会开过后，站错队的干部都受到了极大的震撼，开始把造反派的话当回事了，工作责任心也有所提高，生产也渐渐走上正轨。

《亲历浩劫：江西省九江市九纺文革纪实》

辞去一把手

虽然回厂二个多月，造反派便站稳了脚跟，开始行使职权，三千多人的大厂在我们的治理下也开始正常运转起来。造反派的权威也慢慢形成，照道理，我应该继续干下去，但我却决心辞去一把手的职务。我以身体不好为由，请联络组的中层干部、原前纺车间主任、部队转业干部杨德荣接替我出任一把手。

当时，联络组权力的更迭形同儿戏，并没有人提议要更换领导层，也没有人议论我不该担任一把手，更没有人搞什么宫庭政变，完全出于我个人的意愿。我是经过各基层造反派组织头头选举产生的，当时并没有选举委员常委之类，就只选举一个总负责人，其它部门负责人则由我任命。不过，我也没把权力划分搞得过于精细，只是让亮相到造反派这边的中层干部掌管各部，由几个大一点的造反派组织推举一个人到厂部参与厂领导班子。我记得当时机动车间派出的是钳工靳润香，细纱车间派出的是邹雨田，织布车间派出的是吴金水，中层干部参加领导班子的有原财务科长潘德铭，原宣传科长王治安，原前纺车间主任杨德荣，原生产技术科长胡必瑜，俱乐部主任段林及张培基等等。

但我把一把手的权力禅让给杨德荣却没有通过任何人，甚至没有与联络组其他负责人商量，我也没有与张培基透风，我知道张培基功利心较重，我如果找他商量，他肯定会要求让他接班，但凭我对他的了解，他并不适宜当一把手。一个三千人大厂的掌舵人绝不能以私人关系来权衡取舍，到时候谈崩，反而伤感情，我只跟黄文华商量了一下，他也认为选择杨德荣接班比较合适，便私相授与。我与杨德荣没有任何私交，甚至也没谈过几次话，对他并不大了解，杨德荣在文革中也没有什么出色的表现，在联络组上层的例会中，他总是阴沉着脸，很少发言，我选中他只是因为我觉得他有军人气质，有杀气，魄力足一点，震得住台，其他中层干部似乎领导魄力差一些。当我找到杨德荣，把我的决定告诉他，他没有半点推辞，似乎觉得理应由他担任一把手。第二天，在联络组负责人会上宣布一下，我因病治疗，由杨德荣负责全盘领导。

杨德荣一上任便显示出他那军人作风，他铁青着脸斩钉截铁地宣布：今后，联络组任何大事小事不请示我和小旷就不行。当然，我知道，我不过是附带上去的，实际上所有事情都要经过他，改变我执政时，一切由各部门各行其事的自由宽松的领导风格。我也乐得轻闲，因为我确实不想管事。张培基曾私下责备我：你要辞也要跟我商量一下啰。他潜在的意思是我如果辞，可以让给他干干。他虽没说出口，我却深黯其意。于是我说：培基，说实在的，我们俩都不是当这个大厂一把手的料。听了我的回答，他很不高兴。说：一个好汉三个帮，你当一把手后，什么事也不跟我打招呼，不讲我们私下的关系，我好歹还是宣传组负责人嘛，你跟我讲讲，你为什么要辞职？我实在想不通，干得好好的，又沒哪个人逼你下台。

于是，我跟张培基讲了我辞职的三大原因。

一、消防队司机余心清私自开车（消防车）处理案。余心清是个一米八二的黑大个外号黑皮，是造反派中的一员，部队转业军人，家庭成份工人，根红苗正，是造反派中底气最足的骨干之一。造反派胜利后，消防队里仅他一个造反派，其他人都是老保，他自然趾高气扬不可一世，他自然成了消防队负责人，成了消防队说一不二的人物。消防队的救火车按规定绝对不允许私自出车私用，可他竟然开着盛满水的消防车赴宴办私事。有人向上级反映余心清的劣跡，消防队的上级是保卫科，而保卫科人员基本上都是老保。这时，有一个参加了造反派的人叫冯立东（原名冯昭海，文革一来改名冯立东），冯立东在两派斗争中一直处在消遥派的状态中，后来看到造反派渐渐得势就参加了造反派，没几天造反派胜利，他便以造反派的名义接管武装部保卫科的领导权（他是党员，退伍士兵，一般干部）。他以联络组武保组的名义写了一个处理余心清的请示报告。对余心清私驾消防救火车办私事等行为作出行政记大过一次，全厂通报批评的处理决定。报请联络组批准。

冯立东拿这份报告找到我时，我才第一次见到冯立东，这是个镶有金牙齿的大个子，我不知道是谁任命他为联络组武保组负责人的，也不知道联络组武保组是由什么人组成的，联络组武保组的公章是怎么来的，但一切似乎都是按组织程序进行的。

冯立东对于这纸处分决定补充了许多余心清违法乱纪的言行，似乎十恶不赦。我也感到事态严重，不刹刹这股风不行，造反派中的一些人刚掌权就为所欲为，无法无天，这还得了，我当即在这份报告上签了字。

然而，第二天上午，余心清就气势汹汹地冲到办公室，指着我的鼻子骂开了：旷小林，你有什么了不起，跟我一样就是个工人，刚当了两天官就整起自己人了，你说，你为什么要给我这么重的处分。今天，你不跟我收回这个处分，我就对你不客气。

这个一米八几的黑大个站在我面前暴跳如雷，虽经办公室人员劝阻仍咆哮不已，仿佛要把我一口吞下才罢休。围观的人越来越多，其中也有不少是联络组负责人。他们没有一个站出来严词指责余心清的无理取闹，只是一味地做和事佬：算了，算了，别闹，有话好好说。这当然制止不了疯狂咆哮的余心清，他似乎看到这么多人奈何不了他，而更加放肆，甚至指着我的鼻子叫板：旷小林，你今天不收回这份处理决定，我叫你吃不了中饭，你信不信。

围观的人都不做声，静观我的回答。我问余心清：我问你，你开没开消防车办私事？

余心清忽然掏出他那本残废军人证，吼道：我开了，我是开消防车去看病，我是残废军人，怎么，残废军人开消防车看病犯法啦？

余心清这一招把所有人都打蒙了。我也一时愣住了，一时语塞。愣怔了一会，我终于找到了答词：这样吧，你说残废军人可以开消防车看病，你把管你们的冯立东叫来，我问问他看有没有这一条。

余心清说：冯立东算个屌，他是个官迷，造反没几天就霸到武保组，老子告诉你，就是冯立东说你要处理我的。

我真是怒火中烧，冯立东怎么是这种人，两面三刀，呈报处理决定要我批时，把余心清说成一堆狗屎，可人家一闹又把祸水引向我，但我不能认输。有个联络组负责人在我耳边劝我：小旷，让一让算了，退一步海阔天空，这么一闹让老保看笑话，不好收场。他这么一劝，我反而坚定了绝不退让的决心。我强抑怒火（我自己都不知道我怎么会有这么强的忍耐力），平静地对余心清说：老余，你今天就是把我杀了，我也不会收回这个决定，除非你能找到残废军人可以开消防救火车看病这条规定来，而且你也不只开一两次私车。这个处理没有错。

我平静地说完这番话，便不再搭理他，眼望他处。余心清自然又蹦又跳，声嘶力竭朝我吼叫，口水喷我一脸，但力度显然有些强弩之末。

这时，支左部队军代表突然出现在我们面前，他大概已上来一会了，听了个大概，他一出面便用他那山东话严词训斥了余心清：余心清，你也太猖狂了，开消防车办私事还有理，没有哪条规定说残废军人可以开消防车看病的，我看你，好手好脚神气活现，可以打得老虎死，哪里像个残废军人样，我看看你的残废军人证。

军代表看了余心清的残废军人证后，不屑地丢到我桌上，语带讥讽地说：什么残废军人，是最低级别的残废，两个手指活动功能障碍而已。好人一个，在部队照样可以扛枪打仗，到这里瞎咋呼什么，在部队里你这么搞早该上军事法庭，不枪毙也要判个十年八年。军代表一席话震住了余心清，他拿回残废军人证，悻悻而去。

我松了口气，我感谢军代表为我解围。但我的心却久久不能平静，我这算什么一把手，一个违法乱纪的造反派普通一兵居然可以冲到一把手的办公室要打要杀，而他的同事明知这个闹事的造反派不对，却不敢理直气壮的站出来维护一把手的权威。如果不是军代表出面，最后的结局真不敢想像。当这个一把手有什么意思？

第二件事是距余心清闹事后的一个星期。当时，联络组工人民兵武装连的几十个人是最神气活现的一道风景，他们的武器使用没有制度，各人的武器各人随身带。一时间，背着各式武器的武装连人员在厂里晃来晃去，由于已没有对立派的威胁，他们的存在只是造反派震慑老保的铁拳头，但这只铁拳头闲得发痒，便会找些不入流的事发泄发泄。

一天，一伙武装连人员找到一个卖狗皮骨药的江湖艺人，说这个傢伙宣传迷信，便把他绑起来吊打。后来有人说：这傢伙有气功，有铁布衫，金钟罩。又有人说：什么屌毛气功，拿一盆冷水一浇便什么功都没用。于是，有人连忙拿一盆冷水往他从头到尾一淋，然后再一顿乱打，打得这个人杀猪般嚎叫，百般求饶，最后据说打出屎来才放他走。

我听说后，曾跟武装连负责人轻描淡写的说了一声：今后别这么打人，打死了怎么办？但我的话对他们也毫无约束力。拿着枪到外面打鸟打兔子有之，打靶放空枪好玩者有之。最后，发展到有人带枪到农村抓赌。

向我汇报的人把这些抓赌的武装人员活灵活现地描绘了一番：农村人好赌，每当农闲或节庆婚丧都要摆开桌子赌一场，大赌的则躲到隐秘之所开盘。联络组武装连中有一部份是周围农村招收的工人，谓之掺砂子，这些人成份好，一加入造反派便被选为武装连人员。（尽管造反派中成份不好的多，但担任领导职务或磷选拿枪的武装人员则绝对要求成份好根红苗正，以防老保钻空子。）

这些周围农村招来的武装人员，实际上就是刚穿上工作服的农民，他们对于农村的习俗熟悉得很，有些甚至是过去的赌棍。现在手里有了枪便打起了歪主意，以枪抓赌，捞它一把，冠冕堂皇的理由是打击赌博现象，以正风气。抓赌的武装人员一般会选择抓大赌，大赌油水大而且人少，容易震慑，参赌人员畏法惧官，一般都会自认倒霉。

武装人员人熟路熟像侦察兵一样头戴伪装的树枝草圈，悄悄潜入隐秘的大赌之所（一般都在密林深处）。猛然大喝一声：不许动。用手枪顶住赌徒的脑壳，顿时吓得赌徒们魂飞魄散，趁赌徒们惊恐万状之时，扫荡了赌徒们的全部现金。然后自称是奉上级之令来抓赌的，赌资没收，如果不是看在乡亲的份上，要抓他们去坐牢。并问他们愿不愿坐牢，回答当然是不愿坐牢。那好，今后不要再赌了，也不要暴露你们曾赌过博。如此一番演戏，他们满载而归。

但抓赌的传闻仍然不迳而走，大赌徒们都把赌场选在远离武装人员熟悉之地，这些抓赌的武装人员再也抓不到大赌，但这些尝到了肉味的狼绝不会放弃对肉的追求。他们开始打起节庆婚丧时日的赌场上抓赌的主意，这种场合参赌人员众多又是小赌，人们面对抓赌武装人员的枪毫不畏惧，即使抓赌武装人员朝天开枪示警也吓不退被缴去赌资的人们。

事情终于闹到厂联络组来了，支左部队军代表也发了话：这个事情很严重，闹不好会出人命，也严重影响军民关系。我立即找到武装连负责人，要求他立即处理这些抓赌的武装人员，收回他们的枪支，开除出武装连。

但这些抓赌的武装人员，既没被收缴武器也没被开除出武装连。反而于第三天下午，荷枪实弹闯到我办公室，为首的陈某某手执二十响的驳壳枪，气势汹汹地用枪指着我的脑袋：旷小林，你这个当头的，不支持我们抓赌，反而要收我们的枪，洗我们的脚（即开除的意思），我告诉你，没那么容易，哪个收我的枪，我先一枪崩了他，操，抓赌还犯了法，姓旷的，你如果支持赌博，老子就一枪崩了你，老子现在枪上了膛，你要惹老子火了，我就不客气。其他几个人也挥舞着枪跟着陈某某起哄，想来劝阻的人看到来势汹汹的持枪人也不敢轻易上阵，武装连的头头也一个不见。

我一则怕二则气，真是气得胸膛都要爆炸，气得脸色发青说不出话来，没有什么人劝解。这些人挥舞着手枪闹腾了一阵自己走了，呼啸而来呼啸而去，这些人来得快也去得快，但给我留下的伤痛却无法磨灭。我开始认真考虑辞去一把手职务的步骤。

三、虽然我早有辞意，但促使我下最后决心的却是供销科计划员吴文妥的一席话。

吴文妥，福建人，当时也只有三十来岁。他操一口福建人永远难以克服的家乡尾音的普通话，虽是供销科搞计划的，却是供销科实际的当家人、大管家。

他找我汇报供销科情况究竟要表达什么意思，我已经忘记了。但他对供销科里业务情况的熟悉程度令我吃惊，说起供和销的情况如数家珍，他可以随口说出一串串数字，随口说出各个车间，前纺、细纱、织布对机物料的依存关系及库存物可以支撑多久的准确时间，那浩瀚如海的知识，那照相机般的记忆力，都令我汗颜。

记得他开头的第一句话便是：我们现在库存的机物料坯布折合现金总共有八千多万。

我们厂有八千多万库存，这一天文数字把我震惊得几乎要跳起来。我只粗略地知道我们厂一个月的工资大概是十几万（当时一般工人工资仅三、四十元），一年工资一项百把万。九纺厂是九江市最大的利税大户，年上缴利税一千万占九江市财政收入百分之五十。在我的心目中，一百万便是大得不得了的数字，可现在竟然冒出了个八千万的存货，我们这不是坐在钱堆里吗？

看到我惊愕的神情，吴文妥慢慢地跟我解释，他一笔一笔跟我算细帐，供应和销售的流程，财务走帐的规定，器物如何折算，像日理万机的总理，每一笔的出处都清晰明了，各车间的生产流程，工艺设计，纱支与布匹的关系，连整理车间的坯布打包出厂的细节都了如指掌，可这些本不是他业务范围内的事情。

我被他彻底折服，虽然我当面没有表示什么，我以后与他也没有接触。但仅这一次交谈使我自惭形秽，我算个什么一把手，让我领导这么个大厂等于交给一个瞎子去开车。我的资历仅仅是当过几个月的生产组长，我应该赶紧交出手中的权力，不然的话，不远的将来肯定会铸成大错，与其将来犯错误被人赶下台，不如趁现在还没犯错，赶紧急流勇退、让贤。你看，现在多好，波浪不惊平稳过渡。

张培基显然没被我说服，怔怔地望着我不置一词，但生米已煮成熟饭，事已至此，他也无可奈何。最后，他长叹一口气，无奈的接受了这个现实。

其实，我还有一个真正的原因没向他说明，我也没向任何人说，那就是我的成份问题，我一直底气不足，腰杆子不硬，就是因为我祖母的地主成份和父亲的历史问题。每当看到电影《列宁在十月》（这片子几乎成了每个星期天的保留节目，那个时期翻来复去就是这么几部影片），影片中混入苏联肃反机关内部的内奸被捷尔任斯基（苏联首任克格勃头子）识破，捷尔任斯基怒斥这个内奸：竟让你混入到革命的心脏来了。每当这句话响起，我都浑身一激灵，仿若我就是这个混入革命心脏的奸细。与其战战兢兢地在一把手位置上坐，还不如做个甩手老板，担个虚名却可以不管事。我辞去一把手后就是处于这么个状态，名义上的二把手，实际上不管事。说不管事也是假的，经常到九江大联筹开会，回来开大会传达，所以有一段时间我经常在大会上作传达报告。

于是，我结束了二个来月掌权后一把手的任职经历。

杨德荣确实比我有魄力，敢抓敢管，汽车队的陶司机吊儿郎当，开客车班车接送下班工人晚点，引起女工极大不满，杨德荣冲上前结结实实给了他一个耳光，这一耳光打得汽车队那些司机老爷老实多了。

但杨德荣在一把手的位置上也仅待一个来月，就被十一月份联络组代表大会选举上来的桂春喜所代替.

惨烈的派战

随后，九江市进入了造反派内部两派的争斗之中。始作俑者应该是九江地区革委会筹备领导小组组长孔新和副组长九江化工厂保卫干部出身的王道广。王道广曾被作为九江市造反派总负责人。我至今都不能理解，孔新和王道广为何要挑起派战。首先在红卫兵中支一派打一派，把过去最早起来造反的九江市红卫兵造反司令部（简称红造司）打成对立派，而扶持井岗山红卫兵造反司令部（简称井红司）。

井红司以九江电力学校学生为主，这是一所职业中专学校，学生以南昌人为主。该校的学生可能受南昌市武斗风气影响，电校学生红卫兵特别好斗，且勇敢不怕死，打起派仗来不顾生死，这使得人数占优的红造司不是对手。更不可思议的是，作为地方党政军一把手的孔新，竟然也倾全力支持井红司的派性，生生地把九江工人大联合的组织大联筹分裂成支红造司和支井红司两个派别。在残酷的派战中，死伤人数几十倍于造反派与老保斗争时期造成的伤亡。

在这种全市派战的形势下，九纺厂作为九江市第一大厂，始终未听从市大联筹和市革筹小组的指挥，不参与派战，不表态，不派人参加任何一派的宣传造势活动。即使支左军代表牛连正（军代表经常调换）极力催促，经常夸赞井红司的红卫兵多么勇敢，拿手榴弹冲入敌阵，与敌人同归于尽，我们也不为所动。三任领导人，我、杨德荣及十一月份选举产生的新一届联络组负责人桂春喜都是促和派，认为井红司和红造司应该团结起来，而不应该生死对立，这种自相残杀的行为是愚不可及。然而，市里执意搞派战的头头却偏执顽固得很，硬说这是一场新的路线斗争，是全省新形势下的又一次重新排队组合，要重新集结革命队伍等等。当时，全省造反派确实分裂以万里浪和涂烈为首的两派。九江派战不过是省里两派斗争的延续。

因此，我们虽然不参加派战，但采取的策略却是柔性的，不跟上级机关硬顶，而是打太极拳，尽量不卷进去。九棉一厂造反派却深深地陷入到派战中，九棉一厂的杨诗志就被红造司方面的人打死了。

惨烈的派战令我心寒。有一天晚上，九江大联筹来电话，通知九纺厂参观井红司攻打九江医专（时名白求恩大学，红造司方面的中坚力量）取得的辉煌战果。

（后来我得知，这是由孔新主导支持的井红司及工交武斗队于1967年十二月二十日用机枪炸药手榴弹血腥攻占九江医专，双方都有人员伤亡。）

我去了，看到被抓来的九江医专师生，一个个被劈头盖脸的皮带抽打。九江电校的红卫兵都操着一口南昌话边骂边打，说是要为他们死去的战友复仇。被俘的九江医专师生并不像电影里革命者坚强不屈的形象，而是一个个痛哭流涕，乞求饶命。九江医专是大专，师生都是二十岁左右的成年人，女生更是成熟饱满。现在却被一群十六、七岁的孩子打得鬼哭狼嚎乞求饶命，实在让人看得心酸。那些打人的学生一个个都凶神恶煞，宛若地狱里放出的厉鬼。特别是一个宜春籍的老师（我看他年纪比较大，约有三十岁，因而推测他是老师），跪着受刑用宜春话呼喊求饶，再三恳求不要打死他，他家还有七十岁的老母和妻子儿女。可惜他的乞求并没有打动电校学生冷酷的心，甚至抽打得更猛烈了，于是哀嚎声哭叫声大作，交织成一幅世界末日的景象。昔日战友，现在疯狂残害，这是为什么？我不忍看到这地狱般的情景，独自溜出了恐怖的电校。

红造司的战士打架不行，但宣传造舆论还是胜对方一筹。他们的传单铺天盖地，他们的标语口号也随处可见，尽管井红司人员见红便撕，也挡不住红造司方面的舆论攻势。不少单位造反派感情上还是偏向红造司的，我们九纺厂造反派也是偏向红造司的，联络组上层头头几乎一边倒地同情红造司，但毕竟执掌九江党政军大权的革筹领导小组组长孔新誓同井红司共存亡，极力鼓吹武力解决争端，说：要狠狠地砸，反复砸.砸他个鸡飞狗跳，砸到老实为止！

孔新在大会上公开表态，说：我拚了老命也要和红造司干到底！两颗手榴炸开了九江阶级斗争的盖子！等等。孔新下令全市工矿企业成立武斗队，时刻准备攻打红造司这一派。（唯独九纺不成立武斗队。全市工矿企业武斗队名单附后。）

我曾问王道广：孔新为什么执意要支井打红。王道广说：因为当年孔新在庐山造反时得到井红司的支持，而红造司却不理睬孔新的求援，从而结怨。但据大联筹二把手王少枝的说法是，井红司是真正的造反派，而红造司却暗中与九江军分区司令员熊振武勾勾搭搭，与一江之隔的湖北黄梅县的鄂梅三司也私通款曲，而鄂梅三司是湖北百万雄师的下属组织，正宗的老保。

王少枝是孔新参谋长，坚定的拥孔派，他的话也不足为凭。

不管出于什么原因，孔新都是九江血腥派战的罪魁祸首，而任命这么一个莽夫主政九江，省革筹小组难辞其咎。

《亲历浩劫：江西省九江市九纺文革纪实》

我的同学张开烈

趁我交出一把手的权力后比较空闲期间，我回了一趟萍乡。萍乡当时也是造反派掌权，几个老同学谈到文化大革命，无不津津乐道老同学张开烈在运动中的奇特经历，让我听得毛骨悚然。

张开烈是我初中同学，也是我的邻居，他住在我家的下一栋。当时，萍矿做的很多家属宿舍都属于简陋型的平房。一栋平房六户，每户都只有二十多个平方，一间半正房，那六个平方半间还没有门，正房十二个平方，半间房另一边隔作厨房，一家三代六口就拥挤在这样的空间里。

张开烈家同样的面积却布置得井井有条。张开烈的父亲是萍乡矿务局劳动工资处处长，母亲是家属委员会主任，都是资深党员，属于根红苗正的红色家庭。

但张开烈从小便桀骜不驯，打架更是一把好手，别看他个子小，可高他一头的对手往往会败下阵来，有一股子拼命三郎的狠劲。

他在矿中创造了一桩轰动事件。当时，他和一个比他高一头的同学为了一点小事争执起来，发展到打斗，对方个子高，凭力气拼不过，他便掏出小刀，朝对方的屁股上戳了几刀，那个高个子同学见到血当场就哭倒在地。学校为此给了他留校察看的处分，并罚他做校工三个月，每天敲钟扫地。他虽受了处分但声名远扬，谁也不敢再惹他，甚至老师也怵他三分。他后来到我们班，成了我们班的孩子王。一些调皮点的同学都依附于他，年小体弱的同学也寻求他的保护。他是个率性之人，虽然也搞恶作剧，也会在班上起哄作弄人，但有时也会打抱不平，主持公道。他有时胆大妄为到敢骂任何人，但也会狡诈地应付危险。他谈到他受处分时说：我根本不怕，大不了不读了，我下井挖炭去，但为了哄一哄教导主任，我故意在眼眶边涂了点万金油，辣得眼泪落落滴，教导主任还以为我悔过伤心落泪，去他妈的，哄得一下是一下，后来就取消了我的处分。

张开烈初中毕业后到高坑矿参加工作，下井挖煤，吃苦肯干。萍矿工人报还报道过他的事迹。

然而，真正让他声名远扬的是文化大革命他在老保中的传奇经历。

萍矿文化大革命中的保造两派，造反派处于绝对劣势。力量对比基本上是十比一，有的矿达到一百比一，比如巨源矿就是这个比例，三千多人的矿仅生产地质科这二十来人是造反派。造反派的靠山是红卫兵，是中央文革。老保却是党政军整个政权组织系统，各级党委政府加上地方军队都是支持老保的。因为毛泽东发动文化大革命的初衷就是打倒以刘少奇邓小平为首的大大小小的当权派。至于是不是走资本主义道路，那只有天晓得。而这些人在此前的十七年都是共产党的化身。而那些运动初期被打成反革命或右派或受压的人，却被中央文革视为冲破现有秩序的中坚力量，这些人成了造反派的核心力量。对于普通矿工而言，什么无产阶级文化大革命的重要性必要性等等，他们根本不关心也不想关心，他们只知道他们的班长怎么说他们怎么做。

张开烈是个喜欢热闹的人，更是一个好事的人。他当然是坚定的"老保"，而且是冲锋陷阵的领头人。自从江青宣布文攻武卫后，两派都开始武装起来，当然老保武装得更彻底。他们有地方军区武装部的直接领导，造反派根本不是对手，两派武斗的结果是，造反派都逃到造反派的大本营萍乡铁路机务段。

张开烈由萍矿老保组织萍乡矿务局总司令部的总司令邱维范挑选为他的警卫班长。邱维范原是萍乡矿务局下属黄塘矿矿长，东北南下干部，随四野南下作战，一只眼睛在战争中被打瞎，外号邱瞎子。张开烈自从被挑选为邱维范的警卫班长后，便成了邱维范形影不离的保镖，成了十万萍矿保守组织中的御林军首领，每天跟在总司令后面好不威风。

但形势比人强，尽管萍矿老保人多势众，占尽优势，但中共中央关于处理江西文化大革命问题决定，明确宣布支持造反派，全省的老保组识顿时冰雪消融，中共中央还特派山东六零一一部队进驻江西支持造反派，派六零一一部队军政委程世清为江西革委会筹备小组组长。

纵然中央表了态，但萍矿老保中的死硬分子仍拒绝交枪投降，他们跑到萍乡上栗山区据险顽抗。驻萍乡支左部队及萍乡造反派武装派兵围剿，在杨岐山区将残存的老保武装团团包围。为了避免人员伤亡，造反派派出了使者前去劝降，使者姓罗，外号叫小罗卜头，也是我们的同学和邻居。据说张开烈身背冲锋枪下来与劝降使者小罗卜头会商，张开烈不但不肯下山投降，反而劝小罗卜头跟他一起上山，小罗卜头不肯，两人争执中，双方的队伍都赶来助战，互相开枪，小罗卜头被打死了，张开烈坚称他没开枪，但造反派一口咬定是张开烈打死了小罗卜头。

在萍矿造反派编写的萍矿两派斗争史中，张开烈这个老保头号悍匪的名字被提起过十七次，他枪杀小罗卜头的行径更成了造反派要报仇雪恨的口号。

在造反派武装和支左部队的联合打击下，残存的老保武装终于土崩瓦解，只有极个别的死硬分子仍然携枪藏匿在深山老林中。张开烈便是其中最顽强的死硬分子。

一天，饥寒交迫的张开烈独自一人沿小路下山找食，被潜伏已久的造反派武装小分队抓获。小分队队长大喜过望：终于可以给小罗卜头报仇了。他决定现场枪毙张开烈，他怕押回去交到支左部队手中会从轻发落。小分队几个人七手八脚把张开烈绑了个结结实实，把他按跪在山边，小分队队长历数张开烈的罪状，宣布对他执行枪决。分队长将手枪对准他的后脑勺，厉声喝道：张开烈你服不服罪？！

张开烈竟然毫不胆怯，视死如归，他放声大骂：操你妈的，你要杀就杀，不要啰里八嗦。分队长愤愤地说：死到临头还嘴硬，老子马上叫你上西天。

分队长扣响了扳机"叭"的一声，竟然是颗臭弹。

分队长换了颗子弹又"叭"的扣响了扳机，还是没响。

分队长骂骂咧咧地说：操，见鬼了呢，昨天我打还好好的，今天真出鬼了，我不信这个邪，今天不把张开烈这个婊子崽打死我就不信邪。

分队长又另装子弹扣响了扳机，还是不响。当他装第四发子弹还没打响时，另外几个队员一齐上前按住了他的手：算了，不能再打了，一连四枪都死了火，说明这个人不该死，天老爷不让他死，我们也不要跟老天爷作对。他又不是在两派交火阵地上，硬要打死他，我们把他交给支左部队，让支左部队去处理。

分队长拗不过大家，只得作罢。张开烈押回萍乡后，支左部队把他关在某学校里，关在这个学校的大多是在两派武斗时打死或打伤了人的老保人员。

学校有部队战士站岗。

悍匪张开烈被抓获的消息刹那间传遍萍矿八矿十八处。造反派都拍手称快，老保们却黯然神伤。其中最高兴也最不解恨的是小罗卜头的妹妹罗菊花，罗菊花外表文弱，内心却是吃铁化钢的烈女。她决心为兄复仇，一定要亲手杀掉张开烈。她借了一支手枪，暗藏在身上，手上提着一个篮子，进门时向站岗的哨兵说是送点吃的东西给看押的哥哥，哨兵也是个十几岁的新兵，看这个十几岁的小姑娘可怜兮兮的眼神，心一软便放行了。

罗菊花进了大门便直奔张开烈关押处，罗菊花闯进监舍，用枪指着张开烈：张开烈，你也有今天！今天我要你的命！给我哥哥报仇。张开烈情急之下往床底下钻，罗菊花举枪朝床底下的张开烈连发四枪。

枪声惊动了值勤的战士，他们赶来夺去了罗菊花的枪，并把她控制起来。同时，立刻把浑身是血的张开烈送往萍矿总医院救治。万幸的是，虽然四枪每弹都命中了张开烈，却都没有打在要害处，两枪打在屁股上，一枪伤在大腿，另一枪虽然从背后射入从前胸出来，但没伤及到肝肾肺脾等要害部位。

罗菊花闯入部队看守的监舍，枪打张开烈，四枪没打死，这一新闻又极大的震撼了萍乡百里矿区。人们奔走相告，在萍乡矿务局，这个老保占绝大多数的区域里，同情张开烈的占绝大多数，一个战壕里的战友嘛。张开烈被看作英雄和圣徒，关于他视死如归，大义凛然，大难不死，神灵保佑的神话传说不胫而走。来看望张开烈的人络绎不绝，送给他的营养品堆积如山。来看望他的妇女老太太一见他便禁不住泪流满面的念叨：你硬是菩萨保佑，你硬不是凡人转世，你有三条命……

《亲历浩劫：江西省九江市九纺文革纪实》

韶山惊魂

在萍乡逗留期间，我忽然冒出到韶山一游的念头，萍乡到韶山仅百多公里，几个小时便到了。当时，湖南省特别修了一条湘潭到韶山的专线，供游人参观毛泽东故居。我到韶山正值正午十二时，但当地农民仍在田地里劳作，他们中午不吃饭，只吃早晚两餐。我首先惊讶的是毛泽东家乡的人怎么这么矮小，毛泽东身高一米八，可他家乡的人普遍只有一米六左右。

毛泽东故居旁是一小间茅草房，这间又矮又小的茅草房作为毛泽东故居的邻居，正好诠释了富人和穷人的巨大差别，我也为此差点遭到飞来横祸，因为我看到毛泽东的故居，立刻想到他也是出身剥削阶级家庭，虽然他自己说他出身富农，但毕竟也和地主同属敌对阶级阵营，虽然他这个富农比我祖母这个地主不知要富多少倍。

随着参观的人流进故居陈列农具的房间时，导游却对一件农具的解说卡了壳，说不清这件农具的具体用途，我不经意地插了一句：可以请毛主席家旁边那家茅草屋的邻居讲解就清楚了。

听了我这句话，讲解员徒然变脸变色地说：你这是什么意思？

见她那么严厉的责问，我顿时感到有些不妙，但我又觉得我的插话并没有错，因而也比较淡定。

可这女讲解员突然转身朝外面疾走，一会儿便带来四个男人，个个神色肃穆如临大敌。他们不由分说地把我带到屋外僻静处，询问我说话的动机，我依然神情自若地回答：毛主席家邻居与毛家相邻，他当然对毛主席家农具使用情况很熟悉，他住茅草屋肯定是贫农，贫农对毛主席最热爱，他来讲解毛主席故居当然十分合适。

这四个男子听了我的回答，又详细询问了我的姓名年龄家庭成份，个人出身，工作单位，任何职务等等。我毫不犹豫地一一作答，并要他们用长途电话打到我所在单位求证。他们最后互相交换了一下眼色，悻悻地说：你走吧！我走出几步，一句话追到我耳边：今后不要再问这些蠢话！

我问的是蠢话么？我后来仔细推敲他们的话，立时后怕不已，再深究深层原因，顿悟内里玄机，立即全身汗湿，背脊凉嗖嗖的。当时，把我逮起来秘密整死，那还不是捏死一只蚂蚁……毛泽东故居的邻居如此犯忌，这中间到底有什么隐密，我为此想了很多，越想越让我害怕……

《亲历浩劫：江西省九江市九纺文革纪实》

贺明星到来

在两派激烈缠斗的新形势下，省革委向各个地区派出了促联组。促联组的任务是促进两派团结联合。九纺厂是九江地区最大的厂，自然派来的力量最强，为首的是省革委群运组组长武训华，其二是省革委群运组副组长贺明星。武组长是军人，而贺明星则是江西站出来支持红卫兵造反派五百四十六名县处级干部大名单中的一员，而且是江西轻化工业厅造反派的头头。贺明星是东北黑龙江宾县人，是那个文革后大名鼎鼎的被枪毙的女贪污犯王守信的同乡。贺明星从不讳言自己的家庭是当地最大的地主，但他父亲同时又是抗日烈士，因从事抗日活动被日军枪杀。贺明星因而获得烈士家属的待遇，家门口挂着民政厅颁发的烈属光荣的牌匾。贺明星实际是从九江走出来的干部，49年解放军进军九江，他便随南下工作干部三大队接管了九江地区所有的权力。他曾在星子县出任财粮科长、副县长，时年十九岁的他管财政、粮油、管后勤分配，几乎当了星子县半个家。后又在九江最大的企业九江兴中纱厂任计划科长。整个九江地区南下干部大队他是文化最高的几个人之一，他就读于东北日伪时期有名的国高，文化高，脑子活，嘴皮子利索，成了南下干部中有名的小诸葛。但当时位居要津的高官大多是凭军功升迁的大老粗，大多资格老，文化低，对那些能写会算的知识份子干部常怀恻恻。当时小学毕业生便算知识份子了，更何况正规高中生更是大知识份子，而高官大多出身泥腿子，全凭在部队里剽学了点文化。但党内有一条潜规则，对于工农出身的干部特别信任，认为他们出身穷苦，有朴素的无产阶级感情，纯朴、真诚因而值得信赖，而知识份子大多出身剥削阶级家庭，花花肠子脑子活，反而不够放心。贺明星虽然才能出众，但并非仕途坦荡，加上贺明星恃才傲物（知识份子通病），对于文件都念不通的领导以势压人常常不买帐，所以他升迁并不快。文革前任江西轻化工业厅办公厅主任、厅党组成员、正处、行政十五级。

九纺厂很多干部对贺明星并不陌生。因为解放初他曾在九棉一厂（原兴中纱厂）工作过，与九纺厂书记桂光星、厂长张巨库、副书记黄问官、副厂长刘树范都曾同过事。

因而，贺明星的到来，大家都很期待，造反派是因为他是省厅的造反派，老保方面的头面人物认为，贺明星毕竟与张巨库、桂光星、黄问官、刘树范同过事，有老交情，总不致于把事做绝。

果然，贺明星在厂里亮相，作了两场报告，便众望所归。造反派从中听到自己想要的战友情、同志谊，老保从中听到他们想要的包容、理解及温情。他在报告中谈到他赴赣州处理"六.二八"大屠杀案，杀人凶手大都是复员军人、贫下中农，他们是奉武装部军分区命令行事，是去杀地富反坏右资黑七类分子，他们认为他们是为民除害，因而绝无愧悔之色，一个个像慷慨就义的烈士，他们并不知道他们犯下的滔天大罪，这些人其实也是受蒙蔽的，我们不能用杀人偿命来处理他们。

　　贺明星作报告，语调清晰，从容大气。阐述问题虚实相济，有深度又易被平民大众所接受。当时，领导干部作报告是各单位政治思想工作的重头戏，每个干部的报告反映出每个干部的水平。大多数干部的报告既乏味又冗长难耐，尽是些官话套话，听广播比听他讲话舒服得多。人们常把听报告当成受罪、受刑。常常把折磨人说成：操，让你去听几个小时的报告就好。也有少数水平高的报告能吸引人，让人听得津津有味。在那种娱乐生活极其贫乏的气候下，听一场有滋有味的报告也等于享用了一顿精神大餐。贺明星就属于这少数有魅力的领导干部，每当他作报告，听众总是早早地来到会场，守候他的到来。他的报告常常被热烈的掌声打断，听他的报告确实是一种享受。造反派收敛了些傲气，老保们也舒缓了些怨气。他到厂仅半月，声望便如日中天。

　　我是最佩服他的一个，暗地里常模仿他讲话的风采。当时，我是名义上的二把手，实际上百事不管，但必须出席联络组头头会。贺明星往往会参加我们头头的会议，但他很少发表自己的意见，他说他不干预我们的决策，他处在超然的位置上利于做工作。因为我没什么具体工作有闲时间，又因为我极端佩服他，所以我与他接触较多，当然是我主动找他，受他的教益颇多。他当时也仅三十七岁，因有胃病，总习惯一手捂胃一边与人交谈，于是便有些驼背，其实他是个很英俊的青年。但长期处在领导岗位又养成了少年老成的姿态，过早地告别了青年活泼好动的阶段。为了显示他这个知识份子早已工农化，他的有些作派跟老农民无异，比如他擤鼻涕；他用两指捏住鼻子鼻涕往地上一甩，再将两指在鞋后跟擦擦，最后两手交合正反面擦擦搓搓，便完成了擤鼻涕的全过程，他这种擤鼻涕的做法在公共场合也如此。加上他经常穿一身蓝工作服，确实有点知识份子工农化的味道。这种形象也是他刻意追求的，因为长期以来，党内提倡知识份子工农化，许多大老粗出身的高官都保有底层民众的习俗，开口便是"他妈的，他妈的"，成了很多高中级干部的口头禅。你只能显得有"土气"才能被上级认可你是改造好了的知识份子，只有和他交谈，才能感到他那深遂睿智的智者风采。

　　我跟他无话不谈，很多隐秘的心事也可以向他坦露。他知识面广，兴趣广泛，喜欢下棋打牌，看戏看书，喝酒聊天。他并不经常待在九纺厂，他家在南昌，妻子与他同是南下干部，在江西化纤厂任一把手。他除了九江外还要兼顾全省运动情况，因为他是省革委群运组的副组长、智多星。

　　有一次他问我：小旷，你最想做什么事？最感兴趣的是什么？

　　我说：我最想做的是写一本书，我最感兴趣的是看一本好书。

　　贺明星很吃惊地看着我：想不到你竟然这么爱书，我就因为爱书，受到大处分。

什么？爱书还受处分。这时轮到我吃惊了。

是呀，50年打地主分田地抄家，在地主家抄出一本《红楼梦》，没人要这本书，随便丢在杂物堆里，我检查工作到该处，看到这本丢弃的书，便拿起来带回去看，后来为此受到批评，还差点被处分。哦，你说你想写书，写了吗？

没有，后来看了王蒙写的《组织部来了个年青人》这篇小说，便不敢做这个梦了。

那是为什么？

王蒙这篇《组织部来了个年青人》令我佩服极了，把当时那种年青人纯真向上的情怀及对现实生活中消极僵化现象的不满忧虑，写得诗意朦胧，让我赞叹不已。尤其让我震惊的是，写这篇小说时王蒙仅二十二岁，是我现在的年龄，简直是天才，我自认为我的写作才能当不得人家的万一。因此，我不敢再动笔了，没这个本事吃不了这碗饭。

王蒙后来怎么样？

王蒙因这篇小说被打成右派份子。

哦，你能不能找到这本书给我看看？

好，我想办法去借。

贺明星看完这本书后，意味深长地对我说：确实有点意思。我大胆地补了一句：贺主任，我觉得你有点像书中的"刘世吾"，语言作派都有点像，只不过比刘世吾更有才干。

贺明星笑笑，用指头点点我，含意不明地：你呀，你呀……便没有了下文。

《亲历浩劫：江西省九江市九纺文革纪实》

第一次联络组代表大会

67年十一月份，联络组召开了首次代表大会，由各基层造反派组织以五选一的比例选出代表，出席大会。联络组此时已有在册人数一千多人（指中央表态前参加联络组为限），一共选出二百多人的代表。

这二百多人的代表挤满了整个大会议室。这是一次真正民主的大会，没有任何框框条条，没有规定代表们什么可以说什么不可以说。听完杨德荣作的"联络组工作报告"后，便可以自由讨论，畅所欲言。代表们对联络组的领导人杨德荣、旷小林、董楚明、邹雨田，都提了很多意见，对我提的最尖锐的一条意见是织布车间乙班工段长宦启东提的，他说我刚上台没几天，就找他班上的女工谈恋爱，这怎么行？刚刚二十出头的青年，不一心扑在工作上，现在厂里这么一副烂摊子，还有心思谈恋爱，这哪里像个革命青年的样子嘛，这样的人我信不过。

其实，这是个误会，我当时根本没找他们班上的女工谈恋爱，有一个女工是别人起哄，她也默认不反驳，工长便信以为真。

所有代表都毫不客气地炮轰联络组的头头们。特别是筒捻车间的江秀梅，更是语出惊人，她用手一扫主席台上的头头：你们这些人给我听着，你们这班头头才上来几天便当官做老爷，不调查不研究，不到车间劳动蹲点，只晓得打官腔训人，只晓得一味催我们要产量质量，你们哪里晓得我们基层头头们的苦？老保工人们不服气，磨洋工，过去车间的老当权派又不配合，我还要想方设法哄着他们做事，向你们反映，你们又不解决实际问题，只是一味地踢皮球，我真是愁死了，这么下去，怎么得了？……

江秀梅开了这么个头，所有基层头头们都把一腔怨气撒在会议上，有的甚至哭诉起来，哭造反时如何被车间领导整，被老保围攻，如何坚定信念，挺起腰杆跟老保斗到底。终于胜利了，可胜利后的工作更难做，老当权派都躺倒不干，自己管理生产指挥又不熟悉，又怕老保们笑话我们造反派，暗地里拼命学，有时下了晚班，白天一天都不睡，跑到九棉一厂找亲戚学管理经验，可你们这些头头想没想过我们基层头头的难处，想没想过帮助我们解决生产难题，提高生产管理水平，只晓得催命鬼一样地逼我们要产量质量……应该说，联络组的女工比男工更有斗志更坚定也更守纪律，如果没有这帮坚贞的女造反派，联络组的旗子能不能打下去确实是疑问。

出气会出了一天半还没出完。第三天选举联络组新一届领导班子，完全是无记名投票，完全是自由提候选人名单。

由前纺车间的邢国安总唱票，他有一手漂亮的粉笔字，他在黑板上按代表们提的所有候选人名单，刷刷刷地写上了二十几个候选人的名字，然后由全体代表对这二十几个候选人投票。

令人惊奇的是我和杨德荣、董楚明都是代表们意见最多的几个人，结果都高票当选。当然得票最多的是"从头越"的负责人桂春喜。桂春喜的当选也可谓众望所归，首先，他政治条件好，是真正的根红苗正贫下中农，又是60年便入党的党员，"四清"运动时是全车间唯一被定为"四清"工作组专案人员。其次，他有文化有水平，正规高中毕业生，一手字堪入字帖，说话做事稳重细致。更重要的是，他处理问题果决明快，绝不拖泥带水，而且敢抓敢管，人又长得高挑英俊，一见便给人留下英气勃勃又精明正派的印象，年龄也仅比我大五、六岁。无论从风度气质、政治条件水平都是第一把手的不二人选，支左部队张连长也选中他，动员他出任联络组一把手。因此他当选为联络组第一把手也是九纺厂造反派的一个福音，这从以后的表现便可以看出。

我在这次联络组代表大会上仍当选为常委。联络组常委如下：桂春喜、杨德荣、董楚明、旷小林、胡必瑜、邹雨田、吴金秀。

张培基当选联络组委员（委员共计十五名）。

荣列常委第三位的董楚明是我不得不提的人物：董楚明，男，汉族，家庭出身工人，本人成份学生，1943年生于上海。65年由江西曲艺团评弹演员调入九纺厂，准备车间浆纱工。他造反资历浅，大概是我到北京后参加造反派，但他一造反便跳得很高，冲锋陷阵，宣传鼓动都一马当先。特别是谱写了《砸烂资专会》的歌曲，组织大家合唱。《砸烂资专会》这首歌在军分区绝食现场更是响彻云霄。董楚明造反的坚决勇敢为他在造反派中赢得了名声和地位。有一段时间，他被当成造反派的实际负责人（因为联络组从没有正式选过负责人）。我从北京返回后，被选为"一把手"，他便到九江十里片区任造反派总负责人。当然，他这个片区领导人实际上是个虚位。

董楚明在后来相当长一段时间内，充任九纺厂"三查"领导小组组长，对于揪人有生死予夺之权，他的做法搞得天怒人怨。连以后复出的党委书记张巨库都明确的向他叫板：对于九纺厂其他人我可以不计较，但对于你董楚明我们还是要算帐的。

董楚明在"三查"期间，整人揪人太多，亲手制造了多起冤案，积怨甚深。他急于要摆脱困境，逃离九纺厂。后在我的帮助下（我74年初参加省举办的华东地区文艺调演会评论组，认识了各地市文化部门负责人，董楚明老婆宣雪春是上饶人，而我认识上饶地区文化组长姚平，董楚明求我帮忙，介绍认识姚平，想调往上饶地区文艺团体，我陪他专程赴上饶两趟），使他夫妻俩得以调离九纺厂。

我80年抽到市老干局搞党史外调时，去见过董楚明一面（他时在鹰潭市一中做音乐老师），匆匆一见之下他便催我快走，并嘱我不要将他现在单位住处告诉九纺厂的人。大概他也对他过去在九纺厂任"三查"组长那一段经历心怀愧疚和恐惧。

卷六：程世清来厂掀起三查风暴

《亲历浩劫：江西省九江市九纺文革纪实》

程世清到厂掀起了"三查"风暴

　　1968年三月中下旬的一天，江西省革委会主任、江西省军区第一政委程世清来到九纺厂，以桂春喜为首的联络组领导成员一起迎接这位江西的"土皇帝"莅临，程世清随行人员全部是军人。刚到办公室坐定，不知谁走漏了消息，办公大楼走廊外人声鼎沸，甚至听到我们要见程政委的喊声。试图冲上办公大楼二楼的群众与守卫在楼边的保卫人员发生了冲突，我们要见程政委的呼声越来越高。正在听桂春喜汇报的程世清忽然说：我不听你们的，我要听群众的。他的神色和手势都那么决绝，令我们都忐忑不安。于是，程世清的秘书和我们几个人都按照程世清的指示，令保卫人员让愤怒的群众进入大会议室，令人难以理解的是带领老保群众冲关的竟是造反派这边的工长、曾在前阶段把毛主席像章别在前胸肉上面的工长、南昌人涂长印。我的第一直觉便是，这个人怎么回事，他完全可以找我们这些人谈谈嘛，你也是造反派也是工长，完全没有必要挑头带领老保群众告状闹事嘛。冲上来有一百来人，他们坐定后，程世清在随行人员和我们这些人的簇拥下，走入大会议室。程世清一到，会场便响起了经久不息的掌声。程世清对这种礼遇很受用，他那严肃的面容也有了笑意，还频频向鼓掌的群众致意

　　程世清刚坐下，涂长印便第一个愤怒地指责联络组的执勤小分队用皮鞭打人。他说：怎么能这么样对待群众呢，这不是与旧社会资本家的狗腿子鞭打所谓偷懒的工人一模一样吗？涂长印所说的执勤小分队，是因为很多女工往往趁吃饭之机坐在车间外玩耍，吃饭时间早已过完也不返回车间，让管生产的基层头头很伤脑筋，常常跑到办公大楼找联络组头头诉苦。针对这种情况，成立了执勤小分队，任务是盘问那些在车间外闲坐的女工和男工，让他们赶紧回车间上班，不准在车间外闲坐。当然，没有规定他们可以用皮鞭抽打上班时间滞留车间外的人员，至于谁允许他们用皮鞭抽打闲坐的工人？打了几人？打了几次？怎么打的？我也不知道。或许有个别执勤人员过于野蛮，抽打过一两个女工，于是用鞭子抽打工人的传言便被无限地放大，加上多数老保群众还不服，一些老保方面的干部也趁机挑唆，便形成了老保冲关告状的举动。

　　涂长印开了告状的头，群众便也群情激昂地诉说执勤小分队的暴行，如何用鞭子驱赶他们回车间，把他们像犯人一样对待。许多人说来说去就是执勤小分队打人，不过，讲多了也让人听出了真相，执勤小分队人员对那些赖在车间外面的懒人确实作风粗暴了些。但这些滞留车间外闲坐聊天的男女工人也确实违反了劳动纪律。这时，有一个人站起来，以公允的态度说明了双方各有值得检讨的地方，车间女工纪律松懈，吃饭过了时间仍滞留不归，影响了生产，执勤小分队用这种蛮法子驱赶也不对。应该在制度管理上下功夫，在加

强思想教育上下功夫……这个人的发言，很得程世清的好感，他说：刚才这个同志的发言，我认为是符合毛泽东思想的。有人介绍，这个人是厂人事科借用人员方正。

程世清最后讲了一通话，他说：1949年他带一个师到九江，九江就解放了。

我坐在前面仔细地观察了这位江西至高无上的君王，他年龄在四十八左右，个子高大壮实，脸上有浅浅的几粒白麻子，不仔细分辨是看不出来的。至于以后程世清牵连到林彪案被打倒，全江西都叫他程大麻子是不恰切的。他是河南新县人，却说一口湖北话，原来河南新县与湖北交界。他对老保情绪激昂的告状并不看重，而是强调团结起来，揭盖子、抓王八。

程世清开始时语调缓慢，但谈到要掀起"三查"新高潮时，语调变得严厉而激越：

"三查"（即一查死不悔改的走资派幕后活动，二查叛徒特务，三查阶级敌人的现行活动，其实也就是揪阶级敌人的运动）运动是毛主席的伟大战略布署，在全国叫清理阶级队伍，就是要抓阶级敌人。在我们江西，阶级敌人、反革命份子的活动是很猖狂的，他们有的钻进造反派队伍，以造反为名，行反革命之实。他们煽阴风点鬼火，或策划于密室或点火于基层，上窜下跳，挑动群众斗群众，乱中夺权。你们九纺厂也有一个披着革命干部外衣，钻进了造反派队伍中的危险份子，此人有重大海外关系。其父是台湾国民党中将，其弟是台湾国民党情报局少将，这样的人不查，查谁？现在，不论造反派还是老保群众，都要放下过去的恩怨，枪口一致对着隐藏的阶级敌人、反革命份子，燃起"三查"万把火，横扫一切阶级敌人。我最后强调一句，团结起来，揭盖子、抓王八。九纺厂有三千人，按百分之五的坏人计算，也应该抓一百五十人。

程世清讲完后，老保群众提出，请派促联组贺明星来厂主持工作。程世清命他的秘书记下了这一要求（造反派这边也有同样要求）。

程世清的讲话，被坚决贯彻。支左部队要求联络组立即研究出贯彻程世清讲话的具体部署。在支左部队张连长的建议下，董楚明出任九纺厂"三查"领导小组组长，冯立东等人为组员。董楚明一上台便雷厉风行。首先，他命令把所有在"四清"运动中揪出来的"老运动员"，拎出来亮相，那些已经打了无数遍的"老运动员"，便又一次被挂牌子戴高帽子低头弯腰站在厂门口展览。由原党委书记桂光星领衔，一长溜的"牛鬼蛇神"及与之相对应的大字报大标语，预示着一场揪人抓人的阶级斗争大风暴又将来临。

当时，造反派省大联筹的机关报《江西战报》及省大中红司机关报《火线战报》是比《江西日报》还更普及更有煽动力的舆论工具。这三家报纸执行省革委的指示，连篇累牍地推出杀气腾腾的文章，要揪阶级敌人，要把"三查"烈焰越烧越旺，成了江西省当时压倒一切的中心任务。各地市的党政军领导人都在作搞"三查"揪阶级敌人的报告，各地的报告主要由军代表作，军代表讲生产不行，讲政治讲抓阶级敌人则个个都是高手。据说，

《亲历浩劫：江西省九江市九纺文革纪实》

萍乡的"三查"动员报告是支左部队马副团长讲的，他主要讲：阶级敌人是怎么钻进造反派中的，对我们贫下中农搞阶级报复，我们很多贫下中农、共产党员被这些假造反派真阶级敌人整得死去活来。有一段时间，萍乡地区"牛鬼蛇神"横行，阴风惨惨，如同地狱。现在，到了贫下中农说话的时候了，我们要把一切挂着什么造反派呀，革命干部的漂亮外套的阶级敌人统统揪出来，让他们现出原形。马副团长的报告赢得了台下经久不息的掌声，这是一个向造反派反攻倒算的动员会。特别是那些亮相站到造反派这一边的干部首当其冲，据说，这个报告作出后的第二天，一半以上的造反派便被揪了出来，吊打批斗好不热闹。

自从程世清到厂里点起了"三查"烈火后，联络组立即成立了九纺厂"三查"领导小组。桂春喜虽然是联络组的一把手，但"三查"领导小组的组长由支左部队张仕奇连长十分欣赏的"小老董"董楚明担任，领导小组成员主要由冯立东等人组成。领导小组权力相当于苏联过去的"契卡"（全俄肃反委员会），对于批斗形形色色的"阶级敌人"拥有生杀予夺的大权。董楚明和冯立东都是心狠手辣的极左派，野心勃勃的整人狂。他们一上台便掀起了横扫阶级敌人的十二级台风，在全厂刷满火药味十足的标语口号，燃起"三查"万把火，横扫一切"牛鬼蛇神"。

（"牛鬼蛇神"这一名词对于当代中青年是一个陌生的词汇，但讲到文革这绝对是个绕不开的词汇。"牛鬼蛇神"；佛教用语；即牛头的鬼，蛇身的神，形容虚幻怪诞。后由毛泽东在1957年"反右"时首先使用"牛鬼蛇神"一词，以后，刘少奇、周恩来、邓小平都在公开讲话中频繁使用"牛鬼蛇神"一词。1966年六月一日党中央机关报《人民日报》发表了社论《横扫一切牛鬼蛇神》正式吹响了开展无产阶级文化大革命的号角。拉开了文化大革命十年浩劫的序幕，"牛鬼蛇神"便成了一切形形色色的坏人的统称。当时的阶级敌人有九大类；地、富、反、坏、右、资本家、叛徒、特务、走资本主义道路的当权派。反革命这一类又包括历史反革命和现行反革命，历史反革命包括军队连排以上军官、警宪特人员、国民党团分队长以上骨干、国民党政权政府中科股长、乡镇政权中保长以上、青红帮坛主以上、天主教、佛、道主持、家族族长、一贯道等教坛主等等人员……所有这些人员统称为"牛鬼蛇神"，后又把"牛鬼蛇神"简称为"牛鬼"。关押"牛鬼"的牢房称为"牛棚"。）

另一条措施便是：将过去在四清时被亮过相的"四清对象"，历史上有问题的人员，已经被揪出来的走资派等人。让他们一律于上班前在厂门口亮相低头认罪，接受革命群众的批判。

于是，这百多个"牛鬼蛇神"便于上班前半个小时在厂门口集合，由厂党委书记桂光星负责带队，分列两排低头弯腰作请罪状。每人胸前挂着一块纸板，上书各自的身份。桂光星胸前挂的牌子便是"走资派，大工贼，大叛徒——桂光星"。名字上都用红笔打叉。

《亲历浩劫：江西省九江市九纺文革纪实》

如同押赴刑场待决的犯人，让上班的群众观赏。（胸前旳牌子开始都是纸板，后来便花样翻新层出不穷，或用水泥板，或用大黑板，或用纱筐纱篓……）

《亲历浩劫：江西省九江市九纺文革纪实》

王海青导演的"牛戏"

让"牛鬼蛇神"列队示众的一个星期左右,我上班路过,看到一个二十岁左右的年青人正在摆弄"牛鬼蛇神",他命令站在厂门前两列的"牛鬼蛇神"每人用右手扯着旁边一个人的耳朵。于是长长的"牛鬼蛇神"队列便形成了一道可怕的风景:高个子要扯矮个子耳朵必须向右倾斜,或者矮下身子才能够着,而矮个子要扯高个子的耳朵又必须踮起脚尖。特别是总工程师陈志恒,这位七十多岁的老人身高一米八五,满头白发,嘴唇由于戒鸦片烟形成了抖颤的怪毛病,他要扯他旁边的女牛鬼邓秀英(医务科长,身高一米五)实在是太困难了,怎么努力也够不着,他只好一手扶着身前那块写有"大资本家,大吸血鬼反动技术权威——陈志恒"的牌子,一手虚拟地扯邓秀英的耳朵。

"牛鬼蛇神"扯耳朵的怪异表演让围观的群众哈哈大笑,我也在围观的群众中,但我没有笑,我的心在滴血,这是把人的尊严和灵魂往污泥里踩踏啊?

导演这出戏的青年,在人群哄笑的鼓励下,跑前跑后的纠正"牛鬼蛇神"不规范的动作。当他跑到陈志恒面前,被陈志恒这种偷工减料的做法激怒了,他不由分说,冲上前就甩了陈志恒两个耳光,打得陈志恒摇摇晃晃差点摔倒。接着,他硬是把陈志恒的手死命的拉到歪斜欲倒的地步以够着邓秀英的耳朵,七十多岁的陈志恒斜着身子,重心失衡,颤颤微微,几欲昏倒,他那副滑稽的惨状,又引发一阵哄笑,宛若欣赏到一只老猿猴在作高难度的表演……

突然,青年导演又大吼一声:用左手抓右耳朵。"牛鬼蛇神"又慌忙换了另一只手去扯旁边"牛鬼蛇神"的右耳朵。"牛鬼蛇神"那副战战兢兢千奇百怪的丑态让围观的观众又一次乐不可支,我却再也看不下去了,联想到自己总有一天也会像他们一样挂着"地主阶级的孝子贤孙"的牌子在厂门口示众,接受各种各样令人颜面尽扫的凌辱,便心胆俱裂,不寒而栗。我对于这个命令"牛鬼蛇神"作出各种丑态的"小流子"非常讨厌。此人是何方神圣,是谁派他来到这里来折腾这些"牛鬼蛇神"的,此人是出于派他来的人的授意,还是他自己出于虐待狂或恶作剧的心理而自作主张。对于这些我一概不知,我当时仍然是联络组的负责人之一,却对任何决策安排不参入不发表意见,我的出身使我不愿插手也不便插手,但"牛鬼蛇神"们受到的各种煎熬我却感同身受。

但这个青年导演仅折腾两天,第三天他也被揪出来了,也站在"牛鬼蛇神"之列,他胸前挂的牌子上书"现行反革命份子——王海青"。哦,原来他叫王海青,从此,我便死死地记住了这个名字,四十多年后的今天,我仍对当年那幕记忆犹新。(大概在2002年,我在九江市新桥头偶遇到王海青,他也一下子认出我来,热情地问候,还留下电话号码给我，邀我到他湖北广济家里作客。）

《亲历浩劫：江西省九江市九纺文革纪实》

九纺厂的三查运动

九纺厂的"三查"运动对比全国其他地方相对温和一些。贺明星被任命为九纺厂革委会筹备小组组长后，便执掌了九纺厂的一切大权。"三查"动员报告当然由他来作。

贺明星的"三查"动员报告也令人印象深刻。他说：隐藏在革命队伍中的阶级敌人都在寻找时机，以图复辟他们过去失去的天堂，很多人已经组织了地下司令部、地下反共救国军、地下游击队。有的人看似老实，处处不惹人注意，像个与世无争的老好人，可实际上他是隐藏得很深的人物。有材料表明，此人是湘赣反共救国军的核心人物……敌人在磨刀霍霍，要推翻我们共产党的统治，要杀净我们共产党人，我们不要蒙着头睡觉，要睁开眼睛擦亮眼睛，把那些隐藏在我们队伍中形形色色的阶级敌人统统揪出来……

贺明星讲话虽然很有煽动性，但他没有强调钻进造反派中的坏人是重点。而钻进造反派中的坏人，披着造反派的外衣搞阴谋搞阶级报复是各地军代表"三查"动员报告的重点内容，是军代表赖以获得掌声的法宝。当时大多数地方的一把手由军代表担任，军代表当时是最高权威，一言九鼎。往往军代表讲话后，便在当地掀起了揪斗造反派的高潮，所谓"三查"揪阶级敌人变成了揪造反派，造反派的苦夏到来了，造反派在劫难逃。

九纺厂的"三查"是由造反派负责人领导，由支左部队最欣赏的董楚明充任"三查"组长，由造反派头头专揪造反派，这也是很多老造反派痛恨董楚明、冯立东的原因。

在厂革筹小组里，桂春喜是董楚明的反对派，经常对"三查"小组的搞法提出异议，经常在常委会上责问董楚明。我当时以群众组织联络组常委的身份一直列席革委常委会，亲眼目睹了这两人在会上的多次争吵。贺明星心里认同桂春喜的观点，但迫于大环境的压力，又常常违心地支持董楚明。

三查第一案：陆地军

　　董楚明直接"破获"的第一个反革命案是"陆地军"。当时，全厂到处都刷满了破获"反革命组织陆地军"的大标语。过一天，又贴出了揪出陆地军总头目崔德发的大标语，以后连续有陆地军组织成员被揪出来的大标语。厂广播站也跟着喊叫，一时间，陆地军这个名称深深地印入了人们的眼帘，但"陆地军"是什么意思，这个命名从何而来，有何含意？其实，这都是由一个小学文化都没有的炊事员陶桂宝重刑之下编造出来的。

　　陶桂宝，时年三十岁，湖口人，头上生癞痢，因而年纪轻轻便头上无毛，人称陶癞痢。一个普通不过的食堂员工，他既不是白案师傅也不是红案师傅，他只是一个卖体力的勤杂工。这么一个资质平平的员工竟然供出了一个庞大的地下反革命集团"陆地军"，成员有十几个人，甚至包括后勤党支部书记崔德发。崔德发是东北南下的老干部，为人极老实厚道，妻子金水莲也是车间书记，虽为党支部书记却从不作威作福以势压人。一见到大标语上写着：特大喜讯——揪出了"陆地军"总司令后勤支部书记崔德发，我就认定，这肯定有假。即使食堂科全体人员都加入了反革命组织，他也不会参加。

　　我的老乡食堂科总务周金城是从萍乡来九纺厂工人中唯一的原科室人员。造反后在我们"解放兵团"任办公室主任，所有兵团的一切实际事务都归他处理。他处理得井井有条，他有文化也有一定的管理水平。回到食堂科，很受科长周观炎的器重，食堂科办公室一应事务由他掌管。

　　一天，他找到我说：旷小，你向贺主任反映一下，董楚明这个人有点乱搞，陶魔器（萍乡话，傻瓜之称谓）这样的人说话也信，你一打，他咋个都乱供。

　　我问："陆地军"这个名称是怎么来的？

　　鬼晓得？哪个敢问，董楚明带几个人搞得神神秘秘，别人怕沾包，惹上一身骚不得脱身，都不敢问。听得食堂科搞专案的人透露说，陶桂宝一打就招，说有电台跟台湾国民党有联系。董楚明问：电台什么样？他说：跟收音机差不多。董楚明又问：电台在哪里？陶桂宝一会儿说丢到厕所里了，结果派人去捞，掏干粪水，只捞出来一团废铁丝，于是又吊又打，陶桂宝被打得鬼哭狼嚎。招供说电台藏在"濂溪墓"后面山上。押着他去挖又乱指一通，当然挖不到。最后说是打得受不了才乱说，实在没有发报机。陶桂宝几次打得死去活来，最后逃到野外，饿得受不了，偷生蚕豆吃，生蚕豆有毒，又吐又泻，差点死在野地，最后还是自已跑回来。董楚明不愿放过这"破案"的机会，运动之初不搞出点东西震撼一下，他这个"三查"组长不好交差。于是，对陶桂宝又严刑逼问，陶桂宝这才又交代出"陆地军"，又被逼交代"陆地军"成员，这才牵出这么多反革命。至于"陆地军"的名称由来也充满了黑色幽默，陶桂宝唯一的爱好便是下军棋，食堂员工工余下军棋，他会在旁边看棋到底，记住了一些军棋的术语，比如，军棋又叫"陆战棋"。当逼问他的反革命组织叫什么名称，他随口说是反共救国军。专案人员一拍桌子：乱扯，到处都是反共救国军，你就不会取个不一样的名字吗？陶桂宝歪着脑袋想了半天，想到了陆战棋，于是说：那就叫"陆棋军"。他的湖口话让专案人员听成了"陆地军"。于是，"陆地军"反革命集团便出笼了。一时间，全厂到处都是破获了反革命组织"陆地军"的标语。

我终于知道"陆地军"反革命案的大致由来。我找到一个机会趁贺明星单独一人时，找他反映了"陆地军"的一些疑点。他听了后，左手捂着胃，右手拿着烟，在屋内踱圈子，踱了几圈后，停下跟我说：这些情况不要扩散。我认真地点点头：放心，我不会向任何人说的。贺明星又踱了两圈说：我们搞运动有个规律，开始阶段要放手发动群众，大摆大揭，不要怕过火过头，不能压制、泼冷水，让问题充分暴露出来，运动到中期就要注意政策引导，适当干预，但到运动后期就要落实政策、甄别真假、条条核实、做好善后。小旷，你看现在是运动前期还是运动中期？

我明白了。我说。

我明白这种乱揪乱斗的现象还会继续下去。很可能我也会被揪出来，我底子不硬又是造反派，危险随时会降临到我头上，我一定要想法设法避免遭到不幸，一旦揪出来，那就等于下了地狱，太可怕了。陆允宏的被揪便是榜样，还没揪几天，两夫妻便被打得不成人形，一同被关进牛棚。站在造反派这边的厂级干部曹国彬也被揪出，打得要死。我要自保，自保最主要两条便是：一是尽量和贺主任走得亲近些，让人们认为我是贺主任欣赏的人，因而不敢对我动手。二是要装出非常革命的姿态，让人们从我身上找不到疑点。

贺明星关于中国运动的规律正被《江西日报》、《江西战报》、《火线战报》步步升级的调子所证实。到处都是批斗、揪斗的血腥战场，到处都是骇人听闻的反革命集团案犯被揪出。为了给"三查"运动造势，九江市召开了声势浩大的"宣判大会"，宣判大会在九江人民广场举行。大会由九江大联筹主持，各单位都要参加，我负责带领九纺厂的队伍入场。

我是个好奇心特重的人，我挂领队的牌子到主席台后的山坡上，看到了待决的囚犯和将被宣判的囚犯，其中一个挂着反革命份子牌子的十四岁孩子引起了我的注意，因为他的牌子上分明写着"反革命份子旷春保"，天哪，旷春保，这不是我的家门吗？姓旷的特别少，想不到在这杀人刑场竟看到一个旷姓反革命犯，他还是个孩子啊，但我也不敢造次近前盘问，只是带着这个问号又回到队伍中。

大会由九江大联筹负责人熊纯善主持，他在祝我们伟大领袖毛主席万寿无疆前面加了二十几个副词：当代列宁、马列主义最高峰、伟大的军事家、政治家、哲学家、伟大的诗人、全世界穷人的救星、全世界人民革命的灯塔等等等等。这些副词讲了好几分钟，最后才是伟大统帅伟大领袖伟大导师伟大舵手万寿无疆。（虽然他喊了这么多歌颂毛主席的副词，也没能挽救他不久后被揪出来的命运。）会上枪毙了一个，重判了一批，然后是刑车游街。军车压阵，意在震慑敌人，掀起对敌斗争新高潮……

卷七：陆允宏一家的遭遇

《亲历浩劫：江西省九江市九纺文革纪实》

陆允宏夫妻最先被揪出

陆允宏是九纺厂准备车间书记，部队转业干部，浙江嘉兴人，1926年生，1943年参加新四军，45年入党，一直在部队任职，58年以副营职转业地方，行政十七级，属副处级。陆允宏只所以转业地方，并不是他工作有什么差错。陆允宏在任何地方工作都是兢兢业业、勤勤恳恳，有口皆碑。他所有不幸均与其父在国民党军中任职有关。

陆允宏的父亲陆鸿图，早年毕业于南开大学，抗战前，任职于国民党政府南京中央研究院气象研究所，与新中国第一任中科院副院长竺可桢先生（美国留学生）同在一个办公室工作。原决定公费去德国留学（已办好护照），恰逢祖父病故，按中国旧制父亡儿须守孝，赴德深造终未成行。

抗战爆发，国民党政府根据抗战形势发展急需气象专家，陆鸿图调往空军气象总队工作。抗战中，因气象成绩卓著，曾被授于大功勋奖章。后升任气象总队中将总队长。1948年随蒋军撤往台湾，1961年退休，1983年在台北逝世。

陆允宏的四弟陆允容，在日占区一个米店当学徒，日寇投降后才到南京找父亲，得以在南京上中学，后随父亲撤到台湾，在台湾上台湾大学。毕业后去美国纽约州立大学留学，毕业后留任纽约州政府狱政所图书馆长。

陆允宏参加革命后从未与其家人联系过.

以上便是陆允宏父弟的的真实情况。

可在文革清理阶级队伍中（江西清理阶级队伍叫"三查"即：查走资派的破坏活动，查叛徒特务，查阶级敌人的反革命活动。但其实前两项只是幌子，真正做的就是抓阶级敌人，反革命分子，地富资反坏右的子女亲属），68年，陆允宏父弟的问题被《江西日报》、《江西战报》（江西大联筹机关报）、《火线战报》（江西大中红卫兵司令部机关报）以头版头条报道：九江国棉二厂革命群众揪出了隐藏很深，早年混入革命队伍的反革命两面派陆允宏，其父是国民党空军中将，其兄弟是台湾国民党中央情报局少将特务。陆允宏在机关科室有人，在车间有人，在造反派里有人，他上窜下跳，里通外国，偷偷递送党和国家重要机密材料情报。

中央派往江西的支左部队政委，江西省革委会主任，江西的土皇帝程世清，他于68年三月下旬到九棉二厂视察也亲自点了陆允宏的名，说他是混进造反派内的阶级敌人。

从此，陆允宏一家的苦难便没有了尽头。

其实，关于陆允宏的传闻早已铺天盖地，老保们对付造反派的重要武器就是揭老底，造反派中某某某家庭成份是地主、富农，某某某历史有什么问题，某某某虽然成份好，但他的亲戚是反革命或坏份子等等。

在老保编撰的造反派七十人大名单中，我的成份好像还是职员，其他各项也一笔带过。但其他多人的罪名就胡说八道，甚至把其中一人万新翘的性别都搞错，男变成女。

陆允宏当然名列其上，他的罪名当然离不了父弟。不过，他是43年参加共产党新四军，而他对父亲在国民党中的任职也是早就说清楚的。

1967年八月，支左部队张仕奇连长，率十几个战士来到九纺厂，代表支左部队长驻九纺厂。

我当时号称一把手，造反派的总负责人（其实我什么都不懂）。张仕奇连长自然要找我谈工作谈看法，支左部队代表的话我都当作上级领导的指示。

来厂没几天，张仕奇连长便找我谈了一次话，谈话内容就是关于陆允宏。张仕奇连长说：我们是支持你们的，但有一个干部你要注意，在使用他时一定要谨慎，这个人就是陆允宏，据反映他父亲在台湾是国民党的中将，兄弟在台湾任少将。

军代表这么严肃地告诫，我当然不敢掉以轻心。我已感到悬在陆允宏头上那把钢刀摇摇欲坠。我虽然无奈，但心情十分沉重。陆允宏是最早参加我们解放兵团的中层干部，也是最守纪律的一个，无论通知开什么会，他总是按时到达，绝不会迟到一分钟，然后掏出记录本，静静地记下会议传达的文件精神，倘若让他发言，他会轻声细语地用他那浙江口音的普通话按上面的口径说上几条。他对每个人都彬彬有礼，从不和任何人争吵，在任何时侯都循规蹈矩，无论他的上级和下级，无论他的平级同事及一般群众，没有一个人能对他的工作和生活作风挑出半点毛病来。如果硬要找出一点缺点的话，那就是他对人太和气，没有斗争性，他是一个谨小慎微，生怕踩死一只蚂蚁的好人。他也从不和人结团抱圈子，因而也从不请人吃饭，也从不到别人家吃饭。

陆允宏的妻子李慧生是个资深护士，对工作极端的敬业和负责。但她与丈夫不同的是，她有胆量，心直口快，遇到不平的事敢于站出来辩理。她不像丈夫一贯的好好先生，有时不免显得窝囊。而她总是一副昂首挺胸，凛然不可侵犯的神态。在老保和造反派激烈冲突的时期，她们卫生所的造反派尽管人少，可在气势上没有输给对方，李慧生的坚强勇敢无疑起了重大作用。他们夫妻俩似乎并不般配，陆允宏身高仅一米六出点头，而李慧生却身高一米七，但这并不影响他们夫妻恩爱有加。他们育有二个男孩，大儿子陆明，1959年九日二十四日生，小儿子陆岩，1963年生，一家四口其乐融融。

我前不久（67年十月）还看到他们一家四口在菜场买菜。此时正值造反派刚刚回厂掌权，长期受压的造反派终于扬眉吐气，可以伸直腰杆做人了。作为坚定地站在造反派一边的陆允宏夫妻当然也喜气洋洋，笑逐颜开。连过去一直诬蔑他们有电台的老保也承认他们是造谣，卫生所老保方面的队长李素珍护士长（保卫科长张连荣的老婆）也在卫生所的大会上承认：流传已久的陆允宏家有电台的传闻完全是老保组织出于派性的需要，出于攻击造反派，捏造出来的谣言，并谈了这个谣言出笼的过程。陆允宏夫妻俩也没过于去追究制造这起谣言者是谁？这起谣言是怎么制造出来的？对制造谣言者要不要负民事和刑事责任？他们俩太善良，太天真，认为过去两派你死我活的争斗，双方都难免出于派性的立场制造无中生有的事攻击过对方，现在造反派胜利了，掌权了，要姿态高一点，不必计较那些没影的事。既然这个谣言风源地卫生所老保组织的头头都作了澄清，并承认了错误，何必让已经站错了队的老保们再背上思想包袱呢？其实，他们只要当时开两个会，对这个谣言的起因来源、传播经过是很容易搞个水落石出。（李慧生有发报机，向台湾发送我国的情报，这一谣言来源于他家楼下的邻居老保冯同山，冯同山怨恨李慧生，因李慧生有一台缝纫机，晚上给孩子做衣服踩缝纫机时发出的"哒哒"声，被这个怨恨她的人报告了。当然，他没说一定是发报机，只是含糊地说：陆允宏家晚上有哒哒哒哒的声音吵死人，烦死了。这被那些一心想置造反派于死地的老保们欣喜欲狂，立即就断定这是发报机的声音。于是以讹传讹，李慧生是特务向台湾发电报的谣言满天飞。）

当时，势如水火的两派都造过谣。如当年盛传老保头头厂长张巨库在螺子山活埋了六个红卫兵，传得有鼻子有眼，活灵活现。红卫兵还出了快报传单，转贴的大字报也是遍布全城，但我根本不信，我回到厂里面，见到阶下囚的厂长张巨库时，他开头第一句话就是：小旷，我没活埋六个红卫兵。而我当时回答他的第一句话也是：我也不相信你会活埋红卫兵。而李慧生是美蒋特务用发报机向台湾国民党特务送情报这一弥天谎言，竟然由《江西日报》、《火线战报》这样重量级的报纸"堂而皇之"言之凿凿的宣布。而李慧生几乎没有可挑剔的地方，工作兢兢业业，认真负责。她参加工作十多年，没有请过一天假，没出过一次医疗事故。但我们江西省的土皇上程世清亲自到厂里点了陆允宏的名以后，李慧生就在劫难逃了。

1968年四月八号下午，九江以打人最为暴烈血腥的电校学生红卫兵（井红司）到九纺厂把陆允宏暴力抓走，押到井红司殴打（他们不是审讯，而是赤裸裸地殴打了一整夜），打得陆允宏成了一个血人。第二天送回九纺厂，被九纺厂"三查"小组关进厂门口牛棚（厂门口有两排平房，各有十几间，原来是作为存放劳动工具及废旧物质的简陋平房，后就作为关押"牛鬼蛇神"的"牛棚"）中的一间五平方米的牢房，里面阴冷潮湿蛛网满墙，老鼠大白天都成群结队窜进窜出，牢房房门紧锁，只留一个半尺宽的口子递送饭食。

1968年四月九号，陆允宏被抓的第二天，他的妻子李慧生也被九纺"三查"小组揪出来。但罪名依然是美蒋女特务，向台湾发送情报。并立即抄了家，两间房子翻了个底朝天，一无所获。李慧生被揪出后所受到的毒打折磨比陆允宏更甚，更惨烈，揪斗她的人首先便剪掉她头发，按跪在玻璃渣上，一会儿双膝便血肉模糊，但她咬紧牙关，不哭不叫。批斗者将她铐上九纺机修车间自制的手铐脚镣。土手铐脚镣最恐怖的是铐子里满是没打磨的毛刺，一戴上去便会磨烂手腕脚踝，一天下来便鲜血淋淋。在批斗中，李慧生坚决不承认自己有发报机，更没有给台湾送过情报。于是，批斗者便以打掉阶级敌人嚣张气焰为由批斗层层升级。他们为了表示对反革命的无比愤恨，竟然用扎满钉子的木板朝李慧生猛抽，李慧生头上颈部立刻满是密密麻麻血眼，血如泉涌。其中原卫生所造反派队长医生王茂生充当了打人的急先锋，戴着眼镜的知识分子医生竟然亲自用带钉子的木棍打李慧生，这也是"三查"运动中部份出身不好的知识份子为了自保而故作的姿态。一场批斗下来，李慧生浑身血肉模糊，头肿如斗，即使这样，她仍坚决不承认批斗者要她承认的所谓罪行。批斗者老羞成怒，将她双手用墨水染黑，逼她举起两只黑手，站在厂门口一只大油桶上跳，她就这样举着两只黑手，在一米多高的油桶上跳，稍一停顿，旁边监管的打手的棍棒便劈头盖脸地打将下来。李慧生跳呀跳常常眼一黑从油桶上栽倒下来，摔得头破血流或者昏死过去。这时，押解她的批斗者就会用冷水把她泼醒，或者用棍子把她打醒，再架上油桶继续跳……晚上，她的手铐脚镣从没摘除过，她戴着手铐脚镣和伤痕累累的四肢在阴冷黑暗的牢房（牛棚）里度过了一年多的光阴。那日日夜夜炼狱般的煎熬也没击垮她的意志，她始终没有承认彻头彻尾谎言编织的罪状。在厂部开会时有人也会问起"三查"小组组长董楚明：李慧生到底承认没承认发报机的事？董楚明总是悻悻地说：这个女人太顽固了。接着会目露凶光狠狠补上一句：我就不信整不下这个女人！

有一段时间，李慧生举着黑手在厂门口跳油桶成了九纺厂的一道血腥的风景。折磨她的手段也不时更新，今天脖子上戴只汽车轮胎，明天脖子上挂块三十斤重的水泥板，后天挂只几十斤重的水壶。或是装上重物的纱筐挂在颈上，加上木箱上用钉书机装饰成的发报机。每当我从厂门口经过，都不敢正视她那被打得变形了的脸。我心里清楚地知道，她有什么罪？无非是丈夫有个在台湾做官的父亲。如果，我以地主阶级的孝子贤孙的罪名揪出，不是同样会受到她这种待遇吗？我与她不同的是，我绝没有她这么坚强，我或许在揪出来的第一天便会受不住严刑拷打，而违心地承认要我承认的一切罪名，我知道我经不起一点风浪和折磨。可李慧生在经受那么多常人都无法忍受的拷打折磨，面对全世界所有人都抛弃了的严酷环境，她竟然还能撑下去，这需要多么强大的内心世界。她到底为何能这么坚强，这始终是我想解开的谜。相对李慧生而言，陆允宏受到的拷打折磨轻一些，他没有戴着手铐脚镣睡觉，批斗时的挨打都是即兴式的。我路过两次批斗他的会是在大礼堂的舞台上，我看见批斗还没问几个回合，便有打人成瘾者把他用幕布一卷，然后拳打脚踢。打人成了一些人的盛大节日和最大的娱乐活动，打了一阵子，再把他从幕布里拉出来，他已经鼻青脸肿，眼睛肿得成了一条线。但没有像李慧生那样血肉模糊，总之，对他的批斗还算宽大和仁慈，虽然他浑身青紫遍体是伤。

李慧生后被公安局正式逮捕，她在看守所受到的刑讯逼供比在厂里遭受到的董楚明的刑讯逼供烈度要轻得多，只是看守的武警战士有时会打人取乐，命令她把手从递饭的窗口伸出来，用枪通条猛抽，抽得手掌肿起老高……

自从厂革委会主任贺明星为制止惨烈打斗"三查"对象之风升级，他讲了一次要注意政策的话：对阶级敌人要狠批狠斗，但不要狠打。当然，有时气愤得很，拍几下也是可以理解的，但要防止有的人为了怕牵连自己杀人灭口，这方面的现象要引起注意。贺明星这话一出，那种往死里打的现象暂时制止住了。但"拍几下"之风却越演越烈。各级"三查"小组的领导者声称：批斗会不打不足以震撼阶级敌人的嚣张气焰，不打就没有气氛，没有火药味，冷冷的没有热度，就会挫伤群众阶级斗争积极性。因此，以后便形成了打还是要打，但不要打死的潜规则。

《亲历浩劫：江西省九江市九纺文革纪实》

九岁儿子陆明被打成反革命份子

1968年五月上旬的一天上午，在前往厂办公楼的厂区大道上，我看见一队长长的小学生的游行队伍，稚嫩的呼喊口号声此起彼伏。

十几个老师排列两边像为游行队伍保驾护航。走近游行队伍才听清孩子们喊的口号声：

陆明书写反动标语，罪该万死！

打倒反革命份子陆明！

陆明不投降就叫他灭亡！

陆明坚持反动立场，罪该万死！

陆明？这不是陆允宏的儿子？！我到过他家见到过小陆明。据说他会读书，门门功课都是一百分，当年厂长张巨库的儿子张勇跟他一个班，但张勇的成绩远不如他，张巨库曾不无羡慕地对陆允宏说：我的儿子有你陆明这么会读书就好了。他还不到九岁，这么小的孩子难道也打成现行反革命？！这简直是海外奇谈，我有点不相信，我快步走到队伍的最前面，我看到两个同样年龄的男孩学大人批斗"阶级敌人"的样子，将一个孩子按成喷气式，他的两手被紧紧抓住高高翘起，头被一边一只手死死地卡着脖头往下按，我看不清孩子的脸，但我知道这一定是陆明。

天哪，八岁多的孩子竟遭此荼毒，夫复何言？！

小反革命份子陆明被揪斗游行的事在厂里引起了震动。九纺厂最高领导人贺明星出面干预了（他一向不干预下属单位的揪斗行为）。他找到董楚明（九纺三查小组组长，九纺厂"三查"实际负责人，陆明案的策划制造者）。贺明星问：陆明被打成反革命，揪斗游行是怎么回事？

董楚明说：陆明书写反动标语。

贺明星问：书写反动标语有证据？

董楚明说：陆明已交代是他母亲李慧生唆使他写的。

贺明星说：不管什么情况，揪斗个九岁的小学生总是不合适。

董楚明说：搞阶级斗争嘛！我们不好给群众运动泼冷水。

贺明星说：是群众运动还是运动群众？你自己心里有数。总之，领导者要掌握政策。

董楚明说：陆明的情况特殊，他的父母都是老反革命。

贺明星说：马克思说过，无产阶级不但要解放自己，还要解放全人类，无产阶级不能解放全人类也就不能最后解放自己！反革命是不是人？是不是属于人类？连反革命都要改造过来，何况一个九岁的孩子。今后不许再揪斗小学生。

我亲身目睹了这次谈话，但我从始至终未置一词。不过，贺明星的干预也仅止于此。

贺明星这一干预使之揪斗小学生的情况没有再发展（还揪过两个孩子）。但陆明的悲惨境遇丝毫没有改观，为了避免与"台湾特务"有牵连的嫌疑，怕别人说自己的阶级立场不坚定，学校老师个个对陆明横眉冷对，没有一个老师敢对小陆明态度温和一点。毛主席的好战士雷锋不是有一句话：对待阶级敌人要像严冬一样残酷无情。陆明的同学更是把他作为任意侮辱打骂取笑玩乐的对象。

我亲眼看到过两次他被同学追打侮辱。一次是午后，我午觉起来赶往办公室，一看表时间还早便到学校转一下，我看到一群孩子正在追逐嬉笑，走近一看，才发现他们正在捉弄陆明。陆明坐在操场边的石头上，一个孩子正偷偷地从他后面踱过去，把一条毛毛虫塞进陆明的后颈窝里，陆明此时正呆呆地望着天，不理睬围着他哄笑的同学。突然，他感到毛毛虫在背上蜇，疼得跳将起来，惶恐地伸手往后背抓挠，围着他的孩子们轰地狂笑起来，又拍手又跺脚的乐不可支，小陆明狠狠地瞪了他们一眼，转身离开。孩子们便欢笑着追着他用泥巴、小石子打他……

还有一次是放学回家的路上，学生和下班的人流中，我看到小陆明正被一群孩子捉弄逗乐，一个孩子猛地上前将小陆明的裤子一扒，顿时露出了他的小鸡鸡，于是，孩子们又乐不可支，小陆明赶紧提起自己的裤子，调皮的孩子就用棍子捅他的鸡鸡，又惹得孩子们哄堂大笑。对于孩子的恶作剧，下班的大人没有一个上前制止，反而跟着一起哄笑……

看着小陆明孤独无助的背影，我深深地震撼了，一个九岁（当时仅八岁半）的孩子，一个正需要大人呵护的年龄，却遇到父母被关押，亲友却躲得远远的，无一人敢伸手帮一下这个可怜孤独的孩子。（我也不敢。）他面对的是整个社会对他的高压，老师的冷眼，同学的凌辱。每月由有关人给他十几元钱，他要自己照顾自己，吃饭洗衣上学睡觉。他问老师：我爸爸妈妈什么时候来看我。得到的回答是：你爸爸妈妈都是罪大恶极的反革命，都关在公安局，将来会受到严厉的处罚，永远不会回来了！你就死了这条心吧！别忘了，是你妈妈唆使你写反革命标语的。小陆明心像刀扎一样，他哭喊着：不是，不是，是你们逼我说的……但老师不再理他了。（我不知道古今中外有没有九岁的学生被批被斗被关被押被打被骂。）到处都是严霜一样的冷脸，到处都是刀剑一样的目光，没有一个人理他，没有一个人管他（曾有一个朝籍工人金省三对他表示过关心），竟然在这样的环境下独自渡过了三年光阴。

小陆明书写反革命标语是怎么一回事呢？原来，1968年五月的一天下午，小陆明正和同学王敏在厂里玩，被班主任老师周木兰叫到学校。一走进老师办公室，小陆明就被办公室的的恐怖气氛怔住了，只见厂里大领导大胖子董楚明凶神恶煞地瞪着他，他两边围站着十几个老师也都凶巴巴地瞪着他。董楚明面前摆着一张椅子，董楚明喝令他坐下。小陆明胆战心惊地坐在椅子上，惶恐不安地望着董楚明那张阴沉恐怖的脸。

董楚明一字一顿地开腔了：你叫什么名字？

我叫陆明。

反动标语是你写的吗？

不是。

你昨天到哪里去了？

我和王敏一起到学校上学。

反动标语是你写的？

不是。

那谁证明不是你写的？

王敏。

王敏当场证实了小陆明的话：昨天下午我和他一起上学，他没有写。

董楚明说：到底是不是你写旳，你好好想一想。

不是我写的。小陆明说。

董楚明又用一种非常温和的声音说：你如果讲是你写的，你妈妈就可以在原来的地方上班，她就会喜欢你，给你东西吃。你爸爸也可以回去住，将来国家还会培养你。

蓦地，他又回到他那杀气腾腾的语气：如果你不承认，就不让你回去，我昨天在你家屋顶放了机器，你家是中八栋二号，对吧。

旁边的几个老师也跟着施压，十几个老师个个横眉立眼，你一言我一语的逼小陆明承认是他妈妈唆使他的，不承认就不让他回家，反复威逼三个多小时。这是一幅多么惨烈的图画，十几个魔鬼般可怕的大人，他们过去都是喜欢陆明的老师，现在却一个个血海深仇似的，一个个都瞪着冒火的眼睛，咆哮着吼叫着，一个比一个声高语恶，威逼一个九岁的孩子承认他没有做过的事。（我不知道古今中外有没有这样的先例。但我相信在这种场面下，大人也会违心地认罪。"三查"中大多数"反革命"都是这么制造出来的。）

小陆明抗不住了，他害怕极了，只得违心的瞎编承认是他写旳，但为了不牵连妈妈，他说：是一个高个子男人让他写的，给我一块饼吃，他以后坐汽车走了。

董楚明提高嗓门吼道：你不老实，把你爸爸妈妈抓去枪毙了！但你承认是你妈妈叫你写的，你爸爸马上回去，你妈妈到原地方上班。

当时小陆明害怕极了，他看到爸爸妈妈被揪出来挨打，打得头青脸肿血肉模糊，如果爸爸妈妈真的枪毙了，他怎么办？他把董楚明的话当真，他哀求董楚明：不要枪毙我爸爸妈妈好吗？

董楚明说，你承认是你妈妈指使你写的，我们就不枪毙你的爸爸妈妈，还可以让你爸

《亲历浩劫：江西省九江市九纺文革纪实》

爸妈妈回家……

小陆明只好违心的承认是妈妈让他写的。不要责怪九岁的孩子（陆明出生于1959年）在高压威逼下做出的糊塗事，当年，哪一个铁骨铮铮的汉子熬得过去，刘少奇、邓小平、彭德怀不都违心地作了检查吗？

只不过小陆明的"招供"并没有如董楚明承诺的那样，爸爸妈妈可以回家，而是有了铁板钉钉的罪名。李慧生当天便被卫生所的"三查"人员押到学校，和学校的老师一起批斗李慧生。李慧生当然不承认是她唆使陆明写反标，于是在地上撒满玻璃渣，几个大汉架着李慧生按跪在玻璃渣上，立时，李慧生双膝便被无数玻璃渣扎进皮肉，鲜血泗红了裤脚也泗红了地面，李慧生痛得昏了过去……

爸爸妈妈从此更加暗无天日，天天都被打得死去活来，妈妈并报送公安局正式逮捕，关押了一年多。至于小陆明并没有因为"招供"而得到"宽大"，反而可以名正言顺的打他斗他，他被单独关在开水房，所有的孩子想打就打想骂就骂。学校政工组长王浩民组织全班同学批斗他时，竟然把他手用绳索捆绑，脚用铁丝捆绑，用老虎钳铰紧。痛得他哭喊：痛死我了，王老师，你要我承认什么都可以，就是不要用铁丝绑我，我好痛啊！我受不了啊……而王浩民煽了他一个耳光，吼着：对反革命就是要狠！他就在陆明的哭声中主持批斗会……

学校全体师生都把陆明当成牛鬼蛇神，不少老师公开骂他小牛鬼、小反革命，同学侮辱殴打他成了家常便饭，有的同学把鼻涕甩在他身上，再把沾着鼻涕的手在他身上揩抹，有的同学放屁，竟用手在屁股后面握住屁，再往他嘴里塞。有的用纸片写上牛鬼画着乌龟贴在他背上，同学们笑得直滚，他还浑然不觉，老师还跟着笑。有个同学王新华（三连指导员王文和之子）用刀在他手臂上捅了一刀，刀深见骨，陆明哭了一整天，学校老师根本不管。陆明生活在现实版的地狱里……

而制造这起冤案的罪魁董楚明则成了狠抓阶级斗争的政治明星。九纺厂的广播小报大肆吹嘘董楚明侦破反标一案的"丰功伟绩"。大胖子董楚明还押解陆明到处宣讲，可怜的小陆明在董楚明的淫威下，也只得一次次按董楚明拟好的台词污蔑自己的母亲和自己，小陆明的心灵也一次次受到重创。日夜批斗，挂上反革命牌子罚站，使小陆明时常想结束自己的生命。但总找不到合适的方法。

小陆明总是远远地逃离人群，到没人的地方独自待着，只有太阳和风不歧视他，平等地抚爱每一个人。他常常仰视着南飞的大雁，他知道大雁是到南方去过冬，可茫茫天宇，没有路标，它们怎么知道哪里是温暖的南方呢？几千里的天路它们都不会迷路，它们能不能去看望一下我那遍体鳞伤的爸爸妈妈呢？告诉他们，我的思念和忏悔呢？我不该乱说，我怕，怕他们打我斗我，我看到大胖子董叔叔全身就会不由自主地颤抖，他要我说什么我就只好说什么，爸爸妈妈，你们能原谅你们可怜的孩子吗？……

后来，允许他回家居住，但派一个年青女老师住在他家，这个女老师不是去照顾他的生活，而是监督他，防止他从事反革命活动。这个女老师不辱使命，每天都像母夜叉一样恶狠狠地训斥他。他就这样整整度过了三年苦难的生活，直到母亲因证据不足被公安局退回九纺厂为止。

1971年九.一三，林彪驾机逃跑坠机身亡后，中国政局迎来了新的转折。这个从60年接手彭德怀的军权后，便一波又一波掀起对毛泽东个人崇拜热潮的军事统帅，这个在62年中央七千人会议上，不顾三年人灾造成中国有史以来最悲催的大饥荒，几千万人饿死的灾难，不顾绝大多数干部（上层几乎是全部）对毛不满，独自站出来力挺毛，说：这三年灾难完全是因为下面的干部没有正确地理解和执行毛的指示造成的。林彪的这一救驾举动，令毛极为感动。这个被毛泽东钦定的接班人，党章明确的接班人，毛泽东思想红旗举得最高的副统帅，竟然成了谋害毛泽东的巨恶元凶，斗得你死我活的人们突然感到这一切是那么虚假和无聊，所有的政治宣传都是糊弄老百姓的，把老百姓当傻瓜奴才忽悠……政治热情顿时降到冰点。

陆允宏和李慧生也被放出来，可以回家住，但帽子还在头上。他们一次次地向各级政权机构申诉，一次次地向省最高领导写信申诉冤情，但所有的申诉都石沉大海，没有一丝回应。他们到对台办，找负责人申诉。这位负责人竟说：搞运动不斗你们斗什么人？！叫天天不应，叫地地不灵。而他们饱受磨难的孩子陆明却因长期积忧及青春期的到来，导致精神病突发，日夜吵闹。

74年批林批孔期间，我到他家去过一次，小陆明一见到我就拍着胸脯问：叔叔，你说我是好人坏人？！我说：你是好人。

小陆明说：我是好人，他们为什么这样打我。我无语。他突然圆瞪怪眼，摇着我的肩膀催促着：叔叔，你说，你说呀！他已经十五岁了，十五岁的孩子已经很有劲了，我怕他会做出什么暴力行为，赶紧告辞而去。

陆明的精神病对于陆允宏夫妻俩是比坐牢和毒打更可怕的事，陆明精神病一发作便会恶狠狠地抓住父母责问：你说，我为什么会生在你们这样一个反革命家庭。你说！你说呀？！一会儿又会说：我不是你们生的，我是朝鲜人，我要回朝鲜去！（曾有一个朝裔工人金省三对他表示过同情和关心。）陆明此后一直执着地认为自己是朝鲜人，他到九江市公安局吵，要到朝鲜去，后又离家出走，跑到上海，跑到北京找朝鲜大使馆，说自己是朝鲜人，要去朝鲜……

我要去死呀，我要到外面流浪讨饭，我不再回这个家，都是你们害的。……陆明的嚎叫让陆允宏夫妻俩倍受折磨，痛不欲生。此后的日子里，夫妻俩天天以泪洗面，不知如何是好。李慧生那么坚强的人,在毒打、折磨、坐牢、苦役、手铐脚镣终年不卸等人间苦难历尽而不屈服的铁娘子,全厂人人都敬佩的的"铁娘子",却被精神病儿子打倒了。她为此两度自杀,经医院抢救才死而复生。

但陆允宏一家的苦难似乎还没到尽头。

《亲历浩劫：江西省九江市九纺文革纪实》

小儿子陆岩差点打成反革命

1975年，为了离开九纺这个让陆明疼不欲生，逼成精神病的地方，改变一下环境，陆允宏一家调到九江浆粕厂。1978年五月二十二日，浆粕厂发现了"打倒毛主席"的反标。六月四日，陆允宏的小儿子陆岩被厂保卫科叫去办法纪教育学习班。学习班里由市公安局派来的张姓警察主持，目的是破反动标语案。陆岩因为心里无鬼，因而显得轻松自然，说笑自如，被张姓警察走过来便是一拳，并连甩几个耳光，恶狠狠地说：你还笑，你有严重问题！

六月六日下午五时，浆粕厂民兵连长把陆岩叫到配电房审问：你写了反标没有。陆岩问答：没有。张姓警察和一个做记录的警察随后接审问。张姓警察一来便历声逼问：反标是不是你写的？

陆岩回答：不是。

但张姓警察和那个做记录的警察并不罢休，反复逼迫陆岩承认反标是他写的。

但陆岩坚决不承认。

这时天已大黑，有同学送饭来，张姓警察威胁大骂给陆岩送饭的同学：谁让你们送饭？不准送！继而继续逼陆岩承认是他写的反标。反来复去就这么几句活，折腾到了夜深，张姓警察见陆岩坚决不承认，就心生一计，说：你在这里不说，那就把你带到九江去说，反正你总归要承认的，我去叫车。

张姓警察去"叫车"时，做纪录的警察就故作好心地劝说：陆岩呀，你赶快承认吧，如果来车把你带到九江就惨了。

陆岩说：我没写就是没写。

作纪录的警察很生气：你不要学你老子那一套！

这时，那个"叫车"的张姓警察回来了，他一脚把一条死蛇踢到陆岩面前，恶狠狠地说：你再不承认，我就要把你像这条蛇一样处理掉！

陆岩怕蛇，更怕自己像这条金环蛇一样被杀死，他全身吓得簌簌发抖。

张姓警察见状进一步施加压力：说不说？！车子马上来了，再不说就把你带到九江市公安局去说，那就有你受的，哼！

张姓警察终于把小陆岩吓倒了，他哆哆嗦嗦地承认是他写的反标。

张姓警察趁热打铁：怎么写的？快说。

陆岩战战兢兢地乱说一通，因为他实在不知道反标的内容。张姓警察一拍桌子：不对，一共是三条，两条小的，一条大的。陆岩只好按着张姓警察提示的反标内容改正自己先前的"招供"，张姓警察使尽手段，终于得到了他想要的东西。

但十二岁的陆岩在走出学习班路上（还没与父母见面），猛然醒悟，自己上当受骗了，差点又重走哥哥老路，这么一想惊出一身冷汗，他顿时独自跑到厂保卫科，当着保卫科科长、学校许书记、厂办主任等人的面推翻了自己的"招供"，并详细讲述张姓警察等人对他的逼供经过。

正是小陆岩有了这最后一搏，才挽救了自己，也挽救了这个苦难深重的家庭。使得陆允宏夫妻在79年那种渐趋开明的政治气氛下可以据理申辩，逃过一劫。

如果客观地不掺杂政治因素去评价陆允宏夫妻，任何人（包括对立面）都会说他俩是好人，他俩工作认真踏实，生活作风严懂朴实，政治学习各方面都无可挑剔。他们唯一的原罪，就是有一个在台湾做官的父亲

1979年二月，九江国棉二厂（原九纺）党委派梅鹏万、组织科副科长熊家龙二人专车来到化纤厂（原浆粕厂），当场当面烧毁了陆允宏的全部揭发检举及批斗材料共计一千三百二十份。陆允宏由此得知了许多过去闻听未闻的荒诞闹剧。

由于始终找不到李慧生的发报机，支左部队有人检举说：可能由支左部队退伍转业的某军官带到山东老家去了。于是，1978年派出由厂落实政策办公室副主任严锦荣带队的三人调查组赶到山东某地，找到这个军官核实，当然是胡说八道。可支左部队的军人为什么也会这么无事生非地检举揭发呢？可见阶级斗争学说的毒素正深入到社会的每个细胞。

另有一个陆允宏根本没有一面之交的前纺车间记录员林立强，竟然凭空编出陆允宏如何跟台湾联系递送情报的传奇故事，情节曲折，编得天花乱坠，神奇诡异。后来，林立强向陆允宏坦言：他完全是瞎编的，他根本不认识陆允宏，这么写纯粹是为了迎合领导人急于扩大阶级斗争战果的心理。也是为了保自己不被揪出来，政治上的作秀。同时，因为讲假话诬陷他人，编造假材料栽赃陷害他人无罪，只要是搞阶级敌人就不会受罚，因为所有的现行反革命都是假的，但把他们揪出来制造假案的人却没有一个被处分……

这一千三百二十份材料代表几百人凭空捏造陆允宏、李慧生的假材料，为什么仅仅三千人的单位竟有这么多人对陆允宏做假。而批判他的所有语言都是谎言假话，所有谎言假话都大行其道，没有任何说假话做假证做假案的人受到追究，陆允宏和李慧生面对整个社会句句都是真话却无人相信。这个国家怎么啦？这个民族怎么啦？这么多人的良心怎么啦？这种匪夷所思集体诬陷一个好人一个家庭的血腥惨剧真实地上演了十年。大部份知道内情的人都知道这是一个假案，但竟然没有一个人敢出来仗义执言。

在小陆明遭受三年残酷折磨时，也没有一个人敢亲近这个可怜的孩子，中国人世代相传的恻隐之心哪里去了，菩萨心肠哪里去了？一阵大风吹过，总有几根傲然挺立的树木，可九纺厂没有。同时，对于种种冤案，各类无中生有的假案制造者本应该受到法律的惩处。

因为这些罪魁祸首,他们是明明知道受害人无辜,却硬要编造罪名,再用酷刑折磨,让无辜的人熬刑不过,违心认罪。当时的所谓反革命案,所谓反革命份子,十个有十个是打出来的,任何人都熬不过这一关。能熬过这一关不讲假话的那是千里挑一万里挑一的硬骨头……

但陆允宏夫妻却熬过了这一关,他们坚守不说假话的底线。不说假话在那个时代很难很难,当时,不说假话是要冒着被打死的风险的,他们是真正的勇士英雄。像董楚明这样的恶魔与唐朝酷吏来俊臣、周兴无异!他难道不应该钉在历史的耻辱柱上吗?

可陆允宏一家没有想这么多,他们只希望政府按政策给患精神病的长子有一个妥善的解决方案,只希望自己的合理诉求能得到有关部门的认真受理,只希望再也不要歧视他们,只希望不再折腾,只希望平安地度过晚年。

卷八：老资本家陈志恒的遭遇

《亲历浩劫：江西省九江市九纺文革纪实》

九纺厂的总工程师陈志恒七十多岁了，是九纺厂领导从上海请来的纺织权威。陈志恒解放前是江浙上海一带纺织业的大亨，独自拥有好几家纺织厂，后来厂子收归国有，他便专任技术顾问。九纺厂本来是1958年建的新厂，但到了1960年国家经济全面退缩，九纺厂下马。65年九纺厂重新上马，九纺厂主要领导三顾茅庐请出这位昔日的大资本家出任九纺厂总工程师一职。

陈志恒也深感九纺厂领导的诚意，以七十多岁高龄之躯风尘仆仆赶来赴任。他讨了三房老婆，但这次仅带了三姨太赴任，前二任妻子及子女都留在上海。社教工作团进厂之前，他都受到相当的礼遇，他的日子还是蛮滋润的。但66年初社教工作团进厂，他便每况愈下。首先是被批为党内走资本主义道路当权派，重用大资本家大吸血鬼，是资产阶级再一次对无产阶级专政的又一活生生的例证，是阶级投降主义在党内的活标本。他被社教工作团揪出来和其他"四不清"分子一道示众。

陈志恒是1966年九月十日被四清工作团、厂党委共同抛出来的。由政治部门厂部全体干部署名的一张大字报抛出来的。

我第一次看到他是65年夏天，一个华纺毕业的技术员指给我看的。一面之下我便对他充满敬意，七十多岁的老人竟然身板笔直，满头银发梳理得一丝不乱，挂着拐杖，高视阔步，一米八五的身高挺拔伟岸，气度不凡，仿若当年的洋场大亨。唯一有损他形象的是他那厚嘴唇老是不由自主地吧嗒着、抖颤着。华纺技术员告诉我：这是他戒鸦片烟留下的后遗症。当年他从江浙老家步入上海，两手空空身无分文，可他竟然白手起家，在外国资本家特别是日本资本家的挤压下，硬是成功地开创了一片天地，拥有四家纺织厂，啧啧，真是不容易啊！华纺技术员一脸的感慨。我却另有所感：唉，辛辛苦苦几十年最后落得个老吸血鬼、老资本家，只怕他今后日子会难过。

果然，"四清"、文化大革命一来，他便首当其冲，各种批斗会都离不了他这个现成的箭靶子。上海滩老资本家、老吸血鬼、反动技术权威，任何批斗会都可以拉他来批斗或作陪斗。只要高音喇叭一响：老吸血鬼资本家陈志恒立刻到大礼堂去接受批斗。他便会在小老婆的搀扶下挟着一块大纸板，颤颤微微地赶去报到。

陈志恒对批斗也极力配合，对批斗他的人点头哈腰极尽谄媚讨好，并把自己骂得狗血喷头。陈志恒因为戒鸦片的后遗症，他那口上海腔的普通话结结巴巴，含混不清，常常让人听不清听不懂，也常常让人把意思弄反，于是呼口号声便地动山摇地响起：

资本家陈志恒不投降就叫他灭亡！

陈志恒抗拒群众运动罪该万死！

向资本家陈志恒讨还血债！

陈志恒吸工人的血汗罪该万死！

陈志恒见把他的意思搞反了，急着解释，可越描越黑。以后换了一个上海人充当翻译，这才发现他批判自己比革命群众还要深刻，还要过火。他说：马克思说了，私有制是万恶之源，资本家每个铜板都是从工人的血汗中榨取的。我们这些资本家，吸血鬼，过去只想如何赚钱，心里只有利润，铜钿，拼命地榨取工人的血汗钱，从来不考虑工人的死活和福利。我们这些资本家应该枪毙一千次一万次，可毛主席共产党还是宅心仁厚，宽大我们这些该死的反动阶级的代理人，每念及此我就感激不尽……

他虽然这么虔诚地接受批斗改造，但对他的批斗烈度仍然没有稍微减轻。一次批斗他把他三姨太也抓来陪斗，途中，一个满面横肉的青年竟拿一只猫塞进三姨太的裤子里，猫在裤裆里乱抓乱咬，痛得这位五十多岁的三姨太惨叫哀嚎……

陈志恒在一次批斗中，有一位中年工人冲上前就打，被主持人制止后还蹦跳起来骂：我操你祖宗八代，他妈的，你们资本家一个人几个老婆，今天睡这个，明天睡那个，好不快活，我们穷人一个老婆都讨不到。没办法，憋狠了只好乂狗乂……有人联想到什么笑了起来。主持人喝道：笑什么，这点阶级觉悟都没有？这就是我们穷人的血泪控诉，旧社会我们穷人过的就是牛马不如的日子，想讨个老婆比登天还难。而这些资本家老爷左手抱一个，右手搂一个，倚香偎玉灯红酒绿花天酒地，真是"几家高楼饮美酒，几家流落在街头"。这位师傅的苦就是我们所有穷人的苦，是我们被剥削阶级劳动人民的苦，我们要不忘阶级苦，牢记血泪仇！

有人立刻呼应主持人的说教喊起了口号：

不忘阶级苦，牢记血泪仇！打倒老资本家陈志恒！

这个中年工人突然想到什么泪流满面，他倏地抄起一根木棍就要砸向陈志恒，被主持人按住了，压低嗓子说：七十多岁的人了不经打，打死就不好交代了……

陈志恒后来被从原来宽敞舒适的住房赶出来，被安置在一个九平方米的小间，共用厨房。和他共用厨房也是他隔壁邻居的老马是我的老朋友，他是厂宣传队的导演，我是编剧，我经常到他家去串门。到老马家要经过陈志恒的门口，陈志恒的门总是开着（因为怕人说他关门搞什么阴谋，当时的大字报对被揪出的人常有这么一句：这个家伙的门总是关着，一定有什么见不得人的勾当），所以，里面总是一目了然。

我看到陈志恒大多数时间都是躺在他的躺椅上闭目养神，只有他那戴老花镜的三姨太忙进忙出，这位三姨太已被岁月磨尽了昔日的铅华，尽管只有五十多岁，依然成了一个纯悴的上海老太太。她见到我总是卑微地浅笑。老马四岁的孩子总是旁若无人地跑到陈志恒家翻箱倒柜找东西吃，这对老夫妻总像敬祖宗神明一样敬着他。好几次，我都看到三姨太满脸堆着卑微讨好的媚笑，柔声对孩子说：小弟弟，今日厢，孃孃家里呒啥东西给侬吃，明早一定买糖给侬吃好伐？每当看到这场景我的心便一阵阵刺痛，连四岁的孩子都可以如此轻慢这一对可怜的老人，但我后来又从另一个角度诠释这幅画面，或许是因为整个社会所有人都敌视他，唯独这个四岁的孩子不嫌弃他们，经常来串门，他们才感受到来自人间的一丝暖意，因而特别珍惜这个孩子的造访……多少年来，我的脑海都定格在这对老夫妻对四岁孩子那一脸卑微讨好的笑容这幅画面上。

卷九：地主份子周淑英的牛鬼生活

《亲历浩劫：江西省九江市九纺文革纪实》

揪出隐藏在工人阶级队伍中的地主份子周淑英

1968年五月，九纺厂三查运动开展得轰轰烈烈，如火如荼，一个个"牛鬼蛇神"纷纷被揪出，站在厂门口挂牌示众，但隐藏在工人阶级队伍中的地主份子周淑英被揪出，还是在九纺厂引起了轰动。

厂里到处张贴了大标语：

漏网地主份子周淑英被揪出是三查运动的伟大成果！

打倒混进工人阶级队伍中的地主份子周淑英！

九纺厂四清时及文革初曾也揪出一个地主份子徐达森。徐达森是车间技术员，后经反复调查，他只不过是出身地主，读书后在外工作，并没有回家参与家庭收租和管理，这让急于扩大三查战果的专案人员有些气馁。

但这一次揪出的地主份子周淑英是货真价实的，她曾嫁给地主，在地主家生活过五年，还为地主生了一个女儿，而这个女儿也正在车间上班。土改时便定她为地主，以后隐瞒成份，在江纺参加工作。

令筒捻车间职工难以相信的是，这个地主周淑英竟然是车间主任车间党总支书记涂亮升的老婆，这个反差也太大了？！简直是今古奇观。

车间工人都很难将周淑英与地主联系起来。解放后，经过十几年如空气一样片刻不离的阶级斗争教育，人们已经把地主形象固定在四大地主的形象上（《半夜鸡叫》中的周扒皮，四川大地主刘文彩，电影《白毛女》中的黄世仁，《红色娘子军》中的南霸天）。地主在人们特别是在年青一代的心目中就像妖魔鬼怪一样的狰狞恐怖。但现实中的地主周淑英却是一个任劳任怨积极肯干的工人师傅，她工作兢兢业业，为人老实巴交，班组的人要将这么一个人与地主联系起来，实在让人跌破眼镜。

既然地富反坏右的子女都难过关，一个货真价实的地主份子岂能轻饶？！批斗会上，车间的工人都来到批斗现场，一睹过去同自己一样上班下班，工作认真负责受人尊敬的老师傅，现在变身为地主婆的样子，这个车间书记的老婆将会怎样面对批斗她的昔日同事呢？

批斗照例挂大牌子，两个民兵揪她上台，两手被高高的翘起标准的喷气式，旁边还有几个陪斗的三查对象。周淑英一押上台，便照例响起了口号声：

打倒地主周淑英！

周淑英必须老实交代剥削贫下中农的罪行！

口号声中，台上的牛鬼蛇神个个都弯成九十度，但周淑英有腰病不能弯这么低，看押女民兵便卡着她的脖子往下按，但刚按下去，周淑英痛苦难耐又稍微直了直腰，这惹恼了那位大脸庞的女民兵，她一脚将周淑英踢倒，用枪托砸其背，喝令她站起来弯腰，但周淑英已站不起来，她宁愿跪着双手撑地，于是她跪着接受批斗。

地主婆周淑英压迫贫下中农罪该万死！

地主婆周淑英隐瞒成份罪该万死！

周淑英不投降，就叫她灭亡！

口号声刚停，主持人便厉声发问：周淑英，你这个地主婆是怎么钻进工人阶级队伍的。

周淑英并不像某些三查对象刚揪出来时，呼天喊地地叫冤抱屈，周淑英似乎早就预料到她会有这一天。因此，她没有过激的反应，一切任人摆布，她的回答也很淡定，她说：我是江纺招工时，按规定被招工的，不是钻进来的。

周淑英的上饶话，让大多数人听不懂，有人把她的话翻译出来：她说，她是按规定正规招进厂的，不是钻进来的。

群众听了，有的发出笑声。

主持人又喝道：周淑英，你不老实，你是地主，能够钻进工人阶级队伍，肯定隐瞒了地主成份，你的成份是怎么填的。

周淑英说：我娘家是贫农，我曾经嫁过地主，但他一打成地主，我就和他离婚，和他没有关系了。我填成份填的是贫农，我娘家的成份。

主持人说：同志们，听到没有，一个嫁给地主五年的地主婆，为地主生了一个女儿，竟然填了贫农成份，伪装成贫农，钻进了我们工人阶级队伍，这真是活生生的阶级斗争。你们不要看她平日里做出一副工作认真负责样子，就被她那表面假像迷惑了，实际上她是隐藏在我们工人阶级队伍中的定时炸弹，一旦时机成熟，她就会跳出来，复辟资本主义，恢复她那失去的天堂。同志们，毛主席教导我们"阶级敌人，人还在，心不死，他们时刻想恢复他们失去的天堂"。地主周淑英潜藏在我们工人阶级队伍十几年，就是一个活生生的例子……

周淑英说：我千不该万不该就是嫁了个地主，可当时谁知道他是地主，只不过想过点吃穿不愁的日子。

主持人问：你是贫农出身，为什么要嫁给地主阶级？！

周淑英说：我是穷人的女儿，没读过什么书，哪晓得什么阶级，这都是媒人介绍的。媒人是我的一个远房姑姑，看我家穷，终年没吃过一步纯米饭，总是糠菜粥填肚子，她把我介绍到玉山县城里的一家布店老板的儿子做老婆。当时也没别的想法，也就是想吃歺饱饭，我实在是饿怕了。

周淑英这么朴素的大实话反倒让主持人一时语塞。

《亲历浩劫：江西省九江市九纺文革纪实》

周淑英的身世

周淑英于1928年出生于江西上饶市玉山县七渡乡金担底村，村子在风景胜地三清山脚下。山色虽美，当不得饭吃，反而因处于喀斯特地貌石漠化的边缘，石多土少，水存不住，只能种些耐旱耐贫脊的红薯玉米高粱之类的作物。土地不养人，只好另寻生路。周淑英有两个哥哥一个弟弟一个妹妹，加上父母亲，全家七口人生活的担子全压在父亲肩上。父亲靠做豆腐卖，维持全家生计。住的房也是破败不堪，祖传的土墙屋只有一米高的半截墙，上半截都是用草编成夹扇搭靠，既不挡风又不挡雨。一下雨两脚如麻，屋外大雨，屋内中雨，很快屋里便积水盈尺，要在墙脚上挖开一个洞排水，才勉强可以下脚。家里从来没有吃过一步纯米饭，都是糠菜薯藤叶熬得稀粥果腹，那日子实在是苦不堪言，日子虽苦但一家人还是互敬互让亲密和谐。父亲对周淑英格外疼爱，总是给她开小灶，磨豆浆时总是要把豆汁面上那层皮勺给她吃。周淑英虽然没读书，但冰雪聪明，心灵手巧，绣花做鞋样子，她瞟一眼就会。家虽穷，但周淑英总是把家里收拾得清清爽爽，整整洁洁，打猪草摘野菜她总是比其他妹子手脚快。她又喜欢帮人忙，一张巧嘴总是恰到好处地给人除忧解愁，很有人缘。又生得秀气妩媚，高鼻梁特别惹眼，有见过世面的人说她像外国公主，可惜生在穷山沟。

1945年，周淑英十七岁，也到了待嫁的年龄了。一个本家远亲，按辈份应该叫姑姑的女老师，特别喜欢周淑英，给她介绍到县城街上开布店的陈少波。陈少波特地赶到乡下看了一眼周淑英，立即被周淑英迷住了，当即就付了十块大洋的聘礼。周淑英全家也对陈少波很满意，陈少波仅比周淑英大三岁，八字也配，无疑这是一门好亲。周淑英高高兴兴地嫁了过去，男人全家也喜欢这个俊俏聪明的媳妇。周淑英原打算到夫家便吃大苦耐大劳，可没想到婆婆老公竟待她如上宾（夫家富裕程度超出周淑英想像，除街上的布店外，城外还有一百多亩田出租），粗活重活不让她插手，厨房里的事也另有人做，她被像闺中小姐一样养着。她是做惯了的乡姑，不愿过这种养尊处优的日子，她的长项是做针线，于是她那双巧手便飞针走钱做鞋绣花，并帮周围邻居做针线。公公早逝，夫家由婆婆主事，婆婆是吃斋念佛之人，乐善好施，但往往算不清数，施舍有时会过限，遭族人讪笑。因而一到秋天收租时节，周淑英便跟婆婆一道下乡。

（周淑英说：当时收租便如同现在收房租一样，天经地义，丝毫没有罪恶感，沒想到土改时把收租当成天大的罪恶。）

周淑英虽没读过书，但她算帐的天分极高，这可能归因父亲卖豆腐时进货出货算帐养成的。因而，在向佃农收租谷时，她总能默算一会便能算出总数，与佃农自己默认的租谷数相近，但她又总是将尾数舍去，让佃农惊喜感激，而自身也无大碍。她跟婆婆说：我们吃亏吃在明处，做功德也做在明处，让人高兴感恩，自己也不伤筋动骨。婆婆对媳妇这么会做人做事很满意，把她看成心肝宝贝，由此也感激亲家，每当春荒青黄不接之时，总要送两担米给亲家度荒。穷苦的娘家人每接到这救命粮总不住地念叨：亏得三姑娘嫁了个好人家。邻居们也盛赞周淑英的孝心，感叹周家前世积德，生了这么个顾家的女。

在夫家这几年滋润的日子，把周淑英养得珠圆玉润，唯一遗憾的是没有生育。但1950年她开怀了，生了一个女儿。女儿的降生给这个家庭带来了欢乐。

但周淑英的好日子也到头了。土改开始了，土改风暴翻天覆地，整个世界顿时翻了个个。夫家被打成工商业地主，所有房屋田地财产被一律没收充公，丈夫被抓去批斗。过去对他们感恩戴德的部分佃农，如今凶神恶煞般赶到他家抄家打砸，抓人游斗。婆婆游斗过两次，也被划成地主份子的周淑英也陪斗过几次，但因她人缘实在太好，以后就丢下她不斗，专找周淑英的老公斗争。周淑英的老公其实是个胆小怕事、生性懦弱的人，几场打骂批斗下来，人便吓成精神病，见人便说：我有罪，我该死！从此思维紊乱，眼神悽迷，嘴里总是神经质地喃喃自语。丈夫自从得了精神病，土改当局也不再批斗他了，把他们全家赶到一条侧屋弄堂，这条宽不足两米、长不足五米的弄堂便成了全家四口人的栖身之地。丈夫成了精神病，婆婆是地主，不能出头露面找生路，女儿嗷嗷待哺，所有东西被抄走了，没有生活来源。周淑英毅然挑起了生活重担，她做甜酒卖，周围三乡五里的不少人都对这家人遭此变故心存恻隐，于是都来照顾周淑英的甜酒生意，周淑英的甜酒生意一时兴隆。

但政治的干预也随之而来，有关方面对于周淑英死恋地主不满，强令其离婚。临别之日，周淑英一手拉着枯瘦木纳不成人形的丈夫，一手拉着对自己恩深情重的婆婆，泪如雨下，已经完全糊涂了的丈夫此刻似乎预感到家庭又一重大变故，也泪水涟涟。只有婆婆强忍悲痛说：孩子，走吧，去逃一条生路吧！走得越远越好，不要陪我们等死。（她走后不久，婆婆和丈夫相继去世。）

周淑英带着不满周岁的女儿离开了曾经那么温馨幸福的陈家，回到了她的娘家。娘家虽是贫农，但依然穷苦，现在又增加两张要吃要喝的嘴，不啻于雪上加霜。周淑英不愿拖累父母亲，四处托人找工作。她虽然经历了人生的最大磨难，但容颜却没有受到影响，依然身材曼妙，依然面目清秀，不少人不嫌她的地主婆身份，向她求婚，给她介绍对象，都被她拒绝。

不久，她遇到了她人生中第一个贵人，玉山县公安局长聘她做保姆。这位公安局长是南下干部，东北人，高大黑粗，却找了个比他小二十岁的本地美女为妻。少妻为局长生了个大胖小子，这令年近四十的局长欣喜异常，为了不累坏娇妻，他找到周淑英做保姆，毫不忌讳周淑英是地主婆的身份。为了让周淑英照顾好他的娇妻，公安局长对周淑英也是关怀备至，周淑英一进门便给她里里外外换了新装，吃的是公安局食堂，当然是最好的伙食。周淑英把女儿寄养在母亲家，尽心照顾好局长的夫人，局长按月给她不菲的保姆费，她悉数给了娘家。这样的日子过了几年，局长调走，她又失业了。局长介绍她去一个茶场工作，但茶场是半年忙半年闲，这闲余的日子是没有工钱的，她要吃饭还要养女儿，半年没有收入她受不了。这时，她想起了她有个弟弟在南昌江西棉纺织印染厂工作，但久未联系，于是央人写了封信给弟弟，央求他为自己找个工作。弟弟在江纺公安处工作，接到姐姐的信，想到姐姐当年对家里的帮助，现在这么孤苦无依，也心酸动情，便连忙给姐姐回信，让她赶快到南昌来，江纺正在招人，需要大批女工。

  在弟弟的帮助下，周淑英填表时隐瞒了地主成份，填成贫农，通过面试，她参加了工作，分配在筒捻车间做挡车工。她心灵手巧，很快便成了车间的操作能手。车间主任很欣赏周淑英，又可怜她三十岁没成家，便邀她每星期到他家过星期天，但车间主任请她吃饭的同时又请了也是同车间的一个叫涂亮升的党员工长来吃饭，涂亮升比周淑英大三岁，是一个从没结过婚的老青年。饭桌上相遇，周淑英已有几分明白。过去，曾经的土改负责人要讨她为妻，公安局长也向她介绍了几个南下干部，她都婉言谢绝了。她想，自己做过地主的妻子又拖带了一个女儿，谁会真心待她，说不定过了几年，她人老珠黄，就会被一脚踢开，让她母女俩无处安身。但眼前这个男人似乎值得信赖，诚恳朴实又单身，不嫌弃她的过去，不嫌弃她拖带的女儿，车间主任和弟弟都夸涂亮升是一个靠得住的男人。于是，她和涂亮升成了亲。成了亲后，她实实在在地感受到这个男人的体贴和大度，他让周淑英尽快把寄养在穷山沟母亲家里的女儿接来，让她上学读书认字，不然会害了她一生。

  两夫妻在江纺这几年虽然住在一间仅十平米的房子，但恩爱有加幸福温馨。两夫妻在江纺一共生了三个女儿，加上大女儿，四个女儿加两个大人只有一间房，实在是拥挤不堪。这时，九江棉纺织厂上马招工，特别需要资深基层干部，涂亮升是筒捻车间资深工长，对筒捻车间的生产管理极为熟悉，九纺方面许诺分大房子。于是，涂亮升先行调往九纺充任九纺筒捻车间主任，周淑英随后也调往九纺。在九纺厂，66年周淑英生下了最后一个孩子，是个男孩，两夫妻曾为只生女孩而遗憾，现在终于无憾了。

  周淑英虽然眼下安定幸福，但地主的阴影始终追随着她，广播里不忘阶级斗争的喧嚣，经常召开的忆苦思甜会，电影里打土豪分田地，各种政治学习、领导报告等等没时时刻刻都在提醒她，她是隐瞒了成份的地主，劫难随时都会降临到她头上。

  这一天终于到了！地主周淑英终于被打入牛鬼蛇神的行列。

《亲历浩劫：江西省九江市九纺文革纪实》

地主周淑英的牛鬼生活

揪出了地主周淑英，她的丈夫筒捻车间书记涂亮升立即免去了车间主任书记的职务，贬为工长。说是工长，其实什么都不管，只不过是个干粗活的普工。从此，他便在昔日下属异样的目光中哑巴一样地干活。

地主周淑英则开始了地狱般的牛鬼生活，她再也不是书记的夫人，操作能手，技术一流的老师傅，而是阶级敌人阵营中的活地主，属重量级的牛鬼蛇神。

这个活地主竟然不可思议地躲过了历次政治运动，隐藏到现在，终于被揪出来。这也证明搞三查运动的无比正确，这也证明毛主席"阶级斗争要年年讲、月月讲、天天讲"论断的无比正确。一个货真价实的地主份子隐藏在工人阶级队伍中十多年，成了教育全厂干群狠抓阶级斗争的一个活生生的例证。

牛鬼蛇神处处受到监督歧视。周淑英虽然被允许回家，不住牛棚，但节假日必须集中看押。在一次春节集中看押的日子里，同被关押的牛鬼们见周淑英坐立不安，知道她在挂念家中幼儿无法过年，便趁看守松懈之时，劝她趁机回家去照着一下孩子，牛鬼们为她打掩护。周淑英被说动了，也实在是思子心切，便从看押地偷偷地溜回家。然而，住在她家三楼一位老干部的儿子见她回来，从三楼下到二楼，对刚刚到楼梯口的周淑英飞起一脚，踢得周淑英扑倒在几米外的家门口，前额砸出一个大血泡来。这个大小伙子还骂骂咧咧地叫道：你个地主婆偷偷跑回来做什么？！

儿女们见母亲挨打，大哭不止，周淑英爬起来不敢回望一眼，不敢吭一声，只是进屋和几个孩子抱头痛哭一气。

周淑英有一头浓密的头发，这成了打人者最好的工具，抓住她的头发往墙上撞，往地上撞，或提着她的头发搧几个耳光都得心应手，批斗时也可以抓住她的头发往下按。那一次，最喜欢打人的严金波抓住她的头发往墙上猛撞几下。这个牛一样粗壮的汉子经常把他的蛮力用在打牛鬼身上，许多牛鬼身上的累累伤痕都是他的杰作。周淑英这个瘦弱的女子经他暴打，立刻头晕目眩，几欲昏倒。但在监管人员喝斥下，她还得摇摇晃晃地去上班。神志已不那么清醒的周淑英被飞转的机器打到手指，手指出血了，她捏着手指找东西包扎，不经意碰到旁边的挡车女工，旁边那个过去总是周师傅长周师傅短的女工竟然把她的手狠狠一揉，厉声骂道：地主婆，死远些！监管女工看她没有埋头做事，以为她偷懒耍滑，不问青红皂白便跑到她身边喝道：罚你下班后多做一袋坏纱。本来牛鬼们在下班后便要额外多做两袋纱，以示惩罚，做一袋纱需要一个小时，现在要做三袋纱，需要三个小时。年幼的孩子都在眼巴巴地盼母亲早点回来，可她却拖着摇摇晃晃的身子在加班。那一刻，她想到死，而且是下了决心：活不下去了！到处是冰雪一样森寒的目光，到处是利剑穿心般旳咒骂，整个社会都把她当成瘟神，她活在世上，拖累了丈夫，拖累了儿女。死吧！一死百了。她只想最后看一眼几个年幼的孩子，便奔赴黄泉。

但就在她回家的一刹那，她那求死的决心又动摇了，几个年幼的孩子抱着她的脚，这个说：妈妈，你怎么才回来，我好饿。那个说：妈妈，我肚子好痛。最小的二岁半的男孩也是他们夫妻最钟爱的独子，竟然说出叫她肝肠寸断的话：妈妈，你别哭，我今后听话，再也不惹你生气了，只要你早点回来，好吗？！

（孩子们在外面也是任人打骂，被人追着叫地主狗崽子！叫得揪心，有人甚至冲到家里来打。大女儿被人辱骂，甚至当众扯下她的外衣，让地上身裸露在外。但孩子们在外挨打挨骂从不告诉妈妈，妈妈已经够苦了，她们不愿意让她再伤心。）

周淑英再也忍不住，嚎啕大哭起来，她把几个孩子抱在一起，边哭边说：孩子们，妈妈不会离开你们，永远不会离开你们。

她不能死！她丢不下几个年幼的孩子，他们需要她。

但有一次她是真正下决心去死。那一次，三岁的儿子发高烧四十度，浑身长满了脓泡，一破便流黄水，呼吸急促，脸烧得通红，她急忙抱着孩子直奔厂卫生院。但在医院门口被车间里的一个女专案人员拦住了，这个女专案横眉立目地喝道：不准去医院。

周淑英向她乞求：你行行好，孩子发烧四十度，有生命危险，请允许我带他给医生看看。

女专案厉声道：一个地主崽子死了就死了，有什么了不起，斩草要除根！

周淑英在女专案的淫威下只得抱着重病的孩子回家，孩子被烧得迷迷糊糊，奄奄一息，周淑英心都要碎了。无助的她想到神灵，用头在地上猛磕：乞求神明，菩萨，天老爷，看在她一生只做善事、不做恶事的份上，救救她的孩子，看在她一生多灾多难，却从没做过半点有违神灵有违良心的事的份上，高抬贵手。如果实在要降灾祸，就让灾祸降到自己身上，她愿替孩子去死。如果孩子没了，她愿意跟随而去。祈祷完毕回看床上的孩子竟然睁开了眼睛，似乎上天开了眼，眷顾这个多灾多难的家庭，这个无辜的孩子。周淑英又赶紧按土方子找了几味草药煎给孩子喝，居然神了，孩子居然一天天好起来。

世事无常，风水轮流转，这个被女专案要斩草除根的孩子，二十年后长成了一个英俊高大的帅小伙。更奇的是，有一天晚上，他看到一个老妇因病昏倒在路边，他连忙背起老妇送到医院，经医院救治，这个老妇脱离了生命危险，而这个老妇正是当年要把他斩草除根的女专案。

但周淑英从来没把过去的事告诉孩子。怕他们仇恨社会。怕他们心里有阴影。怕影响他们健康的成长……

然而往事却时不时会窜上心头，让她不由得又回到那腥风血雨的时代，让她惊悸不安。她只希望文化大革命那样的浩劫不要再来。

　　在采访这位高龄地主时，常常为她感到庆幸，她生活在九纺这个相对温和一点的小世界。如果她在别处，可能早已尸骨无存。整个社会对地主份子咒骂迫害屠杀绝不手软，已成常态，已经成了主流社会生活的一部份。谁也不会站在地主份子的角度体验他们的委屈、抱怨、遭受到的痛苦折磨、及生存艰难。谁也不会关心地主份子的想法和愿望。歧视厌恶他们的不仅是当权者，甚至包括他们的子女亲属。在中国，地主份子有一千万，能像周淑英一样，走出阴影，活到现在，实属凤毛麟角。

　　按照周淑英这种地主份子的身份，完全可以以地主份子名义遣送回原籍，交当地政府监督劳动，但她没有遭此厄运。她告诉我：对她的处理既没有在会上宣布解放、平反，也没有宣布戴帽子，监督劳动。只是悄无声息地不把她当牛鬼看待了，悄无声息地让她回到群众队伍中，和普通女工一样上班下班，开会也通知她参加，只是没给个说法。我告诉她：这是最聪明的做法，也是对你最有利的处理。放在别处，早就把你开除，押回原籍监督劳动。她问为什么对她这么宽大？我说我也不清楚，可能是因为涂亮升人缘好，对你网开一面，也许是因为涂亮升和你都是老保，搞专案的也是老保，大家都是同一观点的战友，自然要关照一下啰……

　　周淑英叹了一口气，说：不管揪与不揪，解放不解放，前三十年我一直活得胆战心惊，直到1979年中央宣布全部摘去地主富农的帽子，以后也不用填家庭成份了，我才真正解放了，可以堂堂正正地挺起腰杆子做人了……

《亲历浩劫：江西省九江市九纺文革纪实》

地主丈夫车间主任涂亮升的对策和思考

牛鬼地主周淑英受到批斗和打骂，这是有目共睹的。她身受的痛苦和折磨也是显而易见的，但有个人比她更痛苦，那就是她的丈夫原车间主任总支书记涂亮升。自从妻子被揪后，涂亮升便被撤销了书记和主任的职务，贬为工长，虽是工长并不管事，尽管如此，他还是按时上班下班，加班，做搬运工，搬五、六十斤的纱袋，卸五、六十斤的纱袋，清扫机台卫生。他从此很少说话。曾有领导劝他离婚，与地主划清界线，他拒绝了，他只是轻轻的一句话表明了态度：五个孩子怎么办？……

他不肯与地主老婆划清界线，一个出身贫农的共产党书记竟然要和万恶的地主同睡一张床，同吃一锅饭，共同抚育从地主肚子里钻出来的五个狗崽子。被剥削阶级和剥削阶级竟然可穿连裆裤，这太不可思议，全中国可能都没有先例。因而，涂亮升被过去的同事看成是个两不沾两不靠的怪物（不是阶级敌人也不是革命群众，不靠组织不靠群众）。人们看他的眼神都是怪怪的，但并没有把涂亮升揪出来，并非因为他的贫农出身共产党车间书记而不揪他，连厂部头头都可以揪，他为什么不能揪？！只是因为他是全厂公认的老实人，没有任何错处。当然，这是在九纺这个稍微温和的环境里，放在别处，就凭他不愿和地主妻子离婚，也早把他揪出来，挂上向阶级敌人投降蜕化变质份子的牌子，与地主妻子同台挨斗。

自从妻子被揪出后，涂亮升便成了埋头苦干的哑巴。遇到妻子挨斗或被革命群众打骂的场合，他采取回避的态度，从不出现在这种场合。他知道自己出现在这种场合非常难堪非常尴尬，为妻子说情开脱，人们会说他的阶级立场何在，帮阶级敌人讲话？如果站在打骂者的立场上附合两句，已经伤痕累累的妻子绝对受不了来自丈夫的一击，她立即就会崩溃，走上绝路！因而只有回避。

涂亮升表面上一副麻木的神情，其实心里却是波涛汹涌。他是贫农，土改时的积极分子，参加工作入党当干部，一直在党的教育下走过来的，是一个纯正的党培养下的干部，但现在他却质疑起党的政策，质疑目前这种搞法。不是说：阶级敌人，人还在，心不死，时时刻刻想复辟他们失去的天堂吗？！可他与地主周淑英生活了十年，从没听到她说过一句埋怨毛主席共产党的话，她坦然接受了命运给她的安排，她没有文化，一门心思就是搞好工作搞好家庭。在工作上，她是个好工人，在家庭生活里，她是个好妻子好母亲，老老实实遵纪守法，不愿别人说半句闲话。她不损害旁人，于社会无害，于国家家庭有利，为什么硬要把这么一个良民打成牛鬼打成阶级敌人？不是说要团结一切可以团结的人，为什么要把这么一个驯良跟党走的女子推到敌人那一边呢？你这么斗她打她，她能不怨恨吗？

人是有感情的动物，你对他好，他会记好，你对他打骂蹂躏，他当然会心生怨恨，你这不是往敌人那边推吗？

因此，他坚信妻子不是坏人，而只不过是个贴了阶级敌人标签的好人。她是那么的悲惨痛苦，他现在不但不能抱怨她一句，还要想方设法安慰她，使她有勇气活下去。他经常安慰妻子：你不要怕，你没做过任何坏事，总有一天会落实政策的。你还算运气好，可以回家住，那些不能回家住，住牛棚的比你更惨。

涂亮升翻过来想复过去想，他想：如果他不是讨了这么一个地主老婆的话，他绝对会对斗地主、打地主举双手赞成。我们共产党是干什么的？不就是搞阶级斗争，打阶级敌人，打地富反坏右的吗？对阶级敌人狠一点，那是十多年来阶级教育的结果。可自从讨了地主做老婆，他们十多年朝夕相处，他感到所谓的阶级敌人，地富反坏右，很多都是执政者硬套上去的，是阶级斗争的理论催化出来的虚幻的魔影。

涂亮升脑子里总是被这些想法折磨着，整夜整夜睡不着觉。几年来，他迅速地变老了，满头黑发年富力强的壮年变成两鬓斑白的半老头。

《亲历浩劫：江西省九江市九纺文革纪实》

幸福的晚年，平和的心境

已经八十八岁的周淑英，晚年却精气神十足，耳聪目明，无病无灾，能跑能跳，广场舞老年舞旅游她都热衷，思维清晰，言语流畅，人虽瘦却充满活力。

我上门采访她的时候，正是晚上七时，按说这个时间点正是晚饭过后的闲暇时光，八十八岁高龄的老太太一定会在家颐养天年。可她竟然直到晚八时才摸黑而归。她因拆迁，独自租房外住，虽是租房暂住，依然把住房收拾得清清爽爽。她告诉我她每天的活动规律：每天上午八时，带一并水带一点吃食，就在外面消磨一天，晚餐就在厂里女儿家解决，尽兴玩了一天才回屋睡觉。她满面红光地感慨：真是赶上了好时光，可以无忧无虑地尽情游玩……

如不是亲眼目睹，我真不敢相信，一个八十八岁的老太太还如此矫健，如此硬朗，几十年的坎坷磨难竟然在她身上找不到一丝痕迹。

刚坐定，她又从内室拿出一本相册，给我看她的全家福照：五个儿女和他们的另一半等一大家人簇拥着她这个老祖宗，人人脸上都洋溢着灿烂的光彩，周淑英脸上的笑意更是浓得化不开。

周淑英指着照片上的儿女一一给我介绍，喜悦和幸福之情溢于言表。最后，她不无伤感地说：想不到我还能熬到今天……

谈及往事，她非常感激丈夫涂亮升，没有他的不离不弃，没有他的鼓励支持，她早死了。涂亮升卒于2004年，卒年79岁。周淑英每天都要把老伴的像看三遍念三遍，上天对她不薄，给她送来了这么个好丈夫，感谢苍天！

其次，要感谢大女儿涂敏。大女儿跟她受尽了苦难，从小便跟她一起戴上了地主的铁帽子，东奔西走，颠沛流离，受尽歧视和冷眼，但这个在苦难中磨练出来的大女儿也给了她最大的回报。在那最险恶的时期，是大女儿帮她承担了一半担子，她既要上班，要参加数不尽的各种会议，又要挤出时间来照顾几个年幼的弟弟妹妹，帮母亲分担忧愁。

最值得欣慰的是，她的五个孩子个个都孝顺懂事，个个都家庭幸福事业有成，个个都没沾染上不好的习气，感谢上苍。

对过去加害过她的人，她也不想去追究：唉，善有善报，恶有恶报，不是不报，时候未到。天老爷会惩罚这些人的。（也确实，那些曾作恶的人，都得到了报应。）

卷十：九纺有个高立明

《亲历浩劫：江西省九江市九纺文革纪实》

高立明的家世

　　高立明的祖上是江苏金坛县的豪门望族。但高立明的祖父高觉成是个不安于世俗的汉子。当时西风东渐，不走读书入仕发达的高觉成迷上了各种新式的玩意儿，特别是飞机，那种可以像鸟儿一样在空中飞翔的铁鸟占据了他整个身心。反正家里有钱，他买飞机、开飞机、修飞机，成了中国最早一代"飞机人"。

　　高立明的父亲高志光子承父业，他只读了十年私塾，便跟着父亲在飞机场里混。父亲告诉他：别稀罕那些清华北大的洋牌子，实践出真知！飞机场里有的是洋学堂里出来的机械师，你可以跟他们学外语学技术，比在学堂里学实在得多！

　　高立明的父亲绝对是一个聪慧超群的才俊，靠着天生的悟性和后天的钻劲，很快便学会了修飞机的真经（当时的飞机都是双翼型，结构简单的老式飞机），而且还跟外国机师学到了五门外语，可以无障碍的和外国机师交谈。

　　当时的飞机就如同今天的载人航天飞船，是最时髦尖端的科技重器，人人为之仰视敬畏，特别是高层人士。

　　高立明的父亲小小年纪便成为飞机修理的专家权威，又通晓几门外语，再加上他性格张扬，仪容出众，是典型的青年才俊，于是声名远扬。立刻引起了巨商名流、高官显贵们的青睐，都想引为东床快婿。

　　其中首都南京火车站站长卞某某捷足先登，他有四个女儿，个个天姿国色，南京人称之为卞家四公主，其中最美的四公主变成了高立明的母亲。

　　1937年日军侵华，高立明祖父携全家迁往重庆。高立明祖父与几位好友集资成立了某某航空公司，为迁到重庆的中央政府运送人员物质。

　　因为飞机场范围实在太大，没有汽车沟通是很难运作的。高立明的父亲正是在这里对汽车产生了浓厚的兴趣，他觉得，只有汽车才是中国今后最需要的机械。他为此废寝忘食，一心扑在对汽车的钻研上。把汽车的结构搞的滚瓜烂熟。于是他又成了汽车业的专家权威。

　　1949年国共内战，国军战败，蒋介石逃亡台湾，高立明的祖父携全家逃台，唯独高立明的父亲不愿随往。高立明的父亲高之光说：台湾那么小的地方，打个屁都会砸到后脚跟，怎么搞汽车？我相信共产党也要搞建设，我又没当国民党的官，只不过是机械工程专家，我相信留在大陆可以更好的发挥我的专长。共产党不会不搞汽车吧？

　　之后，高立明的祖父带着其他几个孩子去了台湾，以后高家的子孙遍布世界各地，个个事业有成，兴旺发达。

　　刚解放时，高立明的父亲确实得到了重用。1952年他参与设计制造了毛泽东的专用轿车。1955年他又参与设计制造了安徽省汽车制造厂所生产的六吨"淮河"牌平头货车。但1957年反右运动，他被划为右派，原因是他对党中央提出的技术人员要又红又专有异议，组织上认为工程技术人员首先必须政治思想红，其次才是业务素质。而高立明父亲说科学技术要放在第一位。这条意见是在当时他的领导一再动员下才说的。

当时党中央开门整风，号召民主人士向党提意见，知无不言，言无不尽，言者无罪，闻者足戒。

高立明的父亲言者有罪，被内定右派，但并没及时宣布。因为他当时正参与几项重大的科技攻关。据说是与国防有关联的工程项目。他的被捕是在1959年国庆观礼台上。当时，他正与上海市长柯庆施比肩站在观礼台上观看国庆游行，两位年轻的便衣彬彬有礼地请他下来，有重大科技难题要与他相商。他随之而去，从此便消失在高墙电网后面。

高立明的父亲被捕，对高家的打击是灾难性的。首先高立民母亲的高级教师被开除，工资没有了，生活来源断绝了，只靠一点积蓄勉强度日。接着高立明从安庆红专中学除名回沪。再接着街道居民委员会要高立明下放到与上海有关联的江西湖口武山综合垦殖场。如果不去，全家要下放。高立明去了，但全家依然下放到安徽合肥附近的农村。住在两间土墙草顶的房子里（上海灰色居民下放只能到安徽、江西两省）。

61年正值三年全国大饥荒岁月，安徽省是重灾区。那里的情况史所罕见。赤地千里，饿殍遍野，人相食……

高立明母亲带着五个年幼的孩子，没有生活来源。又顶着大右派妻子的帽子，其惨状可想而知。高立明的母亲仅靠高立明及其姐和另外两个表兄每月寄的五元钱艰难度日。当年的卞家四小姐现在一样的剥树皮、挖草根、捡烂菜叶、乞讨、拖板车……

有一次实在过不下去了，借了当地农民五元钱，后实在无力偿还，只得将三岁的幼女给其做童养媳。以抵五元债务。当对方从高立明母亲手中接过这个美丽的小姑娘时，全家上下都哭得死去活来。

高立民离开家时，家里实在没有东西相送，高母只得将一床棉絮裁成两半，一半给高立明到农场半垫半盖，一半留给小妹妹打包取暖。

《亲历浩劫:江西省九江市九纺文革纪实》

高立明在湖口

　　1961年来到江西湖口武山垦殖场的高立明已经长成了一个大小伙,他英俊帅气、性格倔强、好打抱不平。加上他力大如牛,可以一口气背负两包大米上跳板(两包大米四百零四斤,麻袋净重二斤)。高立明还在安徽跟一位西洋学派的武师学了点搏击技艺,在这里得到了用武之地,这里的上海帮跟本地帮打了几架后,高立明的名声便四处飞扬。一时把他神化了、妖魔化了。当地人叫他高匪,甚至用他的名字吓不听话的小孩,别吵别哭,再吵高匪来了!

　　高立明正好借这个恶名,带着一班哥儿们偷红薯、扳玉米、偷鱼盗虾、偷鸡摸狗。在那个饥饿的年代,为解饥饿,确实也做了些出格的举动。

　　湖口武山垦殖场远离县城,地处大山腹地。垦殖厂的领导大多是本地人,他们看不惯上海人:上海人的穿着打扮,上海人的长相,上海人的话语,统统看不惯。上海人也看不惯本地人,上海人认为自己是大城市来的,见多识广,也瞧不起土里土气的湖口佬。有一种天生的优越感。特别是对垦殖场的管理者,压根瞧不起。高立明来了后更是抱团结伙,不把领导当回事。

　　中国的官员仿佛都有一个通病:最讨厌那些无视他们官威的人。作为平头百姓的你,如果看到领导,特别是顶头上司,一副爱理不理的架势,或者眼角送出一撇不屑,他们就会认为这是对他们的大不敬,就会怀恨在心,就一定会报复。只有他们可以对下属满面堆笑的招呼问候随意点头应付一下或视而不见,平头百姓怎么可以这么对待他们的领导呢?官员都是党派来管理群众的。对领导不敬就是对党的不敬,就是心怀对党的不满。而高立明恰恰是个自视甚高,从不对领导讨好卖乖的家伙。这样的人在领导眼中无疑是眼中钉,肉中刺……

调往九纺

1965年九江棉纺织印染厂上马需要大量的劳动力。省劳动厅允许九纺厂在全省各地招人。九纺也派员到湖口武山垦殖场招人。垦殖场领导喜不自禁，正好趁机拔去了这根眼中钉。将高立明及一批上海人送给了九纺。1965年五月高立明到九纺，他的恶名也如影随形（高匪）。加上他那副打扮：飞机头、长鬓角、小裤脚、花衬衫、也让九纺厂一些领导把他看成上海阿飞。

其实，高立明的实际作为并不像传说中那么出格。他讲义气，也讲道理。他不惹事也不怕事。他不欺弱小，只跟那些有所谓黑道背景的人较真。但过了一段时间，九江的那帮武术界中人也与高立民称兄道弟起来。高立明其实只是凭名声混世界，并非有什么真凭实据的打斗恶行。甚至在文化大革命兴起时，他虽然也参加了造反派，但并不积极。因为他牢记母亲的叮咛：我们家成分不好，任何运动都不要参与，免得惹祸上身。但1967年五月，九纺联络组造反派人少势单，总被人多势众的保守派指挥部欺压，老保方面写大字报写不过造反派，但造反派方面的大字报刚刚贴出，往往就被老保覆盖。而造反派与之理论时，老保派便会出动大队人马保驾护航。保守派的气焰便甚嚣尘上。他愤然出头，成立了联络组的武斗队"岿然不动"战斗队。岿然不动以上海人为主，精选造反派中的高大汉子。岿然不动战斗队，尽管只有三十多号人，但那清一色的钢盔，清一色的长筒马靴，清一色的运动服。军威肃然，让造反派的士气为之一震。

老保的一五一一战斗队有二百条汉子，与老保钢刀连武斗队的人马是九纺老保武斗队的主力。两队汉子列队绕场跑步，显示力量时，岿然不动也出动对抗。岿然不动人虽少，但那凶狠的杀气，踏地欲裂、以一当十的蛮劲也让老保胆寒。岿然不动战斗队的横空出世让九纺指挥部老保更加牢牢地记住了这个上海阿飞——岿然不动的队长高立明。岿然不动虽然军威赫赫，但并未与老保指挥部的武斗队发生过流血冲突，双方都只是秀肌肉，摆架势，做做样子，吓吓对方。总的来说，九纺厂文化大革命中造反派与保守派之间的争斗并不惨烈。九纺厂真正惨烈的是三查运动，在三查运动中，造反派遭遇了全面的整肃打击。

1968年三月，江西省革委会主任（1967年七月中央派驻山东的二十六军政委程世清率所属部队赴江西支持江西造反派）程世清在江西刮起了三查风暴（在全国称之为：清理阶级队伍）。这场腥风血雨的三查运动让江西成了人间地狱。

所谓三查（查叛徒特务，查走资派的幕后活动）实际上只有一查，查阶级敌人。也就是搞阶级斗争，抓人、整人！整尚未死的地富反坏右，国民党当政时的军警特宪，地方政权科股保，各种宗教的僧道教一律在打击之列，他们的儿女亲戚也不能放过。（不论他们如何循规蹈矩，遵纪守法，一律在劫难逃。）

　　这次运动有一个最大的特点就是原由中央派来支持造反派的支左部队，现在成了镇压造反派的主导者。所有支左部队军代表（其实山东来的支左部队干部大都结合到地方革委任主要领导）在开展三查运动作报告时，有一条重要内容就是说造反派中坏人多，很多成分不好的人都混入造反派，打着造反的旗号搞阶级报复，这种情况极其严重。于是，揪造反派成了三查运动的最重要内容，高立明在劫难逃。

三查被揪

高立明在1968年五月十七日被揪。

对于揪高立明，九纺厂三查小组，高立明所在的供销科三查小组研究了完备的揪人方案。首先是虚张声势，然后突然袭击。

"供销科进一步开展三查运动动员大会"就在厂办公大楼的门口召开。几十个人的供销科，会议照样开得轰轰烈烈，杀气腾腾。主持人做的报告也是《江西日报》那一套，杀气腾腾却言之无物。发言的群众也是气势汹汹，却也没有实际内容。几个群众代表发言后，主持人突然话锋一转，以狞厉的语气说：我们厂有一个大老虎是隐瞒成分反党反社会主义的急先锋，恶贯满盈的反革命分子，这个人就在我们科里！他现在还装出一副无所谓的样子。高立明确实是一副心不在焉的行状，他以为我不偷不抢，不违法乱纪，不调戏妇女。不说反动话，不做反动事，这次三查运动绝对搞不到自己头上。

主持人见高立明一副事不关己的架势，神态更严厉的下最后通牒，说道：现在我给这个罪大恶极的反革命分子三分钟时间，让他主动站出来接受批斗，如果他自己主动站出来，我们将对他从宽。好！我现在开始数数。空气立刻紧张起来，人们面面相觑，不知屠刀会落到谁的头上，人人自危，人人都有各种各样担心害怕的事。随着最后时刻一秒秒逼近，恐怖的魔影也一步步接近，人人心脏暴跳头皮发麻，全身抖颤。当听到最后三十秒时，有人几乎虚脱，脸发青，头冒汗，几近崩溃……

终于，主持人亮出了最后的底牌：最后十秒！现在我宣布：把现行反革命分子高立明揪出来！立时，供销科四个扛棉包的民工拥上来，两个民工一人抓紧他一只手臂往上扯，一人卡住他的脖子用力往下按。另一民工竟然用手指插进他的鼻孔往上扯。民工的蛮力让高立明无力动弹，高立明只感到鼻腔里像起了火，大把鼻血汩汩的流淌。主持人这时才示意挖鼻孔和压脖子的人松开，只留下两个民工把他按成标准的飞机式。直到这时才走批斗程序的下一步，民工立刻把准备好的厕所盖板用铁丝挂在他的脖子上，这块厕所板沾满粪便，重达三十多斤，是专门预备的。铁丝很快便勒入高立明脖子的皮肤里。

主持人这时开口说：高立明你这个罪大恶极的反革命分子，隐藏成分，混进造反派队伍，他填成份填的是家庭成份是职员，其实他的父亲是大资本家，大右派，历史反革命。高立明祖上便是江浙一带有名的财阀，是蒋介石江浙财阀集团中的一员。解放前夕，其祖父带领全家老小逃往台湾，留下他的父亲潜伏在大陆，伺机而动。高立明这个全身浸透了反动血液的家伙。伺机搞阶级报复，群众对你早就看在眼里恨在心里。今天你被革命群众揪出来了，你必须老老实实交代你的罪行，接受群众的批判，如要反抗，死路一条。

会开完后，高立明就被勒令站在厂门口示众。并令他腰弯成九十度，沉重厕所板吊在脖子上，脖子似要被勒断，火辣辣的刺痛每一分钟都像一个世纪那么长，滴下的汗都成了油。

高立明确实被打懵了，处在那种极度恐怖的高压状态下，高立明也被吓倒了，他只有听从摆布，任由折磨。他早就被有关领导记恨，也被老保视为造反派的头号打手。对他的折磨毒打可谓花样翻新手段叠出，将他戴上手铐脚链跳油桶，与比他早揪出的李慧生一同在厂门口跳油桶示众。由于手被拷无法掌控平衡，经常跳着跳着就从油桶上摔下来，满头是血。但高立明一声不吭，自己爬起来站到油桶上再跳。他怕未婚妻看到他一副惨样，他要保持他硬汉的尊严，他甚至担心旁边另一个跳油桶的李慧生。打手们把李慧生跳的油桶下面盖子剪去一半，让油桶站立不稳。李慧生被打手们扶上去后跳不了两下，因为油桶晃动太大，于是总是栽下。李慧生摔下的次数比高立民多得多。打手们一边审一边打，问：李慧生，你是怎么跟台湾的公公婆婆联系的？怎么向台湾发报的？怎么向国民党递送情报的？讲！李慧生总是两个字：没有！没有！李慧生的强硬激起了打手们的疯狂，李慧生总是从油桶上摔下来。即使摔得满头是血，面目青肿，李慧生也不承认强加给她的罪名。高立明真为这个坚强的女人折服，自叹不如。同时看到打手们把她的手臂像转风车一样的旋转三百六十度，也让他惊呆了，这个女人真是钢铁铸成的？

这一阶段，高立明感到痛苦的是在油桶上跳时，监管的打手用那种竹条抽打踝骨，那种痛真是钻心。一根竹条怎以有那么大的魔力？足以令人痛不欲生呢？

《亲历浩劫：江西省九江市九纺文革纪实》

湖口来了假材料

挨打、跳油桶仅仅是高立明苦难的开端，更大的苦难正在降临他的头上。从他原单位湖口武山综合垦殖场传来了他是鄂皖赣三省青年反共救国军军长的材料。湖口武山综合垦殖场怎么会来这么一份要命的材料呢？原来省革委下令全省开展轰轰烈烈的三查运动，正中垦殖场领导的下怀。他们早就想整治这帮上海佬，苦于时机未到。现在天赐良机，岂能错过。他们以雷霆万钧之势在场里掀起十二级三查风暴。反正山高皇帝远，想怎么搞就怎么搞，加上当地人也看不惯上海佬，上下一条心，整治上海佬。运动展开当天就揪出几十个人，立即刑讯逼供，血肉横飞，逼迫交代反动组织，反动罪行。不交代没几十套刑罚齐上，古今中外的酷刑都为之逊色。他们可以一边唱着为毛泽东诗谱写的歌曲"飒爽英姿五尺枪，曙光初照演兵场，中华儿女多奇志，不爱红装爱武装"，一边用红缨枪刺绑在树上的三查对象上海人韩幼明，此人就是在歌曲声中活活地被红缨枪刺死。

另外，钻狗笼的刑罚也是一大发明，把受刑的人塞进铁丝编织的低矮铁笼中，受刑人的头和手从一端伸出用木夹夹住，形状就是古代夹犯人的刑枷，或许正是照搬过来的。把受刑人卡枷停当再脱光他的衣裤，放入狗猫，用滚油浇在狗猫身上，狗猫不堪滚油烫痛，拼命地撕抓嚎叫。受刑人更是被狗猫的爪牙抓咬得血肉模糊惨叫震野，人、狗、猫同时凄惨的嚎叫，令铁石心肠的人听了都为之落泪。更可怕的是受刑人求死不得的模样，那临死前痛苦的挣扎，直到最后一息人狗猫统统死亡。让人钻狗笼刑法的血淋淋全过程的呈现在群众的面前，人人都面如土色，特别是押来观刑受威慑的三查对象，个个都当即崩溃。人人都表态：绝对老实坦白，交代一切。

所以审讯者要他们交代什么，他们就承认什么，有的没有的统统承认，就是要他们指控老子是反革命，他们也会毫不犹豫的签字画押。于是交代出高立明是鄂赣皖三省青年反共救国军军长，总司令也就不足为奇。接到湖口县武山垦殖场的材料后，立刻把高立明升级为归市工交司令部工武部监管的重犯（九江市原造反派全市的组织机构，此时也成了三查运动打击三查对象的铁拳头）。

1968年七月一日，高立明被戴上黑头套推上汽车，押到九江盐务站的一间牢房。到了牢房仍不把头套拿掉，而是开始又一轮审讯。一声暴喝揭开了审讯的序幕：高立明，今天是你最后的时刻！你必须老实交代你这个三省反共救国军的一切情况，你的上级是谁？你的下级是谁？怎么分工，怎么联络，怎么策划武装起义？高立明沉默以对。说，快说！几个打手在一边厉声吆喝。主审人降低了声调：高立明，你不说，我们也能定你的罪，你最亲信的同伙已经把你们组织的内幕全招了，我劝你还是识时务一些。高立明开口说道：

我早就说过，这个所谓的反共救国军完全是无中生有，编织出来的假案。你们就是把我打死，我也不会承认。主审头目发怒了：高立明，你想死是不是？那好，我就先让你清醒清醒。话音刚落，几个打手便一拥而上各施拳脚，有的用短棍打他小腿上的面骨，这是有经验的打手。敲击小腿面骨这个地方，人立马倒下。打手用脚踢他的头、脸、脖子、腹部，用脚在他身上踩踏……高立明倒在地上，双手护住头部，不停的翻滚，但不求饶。他的手脚都被锁链铐住，翻滚时锁链的金属撞击声和重物打在肉身上沉闷的嘭嘭声交织在一起，大概惊动了什么人，高立民仿佛听到了门外有人议论的声音。过了会儿，殴打停止了。主审头目的咆哮声又开始了：高立明，你再硬也硬不过我们无产阶级专政的铁拳头，你就是块钢也要把你锈烂，你不交代罪行，永远也别想走出这扇铁门！

《亲历浩劫：江西省九江市九纺文革纪实》

酷刑折磨，九死一生

不知什么时候，头套被掀掉了，只听到铁门哐当一声巨响，几个打手便消失了。直到此刻，他也没有看清打他的是谁。高立明在监狱地上躺了半天，他自己也搞不清楚躺了多久。他终于坐了起来，开始打量这间可能要关他一辈子的牢房，这才发现这间牢房铁门有一扇窗户，对面是公共厕所，打他的声音惊动了前来上厕所的人。人们开始议论纷纷，看押的打手这才提前收手，让他躲过了一场更大的伤害。关他的地方是盐务站一个放盐的仓库，日伪时代就被作为存放盐的房子，阴暗潮湿，没有窗户。门对面便是一个有八个蹲坑的公共厕所，时值七月，厕所浓浓的臭气弥漫在监狱里，久久地不肯离去。更让人难以忍受的是成群的绿头苍蝇对他特别感兴趣，总是不请自来，它们最爱的是他手腕上、脚踝处、身上被打伤磨烂发炎流脓的脓血。这群绿色的飞贼吃光他的脓血后，还在它们饱餐的地方产下它们的后代，于是他的手腕、脚踝胸前到处都是扭动的蛆。这些蛆常常不安分于它们现有的地盘，还四处游走，于是高立民身上到处都是这些招人作呕的小生物。为了消灭绿色飞贼的后代（监管的民兵打手们对于请求给点红药水消炎粉的要求都严词拒绝，他们认为对反革命分子的同情就是对人民的残忍），高立民只得自己用土法子对付，他将每餐三分钱的辣椒菜（对关押的牛鬼每餐只允许买三分钱的辣椒）中的辣椒用水泡出盐分拌饭吃，而辣椒就敷在蛆虫活动的伤口上，他居然用这种方法治好了手腕脚踝上的伤，但留下的伤痕却永难消除。

在盐务站的监狱里，只给他一块放在潮湿地上的木板，木板长宽不足一米，脚无法伸直。每天只能像虾米一样的躬身睡觉。刚进盐务站监狱的时候，正值盛夏，每天还勉强入睡。当天气入冬时，凛冽的寒风袭来，高立明便会冻得像坨冰棍。在整个盐务站关押期间，他的手铐脚镣从没取下来过，更没洗过澡，吃饭睡觉上厕所都是戴铐运作，期间的苦楚，笔墨难足。每一分钟都像一百年那么长。有时候高立明希望看押他的打手们打他，这样他可能会感到暖和些。

但看守民兵对他的打骂是即兴式的，高兴时三天都不打一次，不高兴时一天打他三次。打的力度也因人而异，因时而异，全凭打手们的兴趣！如果他们遇到不顺心的事就会以打高立民来解恨，所谓审讯，也不过是毒打的借口，翻来复去就是那么点事，问的答的都是老一套，都烦了。他们有时候会拿毛泽东选集的书籍来打头，高立明抗议说：你们拿毛泽东的书籍来当凶器，我要告你们！看守的头目说：好你个高立明，还想反攻倒算哪？你既然嫌书的分量轻，那我们就换铁棍吧！于是看守的铁棍木棒就经常与他的皮肉亲密接触。

1968年九月十六日，他被押回厂批斗，厂大礼堂举行"进一步掀起对敌斗争新高潮动员誓师大会",所有的重犯都跪在台上示众,并要他们认罪,台上黑压压一片。高立明坚决不承认自己是三省青年反共救国军军长总司令,并拒绝揭发造反派中的财务科长潘德铭。于是受到了更残酷打击,在押他们这批重量级牛鬼游街示众的货车上,司机杨启俊和押送他们的打手约好,当车开到厂外某处突然一个急刹车,两个抓住他胳膊的打手也就势往前一送,于是他的前胸便重重的撞在车箱前一根横杠上。只听得整个胸脯一阵断裂的脆响,高立民啊的一声惨叫,张口吐出一大滩血,便昏死在汽车车厢板上。然后重新将高立明押回盐务站。

1968年涨大水,高立明又被转押到冷库旁边的板鸭厂关押。在板鸭厂受到的毒打比盐务站更甚,因为盐务站处于居民区,加上上公厕的人多,毒打会引起居民的议论。但到了板鸭厂就没有这种顾虑了,关押各单位的重量级牛鬼的牢房是过去的厂部,无人居住,因而可以放开手脚实施专政的铁拳。高立民在板鸭厂每天都要接受一次生与死的考验。打他的人有厂里的也有外厂的武装民兵,外厂人对于打不认识的人没有顾忌,因而打起来可以尽心而为。他们发明了一种拷问的法子,用书垫在要打的部位,这样看不到打的伤痕,但却可以给受刑者极大的伤害。高立民的头、面额、颈经常被这种新法试验过,一棒打过来整个的牙颚骨似乎断裂,正如同橡胶包着铁棍打人,表面看不出伤痕,但里面已经筋断骨碎。高立明所有的牙齿都在这一阶段打松掉落,牙神经的剧痛陪了他三十年。

高立明面对酷刑,总是强忍着不喊不叫,不像有的牛鬼,鞭子棍子刚开打便杀猪般的惨叫,高立民这种硬汉风格,常常会激起更疯狂的虐待。

有一次打手们商量怎么打得让高立明叫出声来,他们打他的耳光,打他的手,脚踹他的下身,用棍子打他的腿骨,把他打趴在地上,在他身上踩踢(但他们有一个原则,绝不能打死)。打手们边打边喊:你叫啊!你叫我们就不打了。高立明说:我叫的时候只能是在我昏过去的时候。但终于,有一次高立明爆发,打手们花样百出地捅他的屁眼,生殖器。高立明头脑一热,大吼一声,用带着手铐的双手狠命一甩,四个打手倒下三个。高立明吼道:你们再这么侮辱人,我就跟你们拼了!……

对于高立明的审讯和毒打直到71年"九.一三"林彪驾机逃亡摔死后才告一段落。

气功大师余勇之死

高立明在盐务站遇到的最不可思议的一件事，便是余勇之死。而且是死在他关押的同一间囚室里。

这事发生在一次全市大游斗后。

游斗，这个名堂是现今的中青年绝对没听说和见识过的，需要略加说明和展示一番。其实，1955年以前出生的人都见识过游斗的场面，岂止见过，那个年代看游斗是家常便饭。游斗就是把被批斗者挂上牌子，由两个红卫兵或两个民兵押一个，都坐喷气式（即两人一边一个一手按头，一手抓起手臂高高翘起，像喷气式飞机模样），推上货车，顶在车厢前或两侧，开车游行批斗，车后往往有几车呼喊口号的群众。

全市大游斗往往由市工代会或市工武部统一组织，各单位把拟游斗的三查对象挂好牌子，推上由货车改造成的刑车，车厢板两边写上：镇压敌人保护人民！坚决消灭反革命！无产阶级专政万岁！等标语，以增强对敌斗争气氛。

一次全市大游斗要集中几十上百辆货车改装的刑车。一辆小车改装成广播车，广播车为前导，男女广播员声嘶力竭地在高音喇叭里呼喊着口号：

燃起三查万把火，横扫一切牛鬼蛇神！

敌人不投降，就叫它灭亡！

杀！杀！杀！杀尽一切反革命！

斗！斗！斗！斗垮一切阶级敌人！

千万不要忘记阶级斗争！

打倒刘少奇！打倒邓小平！

毛主席万岁！万岁！万万岁！

……

游斗往往会配合宣判大会，宣判大会一枪毙完死刑犯人，就会将余下判徒刑的犯人押上军车，由一辆架着两挺机关枪的军车开道，车上站满荷枪实弹如临大敌的军人。军车后则是几十上百辆厂矿企业刑车，浩浩荡荡，口号声声震云天，街上人山人海，一睹游斗盛况。观看游斗的人们无不胆战心惊，被这盛大的恐怖气氛所震撼，一旦划入牛鬼的行列就是如此下场。谁不怕，谁不懂言慎行，小心翼翼，唯恐一言不慎，一语不合，就被打入十八层地狱。著名电影导影陈凯歌在他的回忆录中说：那个年代，社会最大的特点就是恐惧。

这次大游斗，高立明和三马一张一条龙中的马成华同在一辆车上。高立明挂的牌子上的罪名是上海流氓阿飞，但给他化装的穿着打扮却是一副古代看家护院打手模样，头上戴武松帽，身着蜈蚣扣的夜行服，不知为何没有挂"反共救国军军长"的牌子。

马成华则是一副美男子白面书生模样。

马成华挺秀的中流个，初一看面善心慈，文质彬彬，其实，他争强好胜，年青气盛，喜欢逞能显摆，性格张扬，得罪不少人而不自知。

这次游斗，马成华挨打最多，即使在车上，押解民兵仍对他下重手，枪托皮鞋齐上，猛一棍下去，马成华惨叫一声，瘫坐在地，说腰断了，押解民兵也慌了，忙一边一个架着他，另一个在后面撑着他。于是，只剩下一个民兵押高立明，高立明逃过一劫……游斗完，高立明仍回到他盐务站的牢房。隔了一会，几个民兵架着一个遍体鳞伤的汉子扔进了他这间牢房，他近前细看，才认出此人竟是武林奇人余勇。

余勇，九江最有名的气功大师，他的缩骨术和硬气功令人叫绝。曾有传闻，他一人与三位回民武术家对阵，以一敌三，竟然大胜，其功力可见一斑。余勇之兄余自应也是九江大名鼎鼎的国厨，曾给林彪及中央一级的高官做过主厨。但余勇为人低调，他的名气远没有三马一张一条龙响亮。九江老一辈的人无不知晓三马一张一条龙的大名。所谓三马即回民武术家马成华，马洪钧，马福强。回族人少，为怕受汉人欺侮，有习武防身的传统，因而，回民中的练家子不少，三马只不过是其中的佼佼者而已。一张即张某某，一龙即陈义龙，此二人为本地武术家，与三马齐名。三马一张一条龙在九江声名远播，六十年代连三岁孩子都闻之变色。然而树大招风，文革狂飚骤起，横扫一切牛鬼蛇神的口号叫得震天响，在社会上有名声的武师便统统归于流氓团伙、黑社会之类被横扫，民兵指挥部出动民兵把三马一张一条龙及他们的徒子徒孙统统抓起来狠斗猛批毒打。一时间，曾经在社会上威风凛凛风光无限的武林中人士顿时惶惶不可终日。

记得67年八月九纺造反派回厂掌权后，一位九纺厂武林人士蒋国庆不知听到什么风声，特意跑到我的办公室，找我哭诉，力陈他不是九纺厂最厉害的武师，还有一位叫饶荣威的外号饶老八比他厉害得多，这位饶老八可以一手挟一包大米（四百斤）轻松上跳板入库……

其实，刚回厂掌权的造反派百废待兴，根本没有整治武林中人的意向。但我看蒋国庆此人确实骠悍异常，他那双大手骨节似铁，两手如同两把铁蒲扇，令人生畏，也便好言劝慰了几句，嘱他不要恃强欺弱，呈狠生事就不会有事。可见文革时期，这些武林中人都成了惊弓之鸟。

余勇这样的武林大师自然逃不脱一波又一波的打击，民兵对于武功大师有一套更加残酷的打法：你不是有气功，有金钟罩，铁布衫吗？一盆冰水劈头盖脸浇下，一个冷噤，鼓着的气一松，便一如常人，照样打得屎尿齐出，筋断骨裂。

余勇便是被打得遍体鳞伤，丢进了高立明关押的囚室，只见余勇满身血污，形容枯槁，瘫坐在地，嘴里喃喃低语；英雄不得好死……

高立明与九江武术界人士很熟悉，与余勇也是朋友，现在牢狱重逢，连忙过去，想安慰安慰他。但余勇艰难地撑起身子，用手晃了晃，示意他不要过来，并用一根手指竖在嘴唇上示意他不要说话，再用手指指后面窗户，意即到处都有监视的眼睛，不可乱说乱动。于是，高立明也只好默默地注视着他那血糊糊的身躯。此情此景，让高立明寒彻腑肺，恐惧的魔影让这位大名鼎鼎武德入骨的武林宗师也吓破了胆……

最后，高立明也因疲劳过度，沉沉睡去，与余勇竟无一字交流。

第二天早晨，高立明发现余勇竟然自杀而亡。囚室内既无刀又无索，电灯线也高悬于四米之上，一个武林气功大师是如何自取牲命的呢？高立明仔细一看，这才明白：他是用一根布条结成绳圈，套在脖子上，然后用脚指勾住另一端，生生地把自己勒死，也只有武功大师才有能力用这种方式自杀，绝世武功不是用在抗暴卫国的疆场上，而是用在把自己杀死，怎不令高立明为一代宗师的悲惨谢世而悲恸。

其实，九江武林中人少有欺男霸女、横行霸道、斗狠滋事、逞强凌弱的恶行，大多是凭借虚名，帮人消灾避祸，替朋友出头，震慑对手，摆平纠纷，仅此而已。他们的打斗大抵是在圈子里面的比试，以确定自己在武术界中的名声名气和地位。

我接触过的一些武术界人士，大多有点古侠之风。当然，自持武功高强因而眼空吴楚、心雄万夫的傲气，也是显而易见的。

卷十一：赵桂如和高立明的爱情故事

《亲历浩劫：江西省九江市九纺文革纪实》

南京秦淮河边的姑娘爱上了高立明

高立民的爱人叫赵桂如，江苏南京人，1944年生于南京秦淮河畔，家庭成份城市贫民。赵桂如1959年读初中二年级就考入了南京杂技团，在学员班中，她是最刻苦的小姑娘。杂技杂技都是真的，不像魔术都是假的，杂技团那些走钢丝，空中飞人顶碗，所有高难度的技艺都是汗水和眼泪泡出来的。赵桂如学的是蹬技，小小年纪就练出了一套绝活，两只脚可以将百多斤的大缸、瓷罐玩得出神入化，两只脚比手还灵活，还有力。只见她双脚把沉重的大缸抛起又用脚接住然后翻滚旋转，一个壮汉也举不起的大缸在她脚下竟像风车一样的旋转，这精彩的表演让人们都看呆了看傻了，观众常常发出暴风雨般的掌声，送给这个美丽的小姑娘。赵桂如就是凭借这身功夫随南京杂技团走南闯北，在中国许多大中城市都留下了她俏丽的倩影，她一上场，优雅的亮相便赢得满堂彩，表演完毕，谢幕时的告别掌声更是经久不息。

1961年，南昌杂技团成立，急需杂技演员，南昌杂技团以优厚的条件（由学员转为正式演员，每月工资由学员的十六元升至三十五元，外加十五元的营养费，同时，每月特供三斤白糖，三斤黄豆，三斤食用油）挖角。为了在那个饥饿的年代给家里多一点支持，赵桂如便由南京来到了江西南昌，

1965年，江西九江棉纺织印染厂上马，急需劳动力，恰逢南昌杂技团下马，赵桂如便恋恋不舍地告别了舞台，成为了一名纺织女工。赵桂如工作认真刻苦，很快便当上了生产组长和团小组长。生活在她面前铺开了一条平坦的大路，她本来可以顺顺当当按人生常规走过，但命运却给她安排了另一条铺满荆棘的坎坷小道。

文化大革命的狂飚骤起，疯狂的红卫兵，造反派、保守派，争斗不休，舆论工具声嘶力竭地造势，毛主席的一再号召，推波逐浪。一切都是那么的无序喧嚣，躁动不安，形势瞬息万变……赵桂如也身不由己地卷入这场混乱的革命漩涡，她参加了造反派。1967年六月二十八日在九纺厂发生了九江最大规模的武斗。全市造反派和保守派在九纺决一死战，造反派赢得了胜利，五七二七厂的老保被打死两个，这是九江文化大革命中造反派和保守派争斗中唯一一场武斗死人事件，史称"六.二八"事件。

"六.二八"事件后，九纺厂停产，造反派老保都逃离了厂区。保守派在厂长张巨库的指挥下，上庐山抗拒造反派，造反派则撤离到城区，一部份九纺造反派撤离到九江白求恩大学（九江医专），赵桂如也随一部份造反派住进了九江白求恩大学的礼堂。

赵桂如的命运在这里发生了巨变，她在这里遇到了给她一生带来无尽痛苦和无尽幸福的冤家。她在这里相爱了，对象是九纺厂赫赫有名的高立明。其实，她早就认识高立明，

他们曾同属一个车间，高立明那英俊挺拔的身姿、七分英气三分匪气的形象早已在她心中游走。只是过去关于高立明的种种贬褒不一，毁誉参半的传言，让她总感到高立明灰蒙蒙的，没有一个清晰的影象，但在白求恩大学近距离接触，她立即被高立明磁性的男高音、机敏的谈吐、爽朗的性格所吸引，两颗年青的心在这避难的日子里碰撞出了爱的火花。当时，因为九纺厂的人多是各地调来的，大家都趁此乱劲各自返回老家，赵桂如和高立明也商量到哪里去。高立明虽说是上海人，但他在上海早已没有家了，他的母亲带着一家早已遣送回安徽农村。于是赵桂如带高立明到她的家，江苏南京泰淮河边的家，离乱中的爱情特别甜蜜，高立明到了赵桂如家里时表现得彬彬有礼，绝对的绅士风度，各种潜能都发挥到了极致，得到了赵家人的一致好评，虽然他老老实实地交代了自己的家庭情况，但赵家人连这也包容，这在当时阶级斗争调子越唱越高的刀光剑影下，确实难得。

赵桂如的爱情得到了家里人的认可和祝福，赵桂如便死心塌地爱上了高立明，赵桂如在以后的日子里对爱情的坚贞和勇气是常人难以想像的，绝对值得大书一笔。

1968年五月十七日，高立明以现行反革命罪被揪出，受到了最严酷的对待。赵桂如不避嫌，勇敢地给监禁中的高立明（当然是通过看守民兵或央求他人带去）送烟、送肥皂、送饭菜票送衣物等。领导开会批她，要她与反革命划清界线。说：你看人家一旦被打成反革命，被揪出来，连父子妻儿、兄弟姐妹都要划清界限，不敢见面，更不敢送东西，你倒好，隔三差五便给高立明这个罪大恶极的反革命送吃的用的穿的，比敬奉老祖宗还孝顺，你是共青团员，贫下中农，你必须站稳立场，不要滑到反革命的泥坑里去了。

但赵桂如依然故我，有好心的人劝她：你看你傻不傻，人家结婚的为了避嫌都离了婚（指跟赵桂如一同从南昌杂技团调来的琴师赵超凡，他跟厂宣传队的赣州美女彭爱珍结了婚，三查时，赵超凡被揪出来，赵超凡为了不让彭爱珍受牵连，立即跟彭爱珍离了婚）。你跟高立明只不过是谈恋爱，又没打结婚证，你又不是嫁不出去，你有钱有才又有貌，这么多人追求你，却要死死地吊在这棵树上，你也太傻了！你图他什么？他家历史反革命，大资本家，大右派，现在全家在农村吃草啃泥，你却硬要跟他受苦……

《亲历浩劫：江西省九江市九纺文革纪实》

高立明的臭老婆

　　但赵桂如却宣称：我相信高立明没有问题，所有罪名都是捏造出来的，我相信他总有一天问题会搞清楚会解放的，到那时候，我要和他手挽手大白天从厂西门走到厂东门。

　　这句话激怒了连队领导，三查小组专案人员，这个赵桂如大嚣张、太顽固、太执迷不悟，竟然堕落到和反革命穿一条裤子，为反革命陪葬，既然挽救不过来，那就把她揪出来吧。但定个什么罪名呢，讨论来讨论去，实在找不到赵桂如的错处。指导员一句话打破僵局，那就定为高立明的臭老婆。有人反对：他们还没结婚，还不能称夫妻吧？指导员眼睛一横，一锤定音：你们傻呀，是她自己赖死赖活要做高立明的老婆，那就成全她吧！

　　于是赵桂如被揪了出来，她挂着高立明臭老婆的牌子走进了牛鬼蛇神的行列，享受牛鬼蛇神的待遇，牛鬼蛇神的待遇是什么呢？那就是在监督下每天十六小时的劳动，无穷无尽的批斗羞辱。除了自身工作的八小时外，还有数不清的劳改项目，加上每天一小时的请罪……让赵桂如最不堪羞辱的是吃饭要到牛鬼蛇神专用窗口，革命群众买饭有专用窗口，两队并列，天上地下，牛鬼只能吃三分钱的菜。而且每人要戴上标明牛鬼蛇神身份的包布号褂，这种类似清朝兵丁穿的号褂上写牛鬼的字样，还有姓名、罪名、单位，胸口要戴上牛鬼的符号，手臂要戴上牛鬼的袖标，比德国纳碎法西斯治下对犹太人必戴六角星符号还要严格。有一个最为凶恶的民兵（退伍军人）陶开彬，总是圆睁怪眼盯着排队买饭的牛鬼，一旦发现没有戴齐牛鬼符号的牛鬼，便暴喝一声：你的符号呢？！出来，回去戴上才能来买饭！于是，这个忘戴标志物的牛鬼便在革命群众鄙夷的目光注视下，泪涟涟地赶回去佩戴牛鬼的符号。赵桂如每见到陶开彬那凶神恶煞的形象便条件反射似的头皮发麻，心脏暴跳，全身起鸡皮疙瘩。

　　赵桂如谈到她当年做牛鬼时受到的折磨，仍记忆犹新，五十年前的往事历历在目。她以早班为例，按规定早班是早上七时到下午三时，但牛鬼必须六时赶到厂东门毛主席像前请罪一小时，背诵老三篇（林彪推行的读毛著老三篇为人民服务、纪念白求恩、愚公移山），背读得不顺就要挨打。风雨霜雪从不间断；特别是下雪天，头上肩膀上雪积几寸，还必须用冻僵的双手捧着毛主席语录和单行本，朗声背诵，生怕别人揭发你背诵不认真，敷衍了事……

　　牛鬼每天早上五点就要起床，洗漱上厕所，然后匆匆赶到厂门口请罪。上完八小时班后，革命群众可以去洗澡吃饭，牛鬼都必须在监管下到筒捻车间拉回丝、扫地脚棉花、清扫机台，一直干到长日班下午五时半下班才算完，才能去吃饭。吃完饭可以休息了吧？不行，对牛鬼不能施仁政。赵桂如又被命令去清扫单身宿舍的地，拖完地以后，接着又是清扫单人宿舍厕所，洗漱池，要清扫得光可照人，经监管民兵检查认可才可以下班。可这时，已经晚上八、九点，澡堂已经关门，她只得拖着疲惫的身子到开水房打一瓶开水到女厕所里冲洗，挨到晚上十点，散了架的身子才能在床上放下。如果遇到批斗会，还得自己挂好牌子，赶到批斗会场挨批挨斗。这就是牛鬼赵桂如每天的生活，天天如此，月月如此，年年如此。

这就是赵桂如爱上高立明的代价！

《亲历浩劫：江西省九江市九纺文革纪实》

她离死神只有咫尺之遥

即使遭到这炼狱般的折磨，赵桂如仍时刻惦念着牛棚里的高立明，他冷吗？他饿吗？他有烟抽吗？他又挨打了吗？无论多么苦、多么累，她都要抽空给高立明送东西。既然已经挂上高立明臭老婆的牌子，干脆以高立明老婆的身份给丈夫送烟、送饭票送钱、送衣物、送肥皂。但每送到牛棚警卫室，都要受到严格的盘查，烟要一根根地用长针戳到底，防止烟卷里夹藏秘信或武器，，肥皂都要切开，衣裤的折边处都要捏遍，如感到有硬块，便要用剪刀剪开。而且，每给高立明送一次东西，都要受到连队领导的斥责……

这天晚上大概九点多钟，她已在农村租住的民房睡下了（她上晚班，由于她属轻量级的牛鬼，获准在农村租民房住，厂里宿舍紧张）。连队里一群凶神恶煞似的监管人员把她从床上抓起来，带到连队办公室，她迷迷糊糊、昏昏沉沉，不知发了什么事，眼皮沉重得走在路上都可以睡着。一到连队办公室还没站稳就听到一声大吼：站好！这是牛鬼们经常听到的口令，她条件反射似的连忙立正站好。

吼叫声又起：说，你今天到哪里去了？

赵桂如嗫嚅着：我今天没到哪里去呀，还不是请罪上班吃饭、劳动、睡觉……

话没说完，满脸横肉，五大三粗的打手严金波冲上来揪住她的头发往墙上猛撞几下，嘴里骂着：妈的，还不老实交代。这个力大如牛的打手对一个弱女子的暴打，让赵桂如立刻感到天旋地转，眼前一片昏黑，恶心呕吐，几欲倒下，众人见状，只得让她坐下，凳子上也坐不稳（原来又有人揭发她给高立明送东西了，其实没有）。

她到车间上班时终于倒在机台旁。连队指导员钱玉颂这时也慌了，他怕出人命担责。于是将她抬到纱堆上用纱管盖在她身上当被子。早上下班把她抬到厂医务所急诊室的床上，但并没有医务人员前来过问。人们对于牛鬼都尽量保持距离。免得说自己阶级立场不稳。

不知什么时候赵桂如醒来了，身边既无医也无药，更没有车间陪护人员，她试着爬起来往外走，可刚走两步就倒下，接着她一连爬起倒下三次。医务人员这才通知连队把她接走，连队领导紧急磋商，为怕她死亡，决定把她从农村民房搬回女生宿舍，让宿舍的同事监管。于是，把赵桂如从农村租住的民房里搬到女生宿舍三楼宿舍的上铺，让她躺下休息，并破天荒地让她休息一天。

深夜，赵桂如在她女生宿舍三楼上铺的床上醒来，宿舍里的女工上班去了，窗外月光如水，树影婆娑，清凉沁人的夜风鼓翼而来，抚摸她那滚烫的脸额，她这才感到头疼欲裂，这才想起昨晚的噩梦，严金波那张魔鬼般的面孔似乎正狠狠地盯视着她。她虽然是被揪出的牛鬼，但从没受到昨夜那样残酷的对待，她曾经是那么风光无限的杂技演员，每天迎接她的都是鲜花和掌声。即使调到九纺当上了纺织女工，她也备受领导器重，又是生产组长，又是团小组长，又是五好职工。但自从高立明揪出来后，她就没过一天好日子，无穷的苦难就一直伴随着她，吃苦受累她不怕，过去练杂技她也是从苦累中走出来的，她就习惯把苦累像糖果一样吃下去，可精神上的折磨，人格的羞辱她实在受不了了。昨天，她既遭到严金波的毒手，又遭到医务人员对牛鬼那种轻蔑的眼神，这种日子何时才是个头？！……我有什么罪？要受到这么残酷的对待。

她望着窗外温馨迷人的月夜，夜似乎在向她招手，来吧，投入我的怀抱，一切忧愁烦恼，痛苦都解脱了。她心动了，只要纵身一跃，什么痛苦忧愁烦恼都烟消云散，再也看不到满世界令人心惊肉跳的标语大字报，再也听不到粗野喧嚣的口号声，再也不要遭受批斗和毒打，再也看不到那些冰刀霜剑般轻蔑的目光了，只有温柔如水的月光披在身上……高立明，我到冥河那边，梦远路遥恐怕再也帮不到你哪！高立明，你自己要保重，我走了！正当她准备向死神报到时，她蓦的想起细纱车间美女程敏洁跳大口井自杀身亡的惨状，这么漂亮的姑娘，一旦死后竟然被水泡的面目全非，丑陋不堪。她看到曹开满装殓程敏洁尸身时的惨状，程敏洁是被织布车间装打梭棒箱子装殓的，由于程敏洁尸身发胀，装不进小小的木盒子里，曹开满就用脚把她肿胀的部位死命往里踩，才勉强塞进打梭棒箱，最后用板子盖上钉死，美女程敏洁就是这样走完她的一生。我死，如果也这样对待我，那就太可怕了，我不能死！我死了，我父母姐妹都会悲痛欲绝，我死了，谁给高立明送烟送东西，没有我的支持，高立民也会死的……我死了，无数的脏水都会泼到我身上，像死了一条狗！

我不死，我要咬着牙活下去，要看着高立明无罪走出牛棚，要看着那批整人的刽子手最后的下场……她在离死神咫尺之遥止住了脚步。

既然选择要活下去，那就要忍受降临在牛鬼身上的一切苦难，赵桂如虽然跌入牛鬼的行列，享受着牛鬼的待遇，却并没有专门开过她的批斗会。因为她除了是高立明的女朋友，不肯跟高立明划清界限外，几乎找不到她任何错处，她成份好，工作好，作风好，曾是生产组长，团小组长，五好职工，无可挑剔。可仍然要天天拉去陪斗，这其中的一个重要原因便是：拉赵桂如陪斗可以增强批斗气氛。因为她陪斗的姿式特别惹人眼球，她可以以弯腰九十度的姿态保持始终，像一座雕像，人们惊叹杂技演员的硬功，欣赏这不要钱不要买票的杂技表演。

当时，各种各样的批斗会把人都开疲了，可上级却仍然强调要狠抓阶级斗争不放松，劲可鼓不可泄！于是各级组织也只好开下去。不过批斗会也开始变了味，常常带有游戏的成份。那年代生活单调枯躁，在批斗会中得到一些笑料，谈资，也是枯躁单调生活的一种调剂，特别是批男女关系中的黄色元素，更使人们像打了鸡血一样亢奋……也有的人，生活困苦，情路坎坷，觉得自己不幸，可一看批斗会上牛鬼的惨状，心理就平衡了，我苦，还有人比我更苦……

《亲历浩劫：江西省九江市九纺文革纪实》

雪路相逢

1969年二月农历春节前夕，一场百年不遇的大雪覆盖着江西大地，大雪盈尺，似乎要掩盖遍布江西全省的三查血腥。九纺厂在三查运动中已揪出五百（其中二百五十九人是厂部挂号的重犯，另外二百多人是各车间自行揪出的低等级的牛鬼）。

虽然进入了1969年，但三查的力度不减反增，江西的土皇帝程世清（江西革委会主任）仍然疯狂的叫嚣：深挖细找第三线的阶级敌人，劲可鼓不可泄，狠抓阶级斗争这个重中之重，全省在今年开春便要打好对敌斗争的几个战役，要组织大型宣判会，要杀一批、关一批、管一批，大力宣传，大造声势给敌人以震慑，把对敌斗争的弦拉得紧紧的，把对敌斗争的气氛造得浓浓的，让阶级敌人时刻都活得心惊胆战。

九江市为了响应省革委的号召，在九江茅山头垦殖场召开了枪毙反革命胡金爱的现场宣判大会，各厂的牛鬼都要到现场观看，接受教育。九纺厂所有牛鬼都押去受教育，几百个牛鬼排成单行，以一人一米的间隔列队，向茅山头杀人现场进发，工武连战士几十米一个，执枪押送着这列长长的牛鬼队伍。举目所及白茫茫的一片，公路上也积雪盈尺，只不过汽车经过的车辙上有浅浅的冰渣，武装民兵就走在这车辙印道上，牛鬼们则必须走在车辙印中间厚厚的雪堆上，卡碴卡碴的踏雪声不绝于耳，尖啸的北风卷起雪粉打在牛鬼脸上，似万根钢针扎过一样的刺痛，口中哈出的气都是白色的雾。路边，破旧的民房在风雪中瑟索，只有不怕冷的孩子对这漫天大雪欢呼雀跃，因为他们可以堆雪人，所堆的雪人全是刘少奇、邓小平、陶铸，孩子们尽量丑化这三个人。当时，无论大小批斗会，打倒刘邓陶这句口号是必喊的。

高立明的未婚妻赵桂如就在这列牛鬼队伍中，她胸前挂的牌子引起了押解女民兵的好奇，她胸前挂的牌子上写着高立明的臭老婆。牛鬼蛇神的牌子上写着各种各样的罪名：现行反革命、历史反革命、右派份子、地主份子、叛徒、特务、工贼、资本家、反革命两面派、坏分子、流氓阿飞等等等等，可从来没见过臭老婆这种罪名。九纺厂为了掺沙子，从附近农村招收了一批贫下中农家庭成份的男女青年进厂，这批人进厂后，因为成分好，大部分都成了工武连的民兵。他们对厂里前期情况毫不知情，所以才对赵桂如胸前牌子上的罪名百思不得其解。

其实赵桂如根本没有注意到押解女民兵异样的眼光，她只是伸长脖子，紧紧的盯着顶前面的牛鬼，她估计高立明一定在这列牛鬼队伍中，而且一定走在前面，因为他是反共救国军军长（这是她从审讯他的人口中知道的高立明的罪名，她当然不相信）。但长长的队列令她始终分辨不出前排那几个模糊的背影哪个是高立民。终于前面队列在转弯时，她看到了，或许是凭直觉找到他，他那高大的背影，那微微摇晃着肩膀的步态，八成是他，她只觉得心脏蹦蹦直跳，一股热流从脚底升腾而上，将近半年没见到他，这个让她时时刻刻揪心的冤家，你还好吗？

正在这时，一辆解放牌货车迎面驶来，车速很快，看押牛鬼的民兵都纷纷跳到路边很远的地方躲避车辆溅起的泥雪。牛鬼的队列也乱了，趁此机会，赵桂如快步走到前面，找到那个熟悉的背影，走到前一看，是他吗，满脸都是脏乱的胡子、发长复颈，像一只刺猬又像一个野人，只有两只眼睛还在骨碌着，眼窝滚动着闪闪的泪花，已经六个月没见到他了，看牌子是他吗？是！赵桂如试探的问：你是高立明吗？从胡须中传出一声微弱的回音：我是。赵桂如终于看到活着的高立明了，是他，是他的声音，谢天谢地，他还活着。可他为什么这么瘦，为什么声音这么微弱，本来他是个声如洪钟，中气十足的壮汉啊！两个挂着牛鬼牌子的恋人在这北风呼啸，皑皑白雪，通向杀场的路上相遇却没有一句话，只是泪眼相对，浑身战栗，在押解民兵恶声呵斥声中，他们俩相见不过片刻便又分开了。

赵桂如央求好心的工武连看押民兵带几斤饭票给高立明，她一步三回头的回到自己的队列。赵桂如又喜又忧，喜的是高立明还活着，忧的是她感到高立民一定重病在身，是生病呢？还是被打残了？赵桂如的心又沉入冰窖了。

其实，高立明确实重病在身，他拉肚子，但还是被命令一定要前往刑场受教育。为了不让屎尿从裤筒里滚落丢丑，他把裤脚扎紧，于是稀屎尿就灌满了整条裤子，北风一吹，屎尿都结成了冰坨子，他就拖着病重身子及沉重的屎尿冰坨，走在风雪凄迷通往刑场的路上……

《亲历浩劫：江西省九江市九纺文革纪实》

苏永春送鸡

赵桂如自从那次风雪驿路上见到高立明一面后，经常长夜难眠，不管是睁开眼睛，还是在梦里，她总感到满面胡须，眼眶滚动泪花的高立明，就站在她面前哀哀无语，那么瘦那么单薄那么衰弱无力，一个打得死老虎的壮汉怎么会变成这副模样，他还熬得下去吗？赵桂如的心为了这个牛鬼时时刻刻都在煎熬中。

1969年五月四日（中共九大以后），这时阶级斗争的烈度有所降低，赵桂如可以自由走动了。死不认罪的高立明也从市盐务站被送回九纺了。得到这个信息，赵桂如欣喜莫名，她花高价买了一只母鸡，炖好后，为如何送给高立明伤透了脑筋。要秘密送给高立明食用，一定要过两关，第一是用什么东西盛鸡送进去才不会被发现，第二请谁送进去呢？这个人要具备两个条件，要可以通过武装民兵看守出入牛棚，二是同情高立明的人，这两点她都克服了！她用烧开水的铁壶装鸡，因为牛棚里的牛鬼经常派人到开水房用烧水壶打开水，开水壶不会被检查，可以蒙混过关，她又找到罪名较轻因而时时可以出入开水房给牛棚里的牛鬼打开水的牛鬼苏永春，这个脸上有块疤的小伙子，性格爽朗，乐于助人。他拍着胸脯答应保证送到，赵桂如悄悄地跟在后面，眼见苏永春提着开水壶一路通行无阻地进入牛棚里面，这才一块石头落地。赵桂如一想到高立明狼吞虎咽地吃着她熬的鸡汤，那副馋相，便喜洋洋泪汪汪了。

但赵桂如高兴得太早了。第二天又一个晴天霹雳把她打蒙了。牛棚里有人揭发高立明吃鸡喝鸡汤。这还得了？是谁将鸡送进牛棚？这个人一定要查出来！这是阶级斗争新动向，是阶级敌人蔑视我们无产阶级专政铁拳头的严重挑衅，是一起严重的反革命事件。全体工武连紧急集合排查，全体牛鬼要揭发检举立功赎罪，于是查到了是小牛鬼苏永春。苏永春所在的筒捻车间连队立即对苏永春刑讯逼供，把他打得死去活来，并从三楼一直踢滚到一楼，屎尿都打出来，可苏永春就是铁嘴铜牙，坚不承认。最后，厂里将苏永春从厂里除名（他是亦工亦农的临时工）。苏永春为了送鸡给高立明而被开除了，失业流落街头，让高立明夫妻常常自责，痛悔不已，他们寻找了三十年，还是不知道苏永春的下落。

苏永春，你在那里？我们找你找得好苦！他们希望友人如知道苏永春的情况立即告诉他们，他们好当面感谢他，一同聊述当年情景和别后的境况。

人生遭际，恩怨交替，怨无从追究，但恩是不能忘记的。

《亲历浩劫：江西省九江市九纺文革纪实》

赵桂如织毛线裤

赵桂如自从在通往刑场的雪路上匆匆见了高立明一面后，高立明那哀哀无助穿着单裤在雪地里簌簌发抖的惨相，便时时呈现在面前，无论白天黑夜还是梦中，总有一双在胡须丛中闪烁的泪眼在注视着她，连她上班工作也时时走神，那双男子汉的泪眼似乎总是死死地盯着她，仿佛在说：救救我吧！……赵桂如胸中立时升腾起一股豪壮之气，高立明，你等着，我一定会来救你的。

首先，她考虑高立明衣裤太单薄，特别是裤子太破，难以抵御刺骨的夜寒，当务之急便是给他织一条毛线裤。主意一定，赵桂如立即行动起来，她把自己的毛线衣、毛线背心统统拆掉，挽成线团，为高立明织毛裤。

但织毛裤绝对不能让同室的革命群众发现，这些阶级斗争觉悟高的革命群众一旦发现她在为反革命份子织毛裤。一定会报告连队领导，她就又会当作阶级斗争新动向的活标本加以批判，说不定毛线也会被他们收缴，因而一定要保守好秘密，不能让任何人知晓。

从此以后，赵桂如一下班，除了吃饭上厕所，所有时间都缩在床上，她把帐子放下扎进床单下，靠在床头，身子缩进被子里，双手在被子里盲织。万一有人突然掀开帐子，也发现不了她的地下工作，也有室友问过她：赵桂如，你总赖在床上，也不下楼走一走？活动活动。赵桂如回答她们：上班太累，一下班就想休息。同室室友也不疑有它。

但赵桂如那里有时间休息，每天除了吃饭上班，所有时间都耗在织毛裤上，连睡觉都省了，经常只睡二个小时……

她编的是元宝针，元宝针费工费时，但厚实暖和。她最大的困难在于手指酸疼，她在车间里是穿扣工，穿扣完全靠手指操作，织毛线裤也全靠手指，双手十指一天二十小时的的超强度劳作，它们也吃不消了，也提抗议，罢工了。赵桂如最怕的便是手指痉挛，手指一旦痉挛就不听大脑支配，赵桂如这时也只好停下来，揉一揉手指，甩一甩手腕，搓一搓僵硬的指关节。有时她会孩子气地对手指说：我知道你们累，你们苦，可有什么办法呢？谁叫你们是赵桂如的手指？！再坚持一下好不好？人不是铁打的，赵桂如倚在床头织着织着会突然歪倒睡着了，但冥冥中似乎有第六感觉促她猛醒，更强烈的使命感，使她战胜了睡魔。她对自己说：不能睡，高立明等着她的毛裤救命，不赶紧织好送给他，他会冻病，冻死的，能挽救他的只有你，我要和死神赛跑……

她最喜欢有月亮的晚上，室友都已熟睡，这时，月光透过蚊帐照进来，她便可以大大方方地把毛裤拿到被面上织，还可以借着月光计算，改针，丈量，难得有这么好的条件，她要抓紧利用好每一分钟。月光姐姐，你慢些走，让这位痴情的姑娘，编织好她心爱的梦……

  经过赵桂如日夜赶工，只用短短十天，这条男人的毛裤终于大功告成。她抱着柔软的毛裤，紧紧贴在胸口，一股暖流在全身荡漾，一想到高立明穿上这条毛裤暖洋洋喜孜孜的神情，她就觉得为织这条毛裤,所吃的苦所受的累都值啦！……

《亲历浩劫：江西省九江市九纺文革纪实》

牛棚密会

赵桂如被解放，摘掉了牛鬼蛇神的牌子后，最想做的一件事便是见高立明一面。她想亲眼看看高立明现在怎么样了，雪地路遇那一面，给她留下的印象太可怕了，那么一条精壮的大汉，被折磨得像垂死的犯人，不但身体垮了，连他那硬汉的精气神仿佛也离他而去，那声微弱的"是我"的应答，让她不寒而栗，让她时时心怀恐惧。手断了，脚残了都不要紧，但精神不能垮，意志不能垮，精神支柱倒了，人就离死不远了，即使活着，也只是一具行尸走肉！我一定要让他振作起来，我一定要告诉他，苦难终会过去，乌云终会消散，太阳总会照到我们身上，千万不能想不开，千万不能犯浑，犯糊涂。我也曾想不开过，但最后还是战胜了死的诱惑，现在，我不是等到了云开日出的好日子吗？我解放了，自由了……

赵桂如虽然被解放了，但头上仍然有一顶被解放了的三查对象的帽子，常常有额外的劳役降临，领导时不时会宣布：今天由某某某同志带领被解放的三查对象赵桂如等人去挖防空洞，或是到筒摇车间拉废纱，或是到锅炉房后面种菜地。但毕竟解放了，可以自由行动了，再也没有人鬼影一样暗中监视盯梢了。

为了见到高立明，为了这个高不可攀的奋斗目标，赵桂如迸发出了惊人的潜能，平素不喜与人攀谈的赵桂如，一时变得能说会道，胆大包天起来，她跟看守牛棚的女民兵套近乎，交朋友，她说起杂技团的趣闻轶事，让这些刚从农村招进厂的贫下中农小姑娘听傻了，都像明星一样崇拜她，她借此径直到牛棚里面转悠（这真是胆大包天，一般人避之唯恐不及，生怕被说成是与牛鬼蛇神通风报信，串联密谋），很快打听到了关押高立明的地点，摸清了牛棚里的作息情况，对于进出高立民囚室的路径也烂熟于心。赵桂如过去虽然无数次地送钱送烟送物，但从没见过高立民本人，只是交到看守值班室就得转身离去，她已很久很久没见到梦中的他了。

这天，阴云低垂，北风呼啸，人们都缩进屋里，屋外人影渺渺，赵桂如猫一样地溜进了牛棚，她在最里间牛棚里找到高立明的专号，这是从一间牢房里隔出来的四间单号中的一间，只有三个平方，用油毛毡围着，门由外面反扣，并没上锁。赵桂如把门扣拉开，悄悄地溜了进去，返身把门关上，里面一团漆黑，赵桂如看不清小黑房里的情景。赵桂如轻声说：高立明，是我，赵桂如。高立明喜不自禁：你怎么来了？！话没说完，两人便紧紧地抱在一起，两人搂抱着靠在床头上，泪如泉涌，赵桂如情不自禁地抽泣，高立明说：别哭，轻点声，别让外面人听见，我好好的……

两人搂抱着伏在对方耳根处低语。

赵桂如：这屋子怎么这么小这么黑啊！你在这里怎么过得下去啊？！说完赵桂如又泣不成声。

高立明：现在已经好多了，手铐脚镣都已去掉了，刚关到这里时，里面还点着一千瓦的灯泡，烤得我浑身冒油，那才难过呢，现在好多了。哦，你是怎么进来的？

赵桂如：我告诉你一个好消息，我已解放了，自由了，不然的话，我是无论如何也进不来的……

高立明：我也要告诉你，我也快了，现在不打我了，戴了两年的手铐脚镣也取下来了，还发给我足额的饭菜票……

赵桂如：我早就知道你是被冤枉的，你终归会被解放的，我在外面最担心的就是怕你想不开。

高立明：我最担心的也是你，你为我吃了那么多苦，受了那么多的罪，你是怎么熬过来的？我也时时刻刻担心你想不开……

赵桂如：我是有想不开的时候，那次严金波把我打成脑震荡，几次昏死过去，真想一死了之，但我想到你，就不死了，我死了，你怎么办？

高立明：是呀，我也自杀过，那是听到你弟弟已经验上了飞行员，就是因为有人揭发他姐夫有重大问题而被退了回去的消息，我就决定自杀，不再连累你们家，但绝食几天没死成。又转了念头，怕我死了对你打击更犬，便在纸上写了变心两个字伸在摇头窗下，你路过，看到这两个字，坚决地摇了摇头，我这才打消了求死的决心……

赵桂如说：我们不能死，我们要生生世世在一起！

高立明感受到心灵的极度震撼，大滴大滴的泪水滚滚直泄，一个体重不足百斤的姑娘，为他撑起一片天，琴心剑胆，弱女子撑起壮士之魂，没有这个姑娘的爱，没有这个姑娘对他全身心的付出，没有这个姑娘对他始终如一的坚贞，他早就坚持不下去了，他的命是这个姑娘给的，是这个姑娘的爱滋润了他的心田，他才有了活下去的勇气和希望……

高立明紧紧地搂着心爱的姑娘，浑身颤栗，嘴里喃喃着：你为我受苦了，受罪了……
高立明的泪滴重重地砸在赵桂如的颈脖上。

赵桂如：你比我吃的苦受的罪重得多，你是怎么熬过来的？他们是怎么打你的？

高立明：用枪托打，用拳头打，用脚打，用棍子打，绑起来打，吊起来打，抓到什么就拿什么打，想怎么打就怎么打，反正挨打是家常便饭.。

赵桂如：那你不全身都是伤？

高立明：当然。

赵桂如：我来摸摸。赵桂如摸着高立明浑身的伤疤，不由得放声痛哭起来：他们这些人为什么这么狠啊？！

高立明连忙捂住赵桂如的嘴：没事没事，都已经过去了……听说马上要放我出去扫马路，我真盼这一天早点到来，我已经好久好久没有看到太阳和月亮了……

赵桂如：如果他们再打你，你就叫，你的声音大，一叫起来声震四方，他们怕影响不好，就不会打了。

高立明：可我性格生成了，不愿求绕叫喊。

赵桂如：你呀你，你为了这个犟脾气，多挨了多少打啊！今后，听我的，打你就叫，大声叫，我们有些牛鬼鞭子棍子还没挨身就杀猪一样的喊叫，结果少挨了好多打……不要和办案人员横来，不要对他们横眉冷对……现在饭菜票归你自己了，你要多吃饭，多吃菜，饭菜票不够我会给你……记住，还要加强锻炼……

赵桂如千叮咛万嘱咐，高立民有些虽不认同，但也一一点头答应。

最后，高立民从床角落里摸出一叠厚厚的钞票，有几百张，但都是一分一分的纸票，总共三块七毛多钱，他将这叠厚厚的钱递给赵桂如，说：这是我在牛棚里存的钱，你拿去用。

赵桂如：我有工资，我有钱。

高立民硬塞在她手里：你拿去，我在这里没法用。

一对饱经磨难的恋人，在这地狱般的牛棚里密会，流泪倾诉彼此的苦难和思念。在这小黑屋里度过了他们久别重逢最幸福最甜密的时光。

赵桂如的百般努力终于得到了回报，一年多的相思，一年多的提心吊胆，心中那块沉甸甸的石头终于落地了。

得到高立明可以出来扫地的信息，赵桂如又有了新的期待。可连续几天的打探，始终不见高立明扫地的身影。最后，她终于探到了实情，原来，监管人员不知出于什么心理，把高立明、葛勉仲这一对扫地的牛鬼安排在凌晨一时到四时，这个时间段正是全世界都在沉睡的时候，却偏要他们扫地。

赵桂如探得了这个消息，高兴得跳了起来，因为她宿舍的窗户正对着马路！赵桂如开始了她的密月，早班中班更是密月中的密月，上这两个班她就可以享受她的甜密了。每当凌晨一时，宿舍里的室友都进入了梦乡，赵桂如便悄悄的起床，趴在窗边，等待着他的出现。

哦！他来了，扛着大扫帚，与他搭挡的葛勉仲推着小车跟在他后面，这位矮小的七十岁老人是织布车间工程师，高立明不让老工程师动手，他一个人全包。只见他披着银色的月光，挥动着大扫帚，从厂西门大路往东门扫去，他是那样有力，一扫帚便可扫除一大片，他那舞动扫帚的身影怎么看都像芭蕾舞《天鹅湖》中的王子，他那灵动的步态，矫健的身姿，那如天籁之音的扫地声，让赵桂如怎么也看不够听不厌。赵桂如尽情享受上天给她带来的幸福，赵桂如贪婪地注视着，一直到他的身影消失在她的视线之外，她才恋恋不舍地回到床上。即使在梦中，她也会咧嘴笑出声来，因为在梦中那矫健的身影又出现了，那天籁之音的扫地"唦唦"声又在耳边响起……

那段时间，赵桂如每天都沉浸在满溢的幸福感之中，她的心上人不但身体在恢复，精气神也回来了。她的泪水也时时充盈眼眶，那是欢欣的泪水啊！这个把心贴在恋人身上的姑娘，对方任何一点进展，她都会喜得泪水涟涟……

不久，更大的喜讯降临到赵桂如头上：高立明从牛棚放回到集体宿舍，和革命群众住在一起了，虽然没有正式宣布解放，但那也只是时间问题。

高立明被分配到织布车间摆梭，跟赵桂如上同一个班，她上班下班都可以看到他！赵桂如喜得身轻如燕，整个世界宛若阳光普照春风浩荡。只不过，她看到摆梭的高立明身上衣裤到处都是破洞，他摆梭风快，无论是他的破衣烂衫还是他超常的摆梭速度，都引起了周围人的议论和关注。赵桂如又有事做了，她带了针线碎布到高立明宿舍，大大方方地给她补衣裤，又将他的头发胡须修理了一番。第二天，高立明上班时，人人都被他的变化惊呆了，不由议论纷纷：高立明原来是这么帅的一个小伙子……

这个对爱情坚贞不二的姑娘苦熬了六年，终于等到高立明被解放，终于在1973年与心爱的人步入了婚姻的殿堂。

但他们的婚礼并没有得周围同事的祝福，除了几个同为牛鬼（后都解放了）的牛友前往祝贺外，别无他人。高立明、赵桂如从上海结婚归来，特意买了几十包精装糖果，请工长发给工段的同事。但一天后，工长又把这些糖果原封不动地退还给赵桂如，说：没有一个人收你的糖。赵桂如哭了：这是为什么？难道我的糖有毒？我不是已经解放了吗？高立明也解放了！为什么还这么看不起我们。工长无奈地叹了口气：大家也是怕沾了你们的边，阶级立场有问题，将来说不清。唉，你也别难过，这阶级斗争真说不清……

高立明赵桂如后来分到家属宿舍，周围邻居唯独刘洪义跟他们讲话，其他人都像躲避瘟神一样，不与他俩接触，背地里称他俩是一对牛。面对这不友好的环境，高立明时不时会发发怨气，唉，这阶级斗争什么时候才是个头啊！但赵桂如想开了，经常开导安慰高立明：知足吧！想想过去挨批挨斗挨打的日子，看看现在上班下班自由自在，买买菜做做饭，没人干涉没有人管，夫妻两个从东门走到西门也没人敢拦。这就是幸福，夫妻俩个能在一起平平静静地过日子比什么都快乐，至于其他人的眼光只当没看见……

卷十二：三查烈火下的芸芸众生

《亲历浩劫：江西省九江市九纺文革纪实》

桂绍华的择偶观

三查的烈火越烧越旺，宣传造势也不断花样翻新。由省直属机关（省委各部、省政府各局、部、委、办）三查小组编写传达的三查经验中，一共有十七条发现阶级敌人的经验介绍。其中一条是从孩子姓名中可以找到线索，比如，有人把三个孩子的姓名分别取名为卫国、卫民、卫党，分开来看这当然很革命，但连起来一看就看出问题了，卫国民党，根据这条线索一查，果然查出一个隐藏得很深的历史反革命。

有一条是从人的表情找到线索，有一个单位有一个人性格沉默寡言，被认为是老实人，但有人发现他独自一人时，眼珠会滴溜乱转，这个情况引起了专案人员的注意，暗中调查，发现他隐瞒了重大的海外关系。

总之，这个三查经验被广泛传播，各车间各工段专案人员人手一册。使很多人都被列入监督暗查对象，以致于专案人员被一再扩编，有的车间几乎达到十比一的程度。

同时，哪个单位揪出来的人不多，往往被追究领导人抓阶级斗争不力，阶级斗争盖子没有揭开，领导又压专案人员加大力度，于是冤假案被不断地炮制出来。站在厂门口示众的牛鬼越来越多。当时，正进入夏季，为了羞辱牛鬼，三查主管部门决定给牛鬼们每人配一件用粗包布（地脚花织的孔眼大粗糙的布，用作包原棉）缝制的背心，背心如同清兵的号褂，前后都写上牛鬼两字，牛鬼们穿上这件背心显得更丑陋更难看，如同地狱被牛头马面押解的罪人，年青女性牛鬼穿上这件背心，几乎都有死的心了。

有一天下午，我在前往办公大楼上班路上，一个女牛鬼在厂门口大字报栏遮檐阴处等着我，见我到来后，忙低声叫住我：小旷，我跟你说个事。

我停下脚步，这才看清叫我的是动力车间水暖工段、空调值班抄表员桂绍华。这是个十九岁的姑娘，是由九江市采茶剧团学员班调来九纺厂的。具有演员气质的桂绍华历来眼光高傲，不大合群。我同宿舍的两个萍乡人便跟她在一个班，经常议论她的冷艳孤傲，让其中一个想下手都无处开口。

此刻，她找我有什么事？看样子，她是故意在这里等我的。因为离上班还有二十分钟，我还朝后面望了望，担心被人看到会说我和牛鬼私下传递什么消息，但四周寂无人影。我望着她，等她开口。她穿着牛鬼的号衣确实变丑了，而且她眼睛还红肿着，但她望望我又低下头，欲语又停留，她迟迟不开口让我发急，我催她：小桂，有什么话快说，等会上班的人来了，被人看到不好。

桂绍华终于吞吞吐吐地说了她找我的事由：小旷，请你帮我在萍乡人中找一个对象好吗？只要成份好，其他什么条件我都可以接受。

我倏地一惊,桂绍华何等高傲的人,竟会降格到这步田地。

我答应了她。

我在萍乡人中筛选,没结婚没对象又成份好的男人真没几个,我比较熟悉的有一个,他就是周炳录,他是整理车间打包工,是个身高不足一米五,矮瘦难看,长年一副傻笑的神情,可能也确实少个心眼,但人是极老实忠厚的,又成份好,不妨让桂绍华瞧瞧。隔了两天,我带周炳录让桂绍华看,介绍完周炳录的情况,他基本符合桂绍华的要求。但两人站在一起确实不般配,说一朵鲜花插在牛屎上都不足以比喻两人的反差。见面了几分钟,周炳录一直痴痴地盯着桂绍华傻笑,嘴角涎水滴湿了衣领还浑然不觉。我让周炳录先走,然后问桂绍华:怎么样,看中了没有?

桂绍华哀怨地看了我一眼,点点头又摇摇头。我善解人意地帮她下台:哎呀,相貌确实相差太多,不同意就算了,没关系。

过后,我突然发觉我做了件错事,我伤了桂绍华的心。桂绍华能够在最屈辱的境地下找我委托终身大事,这是对我多大的信任,可我却如此轻慢,找一个不相配的角色敷衍,辜负了姑娘如山样重托。

此事我像很多不便于告人的事情一样,独自深埋于心。直到有个朋友说桂绍华有个亲戚是某件事的关键,让我去找她一谈。我才将此情告之,于是都唏嘘不已。

当时,找对象政治条件放在第一位,无论你多么优秀,成份不好,对方就会知难而退。有好几个姑娘主动追我,当我私下把祖母是地主告诉她们,她们也就打退堂鼓了……

三查在九纺厂蓬勃开展之时,也正是厂革委紧急筹备之时。凭我在运动中的表现,搞个革委会委员似乎不算奢求。但我决心,绝不沾革委会的边,我早已萌发彻底辞去一切职衔,找一个比较舒服的地方老老实实当我的工人。我找贺主任私下里谈了我的真实想法,甚至把我的家庭成份的真实情况,毫无保留地向他汇报。他点点头说:你这个想法我支持,但不急于回去,先还是搞你工会这一摊子。现在回车间当工人对你影响不好,会认为你有问题下来的。

《亲历浩劫：江西省九江市九纺文革纪实》

思想蜕变的缘由

　　五月，厂革委成立。贺明星任革委会主任、党的核心小组组长，张巨库也被解放，任革委会副主任，造反派中的中层干部王正龙也任副主任。王正龙是一个随风倒的好好先生，自己没有半点主意和定见，桂春喜、董楚明夫妻都当上了常委，但担任革委会第一副主任的军代表不再是张仕奇连长，而是支左部队的高庆堂。高庆堂作为军队代表出任副主任这真是贺明星之幸，也是九纺厂人的福音，这是一个真正朴实无华、正派本份的军人。完全不像以前几个军代表那么盛气凌人、颐使气指、不可一世，他不像有的军代表往往左得邪乎。（如：安徽省安庆市黄梅剧团著名黄梅戏《天仙配》演员严凤英，就是被军代表在清理阶级队伍中整得自杀身亡。即使严凤英死后，军代表还要把她开肚剖腹，说她肚子里藏有向台湾发电报的发报机。）

　　我在相当长的一段时间内，被贺明星安排列席常委会。听到高庆堂的讲话总是那么朴实，他无条件地维护贺明星的领导权威。（当贺明星老婆被《江西日报》点名被揪出后，董楚明曾特意找军代表高庆堂，要他主持工作，讨论处理贺明星的问题，被高庆堂严词拒绝。贺明星也在常委会上当面训斥董楚明：老董，你知道吗？按照我党规定，你背着党委拉人赶一把手下台，这就是反党性质的问题，什么叫阴谋篡党夺权，这就是阴谋篡党夺权。）

　　贺明星虽然严词指责董楚明，但并没有罢他的官。桂春喜对董楚明乱揪乱斗，特别是揪出了联络组常委原生产技术科科长胡必瑜很愤怒，他严词责问：你揪胡必瑜有什么材料？有什么证据？……

　　虽然有反对声音，在当时整个大气候的背景下，反对的声音都显得微弱无力。三查势如脱疆野马横冲直撞不可阻挡。

　　造反派中的负责人骨干份子纷纷被揪出来，站在厂门口的汽油桶上。前联络组武装连连长余锡林被一纸勒令，便乖乖地站在高高的油桶上自挂牌子示众。紧接着，还有许多造反派的骨干份子陆续站到厂门口汽油桶上示众。看到昔日战友落得如此惨的下场，真是百感交集。欲哭无泪。

　　更让我震惊的是《红岩》作者罗广斌自杀的消息，那是一张别人遗忘在厕所的红卫兵小报，上面有罗广斌在被关押地厕所跳窗自杀身亡的消息，并配有罗广斌死亡现场的照片，照片上一个中年微胖的男子头已摔坏，一副惨不忍睹的死相。报上还有江青关于重庆华莹山游击队及川东地下党的讲话。江青讲：罗广斌不是好人，川东地下党全是叛徒。这让我如雷轰顶。在所有歌颂共产党在国民党狱中坚贞不屈的文学作品中，《红岩》无疑是最重要的一部。这是一部对中国几代人发生过深远影响的书，它的份量可以超过所有政治教科书的全部。由《红岩》改编的歌剧《江姐》更是风靡全国。全国无论大小城市专业、业余剧团都演出过《江姐》。根据《红岩》改编的电影《在烈火中永生》，由著名演员赵丹饰许云峰，于兰饰江姐。电影在全国城乡放映，反映强烈影响深远。它所塑造的几个人物，许云峰、江姐、成然、甫志高都深入人心，成了小学生都熟悉的艺术形象。它对共产党宣传教育下一代的功绩可谓居功至伟。成然那段就义词，是我的副手修机工十七岁的王大吉经常朗颂的，可见其影响之深远。

　　任脚下响着沉重的脚镣，
　　任你把皮鞭举得高高，
　　我不需要什么自白，
　　那怕胸口对着带血的刺刀，
　　面对刺刀我放声大笑，
　　魔鬼的宫殿在笑声中动摇，
　　这就是我，一个共产党员的自白：
　　高唱凯歌埋葬蒋家王朝。

　　可现在中央最高领导之一的江青说：写《红岩》的罗广斌是坏人，华莹山游击队尽是叛徒，那个有名的双枪老太婆也是叛徒，整个川东重庆地下党上上下下都是叛徒，那《红岩》这本书里写的情节故事全是编造的，为了政治教育精心炮制出来的宣传品。

　　小报详细叙述了重庆地下党的所有领导成员稍微一用刑便全部招供，而按口供抓获的下级党员也大部份一抓便叛变。小说中塑造高大全的英雄人物许云峰其实是重庆地下党全部被破获的始作俑者，虽然他是失误。但把这么一个造成地下党全局溃败的人写得高大完美，绝对是对历史的篡改、歪曲和粉饰。仔细看过这张小报，我完全崩溃了。过去，我对官方的宣传大部份还是信的，只是觉得自己成份不好，没资格融入这场红遍全球的伟大时代潮流中去，常常为自己没资格入团入党而沮丧痛苦。可现在我感到一切都是骗人的鬼话，都是政治宣传造出的幻象，都是辅天盖地洗脑宣传造成的骗局。从这一刻起，我的思想有很大的改变。

　　另外一件让我思想起变化的是《参考消息》上的一篇文章。《参考消息》是新华社主办的一份内部小报，仅供政工部门订阅。这上面登载各国消息，当然都是选登有利于我国的资讯，不过，也会有一些真实的消息。其中一篇说美国的私人小轿车保有量达到八千多万辆（不包括货车、客车等大型车辆）。这篇文章让我震惊：美国只有两亿人口，八千万辆车平均二个半人就有一辆，除去老人、小孩，这几乎达到每人一辆，也就是说大多数穷人也拥有一辆车。天哪，我们这么大的厂却连一辆小车都没有，与美国比，差距太大了，可我们的宣传却总是说美国工人农民生活在水深火热之中，饥寒交迫，等待着我们去解放他们，全世界三分之二的穷人都生活在地主资本家的皮鞭下，把他们从资本家地主的奴役下解放出来是我们神圣的国际主义任务。在政工组的学习讨论会上，大金牙冯立东，这位三查领导小钽成员常常有惊人的高论：将来美国解放了，我要到美国去当土改工作队长，把那些地主婆资本家太太搞死它几个！把他们的田地全分给贫下中农，把他们的女儿也全部分配给穷人，让穷人也尝尝千金小姐的味道！说完暴发出爆炸似的滛笑……这种学习会上的议论是当时政治学习会上的普遍现象。

这不是在撒弥天大谎鸣？我们的宣传怎么都是一些谎言、假话……

但是，这种思想认识上的转变我不敢有半点流露，还是维持两副面孔，嘴里说的是一套，肚子里说的又是另一套，行动上则随波逐流……

《亲历浩劫：江西省九江市九纺文革纪实》

充当三查专案组长

但命运似乎又跟我开了个玩笑。我这个时时担心被揪出来的第三线的阶级敌人，竟然被任命为动力车间（二十连）查深井工地方正的专案组长。

方正就是那个在程世清到厂时，大胆发言受到程世清表扬的人。他出身大地主大资本家家庭，父亲方大瀛曾任景德镇陶瓷学校校长。他善于言词、好出风头显示自己的才华，有出场胆。虽然人长得瘦小单薄，却自命不凡。他也确实有口才，知识面广，涉及领域广泛，并钻过几本法律条文，一说到兴头上便忘乎所以，口沫横飞滔滔不绝，但不说话时便有些神经质神情，总之是个比较另类的人物。他的被揪出也与他喜出风头好钻营有关，据说他找到贺明星说了一通要他提高警惕擦亮眼睛之类的谏言，说厂级干部兴中派，中层干部江纺派，转业干部外来派，各派都有自己的小圈子，互相倾扎争权夺利，干部关系非常复杂，你要当心，危言耸听一大堆。后又到其他领导人中游说……

贺明星感到此人有挑拨领导班子不团结之嫌，且此人很有些鬼气，要查一查，张巨库也非常赞同，常委一致同意彻查方正。令我万万想不到的是：这查方正的任务就交到我身上。于是，我也成了专案人员。而目前的方正几乎是一张白纸，当然，他的出身有些问题，姐姐据说自杀了，他本人则没找到可以揪出来的材料。

方正调到九纺安排为动力车间锅炉工，但他没进锅炉房，便被抽到劳动人事科帮忙，现在又回到了动力车间安排为水暖工段深井工地值班看水泵。

深井工地距九纺厂有六里之遥。纺织厂车间里降湿调温、降温调湿都需要井水，地下几十米的深井水冬暖夏凉，是纺织厂必不可少的生产要素。深井工地属于动力车间水暖工段，而我已经将我的工作关系转到了动力车间水暖工段，于是由我来搞方正的专案也就顺理成章。动力车间负责人熊文彬提醒我：方正可不是好对付的，他和一个浙江姑娘偶遇，一番话就把这个浙江姑娘谈成了老婆。他那张嘴呀……

老实说，我在心灵深处是极端厌恶三查运动的，我把我与被揪的人划入同一阵营，只不过，他们是已揪出的牛鬼，我是尚未揪出的牛鬼。可一旦让我去作专案人员去揪牛鬼，我又毫不推辞。因为不想自己被揪出来就不要让领导为难，要给领导留下好印象，别不识抬举，处处要显示你既革命又听话又有水平。而搞方正的专案就是一次对你的试金石，只能成功，不能失败。于是，我苦苦地思索如何从方正的口中套出材料，而且不能用刑用暴力，要用智慧用计谋。

我琢磨怎么从心理上摧毁他的防线呢？方正这个人爱表现爱出风头又疑神疑鬼的。于是，想出了一整套逼方正就范的方案。

《亲历浩劫：江西省九江市九纺文革纪实》

我进入深井工地后，首先便召开深井工地和全体空调长日班会议（总共十二个人，包括深井工地值班员和空调长日班人员），地点就在深井工地值班室，二十平米的房间布置得火药味极浓，门两边是两条白纸写的大标语：庙小妖风大，池浅王八多。房里贴着：坦白从宽、抗拒从严。早交代、早解脱，晚交代、多受罪。彻底揭开深井工地阶级斗争盖子。会场上的横幅写着：深井工地深挖细找阶级敌人动员大会。

光从会场的气氛看就让与会者感到压力，上级专门派一个人到这偏僻的小单位来抓运动，肯定是有备而来的，肯定会有三两个人要被揪出来的。到底会揪谁呢？大部份人都心中打鼓忐忑不安。在这种气氛下，我开始作动员报告，我的动员报告说得很严重很恐怖。

我说：我这次是受厂革委、厂三查小组直接委派下来来揭开深井工地的阶级斗争盖子的，小小的深井工地为什么要专门由厂部直接派人到这里来搞三查，抓阶级斗争呢？这是因为，这里的情况非常复杂，大家看到门前的两联吗？庙小妖风大，池浅王八多。我们这里十几个人不简单哪，有的重大家庭历史问题没交代，有的年纪轻轻的就闯荡江湖作案，被我公安处理，有的更是恶毒攻击党和政府的政策法令，更有的上窜下跳，烧阴风点鬼火，造成极其恶劣的后果，还有的违法乱纪到处奸淫妇女，更严重的是……

这一顿霹雳炮火砸将下去，所有人都极度震撼，我点的问题到底是谁？个个面面相觑，人人目光惊疑闪烁，有一种大难临头的恐怖。

我讲了一通阶级斗争的长期性和复杂性，又根据我所得到的资料，大讲特讲西班牙内战时期的第五纵队，反叛军首领佛朗哥向西班牙首都马德里进攻，他只有四个纵队的军队却号称五个纵队，当人们问他第五纵队在哪里？他回答说：第五纵队就在马德里（指隐藏在敌方阵营的奸细）。马德里就在第五纵队的策应下，西班牙的民主政权崩溃了，反动派篡夺了一切权力，革命人民被浸没在血泊中。而我们现在就是要把隐藏在中国的第五纵队揭露出来，消灭他们……

我的报告绝对可以和当时任何一位军代表阶级斗争动员报告媲美，为了戴好这副假面具，我必须做得比革命还革命。

我的报告最后是号召一切有问题的人交代自己的问题，只要你是真正无保留地全部交代了你的问题，我可以考虑不上报不留案底不留纪录，只到我这里为止。我还表白自己是个讲政策讲道义的人，能够带过去的问题绝不放大，绝不追求揪人越多越好。严格执行：坦白从宽抗拒从严的政策。并现场指定两个人为民兵，负责抓、看、管。

这个大会开完后，人们纷纷找我交代问题，让我应接不暇。我体会到，人们在高压恐怖的气氛下变形的灵魂，为了争取从宽，往往会全盘端出自己见不得人的隐私，甚至还会说出些没有的事来争取领导的好感。政治高压确实会把人压变形，其中有一个人竟然把他和他姐姐发生关系长期通奸的事都交代了。他说那是一个夏夜，他受处份回到老家，心情郁闷又欲火难耐，时值盛暑，人们都在露天过夜，他在露天晒坪竹床上翻来复去睡不着。老姐姐问他为何每晚都翻来复去弄得竹床嘎吱响，是不是有什么心事。他说：姐姐，我想这个。他抓住姐姐的手不放，往他下身按去。姐姐说了声畜牲，就让他交合了。以后他便经常这么做。

这段隐私使我万分震惊，当然此人还有不少其它事情，但我对他网开一面，叮嘱他：这些事情不要向其他人透露。我只当没这回事，连他写的书面材料都一并毁了。

其他人的交代也有不少可重可轻的问题。比如有个人交代他和周围农村两个妇女有染，其间的暗号手势交流有很多奇特之处。像电影里描写的地下党接头方式，我同样交代他的问题到我这里为止，不再扩散。

有一个人的问题是男女作风问题，早已公开批斗过。他曾找我坦白了他另一起没有暴露过的男女作风问题，这一次找我，是不是又一起没有交代的风流韵事，但我估计错了，他找我是揭发另一个人的问题：小旷，我要揭发，我们工地有人骂贫下中农是土匪。

啊。我吃了一惊，还有人敢骂贫下中农是土匪，这是明显的现行反革命言论。我问：话从何来？事情经过。

他这才道了原委，原来，当天凌晨，有当地的农民偷工地厕所的粪做肥料。深井值班员发现后骂了一句：这些家伙跟土匪一样。而这些家伙都是当地农民，而当地农民都是贫下中农，因而骂偷粪的农民是土匪，就是骂贫下中农是土匪。我明白事情的原委后哭笑不得，只好笑笑说：我知道了。便打发他走。

这个例子充分说明当时揪人构罪的荒唐和可怕。

方正也找我谈过，虽然也滔滔不绝，除了讲了一些他家庭出身直系亲属的情况外，基本上没有我想要的材料。我的目的是让他自己交代出的材料打倒他自己。所以，我对他可能找我谈些不痛不痒的情况有准备，他絮絮滔滔地说了一大堆后，我语含机锋、莫测高深的说：方正，你的问题很严重，我已经完全掌握，现在就看你是不是有诚意交代问题，如果你再拿这些鸡毛蒜皮的事来糊弄我，就不要开口了。

过了几天，我宣布方正不能参加群众会议，但来还是必须来，只能在会议外的地方候着，这个措施就等于宣判了方正已不属于人民群众之列。

我又布置开会的人员：散会后，你们如果远远的看到方正，便交头接耳故作神秘的讲悄悄话，宛若得到什么绝对机密信息，而且是有关方正的，待到方正走到你们面前，你们立即停止议论各自离开，但绝不看方正一眼，也不跟方正有半个字的交流应答，仿若他是个瘟神，让他莫名其妙又惶惶不可终日。

这种现象持续几天后，方正现出崩溃的迹象，他在深井工地周围神经质的疾步转来转去，几近疯狂。

果然，他找我交代他的问题了。这次，他似乎决心彻底交代，一见我面便说：我交代，我说过国富民穷，说过民主党派是花瓶摆设，说过……

虽然他只说了这七、八条，但以这些话构罪似乎不成问题。我说：你坦白交代我欢迎，但你说这些话的时间地点哪些人可以作证，都要写明白，这才算你诚心诚意交代问题。这样吧，你就在这里写。我怕他变卦，于是让他坐下写，他写写停停，神态变化多端，终于写下了一纸交代材料。我又让他在交代材料上写上姓名时间地点。那时候，牛鬼的交代材料必须要签字按手印，以示确认。

我看了这份材料，发现有很多含混不清之处。比如：我说过国富民穷是在62年下半年在景德镇饭店的大厅跟几个朋友说的，但准确的时间，跟朋友说的那几个朋友姓什名谁？这些朋友现在的工作单位住址等等一概没有，说时隔太久记不清了。

但有了小尾巴不难拽出大头来，关键是他精神防线已垮。我这时完全是以一个三查组长的角度来考虑问题，要做实这个案子，不然，向我的领导不好交代。

我收起这张方正自己写下的材料，进一步施加压力：你的交代还远远不够，当然就凭你交代的这点皮毛也足够定你的罪。你想想，国富民穷这是什么性质的话，这是赤裸裸地攻击社会主义制度，恶毒攻击共产党只顾自己富足不顾老百姓死活，让老百姓仍然处在穷困之中。是不是这样啊？哎。我不由自主地打起官腔。此刻，我确有那种有处置人生死大权的优越感、猫戏老鼠残酷的优越感。方正看了我一眼，握笔的手不禁抖颤。

我继续加大力度：当然，这只能算你的初步交代，相信你会继续交代更重要的问题。

这以后，我又动员方正的浙江妻子，催促方正交代更多的问题。方正没有抵挡住各方面施加的压力，违心地交代出了更多的问题。其中，很重要的一条是：他想离开中国到法国去经商，在中国家庭出身不好的压力实在太大了。实在受不了……这一条被当作叛国投敌……最终，他当然被揪出来，领导上点名要揪出的人无一能逃离天网，方正岂能例外。不是我，换作其他任何人搞他的专案，方正也在劫难逃。

方正被揪出后，便交到锅炉房监督劳动（他的定编岗在锅炉房）。据说，方正在锅炉房受到虐待，工人们可不听方正那滔滔雄辩，工人们只用拳头说话，把他当成玩物，想方设法捉弄他，让这个瘦小的人干最重的活，令他每天用四十八斤重的耙子耙炉灰出渣，看他不堪重负，跌跌蹱蹱的洋相。其中有些人是一贯喜欢打人取乐的，听说，他的锁骨都被打断，并被提到锅炉顶那七八十度的高温上灼烤。方正受不了这残酷的折磨，1970年三月十七日夜逃出了九纺厂。他说：他当时不走公路也不走小路，而是走铁路，这样可以发现后面来追赶他的人，便于逃遁。他硬是靠双腿沿铁路线走到了六十公里外的德安县，在德安县再乘车到南昌，找到省革委，门卫拦住他，他开口便说：我是受程政委表扬过的人，你赶快进去通报。但程世清并没有接待他，而是转到接待部门处理，最后的处理结果，大概还是按信访的常规处理。不过，有胆量而且有口才的方正会把有利于自己的因素扩大是肯定的。方正最后状况好了一些，他的活动能力在政治压力趋缓形势下，发挥得淋漓尽致，竟与地区某常委打得火热，被常委赏识，被其安插到重要部门工作。

整个深井工地，我仅揪出方正一人，其他人的材料，我一律销毁，并未对任何人透露工地这些人的任何情况。对于方正在三查被揪，我一直心怀歉疚，以后，我碰到他，当面向他道歉。他接受了我的道歉。并说：我对你是既恨又敬，我知道，这是贺明星、张巨库要整我，你是奉命行事。你当时也是为了自保，不过，如果不是你旷小林搞心理战施压，他肯定搞不出来的。

方正虽然原谅了我，但我自己却不能原谅自己。我在心里是那么深恶痛绝三查运动，痛恨阶级斗争这个利剑高悬的国策，可一旦让我也当专案组长整人揪人，我又全力以赴，演好现实赋予我的角色，这一切都是为了自保，费尽心机不让自己跌入牛鬼的行列。我想起美国罗斯福总统说过一句话：有人反对我们大规模援助中国，如果我们不支持中国的抗日战争，中国的抗日政权垮台，日本就可以裹胁中国庞大的人力资源冲向全世界，那将是一副多么可怕的情景啊！

罗斯福总统的这句裹胁一词实在太精准传神，政权的魔力可以把一切不赞成它施政方针的人裹胁而去，朝鲜和台湾当年被日本占领，在强制洗脑的教育下，彻底实行"皇民化"。这些殖民地的人民竟然认贼作父，忘记了故国历史，家仇国恨，为做稳"天皇"子民而自豪（当然，也有少数坚贞不屈的爱国人士，但这类人一露头就被逮捕处决）。正因为如此，日本竟然裹胁了朝鲜台湾一百多万人参与它的侵华战争（在侵华的二百七十万日军中有一百五十万朝籍日军），这些被裹胁而去的帮凶，往往比日本兵还要野蛮残暴。东北的老年人至今还记得高丽棒子（朝鲜籍的日本兵）的厉害。朴槿惠的父亲朴正熙就是当年侵华日军的一员，战争中表现极为凶悍，深得日方赞许。仅仅只有四百万人口的台湾，竟然有二十万青年志愿加入日军，残杀中国和东南亚人民，他们自己也战死三万。台湾前领导人李登辉和他的哥哥都是志愿参加日军的台湾青年，李登辉的哥哥竟然在侵略战争中战死！其灵位竟被供奉在靖国神社！

更不可思议的是日本投降时，朝鲜半岛竟然哀声遍野，哭声震天，十万朝鲜人剖腹自杀，为天皇尽忠！西方记者百思不得其解：日本人的洗脑术实在厉害，竟然把受他们压迫的殖民地人民教化成死心塌地为他们效忠的打手帮凶！

日本占领东北后，训练装备了四十万伪军。这些伪军对付抗联也表现得十分凶悍。（这批伪军在45年日本投降后都被林彪收编，成了四野的生力军，很多南下干部都是当年的日伪军。）汪精卫汉奸政权也组织了三百万伪军，为日本人卖命！

当年满清入关的清军仅有二十万人，但他们收降了吴三桂的明军，通过吴三桂又裹胁了相当部份的明朝军队，一路征伐，最终灭了明朝。二十万人的异族竟统治了一亿人的汉族，一亿汉人被这二十万人裹胁而去！亿万汉人及他们的子孙后代成了二十万满人的臣民近三百年！……

我是不是也是被裹胁进消灭"阶级敌人"大潮中的一员呢？

揪出方正，送往厂部，算是完成了领导交给我的任务，照理我应该返回车间上班，但我仍然赖在深井工地，不愿回厂。我留恋深井工地田园诗一般的生活，这里没有杀气腾腾整日喧嚣刺耳的广播声，没有满目的大标语大字报，没有狼烟四起、遍地哀嚎的批斗会，没有戴着红星八角帽的武装民兵押着牛鬼，吆三喝四，红色政治风暴仿佛是另一个世界的事。这里鸡鸣狗叫，蜂飞蝶舞，本色的农人在自留地里辛勤劳作，一切都是那么恬静自然，宛若回到了童年嬉戏的故园……我真希望就在这里做一个深井值班员．

《亲历浩劫：江西省九江市九纺文革纪实》

天堂和地狱

九纺这座被牛鬼蛇神视为地狱的地方，却被个别牛鬼视作天堂，这个牛鬼就是我的萍乡老乡丁君石。

丁君石是萍乡高坑煤矿的工人，祖籍湖南礼陵人，1943年出生在礼陵的一个大地主大资本家家庭，他的父亲曾在礼陵城拥有半条街的商铺。其父后在国民党傅作义的部队任团长，后随傅作义起义，作为起义军官转业安排到湖南老家教书，但不久被捕，作为恶霸地主资本家枪毙。也许是家族血缘的关系，丁君石长得英俊挺拔，他中学毕业，写得一手好字，丁君石的妹妹与我妹妹同学，这是丁君石从萍乡来到九纺见到我说的第一句话，我也不知道他是如何得到这一讯息的。

丁君石从萍乡调来前便已结婚。妻子黄莲珍也是湖南人，是个漂亮的湖南湘潭妹子，但两夫妻婚后并不和谐，经常吵嘴打架，当然，男人力大，丁君石经常把老婆打得鼻青脸肿伤痕累累……。

三查狂飙骤起，大揪阶级敌人，黄莲珍在全厂揭发阶级敌人的会上，毅然检举揭发了丈夫丁君石的罪行，贺明星立即在会上表态，高度评价黄莲珍大义灭亲的革命行动，丁君石也立即被揪了出来。

关在牛棚里的丁君石并没受到过重的虐待，可他仍然怨深恨重，一刻也待不住，终于找到机会逃出了牛棚。逃出牛棚，他便直奔广西，因为广西靠近国境线。但他一到广西就被广西文革的惨烈震撼了，广西王韦国清对于阶级敌人（九类份子）及广西造反派的血腥屠杀达到了登峰造极的地步，韦国清甚至出动军队，调集机枪大炮对付造反派（周恩来曾封该派为造反派）。（文革后统计，广西革委会成立后，以各种方式处死的造反派计十万人，不算保守派造反派对立时死亡的人。）丁君石亲眼目睹一次保守派对造反派的批斗会，那种虐杀的场面让他心惊胆战，参加批斗会的群众个个都像杀红了眼的野蛮人，当场就杀了十几个人，还对其中的几个人活体割肉取肝，把人肉心肝割回去吃，以示革命。有个辣女甚至拨开人群用刀割下男人的生殖器，抓在手里血淋淋地展示，令丁君石吓得魂飞魄散。他想，城里这么血腥，农村可能好一些。但农村杀阶级敌人、杀地富反坏右更残酷，更惨烈，常常把地富家庭斩草除根，老的八十岁，小的不满三个月，全部杀光，即使已经在外工作的子女也由大队以各种理由骗他们回来杀掉（参看注释）。

丁君石对比广西运动的惨烈，觉得九纺厂真是世外桃园，人间天堂。他毅然自首返回九纺，以后他以叛国投敌未遂判处有期徒刑十年，但75年改判无罪释放，复工复职，补发工资。

他回厂以后，几乎成了半个哑巴，不与人打招呼、交谈，即使是老熟人相撞，他也低头侧身而过。但有一次碰到我，主动向我谈起了往事。他说：他有满肚子的话想说，但又不敢说，年纪大的人不敢相信，年纪小的人没经历我们那个年代，你跟他谈等于对牛弹琴。旷小，我觉得只能跟你谈谈，我相信你，你是绝对不会把我讲的话透露出去的……他讲了很多很多，他的家庭，他在广西的经历……

他临终前，我去看过他几次。那时，他和他的家人都已闹翻，家人都不来看他，他的性格造成了家庭关系紧张。他去世前几年已患脑血栓，住在福利院。不过，我看他病像并不严重，思维清晰，应答自如，生活自理，走路虽不太利索，但他还给我展示他蹦跳的功夫，他对他的痊愈充满自信，我也觉得他一定会好起来的。然而，仅几个月的功夫，竟又发病，转到三医院住院，人已躺在床上，不过，能正常讲话。再过一段时间，我到三医院去看他，人又转回福利院，再在福利院见到他，恍若隔世，人已到了黄泉路口，整个人瘦成一截枯木，完全失去神智，不认得人，对外界的一切毫无反映。整个人坐在婴儿椅上，婴儿椅坐板上留有一个便于拉屎尿的大洞，穿开裆裤的他，活像一只失去思维的猴子。整个一间大房，都是他一样的病人，臭气熏天，气味难闻。我抚摸着丁君石的脸，不由悲叹道：老丁，你怎么变成这副摸样？！

老丁走了，但老丁跟我讲的他在广西见闻，我用公安部晏乐斌赴广西处理文革遗留问题的回忆录代替。这篇回忆录比老丁口述详实得多。

[附录] 公安部干部晏乐斌关于广西文革惨案的回忆

资料《我参与处理广西文革遗留问题》，作者晏乐斌为公安部退休干部。

1981年四月至六月和1983年四月至1984年一月，中纪委、中央办公厅、中组部、公安部、最高法院、最高检察院，先后两次组织联合调查组对广西文革遗留问题进行调查了解，作者是调查组的成员之一，下面是法院、最高检察院，先后两次组织联合调查组对广西文革遗留问题进行调查了解，作者是调查组的成员之一，下面是他们调查材料的部分内容。

广西在"文革"中是全国的重灾区，死人很多。广西"文革"初期，没有分成明显的两派。1967年三、四月，围绕着"支韦（韦国清）"还是"反韦"问题，形成了两派，前者称"无产阶级革命造反派联合指挥部"（简称"联指"），后者称"四.二二"。两派形成后，从军队到地方，从自治区领导机关到各个基层单位，形成了两大对立阵营。

广西"文革"期间究竟死了多少人？有的干部、群众反映死了二十万人，也有的说死了五十万人。1984年一月，自治区"处理文革遗留问题办公室"根据全区各地（市）、县、公社"处理文革遗留问题办公室"报上来的统计表明，全区"文革"中有名有姓有地址的死亡人数有八点九七万人，其中，两派武斗死亡三千七百人，逼死七千人，其余七点九万多人是有组织、有计划、有领导地打死和枪杀的。南宁地区十四个县，死人在千人以上的就有八个，光一个宾阳县就死了三千七百七十七人。另外，全区失踪二万余人，无名无姓的死者三万多人。

1967年冬至1968年春，主要在农村全自治区刮起了一股"红色风暴"，说是地主、富农、反革命、坏分子及其子女起来造反，要杀干部群众，说"你不杀他，他就要杀你"，于是在农村中成立起了"贫下中农最高人民法庭"，搞群众专政，杀了一大批四类分子及其家属、子女，也趁机杀了一些"四.二二"观点的人。桂林地区各县尤为严重，有的四类分子之家被全家杀绝。灵山县谭礼大队民兵排长黄培立召开民兵统一行动，把地、富及其子女全部杀掉，全大队共杀了一百三十多人，财产、房屋没收盖礼堂，禽畜、粮食全部吃掉。临桂县1967、1968年两年打死的一千八百六十五人中，被打死的四类分子及其家属、子女四百五十九人。灵山县"联指"于1968年初，召开会议全县统一行动，全县共杀死二千九百多人。他们用"种花生"指枪决，"种芋头"指石头打死，"种甘蔗"指木棒打死等暗语统计杀人数字。

广西各县大部分在1968年春夏期间成立革委会，杀人是有组织、有计划地进行的，且多数是在各县革委会成立后有领导地杀的。

上思县成立革委会后,在县革委会主任、县武装部长段振邦的组织、策划、煽动下,造成一千六百三十九名干部、群众和四类分子被杀,其中,被杀的国家干部一百六十二人,工人六十一人,城镇居民十八人,学生五人,社员六百三十二人,四类分子七百六十一人,老游击队员四十八人,共产党员九十七人,共青团员十三人。

宜山县革委会成立后,由县革委会主任、县武装部政委季德春、县武装副部长李庆余、作战参谋蒋国志、民兵科长吴先水与原副县长崔振铎、原县委副书记王德茂等人策划下,于1968年六月十一日召开了"向阶级敌人发动猛烈进攻"的全县万人大会,在大会上当场打死干部、群众十一人。会后,各公社仿效、推广,均成立了以民兵为主体的"保卫红色政权指挥部",群众称之为"杀人部",向阶级敌人专政。从此开始,该县共死亡一千四百人,其中,两派武斗死几十人,县革委会成立前乱打乱杀死亡三百多人,革委会成立后,有组织有领导地杀害了九百多人。

宾阳县革委会成立后,从1968年三月至1969年十月期间,在县革委会主任、六九四九部队副师长王建勋的策划、组织、指挥下,以"保卫红色政权"名义,致使该县乱打乱杀,逼死了三千八百九十余人,是南宁地区死人最多的县之一。

融安县从1968年八月十四日县革委会成立到九月底,一个半月的时间里,全县杀了三千多人。其中县革委会机关所在的长安镇杀了八百余人。大将公社小圩镇龙妙街杀死四十五人,成了寡妇街。有些老人讲:当年日本强盗侵占长安镇,进行屠杀时一天最多杀了十七人,而1968年八月二十一日,一天就杀了一百多人。他们愤慨地讲:这帮杀人强盗,真比日本鬼子还凶残狠毒。

凤山县被抓六千多人,批斗了五千多人,杀死了三千多人。有的全家被杀光。

1968年七月三十一日南宁警备区调集了南宁地区十四个县的武装民兵,调动了六九一二部队、六九六六部队、六九三六部队和军区警卫营、九九部队部分官兵,以及"联指"派武斗人员共三万多人,动用了八二迫击炮、无坐力炮、火箭筒、炸药包等武器,向对立派发起猛烈攻击,八月八日全部攻下,围剿、屠杀群众,造成万余人死亡。仅事后南宁火葬场负责火化的尸体就有五千多具。解放路打下后,有二十多辆翻斗卡车拉了三天的尸体,有的拉到市郊煤矿的坑道里,有的抛到邕江,当时邕江下游的西津水电站闸门被漂去的尸体堵住了。解放军和广西"联指"攻打解放路这一带,共烧毁三十三条街巷,其中烧毁机关、学校、工厂、商店和民房共二千八百八十多座(间),建筑面积四十六万平方米,使街道的五个公社、一万多户、五万多居民无家可归,仅国家财产损失价值六千万元以上。广西"四.二二"全部覆灭。三个据点攻下后,有的投降,都被"联指"成员杀害,有很多人钻了防空洞,钻防空洞的人,绝大部分被一场无名的大水夺去了生命(系"联指"造反派往防空洞里灌水所致），有的被各县民兵押回在途中杀死。各县民兵拉回去处理共七千零十二人，其中在拉回途中打死和拉回后打死的二千三百二十四人，当作"要犯"长期关押的四十六人。

"联指"以桂林市革委会名义，在桂林广西师范学院搞了个"'四.二二'反革命罪行展览"，第四展览室是"活人展览"，将抓起来的"四.二二"成员，轮流囚禁在特制的木笼里，任凭参观者打骂凌辱。

在桂林拥有十万群众的"四.二二"组织，成了历史罪人，受到残酷镇压。无数被无辜杀害的干部、群众，被当成反革命来镇压，他们的家属也被当做"反属"或"被杀家属"，有些家住城镇的，被强行迁往农村。

十年"文革"（广西可说是十六、七年"文革"），广西不仅死人多，而且杀人手段残忍、狠毒，骇人听闻。有砍头、棒打、活埋、石砸、水淹、开水浇灌、集体屠杀、剖腹、挖心、掏肝、割生殖器、零刀剐、炸药炸、轮奸后捅死、绑在铁轨上让火车压死等等，无所不用其极。

柳州钢铁厂"联指"头目岑国荣（原为该厂工人，"文革"起来造反，当过中共九大、十大、十一大代表，是第九届中央候补委员，第十届中央委员，第十一届中央候补委员，担任过自治区工会主任、自治区党委常委）等人在该厂"四.二二"成员黄日高（该厂人事科干部）的背上绑上炸药，一按电钮，炸得黄骨肉横飞，还美其名曰"天女散花"，以此取乐。

1968年，武宣县被分尸吃人肉、吃心肝的有三十八人，全县国家干部（包括原县委书记）、职工有一百一十三人吃过人肉、人心、人肝。贵县农民陈国荣路过武宣县去赶墟，因长得胖，被一民兵营副营长叫民兵把他活活杀害，挖出心肝，二十人每人分了一块肉。女民兵班长陈文留，她一个人吃了六副人肝，还割下五名男人的生殖器泡酒喝，说是"大补"。这种吃人肉，挖心肝的暴行，武宣、武鸣、上思、贵县、钦州、桂平、凌云等县都有发生。

灵山县谭墟公社里屋大队侯国震解放前当过土匪杀过人，"文革"中参加"联指"，先后八次参加打砸抢杀，捉了六名教师，亲自打死了三人，取肝六副，卖了三十六元（后仅判刑十年）。贵县，1968年八月一次在南门外江边杀死十几人，全部被剖腹挖肝，由执行枪毙的刽子手炒吃下酒。该县思阳公社民兵营长黄必友，杀人后将胆取出晒干后当作熊胆出卖。

广西一些地方，出现了"贫下中农最高法庭"乱抓乱杀四类分子及其家属子女的严重事件。仅全州县的一个大队，两天内集体坑杀七十六人。由此造成成批乱杀人的局面，后果极其严重。如1968年十月初，全州县东山公社民兵营长黄天辉召集民兵班、排长等三十多个骨干对地主分子"铲草除根一扫光",采取坑杀的办法,强迫被害者跳坑,有的不愿跳,被黄用棍打后推下坑。地主出身的刘香云在坑口向黄求情,请求留一个小孩给贫农出身的妻子,说:"天辉,我两个仔,到政府去判也得留一个,我老婆也有一个,我抱一个跳下去,留一个给我老婆。"黄说:"不行。"结果,刘被迫抱着两个小孩(大的三岁,小的一岁)跳坑而死。

梧州地区公安处一科副科长毛明日,"文革"中被诬陷,两次被逮捕关押,他的父亲和两个弟弟"文革"中被杀,其大弟毛明昭在一次群众大会上拉去枪杀时,他抱住一位军代表的腿,要求救他,那位军代表不理睬,还踢了他一脚,结果拉去枪杀了,还将他的头割下,挂在富川县城示众。

1968年中共柳州市委大院抓获三十五名干部、群众,然后将他们一个一个装入麻袋里,从市委后院推入柳江淹死。

广西政协常委、区文史馆副馆长、民族史学家刘介,他四岁的小孙子玩耍时不慎将邻居蔡振华家的一条小狗从楼上掉下,"联指"小头目蔡振华以"打狗欺主"之名,伙同另一名"联指"成员申松华,将刘介一家祖孙三代四口全部杀死,同时还杀死了一名为此讲过几句公道话的人。

1968年八月,"联指"在全县进行大屠杀,一个晚上,太平镇就杀了二十四人。被杀者从家里捉起来,蒙上双眼,推上汽车,拉到县城外的半边山,一个一个用刀子捅死。哀号声、挣扎声、哭叫声,持续了一个晚上..

"三代会"在平山广场召开杀人大会,十多名参加"四.二二"组织的干部、群众被活活打死。散会以后,县革委会委员黎郝,将打死的十几名死者尸体,全部剖腹,将心肝挖出来,拿到县革委会食堂炒熟后给"三代会"代表下酒。

文革期间,武宣、上思、灵山等县发生过吃人肉、吃人肝事件。武鸣县吃了二十九人,副县长覃炳刚同志被打晕后,拉去开膛时,因人太瘦,周身无肉,又被拖出去丢在野外,遇救幸免。上思县"联指"头头黄元清等四人,将参加"四.二二"的女青年杨振明、刘吉芬抓起来,多次轮奸后杀害。

在一座残破待修的木桥前,小车停下。我们步行到某村。在一座低矮阴暗的农舍里,我终于见到了苍老的凶手。案情我早已背熟:解放时,该村一地主上山为匪,剿匪时,将地主及其两儿枪毙;一起上山的小儿年尚幼小,释放回村,已无立锥之地,便到邻村认一户贫下中农为父母,老实勤勉地耕种收获。不料文革突至,村里要搞阶级斗争无产阶级专政,手头竟无人可杀。忽忆起地主之幼子尚在邻村,便命民兵去抓。谁知邻村早已动手,将他关起来。从窗里,他看见旧村民兵至,自忖死期已至。为了少受点罪,立即上吊自杀。民兵们冲上楼去,将他放下救活,五花大绑押解回村。半途,他任打死也不肯再挪动一步。

于是塞进竹编的猪笼，抬回村去。在村中将他绑在电线杆上打得死去活来还不解恨，便用烧红的锅铲一点点烙。死去活来，活来死去。趁他昏死过去时，拖到小河边一块倾斜着伸入水中的岩石上，几人用树枝按住他四肢，凶手易晚生动手剖腹……

这就是易晚生啦？瘦小而乾瘪的老头儿。我们进去时，他正和几个老头在玩纸牌消遣。也是该颐养天年的年纪了。可你为何要动手杀人取肝？老人的开场白极为英勇无畏："对，什么我都承认。我已经八十六岁了，不怕坐牢。反正活不了几天了！"〔公安机关未捕他的理由正是年事已高？！"抓不抓没意思，一抓起来肯定死在监狱里。"〕说罢，老人挑战似地昂首望着我。但我并未应战，只是与他侃侃而谈。"为什么要杀他？他父亲上山当土匪，弄得全村不安，我那阵儿是民兵，每天晚上站岗巡逻，几十天时间，枪托子把衣裳都磨烂了……他父亲有什么罪恶？把村里准备烧砖瓦的一垛草放火烧了！害得大家没东西烧砖瓦！……是我杀了他。谁来问我都不怕。干革命，心红胆壮！全村人都拥护我。毛主席说：不是我们杀了他，就是他杀了我们！你死我活，阶级斗争！……他犯了错误：应该由政府来杀，不该由我们来杀……是我动的手。头一把刀割不动，扔了。第二把刀才切开……伸手去掏心肝，血热得烫手。只好从河里戽水冲，冲凉了我把心肝掏出来，一人切一块，全村人拿回家吃了……"

我给老人和他的老石磨、烂家具拍了照。又是几年过去了，老人大约已不在人世。那么，那几张照片将是他的遗照了。

上林三里公社大血案血泊没脚：在钟山县，类似杀人分食的案例不少，但如此活活折磨的却不多。如另一案中，受害者刚被殴倒在地，人们便蜂拥而上执刀割肉。未能拥进里围的指挥者（记得好像是支书）大呼："不许抢！生殖器（记不清当地土语了）是我的！"受害者苦苦哀求："行行好，让我快点死吧！"一人大发"善心"，狠狠一棒将其击昏。受害者名字我尚记：甘大作。

上林县三里公社曾发生一起大屠杀，一次杀害一百六十余人。起因于一起"国会纵火案"：在军队支持下，一派成立革委会后，加紧打击另一派。几人密谋，半夜用一小炸药包在自己的公社革委墙上爆破了一直径不超过一米的窟窿。天未明，广播喇叭就公布这是对立派破坏新生红色政权的罪行，号召以战斗来保卫。随即开始大肆逮捕，将对立派骨干及"牛鬼蛇神"一百六十余人押解到河边，一声令下，用刺刀、枪托、大棒驱赶到河中。桥上的民兵打靶似地射杀未淹死的人。一水性好的人潜泳顺水逃遁，人们沿岸追了二里，终将其击毙。一百六十余人无一幸免。那天到过现场的人们都扔掉了鞋：血泊没脚，鞋全泡透了。

还是在该县，我访问了一位被害者遗属。在一间极其简陋的土房内，我见到了这位二十出头的年轻人。他父亲被民兵在村外暗杀，将尸体扔进山洞。他母亲因做稻草人误用了有伟大领袖的报纸,被批斗死。他的两个哥哥也被打死。亲戚带上这颗独苗子逃到三里,恰逢三里血案,吓得他们又逃往他方。那时节,他不过六、七岁,不懂事,天天哭喊着要回家。他哪里知道一家人早已死绝,欲斩草除根的凶手们正到处找他!小伙子平静地诉说着往事,泪水在眼眶里不停地打转。但他克制着,硬是没让它掉下来。

  陪同我的干部,随口讲起某村的一桩惨事,以此证明这孩子亲人之死尚非惨绝人寰:一中学生正在犁田(耙田?),忽来人通知带上语录和绳子立即到公社开会。刚到公社便被用他自带的绳索将其绑缚,毒打致死。老父老母已六十来岁,闻讯拉着架子车去收尸。血迹斑斑的尸首拉回来却无处掩埋:集体地是不许埋,自留地是不许埋,山坡上也不让埋!——如此死无葬身之地,有何弥天大罪吗?不,他仅仅是一个对立派("四.二二"派)!老两口万般无奈,只好将儿子尸体背上荒山,回家取来煤油和几斤黄豆(有黄豆易将尸体烧尽),架起一堆火烧尸。老父一边烧一边哭喊:"天哪!谁听说过人世上有这种惨事啊!哪有自己动手烧自己儿子的啊!"

  灰飞烟灭。一个年轻的生命转瞬之间消失得无踪无影。而那水牛,还拖着犁耙伫立在水田里等候小主人归来……

  还有比这更悲惨的事吗?悲惨是不能比较,尤其是不能容许旁观者比较的。我只能说还有类似的惨剧。记不确是哪县了,反正是钟山、蒙山二县。案卷里凶手们描述了如下场面:深夜,一行武装民兵押解一男一女到村外活埋。男的是刚成年的儿子,女的是母亲。她毕业于清华(北大?),因丈夫解放时去了台湾,便成为凭空捏造的"反共救国军"的当然成员。在活埋坑里,母亲问儿子:"咱们就这么死了吗?"儿子答母亲:"不承认是死,承认也是死,反正不免一死了!"凶手们令他们躺下,开始填土。忽然儿子翻身坐起,说:这么死太难受了!"凶手遂一梭标刺穿胸膛,往回一拽,梭标头上带出一块肺,血如涌泉……

  我翻阅案卷时,身旁一位处遗办工作人员介绍道:凶手们的供述中隐瞒了一个重要情节:他们猥亵地强迫儿子趴在母亲身上活埋的。哦,记起来了,这正是那个闻名全广西的丑恶无比的案例!

  割下地主女儿的头当篮球掷,如此丑恶的案例尚有若干,有强迫孙子背年迈无力的老祖父赴刑场的;有强迫儿子捧起刚被打死的父亲的血涂在"烈士墓碑"上,让亡灵享血祭的;有教师想吃"美人心"而将自己漂亮女学生打死挖心的!(此案曾落实,但凶手后又翻案,说与实际情况不符,他当时确实用铁锹去挖心,但没挖动,女学生死时背着小弟弟,胸前有两条交叉的布带很结实鏟不动,因而就没有挖出心吃。(我追询最初的案卷,但处理遗留问题的干部说找不到啦。)著名语言学家.北大教授王力家乡博白县尚有一案:一浪荡贫下中农子弟欲强奸一地富女儿,该女不从,便将女杀死,又到公社革委会领导处要求入党，表扬，说：我对阶级敌人斗争多坚决！领导说：光我们知道还不行。要让大家都了解你的事迹。于是，该无赖将被害者的头颅割下，到公社中学，趁放学之际在篮球场上以女人头作球投篮不休，引得人山人海观看，于是，大会表扬，光荣入党……我因时间不够，未亲赴博白县落实此案，但此类传闻，十有八九准确无误……

《亲历浩劫：江西省九江市九纺文革纪实》

兴办献忠馆和阶级斗争教育馆

九纺厂革委会成立后，贺明星任革委会主任、党的核心小组组长，党政大权一把抓。他采取的第一个措施：便是命我负责筹办毛泽东思想万岁馆和阶级斗争教育馆。（实际上这并非贺明星首创，而是上级的统一布置。）为此，不惜将办公大楼腾空，办公大楼的楼下部份作为阶级斗争教育馆，楼上部份作为毛泽东思想万岁馆。并授予我可以抽调一切需要的人才的权力。我几乎抽尽了九纺厂搞美术、书法、摄影、写作方面人才，有的车间人才抽尽，连写黑板报的人都没有。为了制作毛泽东万岁馆的红太阳缓缓升起的自动装置，专门成立机械攻关组。经过一个多月的攻关，研制出可以将有机玻璃制作的红太阳圆盘缓缓升起。又加以朗诵配音，可以达到一按电开关便可以看到红太阳缓缓升起，继而在《东方红》乐曲的背景下朗颂毛泽东的颂词。所有资料都是从南昌毛泽东思想万岁馆拍摄下来，再复制到我们的展版上去。

阶级斗争教育展览馆，则把三查抄家物质，三查对象国民党时期的照片、器物，分类展览，并陈列了各车间揪出来的主要牛鬼的照片及反动事迹及厂里开大会批斗阶级敌人的照片等等。其中新旧社会对比展厅占相当部分。旧社会工人受资本家压迫的情节由厂里的美工人员画出来像连环画一样的画卷。并把厂忆苦思甜大会诉苦人陈兰珍所讲的身世也画出来，再反衬我们现在工人的幸福生活，有热水瓶、有饭吃、有衣穿。通栏大标题是：不忘阶级苦，牢记血泪仇。

两馆在筹建期间，贺明星三次前来视察讲话，鼓励建馆人员提早完成建馆任务。他有一次讲话特别深刻，我现在还记忆犹新。他说：我们共产党靠什么打败国民党，就是两条，一条是统一在毛主席领导下，一声号令，一句话，全党全军上下一心，万众一心坚决贯彻，就形成排山倒海的力量。不然，你一句我一句，不就乱套了，形不成拳头就没有力量。所以，我们过去、现在和将来都要永远高举毛泽东思想伟大红旗，大树特树，大讲特讲，永不放弃这个纲。搞阶级斗争也是我们的根本，我们共产党就是靠搞阶级斗争起家的。全世界就是两个阶级，一个是压迫穷人的剥削阶级，地主资本家及附属于这个阶级的反革命份子、叛徒、特务、走资派、地富反坏右都属于这个阶级。一切受苦的穷人、工人、贫下中农、小手工业者都属于被压迫阶级。剥削阶级人少却有巨大的能量，他们占有一切社会资源，不仅是物质的也有非物质的。穷人一定不能浑浑噩噩地任由剥削阶级欺凌压迫，他们一定要明确自身的地位和责任，要提高阶级觉悟。我们打败国民党靠什么，靠的就是俘虏兵，把国民党的兵俘虏过来变成共产党的兵。当时，我们南下的解放军四分之三是由俘虏过来的国民党兵组成的，国民党兵一俘虏过来，立刻对他们进行阶级教育，当兵的都是穷人，穷人都有一本受剥削阶级欺压的血泪帐，一个人忆苦会引发所有人流泪，阶级觉悟就激发出来了。大家都是受富人欺压的穷人，穷人要团结起来打倒富人，把富人霸占的穷人财富再夺回来。我们厂很多部队南下干部都是这么转化过来的好同志。所以，阶级教育展览馆意义重大，是我们党赖以生存发展胜利的根本。

这两个馆建立起来后，每个连队每周至少组织参观一次。

贺明星讲话后，人们开始议论起谁是俘虏兵中层干部，结果一统计，竟然占了军队转业干部的百分之七十。我又一次真实地感到阶级斗争教育忆苦思甜教育的威力。

我们在阶级斗争教育馆里也安放了一按开关就可以播放的《收租院》插曲《不忘阶级苦，牢记血泪仇》及忆苦思甜的所有歌曲，包括《妇女自由歌》（"旧社会好比是黑咕隆咚的苦井"），《贫下中农一条心》，《听妈妈讲那过去的事情》，《北风吹》等等。

《亲历浩劫：江西省九江市九纺文革纪实》

全厂转入军事体制

贺明星做的第二件事是：全厂转入军事体制。这也是上级统一布置的，每个车间依人数多少组成连队。细纱车间、织布车间按运转班长日班划分，各组建五个连队。全厂共分为二十一个连队，连队之上成立营部，实际上还是车间领导工段，只不过变成了营、连，厂部则为团部，由贺明星任政委、军代表高敬堂任团长。成立连队后，处理问题都以连队为主。

军事化的一个重要标志是人人都要买一套军装，当然，绝大部份都是廉价的仿制货。各连队开始按军队模式建立班、排，各自操练起了军队的列队步伐。一时间，厂区道路上便出现了无数假军人，喊着一二三口号的队列。由领队喊口令一二一，一二一，立正，稍息，向右看齐，向前看，厂里所有的空地都成了练兵场。

在所有操练的队伍中，以汽车队的队列最正规，他们在转业排长司机杨启俊的严格要求下，一丝不苟地按军队的正规训练方式锤练队伍，加之汽车司机大多是部队退伍兵，所以，汽车队当仁不让地成了全厂各连队的标杆。

各连队以织布车间甲班这个连队最出格，该连队指导员冯炎木是个最擅长拍马屁献媚的年青人。他别出心裁地让全连人员全部戴上树枝编成的伪装草帽，戴着这套装备走出厂，让全连人员在烈日暴晒下行进数里再返回厂，并严厉规定在返厂时一定要走出气势、走出威风，口号要喊得整齐有力。于是，这一支野训归来的女工队伍又强支疲惫之躯，表演了一番。即使这样，冯炎木还不收场，还不让上晚班的女工回宿舍休息一会，而是又拉开了架式开始训话，有些女工不堪折磨几欲昏倒，连队其他干部这才提醒冯炎木该收场了。冯炎木如此表现意欲何为，三岁孩子都一目了然，但他属下的女工却被他害惨了，下班后还得折腾几小时。冯炎木此人在三查中有很多创举，在他的连队揪出了牛鬼二十多人，他成了执掌这些牛鬼命运的阎王。但他是合同临时工，月工资只有二十八元。为了改善生活，经常打牛鬼的主意，比如他经常命令牛鬼为他到食堂里带饭，当然，饭菜票是不会给的，或是装着给，牛鬼为了讨好他自然不会要。但冯炎木又耽心牛鬼表面笑呵呵，背后下毒药。于是，他常常会将牛鬼给他买的饭忽然倒入垃圾桶，神经质地高叫，说：这里有阶级斗争，有毒，以震慑牛鬼不敢下毒……

《亲历浩劫：江西省九江市九纺文革纪实》

张培基打老婆

张培基在连队建制中回到了织布车间，担任织布车间丁班的排长，每个排管两个生产组共四十八人。张培基很着重自己这个新职，因为这是新生的红色政权革命委员会任命的正规官员。张培基很敬业，经常把他的一排人带到车间外，听他作报告。当时正大兴学毛泽东选集热，大搞三忠于（忠于毛主席，忠于毛泽东思想，忠于毛主席革命路线）四无限（无限忠于毛主席，无限忠于毛泽东思想，无限忠于毛主席的无产阶级革命路线，无限忠于以毛主席为首的无产阶级司令部），家家都布置一个献忠台。献忠台类似过去敬神的台子，只不过台子上面不再是天地君亲师的牌位，而是毛泽东的像，像下面用葵花衬底象征葵花向阳开，当然可以装饰得更花俏，但有这两样就可以对付。每家每户都要在献忠台前做早晚敬，张培基作的报告当然也是学毛选的心得体会，我几次路过都听到他那一本正经咬文嚼字的讲述他学毛选的收获，他有文化，他的学毛选心得往往有惊人之举：比如他创造了五个度：

学习毛选要比思想起点的高度；比学毛选理解的深度；比忠于毛主席的热度；比站在家门口，胸怀世界风雷的广度；比为世界革命作贡献解放全人类的烈度……

还有什么：井岗山道路通天下，八角楼灯光照全球；身无分文，心忧天下；手捧粥碗，放眼全球……

只不过，他那口萍乡腔的普通话太难听，让我都听得浑身起鸡皮疙瘩，可他却浑然不觉，乐此不疲。那种刻意表现出来的革命性让我总觉得有几分装。就像我一样，但我理解他如此表现的动机，因为他们连指导员支部书记王龙贵是过去老保的高参，对造反派一直不能释怀，更何况张培基这样的造反派头面人物。

张培基处处表现出来的革命狂热导致他跟老婆打了一架。那一天，有人急匆匆地跑来告我：不得了，张培基和老婆打起来了，说是张培基因为妻子周棠英没做晚敬就吃晚饭，狠狠地打了周棠英。得此消息，我连忙赶去张培基家，一路上，我百思不得其解，张培基怎么敢打老婆，他历来怕老婆呀。张培基老婆周棠英是萍乡有名的美人，身材苗条丰润，瓜子脸高鼻梁樱桃嘴，按阶级分析的逻辑，这样的美女一定出身于富人家庭，可偏偏周棠英出身雇农，祖宗三代都是贫雇农，正宗的根红苗正。周棠英不仅漂亮能干，而且伶牙利齿口才了得，特别是萍乡的俚语笑话张口就来。

张培基如果凭长相是绝对配不上周棠英，加上周棠英口才出众，张培基有点怕老婆，轻易不敢惹她，更不敢动粗，今天是怎么啦？吃了豹子胆？我苦苦地寻找原由，终于找到了一条，那就是做戏给隔壁邻居宋巨泉看。他的邻居宋巨泉是安徽人，党员，织布车间丁班连队的副指导员,此人虽没什么文化,却喜欢坐在家门口看一本厚厚的毛泽东选集,有时一看就是几个钟头,至于他是真看着迷还是摆样子给别人看那就不得而知了。宋巨泉此人沉默寡言,虽与张培基同属一个连队但也很少交谈,张培基这一招或许是做给他看的……

那个年代,人人都装革命,我是如此,大多数人都是如此。张培基岂能例外!据我对他的了解,他是功利心极重的人,黄文华也多次对我提到这一点。不过虽然深知,但绝不点破,虽是好朋友,但彼此之间还是各自保留隐私。

我赶到张家,老远便见张家前后围满了人。张培基老婆那尖利的萍乡腔的九江话冲进耳鼓,震得耳膜嗡嗡作响。她虽然在哭,但丝毫不影响她叫骂的力度:啊,你这个中农反了天哪,敢打我们贫雇农。我家成分比你硬得多,雇农,三代讨饭,还说我没有做晚敬,没做晚敬怎么啦?就是不忠于毛主席?就该杀?毛主席有这个政策不?我们忠是忠在心里,不像有些人忠在嘴巴上……

我分开围观的人群,径直往里走。只见周棠英左手紧紧揪住张培基的衣领,右手欲撕扯着张的头脸。张培基双手挡开,欲挣开周棠英的撕扯。但周棠英死死揪着不放,使他的努力徒劳无功。

我努力把两人分开,张培基似乎处于理屈词穷的下风,对于周棠英叫骂、撕打,不还嘴,不还手。看见我来了如同来了救星,赶紧缩在我的身后,周棠英却不依不饶地穷追不舍。我问怎么回事,周棠英毫不避讳地高声叫骂:你说,这个畜生是不是个人,每天干革命写批判稿,屋里的事一点也不管,我也要上班。每天也是一身水,一身湿,回来还要赶紧给崽女喂饭喂奶,洗衣浆纱,洗屎洗片,买菜做饭,等这个畜生回来吃饭。他上早班,本来下午三点就可以回来,可一等二等,等到六点多还没回来,我就只好先吃饭。他这畜生七点回来,看我吃了饭就贼起个脸问我做没做晚敬?我哇做了。他不相信又紧问要我老实回答。我哇:我没做又怎样?这个畜生一听,鼓起个牛眼睛,一副要吃人的相,冲上来就朝我甩一个耳光,你说,我这肚子火硬像茅柴燃起来一样,烧得蓬蓬叫,我今天不打回这个巴掌我就不收场……

周棠英手口并用,边说边打,只是张培基闪躲得法,一直没让周棠英报复得逞,我倒替张培基挨了几下。我想,一定要让周棠英结结实实给他一家伙才能平息这场纠纷。主意已定,我看准时机,闪出了一个空档,周棠英也眼疾手快,"叭"一巴掌,扇了个正着,这清脆响亮的巴掌声引得围观的群众轰堂大笑,周棠英也笑落了满脸的泪珠。张培基捂着挨了一巴掌的左边脸,神色急剧变化着,最后也跟着笑了起来。漫天乌云,顿时烟消云散。

三查怪象拾零

  连队建制让拖儿带女的女工叫苦连天，业余时间被占尽耗干，能照顾家庭孩子的时间实在太少了。而连队干部则利用关系给老婆开病假条使自己的老婆不致于累垮，冯炎木便经常这么做。

  （连队建制一直持续到1971年九.一三林彪摔死后才终止，军队从此也不再吃香了，军代表大多回营，军队干部任职地方也少多了。）

  三查运动又是一个揭老底运动，每个人过去尘封的劣跡、处分、错误，甚至亲属中的问题、谣传，统统都会被揭露出来.

  三查期间翻出许多陈年囧事。三查时，我偶遇一位筒捻车间三查组长，问到汪德伟怎么样？我为什么这么关心汪德伟，因为这个瘦小个子的四川人很小便来到武宁县谋生，并莫名其妙地生下一个女儿，后来此女来九纺厂寻父，我惊讶于三十岁的汪德伟这么年青便有这么美丽的大姑娘女儿（大概年龄在十六岁左右）。

  三查组长听我问到汪德伟，把我拉到一边，神神秘秘地说：这个人问题严重啦。汪德伟说：毛泽东毛泽东，夏天的红太阳，冬天的西北风。我又极度震惊，按此性质够枪毙了，但后来不知为什么又不了了之。只按敌我矛盾内部处理.

  三查时，抽调了大量生产岗位上的人员充当专案人员，有的车间专案人员占车间总人数的十分之一。三查专案人员主要工作便是逼、审三查对象交代问题，但被揪的牛鬼蛇神都是屈打成招的冤死鬼，那里有什么可交代的。于是专案人员搞了一段时间也都疲了，经常借审讯批斗牛鬼取乐，打发日子。我的邻居上海人王伯年告诉我，他当年做牛鬼时经常晚上被提审，有一天晚上十一点又把他提出审问，是连队指导员亲自提审，但问的还是老一套，他答的也是老一套，但他回答完后，好一会也没听到审问者开声，便抬起头看了一下，他看到审讯他的指导员抱着女专案人员又亲又摸。他的抬头被指导员眼睛余光瞄到了，指导员勃然大怒，喝道：你看，看什么？看到什么？！王伯年忙低下头答道：没看到什么。虽然说没看到什么，还是挨了一顿饱揍。指导员狠狠地说：他妈的牛鬼还敢抬头，反了天！

  三查有条不成文的规定：牛鬼们走路、提审时一律低头，如果你抬头挺胸，就说明你不认罪不服气，还坚持反动立场。于是顺理成章地引申为要反击阶级敌人的猖狂进攻，坚决打击阶级敌人的反动气焰。

  三查还揭露出60年萍乡一件轰动一时的桃色事件主角的前世今生，又令我震撼不已。该女主角名叫周丽华，60年在萍矿机厂任车工，她与车间另一男工通奸被丈夫发现，丈夫逼她再次与情人幽会，在幽会热吻时把对方的舌头咬掉吐在灰堆里。丈夫警告：如不按他的办法行事，他将把他们俩通通杀死，然后自尽。被逼无奈，周丽华终于按此办理。被咬掉舌头的情人痛得又哭又跳，可还是尽快找到自己被咬掉的舌头跑到医院，因为是半夜，耽误了治疗时间，直到第二天上午才由外科医生帮他接上了舌头。但断舌延误太久又沾满灰终至无效。这件轰动萍乡的风流孽缘后来怎么样，它的主人公现在境遇如何，都是我想知道的，令人想不到这个答案竟然在九纺厂三查时揭晓了。周丽华我也看到了，这个在萍乡案发时传说的美女，现在看到真容令人大失所望，竟是一个矮小满脸雀斑的中年女工。她已离婚，前夫因策划这桩重度伤害案被判刑十年，周丽华判了缓刑。她的情人最惨，被开除工作，回到老家赣州，因舌丧失说话功能，找不到合适的工作，靠卖体力勉强度日。文革开始后，他将他的遭遇用大字报写出后，上吊自杀。这桩尘封的往事令我震惊，但在九纺厂却没有掀起波浪。经四清、文革及半年来三查的惊涛骇浪，人们都麻木了，一点点陈年旧事根本刺激不了曾经沧海的人们。

但程敏洁的死，还是在九纺厂掀起洪波巨浪。

《亲历浩劫：江西省九江市九纺文革纪实》

程敏洁之死

　　程敏洁，赣州人，二十一岁，细纱车间女工。这是一个美丽而高傲的姑娘，拖着一根油黑发亮的长辫，骑着一辆崭新的凤凰女式自行车，一路清脆的铃声，伴着这位衣袂飘飘的长发美女翩然而来翩然而去。她有才有貌还有钱，引得不少男工想入非非，垂涎欲滴。据说，细纱车间长日班不少男工向她表露爱意，却被她严词拒绝。

　　文革狂飙骤起，程敏洁起来造反，她能说会辩，勇敢坚强，被选为细纱车间造反派负责人。她曾几次当面批评我不够大胆、果断、坚决。有一次她拦住我说：小旷，你怎么对老保头子郭思超那么客气？还笑眯眯的，这个傢伙最坏，当年他经常带他们织布车间一五一一战斗队撕我们的大字报，我恨死他了，你还对他笑！

　　是吗。我真想不起来了，不过，对老保也要讲政策，除了几个首恶份子，大多数人还是要团结嘛，

　　团结团结？！现在只差没下跪求他们了！你们这些当头头只晓得做好人，恶人让我们做，你不晓得我们的工作几难做啊！……

　　我真有点怵她那张不饶人的嘴。

　　她在三查运动起来不久就被揪出来。据说，她异于其他牛鬼，在批斗会上从不认罪，总是跟主持人对来，当然挨了不少拳脚。

　　当时，细纱车间的最高领导人是原细纱车间长日班的加油工杨长山，造反期间，他组织了一个七人的铁扫把造反队。因他的母亲在忆苦大会上讲述了她当年在资本家的兴中纱厂做女工，临产前还在车间上班，导致在厕所里生下杨长山。这个在厕所里出生的杨长山便成了他根红苗正苦大仇深的政治标签。因此，被贺明星大力提拔，入党后又兼细纱车间党总支书记，成了细纱车间一千多人的皇上。

　　杨长山是造成程敏洁死亡的罪魁祸首，这是我亲眼目睹的铁的事实。

　　那是 68 年八月的一天下午，那天我午睡起来，去办公大楼办公室上班，经过大礼堂（大礼堂的后门是常开的，前台边门也是常开的，我从中穿过，可以避避夏日的阳光），看见细纱车间正在大礼堂舞台上批斗程敏洁。

　　我是出于对造反派的感情抑或出于对美丽姑娘惨遭批斗的恻隐之心，或许二者兼而有之。总之，我停下脚步，悄悄地注视台上的批斗，杨长山坐在舞台的台沿上作为总指挥发号施令，站在台上主持的是一个叫李健生的小矮个。

　　批斗会上，程敏洁依然桀骜不驯，问什么她都说没有，她的倔犟让她挨了不少耳光，美丽的脸也肿胀得变形。杨长山扯起嗓子叫道：操，我就不相信整不下这个泼妇，今天一

定要把她的态度打下来，这么傲烈还想过关。于是，对程敏洁的批斗升级了。有人揭发：程敏洁说江青不漂亮，还没有她漂亮。这句揭发引起了轰动。程敏洁扬起肿胀带血的脸斩钉截铁地答：我没有说。

杨长山不知为何，突然从台沿上一跃而起，冲到程敏洁面前扬手给了她一记重重的耳光。怒骂：说江青不漂亮，你几好看？你个丑相！杨长山的发怒激起了人们的情绪，有人高喊：剪掉她的头发。于是，有人跟着起哄：剪掉她的头发！剪掉她的头发！视头发为生命的程敏洁从胸腔里撕心裂肺地迸出一声呼号：你们剪我的头发，我就去死！（程敏洁把她那头乌亮秀美的长发视如生命，百般呵护千般爱惜，不惜耗时费力养护。本来细纱车间规定女工一律留短发，为的是防止长发被卷入机器。但程敏洁偏偏违反这条铁律，她把长发塞进工作帽，照样上班。）这是程敏洁留给这个世界的最后一句话。但死吓不倒革命群众，更吓不倒党总支书记杨长山。

剪！在杨长山的命令下，几个男工上前按住程敏洁，立刻找来剪刀，"咔嚓、咔嚓"，不一会她那头美丽的秀发便离她而去，头上的头发像狗啃似的惨不忍睹，配上那肿胀变形的脸庞，昔日美如天仙的丽人顿时成了不忍悴看的丑八怪。

晚上七时，便听到了程敏洁的死讯，她是投厂外大口井死的。据大口井周围的农村居民说：她站在大口井边沿徘徊良久，掏出镜子照了又照，最后才大叫一声：我的妈呀。头朝后仰面倒入大口井……

程敏洁死后，其父母家人并没有来九纺厂料理后事。替程敏洁整容穿衣的竟是过去指挥部老保中赫赫有名的干将曹开满。然后由时任工武连副连长的张利仁指挥几个民工，抬着装硷她的棺材，埋在蔡家弯后面的荒山上。

我没有去看程敏洁的遗体处理过程，我只感到身体被淘空了一般的难受。一个美丽如花的姑娘带着她满身的伤痛愤然而去，她的冤屈向谁申诉，难道冥府中有清正无私的判官吗？为什么造反派中的梗直之士总没有好下场。我同时深为我的怯懦自责，如果我当时劝一下杨长山不要剪她的头发，程敏洁就不会死，我的自私胆小害死了她，我是罪人哪！我脑海中同时泛现程敏洁批评我胆小时嘟起嘴唇的可爱样子，及她被打得变形的脸庞及被剪得狗啃似的头发的惨状。这两副面孔交换出现，让我痛碎肝肠……

贺明星鉴于对三查对象毒打升级的现象作了一个很智慧的讲话。他说：现在批斗三查对象时，有人出于气愤，拍一下打一巴掌是可以理解的，可也要警惕有人以极左的面貌出现，以对阶级敌人气愤为名，把三查对象毒打致死，以达到杀人灭口的目的，因为人死了再也不能开口说话了，与杀人灭口者有牵连的问题也就再也搞不清了……

这席话一出，批斗三查对象时，就没有出现毒打致死的现象。一旦出现失控的毒打，主持人怕担着杀人灭口的罪名便会干预，悄声警告：把人打死就不好交代了。因此，九纺厂三查尽管也轰轰烈烈，也揪人过多，多达五百多人。但比较全市其他单位而言，毒打三查对象的烈度相对要轻一些。

　　杨长山后来被定为三种人 被开除党籍，撤消一切职务，开除公职，并追究他致死程敏洁的罪责，倘坐实此罪可立即逮捕法办。但事隔久远，当事人多已星散，找到数人也没提供确证。这时唯我有清晰完整的记忆，但我没有提供确证。……那个疯狂的年代，催生了多少丧尽天良的罪人，杨长山不过是其中之一罢了。一旦梦醒，他们或许会悔恨终生，这是个全民族都要反思的问题，但至今都没有认真反思，还成了文学影视历史评论宣传领域的禁区……

《亲历浩劫：江西省九江市九纺文革纪实》

闪耀着人性光辉的老干部贾风武

　　九纺厂在三查期间也有不少闪耀着人性光辉的老干部，其中之一是贾风武。贾风武是整理车间支部书记，部队转业干部，北方人，而且是正宗的贫下中农出身，正宗的翻身农民直接参军的解放军战士，他胖大的身躯，威严的面容，却有副菩萨心肠。在三查最严峻的时刻，他竟然跑到我在办公大楼的工会办公室向我诉说三查的种种过火做法，他满面怒容，愤愤地说：那有这么瞎搞嘛！成份不好的揪，工作上有一点差错揪，说错一句话揪，写错一个字揪。一个运转班搞出十几个人，还要不要生产。今天又把黄国荣揪了出来，打成现行反革命。其实，这孩子就是喜欢在报纸上废纸上练字，这一练就练出事来了，那报纸的反面有毛主席像，哎。这孩子性格又倔又犟，我真怕他想不开……

　　我为贾风武的态度所震撼。当时，各车间的党支部书记便是各车间的皇上，掌握全车间人员的生杀大权。大都左得厉害，开口闭口阶级斗争你死我活的，每句话每个字一瞥眼神一声叹息都要联系到你的祖宗八代，都能找出敌情线索，恨不得把每个人脑袋剖开来用显微镜查找反动因子。整人揪人越多书记便越有威慑力，人人都会敬而畏之，唯恐被书记记恨而遭到打击，人人在他面前都献上可怜巴巴的笑容，诚惶诚恐，小心翼翼，大多数书记都追求这种杀伐决断于一身的当皇上的感觉。

　　可贾风武书记这是怎么啦？竟然对这雷霆万钧的三查运动狂潮泼起冷水来，这可不像一个政工干部的作派……

　　我说：你不是书记吗，揪谁不揪谁还不是你一句话。但贾风武长叹一声：唉，这些人想怎么搞就怎么搞，根本不通过我，可厂里的三查小组还支持这些人，小旷，你能向贺主任反映反映吗？

　　贾风武走后，我陷入了沉思，贾风武还把我当成可以影响最高决策人决策的人物。其实，我只不过是暂时栖身办公大楼的一只惊弓之鸟，泥菩萨过河自身难保。三查这时正值大潮，铺天盖地，顺之者昌，逆之者亡，此刻竟有人想螳臂挡车，可贾风武这种逆潮流而动的勇气和心存善念的举动仍让我感动……

　　连出身老干部的书记都无法阻止他们，那就说明三查十二级台风的威力，在这股飓风下，少数领导人的人性善念统统无法阻挡这股巨风之万一，你如果不随风裹胁而去，就只能被风吹翻。我联想到，如果贺明星也心存不忍为三查运动设置框框条条，他也很快会被左棍子打倒……

《亲历浩劫：江西省九江市九纺文革纪实》

我传达程世清讲话

虽然三查运动的种种惨象频出，但上级不但没有强调放慢节奏落实政策，反而步步紧逼，反右倾排干扰鼓干劲深挖细找三线敌人，越演越烈。江西省革委主任江西军区第一政委程世清亲自出马作了长篇动员报告：要求把三查运动进一步推向新高潮，要进入深挖细找，挖第三线阶级敌人的阶段。

程世清的报告，贺明星派我去听，由我传达。我仅用一张香烟盒纸写了讲话顺序，便传达了一个半小时。（这个报告反映了当时全国政治宣传的主要思想理论脉络，所以略详。）

程世清的报告分四部份。第一部份，强调要打仗。（当时，中国和美、苏及除越南、阿尔巴尼亚以外所有国家为敌［包括朝鲜］，所以，统称他们为帝修反。）帝修反想消灭我们，时时刻刻准备向我们进攻。中美、中苏之间必有一仗，台海之间必有一仗，中印之间也必有一仗。但我们不怕，美苏如果扔原子弹，我们也不怕。毛主席说了：无非是死一半人，死了三、四亿，我们还有三、四亿。我们剩下的这三、四亿人也可以把毛泽东思想红旗插遍全球……第一次世界大战打出了一个社会主义国家苏联，第二次世界大战打出了一个社会主义阵营，这第三次世界大战将会把红太阳的光辉照遍全球……

第二部份，讲三查清理阶级队伍的重要性必要性和迫切性。帝修反要打我们一定要依靠内应，依靠他们的别动队。我们搞三查清理阶级队伍，就是要肃清埋藏在我们内部的定时炸弹，隐藏的阶级敌人，把他们统统消灭干净，让帝修反即使打进来也找不到带路的报信的，让他们成为聋子和瞎子，陷入人民战争的汪洋大海。这就是我们在大战前先要把隐患排除掉，现在面上的阶级敌人大部份揪出来了，但还有许多隐藏得很深的阶级敌人，这些隐藏的三线敌人还有待我们深挖细找，我们不能松劲、不能懈怠，还要一鼓作气地趁胜追击扩大战果，掀起对敌斗争的新高潮，把三查的烈火烧得更旺。如果让他们复辟资本主义，我们工人阶级贫下中农就会吃二遍苦受二茬罪，千百万人头就会落地。千千万万革命烈士抛头颅洒热血打下的江山就会毁于一旦，地主资本家富人又会重新骑在我们头上。

第三部份，讲正确对待反面的声音。

我们现在的三查取得了很大成绩，但反对的声音也不小。帝修反就大肆污蔑我们，说我们血腥残暴。毛主席教导我们：凡是敌人反对的，我们就要拥护。帝修反反对我们，说明我们做对了，说明我们挖到了他们的痛处，他们这才嗷嗷叫。但我们队伍内部也有一些人有糊塗认识，他们抱怨我们打击面过宽，把一些好人也伤害了。所以，我们现在要强调稳准狠地打击敌人，稳准狠，关键是一个准字，但不能因为强调稳准狠就缩手缩脚，还是要深挖细找。搞三查是毛主席关于清理阶级队伍的伟大战略部署,肯定要误伤一些人,狼进了羊圈,要打狼必定要伤到一些羊,这是不可避免的……

第四部份,坚决反美不动摇。

美国号称它很美,其实,它最不美,最丑,它是帝国主义及各国反动派的总后台,是无产阶级劳动人民的死对头,是我们的死敌。在美国,无产阶级劳动人民特别是黑人受尽剥削压迫,过着牛马不如的生活,他们苦苦地盼望我们去解救他们。我要告诉你们美国的一些令人难以想像的事情,比如,儿子到父亲那里帮忙扫了地,也要父亲给他工资。这样的国家这样的社会,你说可笑不可笑。我们现在当家作了主,不要忘记全世界还有三分之二的穷人,还在垄断资本家的皮鞭下受苦受难,我们有责任去解救他们,特别是美国的无产阶级劳苦大众……

三查众生相

我传达完这个报告后，九纺厂的三查运动又掀起了一轮新的深挖细找揭批高潮。而我竟成了推动这一运动的吹鼓手，我心里极端厌恶的东西却成了我嘴里吹捧的东西，我的心口不一，也是当时很多人的真实写照。为什么会这样，就是怕打击的铁拳落到自己头上，正如著名导演陈凯歌所言：那个时代最能代表人们心态的就是一句话，恐惧。

我看到一份牛鬼的交代材料，这是有文化的牛鬼每天必做的作业，这份交代材料的作者是吴树声。他是文革前的高中生，古文功底很深，他与牛棚中的同室难友历史反革命廖公仆诗词互相唱和，廖公仆是国民党军的军医，自然，每次运动都是运动员。两人在牛棚以古诗明意。

廖公仆的诗是：

　　一封朝奏九重天，夕贬潮阳路八千；
　　本为圣上除弊政，敢将衰朽惜残年；
　　云横九派家何在，雪拥兰关马不前；
　　知汝远来必有意，好收吾骨漳江边。

吴树声的诗是：

　　葡萄美酒夜光杯，
　　欲饮琵琶马上催，
　　醉卧沙场君莫笑，
　　古来征战几人归。

好一个醉卧沙场君莫笑，古来征战几人归。这诗深深地触动了我的心弦。我联想到我们这无尽无休的政治运动也不啻于一场接一场的战争，今天打这个，明天斗那个，后天说不定就打到你自己头上，人们在这一场场没有硝烟的战斗里都难逃厄运。所以能快活一会，能放纵自己一下颠狂一下，就尽情放松吧，苦中作乐即使死也无憾了。

那时侯牛鬼的日子实在难熬，住在牛棚里的牛鬼比看守所的囚徒要苦十分。有幸住在宿舍区家里的牛鬼也不轻松，你和你的家人要时刻尖起耳朵倾听广播喇叭里的勒令，一旦勒令：反革命份子某某某（即你的名字）下午三时到大礼堂接受批斗，你就必须自己挂好写着你自己罪名姓名的大牌子，提前赶到。但有时批斗主持人不按规矩办事，仅提前半小时才勒令你赶往大礼堂接受批斗，在喇叭勒令的厉声催促下，你手忙脚乱惊慌失措，拿了这样忘了那样，备齐了挨斗的家什再以百米冲刺赶往批斗会场，赶到后累得脸发青脚抽筋几欲瘫倒，还不忘问一句：我没迟到吧？

最苦的是那些年老体衰的老牛鬼，一听到催命鬼似的勒令，往往需要家人的搀扶才能赶到。有一次我亲眼看到七十多岁的老资本家陈志恒被三姨太搀扶着赶去接受批斗（他是全厂的公共财富，任何车间科室都可勒令他主斗或陪斗），陈志恒整个身子都压在娇小的三姨太身上，另一只手还紧紧地抓牢他的大纸牌，三姨太咬紧牙关，一步一挣半背半扶地往前赶，陈志恒一边走还一边气喘吁吁地用上海话咕噜着：快！快！去晚了伊们要生气的。我当时正在旁边，想去扶一把，众目睽睽之下又不敢……

如果不按勒令接受批斗或迟到会怎么样呢？那后果很严重，每个单位都有一批勇敢份子，他们往往是一些既无文化又无技术，吊儿郎当但出身成份好的二赖子，他们视搞运动搞阶级斗争为盛大的节日，他们捆绑冲杀在前，是领导搞运动的得力助手，他们以打人为乐以残暴为乐以恶作剧为乐，以看人受虐为乐以找乐子为乐。违抗勒令，便让这些人有了打人升级的借口，不定会试验什么批斗新花样，让被批斗者生不如死，如果有人出来阻止，那他或她就会遭到劈头盖脸的一顿臭骂：毛主席说，对敌人的仁慈就是对人民的犯罪。你同情敌人，你站在什么立场，屁股坐在那一边。雷锋同志说过：对敌人要像冬天一样严酷无情。你怎么对敌人像春天一样温暖呢……好在敢出来讲两句话的，大多都是成份好的红五类，最后也只不过戴上对敌斗争不坚决，阶级立场不稳，温情主义帽子……

被勒令点名的牛鬼，无不乖乖就范。余锡林是极为精壮剽悍的上海人，是造反派震慑老保武装的标杆式人物，但一纸勒令便也自制纸牌乖乖地站到厂门口示众，因为他知道，他们面对的不是一些对他们有意见的人，而是整个国家机器……

《亲历浩劫：江西省九江市九纺文革纪实》

联络组第十六期学习班

时隔不久，贺明星又指定我负责主持办联络组第十六期学习班。工武连指导员张淑琴协助我。张淑琴就是那个 65 年被厂党委书记桂光星表扬过的帮海军洗衣服的姑娘，她早已入党也参加了造反派，但她和老保方面的领导人物都保持了良好的关系。她被所有人都看成是政治可靠绝对可以信赖的革命接班人，她名正言顺地当上了武装连指导员书记，车间指导员书记。由她来作我的副手，我把她看成监军（实际不是）。

我主持的联络组第十六期学习班的学员对象是准备解放的牛鬼，这批牛鬼共有三十多人，被揪出的罪名五花八门，但又都是微不足道。

比如，我们萍乡老乡彭伯泉仅仅因为一句私房话便被揪出。彭伯泉从萍乡调来时是单身，想老婆想得上火，满脸长满青春痘，外号叫色子乃（萍乡土话，意为长青春痘的孩子），他的六十元高工资很吸引人，他很快便找到了一个波阳美女余细莲做老婆。有一天和老婆行房之前讲了一句大不敬的话：现在吃饭早敬晚敬，跟老婆睡觉要不要祝毛主席万寿无疆。这句话被隔壁的人听见揭发出来，于是被揪了出来。（虽然彭伯泉出身贫农，但揪出来的批斗依然严酷无情，他现在还念念不忘揪斗他时，用沙篓装八块砖再用铁丝挂在他的脖子上，他的脖子至今还留下后遗症。）有的因为写黑板报把祝毛主席万寿无疆，写成无寿无疆，被揪出。有的则是朋友把其平日不满言论告发而揪出。有的纯属成份不好，领导看不顺眼。还有被人陷害的或垫坐在屁股下面的报纸有毛主席像。有的不慎摔碎了毛主席像章。也有的纯粹是因为太漂亮，让领导看着刺眼，便把她揪出来。该领导参加过志愿军赴朝打仗，其实也是富农出身，不过比贫下中农出身的领导更左。他说：这女的这么漂亮肯定有问题，在旧社会只有地主资本家有钱人家才能生出这么漂亮的女子，因为地主资本家富人有钱才可以讨到漂亮的老婆，生出漂亮的儿女，穷人有个麻婆子做老婆就谢天谢地了。（当然，这是该领导在工段三查小组动员会上的内部讲话。）揪她出来还有其他的罪名，同宿舍的人揭发她对社会有不满的言论。这个美丽的牛鬼叫王怀媛，是刘树斌所说的一百分。

所有的学员都知道，自己是准备解放的，因而很期待。我的一句：同志们。让其中很多女性痛哭失声，这是他们第一次被认同不是坏人的官方结论，他们又回到人民的行列中来了，从此他们不再戴牌子低头弯腰示众了。不要再每天在毛主席像前请罪一小时。这一刻，我成了他们的救星和解放者。

我介绍了一番张淑琴，以她的身份说明厂革委对这期学习班的重视，并请她讲话。张淑琴显然不大会在大众场合讲话，她说了几句便突出了我的主持人身份，说她是副手，这期学习班由小旷负责。而我正是要她这句话，在这一个星期的学习班里将由我唱主角。但这一个星期该怎么安排，贺明星只是泛泛地要求，让这些应该放下包袱的三查对象心情愉快地回到生产岗位上去。贺明星最后补了一句感情深重的话：他们受苦了。这句话使我鼻子一酸，我知道有那么多无辜的人被网罗在这场三查运动中，我对他们的遭遇感同身受。这都是在上级一层一层施压下的结果，一级逼一级要成果要揪出的人数，要统计数字，一次一次的反右倾鼓干劲，狠抓阶级斗争，谁揪出的人多，谁就是阶级立场坚定斗争性强对敌斗争坚决。即使过头了也不过是好心犯错，越左越革命成了整人狂的信条，而你稍发善心稍为凭点良心就会被诬为右倾，就会被那些左棍子攻击而陷入泥淖。这种气候氛围使那些良心未泯的干部也只得随大流以自保，这真是个逼良为娼的运动。

而我们这些被揪的三查对象，无论男女，只要被人一点名，或者被工长一宣布揪出来，则一个个像被魔鬼吸去灵魂一样，更像待宰的羔羊，立刻就自动进入牛鬼的角色。我看到辛叶华是如此，两个身高不足一米六的小徒工拿着一块硕大的纸板，站在厂大门口守候着，看见细纱车间造反派负责之一的辛叶华走来，便微微笑着说了一声：你被揪出来了。然后，把那块写有她罪名的牌子往她颈上一挂，辛叶华便乖乖地低头垂手站在厂门口示众，一句我犯了什么罪的话都没有，宛若被神法定住了一般。其时，我正在她身后几步之遥，看得清清楚楚，让我震惊不已。小徒工轻轻的一句话，就让出身成份好、强势、好斗的女将伏首就刑。甚至看到高大英俊的余锡林也是如此，并没有人押他，只不过一张通告，一声勒令，他们便乖溜溜地自制挂牌，站到厂门口的大汽油桶上示众。几乎无人敢责问施虐者：我何罪之有。只有程敏洁例外。

贺明星是九纺的皇上，但他也只能随波遂流。只是在打人的烈度上做点文章，但他显然是知道绝大多数三查对象是无罪的囚徒，不然他不会有这句：他们受苦了的话。

但我能跟他们说什么呢？同张淑琴商量，她全部推到我身上：叫你负责，你就大胆地安排吧，我一切听你的。

既然一切都听我的，我就把一周六天分为两个阶段。前三天，由我讲故事，讲他们为革命作出牺牲的光荣和必要性，讲潜伏的敌人，讲西班牙内战的第五纵队，讲《水浒传》里的三打祝家庄。我甚至讲到王佐断臂：岳飞率领岳家军北上抗金，一直打到金国首都朱仙镇，金主有一位公子武艺超群勇寇三军，很不好对付，两军相持不下。岳飞部将王佐，砍下自己的一只手臂来见岳飞，告知自己的苦肉计。原来金主公子陆文龙之父是宋朝知府，被金兵破城后自杀。金主将知府遗下的幼子带回到金国收为义子，在金国长大的陆文龙至今还不知自己的身世。王佐以岳飞砍他手臂为由，愤而投金。伺机接近陆文龙，告知他的身世，让陆文龙反叛金木术，重回宋国。王佐之计果然奏效，陆文龙了解了自己的身世后，毅然背金投宋，里应外合打败了金兵……

我这几天都在讲故事，讲的人和听的人都舍不得走，连吃饭时间到了，都不愿离开学习班。张淑琴也听得着迷，不时地冒出一句：小旷，你还真能说。

讲了三天。然后，一个一个人个别谈心，这是最受人欢迎的措施。每个被揪的牛鬼都有一肚子委屈和苦水，但要他们在大会上诉苦，他们有顾虑。可我与他们私下里谈话，我宣布：不打棍子、不戴帽子、不上纲上线，有苦的诉苦有气的出气，我不记录、不录音、不上报，不告诉任何人，所有的话到我这里就到了保险柜里。

在我找学员个别谈心时，张淑琴主持其他学员座谈。但张淑琴和座谈的学员往往冷场，人们都眼巴巴地望着舞台进出口的门。（我们学习班设在大礼堂舞台侧边的化装室，我找学员们谈话的地点就在舞台幕布后面。）但我和学员们谈话也可长可短，有的讲了二十分钟就完了，而有的人却可以滔滔不绝的讲两个小时，有的讲着讲着就痛哭不已，怎么劝也停不下来，这时你只得耐心地待他（她）哭个够。不过，所有谈过话的人，都像换了一个人似的变得容光焕发、神采奕奕，不再畏畏缩缩、眼神惊疑不定。

但其中有两个人与众不同。一个是科室的严锦荣。严锦荣是上海人副科长，也是科室造反派头头之一。他跟我谈话，头一句就是：小旷，想不到你工作做得这么过细，我们当初总认为你年青比较浮，工作不扎实，现在看来，你进步不小啊。

严锦荣的话令我哭笑不得，宛若他不是将被解放的三查对象，而是组织部的巡视员。我也只好给他戴几顶高帽子，说他水平高能力强，将来肯定会大有前途。我不过是个小工人浪得虚名，将来还要请他多关照。严锦荣立即允诺将来对我关照，我非常感谢地站起来跟他握手，也即表示谈话结束。

最后一个被谈话的是被称作一百分的美女王怀媛。把王怀媛安排在最后是因为我不大敢面对她那双美丽的眼睛。她是南昌人、织布车间乙班挡车工，她个子不高但丰满圆润。一面之下便令人想起法国作家莫泊桑的小说《羊脂球》中主人公的形象。我的老乡刘树斌评价她为一百分的美人显然过头了，但绝对是九纺厂里一流的美女。最让我印象深刻的是她那意蕴朦胧的双眼，这双眼含忧带愁、春怨悠悠瞥你一眼便似有无限情愫。现在，我以她命运操弄者的身份和她谈话，我居高临下的身份并没有让她怯场。她那双美丽的眼睛定定地望着我，她的穿着朴素至极，打扮也普通，却掩不住她那惊人的艳丽和逼人的青春气息。我们坐在舞台幕布后的布墩上，相距不到一米，四周渺无人影也无人声，一个单身男青年和一个单身妙令美女独处一隅，必然会带来一阵狂乱的心跳，但我又不能避开她的视线，一时间两人默默相对。最后，还是王怀媛先开口，她的第一句话便使我面红耳赤。

王怀媛说：小旷，你家庭成份不是那么好吧？我怔住了，不由自主地答了一句：你怎么知道？她说：你在厂里这么有名气，为什么成立革委会连个委员也不是？

我叹了一口气：唉，我的事一言难尽，小王，还是说说你的事吧。

王怀媛说：我有什么事？还不是成份不好，我在工段里，产质量从来都是前一、二名，我走的巡回，连操作员都说可以作为全车间的标准样板。我不但在工作上不让人家讲闲话，生活上我也尽量做到不让人家讲闲话，人家打雪花膏，我擦百雀羚。穿的衣服都是不带色的不是青就是蓝，可还是遭人嫉恨，女人们处处挑剔我这样、那样，连走路的样子都被她们说成是妖精……

她那红唇不停地翻飞，双眼含泪，对我无保留地倾诉她的苦楚和委屈。我不由插了一句：大美遭嫉啊。

王怀媛接过我的话题，又滔滔不绝地诉说：我长得漂亮一点也是我的错吗？男的巴不得一口吞了我，女的巴不得给我倒溉水，好像我的存在盖掉了她们的光采。指导员谢富荣更是一开会便点我、敲打我，背后说我长得这么漂亮肯定家庭有大问题。最后，由于我的同宿舍女工揭发我说过西方国家生活好，便把我以赞美帝国主义国家，仇恨社会主义中国的罪名把我揪了出来。

你到底说了些什么？我问。

其实，我处处注意不能乱讲，因为我的哥哥在西德，我知道这个利害关系。不过，有一次我和同室的女友偶然谈到我哥哥，她问：你哥哥在德国有一百块钱一个月吗？我说：可能不只。她问：多多少？我说：起码几倍。就是这么一句话，被改造成宣传资本主义国家腐朽生活，妄图复辟失去的天堂。当然，我的家庭成份也不好，父亲有历史问题，可不是"出身不由己，道路可选择"吗？她接着说。

我又问：根据你们织布车间报上来的材料，说你旷工二、三个月？

她说：那是因为我在批斗我的会上，说了指导员谢富荣也是富农成份。

啊，你敢在批斗会上说谢富荣出身富农。我为她胆大包天的行为震惊。谢富荣是参加过志愿军赴朝作战的部队转业干部，此人身材高大小眯眼却又长着一个硕大的鹰钩鼻子，如果不是黄皮肤，那就活脱脱是一个美国兵，而且是一个丑陋的美国兵。谢富荣是个左棍子，是老保指挥部跳得很高的骨干，口口声声说造反派是一伙地富反坏右资的狗崽子组成的反革命派。在三查中也是揪人最狂的指导员，对于出身不好或有这样那样问题的人来说，他绝对是个凶神恶煞。连我都想不到他竟出身富农。这个美女是怎么搞清谢富荣的家庭成份？又是怎么在大庭广众下揭露出党支部书记指导员的隐私的？

这显然是王怀媛得意之举，她向我讲述了揭露谢富荣指导员的全过程。那天批斗她时，批斗者说：她是反动阶级的孝女贤孙，一贯地反党反社会主义。她反驳说：我没有反党反社会主义，努力为社会主义添砖加瓦，我的产质量在全工段都是最好的。批斗者说：什么阶级说什么话，什么藤结什么瓜，反动阶级的子女总是妄想变天，恢复他们失去的天堂，他们即使表现再好也是伪装革命。

其实，王怀媛早就想好了报复谢富荣的方法，她就是在等这一句话，等这句话一出，她的回答就顺理成章。她说：你们这个说法不对，不符合党的政策，党的政策是讲成份，不唯成份，重在表现。我们党内很多干部都是出身剥削阶级家庭、反动阶级家庭、地富反坏资的家庭，但只要他们表现好，一样可以重用。比如，我们工段的指导员谢富荣同志就是出身于富农，还不是一样地当我们的指导员。

这句话一出，大家都蒙了。指导员谢富荣更是张口结舌。人们想不到这么革命的指导员竟然是出身于富农这样的敌对阶级，谢富荣也想不到自己的隐私竟然会在全工段二百多人的大会上赤裸裸的暴光。这叫他这个开口革命闭口打倒的左棍子情何以堪？他今后将怎么领导这个工段？面对这二百多号人？可王怀媛说的又合情入理，找不到任何可以下嘴的破绽，这条可恶的美女蛇！

工段批斗王怀媛会议的主持人也乱了方寸，不知如何收场，再斗下去怕王怀媛会再暴出什么令人不堪的猛料。主持人望着呆若木鸡的指导员，自作主张地宣布：今天的批斗会到此结束。以结束这场尴尬的批斗会。

批斗会结束后，王怀媛后怕不已，她知道指导员谢富荣报复心极重，他肯定会疯狂地报复。在这阶级斗争调子越喊越高，指导员掌握着每个人生杀大权的形势下，整死她这样一个女工比杀一只鸡还容易。王怀媛选择了逃亡，她有一个表哥在西北地质勘探队任技术员，她便跑到西北青海投奔表哥，在表哥那里躲了三个月才返厂。这时，厂里批斗的风声烈度有所缓和，谢富荣也没敢往死里整她，加之她工作的确出色，便把她列入了待解放的对象。

我惊讶王怀媛的聪明智慧，为她对施暴者巧妙的反击钦佩不已，更为她敢于这么做的胆气所折服。当时，有哪一个对于掌握他命运沉浮的领导敢反抗反击，不顾生死，男子汉几乎没有，女性倒有几个，李慧生是一位，程敏洁是一位……在坚守立场，英勇不屈方面，女性要远优于男性，我对她们都怀有深深的敬意，眼前这一位也让我肃然起敬，这是一个多么有胆有识有性格有担当的美女，我顿时有些心旗摇动，但一个直觉蓦然飘来。

我说：表哥？你到青海是不是与你表哥成亲。

王怀媛望望我点点头又摇摇头。

哦，原来她已结婚成家。这使我这未婚青年放下了那一丝莫名的情愫。开始毫无顾忌地打量她，以一个局外人的目光审视这个一百分的美女。我不得不承认，王怀媛确属天生丽质，即使她用灰蓝色的衣着包裹自己，也掩盖不了她惊人的美丽。和一个美丽的姑娘谈心也是愉快的，而且，我可以透露一点我对三查真实的感受，我坦率地承认三查是瞎搞，我还讲了几个无辜男女被揪出来的荒唐案例。她也完全敞开心扉，以女性细腻纤柔情怀说她和她家的遭遇，她的遭遇令人心碎，她那口软糯的南昌话是那么动人心魄，她无论从里到外都是那么纯洁美好，她不应该遭到这么残忍的对待。我们像一对促膝谈心的知已，已不知时间的流逝。直到张淑琴登上舞台的台阶，催促我回去吃饭，才只得结束这长达三个小时的谈话。时已天黑，学习班也早已下班。张淑琴已买好饭与我同在学习班内吃饭，张淑琴一边吃饭一边问我：你们俩谈什么呢？我说：还不是谈她的案子，一说就没完。张淑琴说：男人嘛，一看见漂亮女人就起不了身。我说：说哪儿话，她已经结婚，我这也是工作嘛。张淑琴说：跟你开个玩笑，别当真。

学习班结束，学员们个个都千恩万谢，感谢旷小林、张淑琴，感谢党组织对他们的宽大和挽救，他们如此罪孽深重，领导上都不嫌他们，还让他们回到革命队伍中来。而我在心里却是另一番感触，这些人怎么啦？明明自已遭到不白之冤，却没有一个敢在会上诉苦，痛斥迫害自已的元凶。

学员们都离开了，我也准备走了，可张淑琴迟迟不走，我催她：小张，走吧。她却突然坐在椅子上头附在桌子上似哭非哭地抖动，我仍然不解其意，走过去抚着她的肩膀说：怎么，哪儿不舒服？生病了？

张淑琴仍然不说话，只是抖动得更猛烈并哭出了声，我站在她面前一时不知所措。猛然，她一把抱住我，眼泪鼻涕糊了我一身，头埋在我怀里不停地哭泣摩擦。事到如今，再不黯风情也晓得是怎么回事。张淑琴用这种方式表达对我的爱意，实在让我意外。我回忆与张淑琴的交往史，似乎没有擦出爱的火花，她也没有说过一个字的爱你喜欢你之类的表达。而我表面上对她尊重有加，实际上我对她那根红苗正的红色接班人的形象敬而远之，对她每天以工武连（全称是九纺厂基干武装民兵连）指导员的身份给牛鬼们训话的那副凶像让我由衷反感，所以，我很难接受这么一位红人。但我又不敢得罪她，以她的身份要报复我也是易于反掌。于是，我也默认了这段没说过爱的恋情。我们秘密交往时日不短，但没露出一点风声，任何人都没想到她和我有这方面的关系，我有时也想和她定下终身算了，她毕竟也有很多优越条件，我们私下里从没谈过以后的打算安排。有一次我跟她试探：小张，我家的成份不怎么好，她毫不吃惊，随口回应：我早就知道。我说：你知道还和我好，将来人们知道我们的事该怎么办？她沉默了一会，突然冒出一句让我惊骇万分的话：那我就去死！

（应该说，我对张淑琴也是误会了，张淑琴只是因先天的条件而被红色大潮托起的一朵浪花而已。张淑琴后来作为工农兵大学生上大学去了，不然，我真不知道怎么面对。）

但王怀媛在学习班结束后，又到我们男宿舍找过我两次。一次说有事，我陪她到厂里转悠了好几圈，也没说出个什么事来。第二次来，正好宿舍里没其他人，她欲言又停留，最后才幽幽地说了一句：我上次说我表哥的事，不是那么回事。到底不是哪么回事？她也没细说。我再愚钝也看出了她的意思，只是她已结婚了这道坎阻止我继续往下说，她最后哀怨地看了我一眼，转身离去。

（王怀媛后来投长江自杀，那又是一个长长的故事。）

卷十三：程世清治赣

《亲历浩劫：江西省九江市九纺文革纪实》

中央派程世清率军来江西主政

1967年七月，周总理招驻山东莱阳的二十六军政委程世清及军长杨栋梁赴京受领任务。

1967年八月初，周总理在人民大会堂江西厅接见江西四方代表，宣读中共中央处理江西问题的决定：

一、江西省军区及部分军分区的某些领导人，在支左工作中犯了严重的方向路线性错误，支持了保守派，镇压了造反派。为此，中央决定改组江西省军区，任命程世清为福州军区副政委兼江西省军区政委，杨栋梁为江西省军区司令员。

二、六零一一等部队将陆续进驻江西各地，中央号召江西省的革命造反派，支持进驻江西支左部队。

三、中央决定由程世清、杨栋梁、陈昌奉、万里浪（江西造反派总负责人）、刘瑞森、黄先（二人均为亮相支持造反派的省级干部）等人实现革命的三结合，组成省革命委员会筹备组，领导全省的抓革命促生产。

程世清，男，1918年出生于河南新县陈店乡。自幼家贫，只上过一年学，1929年便参加革命。历任宣传干事，营教导员，团政治处主任、团长、师长、军政委等职。1967年八月任江西省一把手。程世清从1967年八月至1972年三月在江西主政五年之久，这五年给江西人民带来了深重的苦难。1972年三月程世清涉林彪集团案被捕，后关押在秦城监狱，开除党籍，撤消一切职务……

程世清率部刚到江西时，遭到江西军区部分负责人的抵制，特别是江西抚州军分区司令员夏绍林。

1967年八月二十三日，抚州军分区司令员夏绍林指挥抚州军分区所部和一部分基干民兵伏击了进驻抚州的六零一一部队。当场打死五名六零一一部队战士，打伤五十七名战士。

这次事件被毛泽东周恩来定性为军事叛乱。

事件发生后，程世清处理这次事件表现出了克制和理智。他并未下令强攻抚州，而是把进驻抚州的部队撤了回来，改派飞机飞往抚州散发中央处理江西问题的文件，文件上有毛泽东批示：此件看过，照办。

夏绍林竟命令朝散发文件的飞机开枪，将飞机打穿了两个洞。夏绍林严令不许外来部队跨入抚州地区一步！但中央文件精神还是传到了抚州军分区，军分区政委王景义首先"反水"，表示要听从党中央毛主席的安排，军分区指战员和抚州保守派，放弃了抵抗，六零一一部队进驻了抚卅,夏绍林被撤职法办。

程世清刚到江西表现尚可,并不代表他以后会做得好。相反,程世清和大多数军队将领受领各省主政任务后,大多都经历过刚开始还知懂慎用权,一旦站稳脚跟就都开始自我澎胀,为所欲为。大开杀戒,草菅人命,冤狱遍地,血流成河,给人民带来深重的灾难,比旧省委走资派更凶狠十分。

《亲历浩劫：江西省九江市九纺文革纪实》

程世清的"三查"把江西淹没在血泊中

程世清自省革命委员会正式成立后便大搞三查。其实三查只有一查，查"阶级敌人"。程世清以军人的直觉，深黯杀人立威，恐惧立威的权术，以阶级斗争开路，在江西大地上演了一场腥风血雨的大戏。

程世清喊出了很多血腥的口号：群众办案，群众定性，群众判刑……

敌人要杀我们怎么办？我们只好先动手杀他们……

帝修反要打我们，就指望我们内部的敌人为他们带路，搞破坏，我们一定要把这些暗藏的敌人统统挖出来……

要深挖细找二、三线的敌人！

毛主席说，百分之九十五是好人，但还有百分之五的坏人，江西三千万人，百分之五就有一百五十万坏人……

程世清年富力强，精力旺盛，他一刻不停地在全省各地巡游，煽风点火，抓阶级斗争，他的名言就是揭盖子，抓王八！

程世清走到哪里就把敌情讲到哪里：

我们江西，光从档案里就清查到叛徒特务有四千多……方志纯当省长又保下了一批……上饶集中营留下不少特务……南昌庐山曾是蒋介石的大本营，我们很多地方都是和平接管，和平土改，国民党留下的摊子基本没动。江西医学院过去叫中正学院，院长就是国民党员。1949年一批国民党渣子都留在了江西……盐务局，航运局，港务局都是原班人马。学校更复杂，干部教员中潜藏着不少坏人。南昌七中便是教会学校，是专门培养特务的……

程世清煽动阶级斗争还有一招，那便是制造即将打仗的恐怖气氛：中美必有一战，中苏必有一战，台海必有一战，我敢担保1969年一定会打仗！因此，我们要实现军事化。一切部门，一切单位，都要按军队编制编成军师团营连排班。无论城乡老幼，都要在这个军事网络中找到自己的位置，一切为了打仗。因为要打仗，就要把帝修反的别动队统统挖出来，燃起三查万把火，横扫一切 牛鬼蛇神。让敌人进入国门后，找不到带路的。

在程世清的强力推动下，全省三查运动如火如荼地开展起来了。三查运动在全省铺开仅一个星期，自杀者便达到了五千多人。全省各地到处杀气腾腾。

江西万年县，这个人口仅二十一万的小县，两个星期便揪出了八千一百零七人（包括他们的直系亲属，涉案人员近五万）。

凡是被揪出的阶级敌人，三查对象一律大刑伺侯，捆绑、吊打、压杠子、老虎凳、跪玻璃渣、坐飞机、火刑、电刑、开水浇头、鸭子浮水、灌屎尿……受刑人无不屈打成招，打死迫害致死的二百七十八人。

红军发源地瑞金是程世清搞"三查"的重灾区之一。

瑞金县率先搞民办枪毙，县革委某些负责人放出一个谣言说：阶级敌人要杀我们，我们不能坐以待毙，要先下手为强，先把他们杀掉！

想杀谁，就杀谁！不要证据，不要立案，不要审批，向国庆献礼。

1968年九月二十三、二十四日就杀了一百二十三人，九月二十五日杀十五人，九月二十六日杀十六人，九月二十七日杀十九人。其中杀得最多的是律阳公社，共杀了八十九人。

瑞金县一部份领导成员甚至打算放一个杀人"卫星"，搞一个惊天动地的大动作；准备一次性杀掉集中关押的五千个三查对象，幸而千钧一发之际，被有关方面制止，这五千颗人头才没有落地！

瑞金县共揪出阶级敌人，牛鬼蛇神五千五百一十九人，其中叛徒八百三十人，占瑞金县老红军老干部的百分之八十。所有被揪三查对象无不遭到酷刑折磨，有的折磨致死。其中，瑞金县大黄公社卫生院一位女医生被诬为反革命份子，严刑逼供，用电触奶头，用开水浇阴部，当场毙命。另一个被揪斗的三查对象在办公室走廊里，为了自证清白，用菜刀剖开自己的肚子，从肚子里拉出肠子，用剪刀一截截剪断，一边剪一边大叫：大家来看看，我的肠到底是红的还是黑的？

围观者众，但没有一个人出面劝阻制止，都怕引火烧身，说自己同情阶级敌人。

这个三查对象便在众目睽睽之下，声嘶力竭的呼喊中渐渐声微气绝，倒地而亡。

瑞金县还破获了反革命组织四十九起，涉案千人。

事后查明，所有被揪被杀的三查对象，牛鬼蛇神没有一个是货真价实的反革命。所有破获的反革命组织统统是编造出来的假案，统统都是被屈打成招的冤死鬼！

公社大队干部可以随便杀人，想杀谁就杀谁，不要立案，不要证据，不要审批。如此一来，瑞金县各公社仅从九日二十三日起至十月七日，就杀了一百七十七人，年龄最大的七十岁，最小的只有十一岁，其中四十多人是地主富农的子女，五十多人是贫下中农出身，其它都是所谓的四类份子，他们都是以"现行反革命"或"反革命集团组织成员"的名义，在没有任何证据的情况下被杀的。

杀人的手段也是集古今中外一切酷吏之大成：除枪毙外，还有石头砸、棍棒打、刀捅剑削、炸药炸、斩首示众、丢水沉塘、高空抛物……据不完全统计，民办枪毙共杀了三百多人……

受瑞金县民办枪毙的影响，同属赣南老苏区的兴国县，于都县也都大开杀戒，他们的民办枪毙青出于蓝而胜于蓝，兴国县杀二百七十人，于都县杀五百多人……

发人深省的是：越是瑞金、兴国、于都这样的老苏区，红色根据地，杀人狂潮越难制止。群众在红色教育的熏陶下，搞阶级斗争走火入魔，暴戾成风，一片世界末日似的血色狂欢，闻者无不魂飞魄散……

据官方统计：江西省在三查运动中共揪出三查对象，牛鬼蛇神九十一万多人，制造反革命组织等冤假错案四千一百零二起，打死逼死二万多人（江西省简史）。

江西开展三查运动的影响，还波及到了国外。1968年九月七日下午，中国驻刚果（布）大使馆给外交部去电，说：江西一个工程队帮助刚果（布）建水电站，最近，这个工程队很多人接到家里来信，说在江西原单位贴了他们的大字报，指控他们有严重问题，有的是历史问题，有的是现行反革命，要揪他们回国接受批斗。

刚果（布）使馆向外交部陈说利害关系：这些要揪斗的人员，绝大多数是工程技术人员，他们一走，工程只得下马，会造成很坏的国际影响。另外，刚果（布）与刚果（金）只隔一条河，无遮无拦。刚果（金）是与台湾有外交关系的国家，这些技术人员一旦游过河，向台湾申请政治避难，将会对我国的国际威望造成极大的负面影响！

外交部紧急报告周总理，周总理紧急叫停江西在这个单位的三查，才算化解了这场国际纠纷。

《亲历浩劫：江西省九江市九纺文革纪实》

程世清的工业农业两个突破

程世清这个大魔头在江西除了掀起腥风血雨的三查狂潮外，还搞了工业农业的两个突破。

为了在江西闹出大的动静，程世清可谓是挖空心思费尽心机，以便让中央注意到他这个未来之星，求得进一步飞黄腾达。

程世清宣称：英国是十八世纪工业革命的火车头，我们江西要在二十世纪七十年代搞第二次工业革命，两个突破。

程世清命令工厂企业钻山进洞，以准备打仗。学校也要下乡进山，城里没有工作的居民一律下放农村，农村本来就食不果腹，一下子涌进这么多城里人，实在不堪重负，工人居民学生都住在临时搭就的草棚里……而程世清对他瞎折腾造成的苦果只有两句话：苦不苦，想想红军二万五……他还取消了全省几百个商业网点，并宣称：江西是全国第一个消灭了资本家的省份。

他宣称江西不做上海的殖民地，江西要自己生产手表，自行车等工业产品……

当然，程世清最关注的还是他的汽车突破，他向中央拍胸吹牛：江西要生产六、七万辆汽车（当时全国汽车生产总量也仅六万七千辆）。

他硬性地组建五个汽车制造厂，各县农机厂都要生产拖拉机，各地市一把手亲自挂帅，全省大会战，年内要生产出一万辆汽车，十万台拖拉机。

程世清这种沿袭1958年大跃进时的搞法，必然劳民伤财祸害无穷。

程世清把江西工业折腾得奄奄一息，财政赤字达到了天文数字，可生产的汽车最后都成为一堆废铁。生产的手扶拖拉机倒可以开动，只不过喷出的黑烟让人窒息，这种名为起宏图的拖拉机走到哪里，哪里的人们便逃避一空，关门闭窗。孩子们会高喊：快跑，臭屁虫来啦！

可程世清却把起宏图拖拉机当做他的救命稻草，作为他的丰功伟绩大力宣传，报纸电台，天天吹嘘，文艺团体奉命编排歌颂起宏图的节目，但无论怎么宣传造势，起宏图拖拉机始终卖不出去，只好堆在仓库里任其自生自灭……

程世清对江西农业的折腾也让农民叫苦连天。

程世清于1970年推行他的农业乌托邦式的新农村建设规划，他用八句诗慨括他的宏图："八字头上一口塘，两边开渠靠山旁；中间一条机耕道，新村盖在山坡上。充分利用水发电，植树造林遍山岗；自力更生创大业，世界革命扛肩上。"具体做法是：在八字形的山上建一个水库（一口塘）。

水库的下面是按照大寨模式修建一层层梯田，山坡上则盖起简易的住房，基层干部强行把分散居住的农户迁入统一的简易房，而后等候上级检查验收。

程世清下令全省按此施工，违者撤职查办。

然而，仓促建起来的水塘质量低劣，第二年春水一冲全部垮塌，数十万民工日夜奋战建起来的梯田也全部冲毁，强迁下住的农户只好又回到抛弃的老屋安身……农民欲哭无泪，怨声载道……

1970年，中央把三个重量级人物放到了江西，他们是：邓小平，陈云，王震。周恩来嘱程世清要把他们照顾好，安置好。

程世清对邓小平的安置还是按照周恩来的要求落实的。邓小平安置在南昌江西步兵军官学校原校长住房。邓小平的几个子女后来都从全国各下放地点回到了邓小平的身边，并在江西的大学就读，完成了学业。应该说这都是经过程世清默许的。

时任国务院副总理的陈云被程世清安置在南昌青云浦的省军区招待所一处独栋别墅。由于陈云和邓小平的情况不同，是属于疏散的中央领导干部，因此，程世清对陈云还是比较尊重的。程世清专程拜访过一次陈云。程世清向陈云大吹特吹自己治赣的丰功伟绩和宏伟抱负，说：江西要在工业农业搞大跃进，江西准备每年造六万辆汽车，听说国家每年要从外国进口百多亿斤粮食，我们江西准备把这百多亿斤粮食包下来！程世清还对陈云过去主持中央经济工作很不满意，说那几年（1962年至1965年）经济发展速度太慢……

程世清在江西的所作所为，给陈云留下了很不好的印象。

《江西日报》报道了"八字头上一口塘"造成的恶果后，陈云怒斥：程世清呀程世清，看你将来怎么向江西人民交代！

陈云1978年复出后，再次严批程世清。陈云说：1968年全国实行军管后（当时各省一把手几乎全是军队将军），这些将军管理经济都管得不好，这些人经验少却胆子大。像程世清，全国那时总共才产六万七千辆汽车，他说，他们江西就要搞六、七万辆，哪有那么多钢板？全国进口的粮食，他说江西省全部包下来。过去，江西长期每年只上缴粮食十五亿斤，全国每年进口粮食一百零七亿斤，而江西全年产粮仅一百九十七亿斤稻谷，折合一百三十三亿斤米。他如果把全国进口的粮食都包下来，那江西老百姓就只剩下九十亿斤稻谷，江西老百姓统统都要饿死！江西老百姓那还不造反？这些人胆子大，他们说搞什么就搞什么！……

陈云这句：江西老百姓统统都要饿死，江西老百姓那还不造反的话，说错了！程世清即使把江西老百姓统统饿死，江西老百姓也不会造反。刘少奇1960年曾到一些省市农村视察，他看到了中国农村最凄惨的一幕——无数农民活活饿死。刘少奇回京后，感慨地说：中国农民真好，宁愿饿死也不造反……

《亲历浩劫：江西省九江市九纺文革纪实》

彭泽县讲用现场会见闻

1968年，江西在轰轰烈烈的开展三查运动的同时，大树特树毛泽东思想讲用会与忆苦思甜的运动同时展开，交叉进行。九江市下属的彭泽县便是这方面的典型，彭泽县每个公社、大队都成立了毛泽东思想宣传队，人人上阵。彭泽县的县革委会主任孙文泮是原江西出版社社长、正厅级干部、解放前大学毕业的正牌知识分子。文革初被打倒，现在重新启用当县革委会一把手，他想出了很多新的招数来提升彭泽县的名气和他自己的名气。此人体重三百斤，但一口东北普通话软糯动听，与他那庞大的身躯很不相称。在他的推动下，彭泽县全县各公社各大队队队办毛泽东思想宣传队，层层搞毛泽东思想宣讲队。而县里的样板芙蓉公社五联大队则到处演出，演员全是当地的农民。所演出的节目，全部都是政治思想境界高，毛泽东思想运用得好，以小见大，狠抓思想革命化。其中的家庭问题，分鱼问题，"一块红薯皮"的问题等等受到了陈永贵的好评。

"一块红薯皮"的故事讲的是：某村干部回家午餐吃红薯，把红薯皮剥下来放在桌上不吃，光吃红薯。父亲是老贫农、大队书记，回来看到桌上的红薯皮，觉得问题严重，儿子忘记了旧社会在地主的压迫下，连红薯也吃不上，在地主家门口拣到一堆红薯皮充饥，还被地主放狗咬伤。现在翻身忘了本，连红薯皮都要丢弃。于是，立即与儿子共同学习毛主席：务必保持艰苦朴素的作风的教导，忆苦思甜，让儿子认识到丢弃红薯皮就是丢弃了党的艰苦奋斗的传统美德，思想抛了锚出了轨，滑到了资产阶级贪图享乐的危险道路上。儿子深受教育，痛哭流涕承认错误，表示要痛批刘少奇的享乐思想，用毛泽东思想改造自己的非无产阶级思想，彻底闹革命。

彭泽县思想革命化的事迹经报纸电台广播大力宣传后，全省各地前来参观学习取经的络绎不绝。我在彭泽县听过几场演讲，演讲者都是外表土气的乡下人，每人背一个红挎包，挎包很小，仅可装一本毛主席语录。这些演讲者开场都是一样的：各位首长，各位领导，工人阶级贫下中农同志们，首先让我们共同敬祝伟大领袖毛主席万寿无疆万寿无疆，祝毛主席的亲密战友林副主席身体健康永远健康。我是某某公社某某大队某某生产小队的某某某，我毛泽东思想学得不深不活，思想政治水平不高，我没有文化，解放前受尽地主压迫剥削一个字不识。现在，我最大的乐趣就是收工后，读毛主席的书，一个字一个字地学，一句话一句话地体会，终于有所收获。现将我的学习心得向大家汇报如下。

但演讲者们讲的内容都非常离奇：或从一句谣言中追查到地富反坏右的破坏活动，或从家庭成员的一句话中嗅出资产阶级复辟的危险……听多了就知道，这些都是各级党委组织笔杆子编造的宣传材料。

但开讲用会、现场会，都会由县级政府、公社政府倾其所有盛情招待。当时，流行一句话：嘴里没有味，开个现场会。对于演讲者也有些奖励，有一次我听到演讲者私下发牢骚：操他娘，开这个会一点什么都没有发，害得我背讲稿背了半个月，耽误了地里好多事，真划不来。宣传造势的作假已经成了常态，所有领导下去看的成果、事迹都是假的，这种状况领导并非不知道，可都是这么敷衍下去，谁要是大声疾呼揭开这个造假链条，他就是全民公敌。

彭泽县能在全省红极一时。除了拼命作假的宣传造势外，还有一个重要的条件，那便是吃喝风。凡是到彭泽来参观学习，拜访取经检查工作一律热情招待，好酒好菜，不惜代价。于是，各地各单位干部纷纷涌来，名为参观实为吃喝。至于财政枯竭怎么办，到银行借，借钱喝酒从此成了彭泽县的光荣传统，

彭泽县革委会主任、彭泽县讲用神话的始作甬者孙文泮，在71年九.一三林彪出逃摔死后，追查与林彪有牵连的人和事，江西土皇帝程世清与林彪有牵连，被打倒了。于是，与程世清有牵连的人和事又在清查之列，孙文泮是程世清的爱将，自然逃不脱打击。他在被隔离期间，从关押他的房间里跳窗而亡，三百斤的大胖子从四楼摔下不可思议的没有当场咽气，他对抢救他的人说的最后一句话是：我是不小心从楼上跌下来的，不是自杀。这是一代才子孙文泮留给这世上最后一句话，让他的家人一想到便泪流满面。

卷十四：程世清下台

《亲历浩劫：江西省九江市九纺文革纪实》

程世清是怎么攀上林彪的

程世清在任装甲兵政治部主任期间，遇到一件非常棘手的事情，原来，1963年夏，公安部给装甲兵政治部来了一封密件，内容是许光达之子与苏驻华使馆人员来往密切。而许光达正是装甲兵司令员，程世清的顶头上司。但程世清仍然把这封密件内容报告给了军委当时主持工作的贺龙罗瑞卿。不久，程世清调二十六军政委，离开了装甲兵。1966年八月，文化大革命骤起，中央军委号召给军委各总部，各军兵种提意见。曾任装甲兵政治部主任的程世清与济南军区装甲兵政委罗通一道，联名上书给总政治部主任肖华，代总参谋长杨成武，旧事重提，揭发装甲兵司许光达大将与苏联人员交往密切，及仿效苏联实行一长制。称许光达与苏修有勾搭，有联系，有里通外国之嫌，时机一旦成熟，他就会出来将我们伟大领袖毛主席缔造的人民江山变成修正主义江山。

根据当时规定：凡写给军委首长的信，均应抄送林办。这样，林彪就有了程世清和罗通的联名告状信。

1966年九月八日，林彪在军委常委会议上，诬陷贺龙要夺取政权，说：贺龙想利用许光达来控制总参。

以林彪的指示为依据，1967年三月六日，装甲兵向全军文革报告：请示审批将许光达张文舟作为重点批判斗争对象。八月，在中央文革一次碰头会上，康生提出对许光达有怀疑。叶群当即说：程世清给林彪写了一份检举许光达的材料（即1966年八月程世清、罗通写给军委的检举信），林彪很赏识。

1967年八月十二日，许光达被隔离关押审查，惨遭迫害致死。

程世清因这封检举信从此进入了林彪的视野。

许光达事件也是后来给程世清定罪的主要依据……

还有一件事将程世清紧紧地绑在林彪身上，就在他被钦定为江西一把手时（1967年七、八月间），《人民日报》发表了"亲切的关怀，光辉的榜样：记程世清同志到林副主席家作客"，让全国人民知道程世清与林彪有不一般的关系。该文盛赞林彪的艰苦朴素和平易近人。此文发表后，国内很多报刊纷纷转载，因为在全国人民心目中，林彪历来神神秘秘，隐匿很深，该文第一次撩开了林彪神秘的面纱，从文中了解了副统帅林彪原来生活是这么简单朴素。这是中共中央机关报《人民日报》极少用这么大的版面，这么长的篇幅宣传林彪，程世清虽因此文沾光，也因此文脱不了干系……

《亲历浩劫：江西省九江市九纺文革纪实》

朱德的扁担被偷走了

1968年，程世清在江西通过三查等铁腕治赣，在江西成了真正的土皇帝，一言九鼎，君临一切。他日夜思虑的便是如何取媚今上，以求仕途上的更大跨越。

1968年春，为了突出林彪，吹捧林彪，程世清下大力在井岗山形象上做文章。他调集全国军事史家重搞井岗山形象规划，根据程世清提出的：纪念馆主要要突出毛主席林副主席，不能平分秋色，不能照搬历史，历史要为现实服务……

军史专家按程世清的指示，搞出了一个完全背离历史的陈列方案，突出毛主席的革命路线与机会主义路线斗争的这条主线，八.七会议的转折意义不提了，南昌起义的功绩不讲了，红五军的内容全部撤消……其中有一张文物颇费思量，这是1929年一月红四军向赣南闽西进军的佈告，这份文告弥足珍贵，全国仅此一份原件，落款处署有：军长朱德，党代表毛泽东。如何处理掉军长朱德这四个字成了军史专家头痛的问题。遮住军长朱德四个字再翻拍，不行，会被参观者看出假来……经过反复讨论，日夜攻关，终于有人想到了一条绝佳妙计：用香火缓缓烧，烧出的小洞宛若被虫子蛀过一般，专家再在此绝招上补充，将布告边缘再烧去一点，就显得更真实，像年代久远、保管不善的真品文物。这个方案报上去，程世清大喜，当即拍板：这样处理好！

朱德的扁担怎么处理也是一个难题，专家们经过集思广益，反复讨论，昼夜不眠，各种歪门斜道的诡计想尽了，也解决不了这一难题。还是靠高人指点：历史是人写的，过去赵高指鹿为马，谁敢说是鹿不是马。于是茅塞顿开，众专家愁容尽扫，喜笑颜开，下一步就简单了：那就是干脆把朱德的扁担弃之不用，代之以毛泽东林彪挑粮歇息的油画。

另一幅油画"井岗会师"更是把过去朱德和毛泽东的会师，改成毛泽东和林彪的会师。油画远景为两支部队在青松鲜花映衬下欢呼雀跃，握手拥抱，近景是神采飞扬风华正茂的毛泽东在红四军的红旗下凝视远方，身后站着年青英俊、满脸崇敬的林彪。据说陈毅看过这幅画，幽默地说：这那里是什么井岗会师嘛？分明是红卫兵会师！

程世清还下令在黄洋界上建高二十多米的火炬亭，亭周建四个小火炬，小火炬四周是万盏灯炬，象征着星星之火可以燎原。

其间建一座巨型的毛泽东林彪并立的巨型雕塑。

1968年冬，程世清下令炸掉罗浮镇罗坳的牌楼，因为上面有1962年三月朱德上井岗山时的题词：天下第一山。炸毁的还有"黄洋界保卫战胜利纪念牌"这十一个字。这十一个字，也是1965年春派人专程去北京请朱总司令题写的。

1969年九月，林彪偕叶群、吴法宪、林立果等人来到井岗山，在茨坪参观纪念馆后，林彪对程世清说：这个馆里的陈列是全国第一流的。

林彪来到黄洋界上，在火炬亭旁徜徉良久，又在里面仔细看了一遍，连声说：好！好！好！当林彪走进火炬亭的休息室，程世清忙趋身上前，躬身道请林副主席为黄洋界题字。林彪颔首含笑，走到早已辅好宣纸的桌前，提笔写下黄洋界三个字。这时，叶群在亭子外照完相，走了进来，程世清不失时机地说：林副主席题了字，请叶主任也题个字。叶群一听，眉开眼笑，提笔抄了半阕毛泽东的《西江月.井岗山》：早已森严壁垒，更加众志成城，黄洋界上炮声隆，报道敌军宵遁。

林彪一行下山后，黄洋界上树起了新的纪念牌。正面是林彪题写的 黄洋界三个大字，背面则是叶群书写的半阕《西江月.井岗山》。

"朱德的扁担"，这是小学课文中的一篇课文，每个上过学的人都记得"朱德的扁担"，可现在，民间都流传着：朱德的扁坦被偷走了！

《亲历浩劫：江西省九江市九纺文革纪实》

程世清在九届二中全会后愚不可及的举动

1970年八月二十三日至九月六日，中共中央在庐山举行九届二中全会，出席会议的有中央委员一百五十五人，候补中央委员一百人。作为江西省委书记、江西一把手的程世清，对这次会议作了精心准备。省委省军区主要负责人全部为大会服务，各负责一摊子。其中，治安保卫是重中之重。为此，庐山上东谷的单位居民统统搬到西谷去，所有出身成份社会关系稍微有点问题的人一律赶下山。为加强车辆人员上山的控制，上山人员车辆一律须凭大会保卫组开具通行证，上山道路布置几百个哨位，上千战士日夜值守。

山上东谷开会区域，更是明哨暗哨密布，要保证一只野兔都钻不进来。

政治局常委上下山提前一个小时戒严，全程检查哨位路况。毛主席林副主席上下山更是全程戒严，哨位加双，省领导亲自护驾……

尽管东道主服务周到，治安保卫也滴水不漏，但会议却开得不好，没有达到毛泽东所预期的，要把这次大会开成一个团结的大会，胜利的大会。反而开成了一个分裂的大会，箭拔弩张，危机四伏，硝烟弥漫的大会。

大会一波三折，文革派与林彪集团产生了严重冲突，张春桥、汪东兴都被深度卷入，林彪甚至亲自跳出来发难，毛泽东只得亲自出面大力弹压，点名：黄、吴、李、邱四大将，并抛出了常委陈伯达作为箭靶子，毛泽东对他的这位前秘书，现在是中共中央排名第四的常委，翻脸不认人，说：我和陈伯达共事三十多年，在重大问题上从来没有配合过。这一次采取突然袭击，煽风点火，唯恐天下不乱，大有炸平庐山，停止地球转动之势……陈伯达会后立即被隔离，立即被关入秦城监狱，会上虽然没有点林彪的名，但所有与会者都明白矛头所向……

程世清作为东道主，为了在正副统帅面前表现他的忠心和能干，他特意跑到林彪住处，劝林彪多住几天，与毛谈谈心，交换交换意见，消除彼此之间的误会。林彪同意了。于是，程世清又立即赶到毛的住地，也向毛进言：请毛与林私下里谈谈，交换看法，消除芥蒂。毛也同意与林彪谈谈。

但第二天，程世清到林彪住处，只见叶群正在指挥部下随从人员装车准备下山。程世清对叶群说：不是答应多待几天，同主席见面谈一谈吗？叶群说：不谈了，我们走！

于是，程世清只好又赶到毛住处，通报这一变故，毛悻悻地说：嗬，变化这么快！

应该说，程世清劝毛林私下交换意见，谈谈心消除误会，是出于好心，但作为高层权力斗争，这种举动就未免太幼稚。毛泽东向来多疑，这样的军国大事，让程世清充当说客，说明程世清是林彪集团重要成员，不然怎么会派他来说合呢？而且，先应后悔，有违人臣

《亲历浩劫：江西省九江市九纺文革纪实》

之道，这不是戏弄寡人吗？程世清这一次主动介入两大巨头的纷争，绝对会在毛的心中埋下疑团……

《亲历浩劫：江西省九江市九纺文革纪实》

程世清给自己签发了逮捕令

1971年八月，距1970年八月召开的九届二中全会已过了整整一年。但林彪和他的四员大将及其派系人还在，更重要的是：他们还掌握相当大的军权。这让毛泽东寝食难安，为了一举击垮林彪集团，毛泽东又在谋划新的招数。首先，他用掺沙子甩石头的办法，削弱林彪集团对军队的控制力。继而，全国巡游，沿途向各地的党政军首脑讲历史，打招呼，直接点名批黄、吴、李、邱四大将，并暗示林就是四大将的后台。

1971年八月三十日晚九时许，毛泽东的专列南巡来到了南昌，住八二八招待所。南昌八二八招待所在向塘机场附近，原是空二十四师部，后仿武汉东湖和杭州刘庄的行宫模式，并在此基础上更上一层楼。因而，建成后的八二八招待所，环境设施更是美轮美奂，典雅奢华。毛泽东对这所行宫很满意。

九月一日，晚餐时，汪东兴对陪餐的程世清等人说：这两天，主席休息得很好，这里的条件不错，主席要在这里多住几天，你们多弄点野兔和斑鸠。程世清等人听了很高兴，当即作了布置安排。

毛泽东把南昌作为一个重要节点，召南京军区司令员许世友、福州军区司令员韩先楚赶到南昌，与程世清一道在专列上夜谈。

毛泽东说：庐山会议的事情还没有完，黄永胜总参谋长，吴法宪空军司令员，李作鹏海军政委，邱会作总后勤部长，这些高官都没有真正认错检讨，他们为什么至今还负隅顽抗呢？就是因为有后台嘛，那个人不开口，这几个人是不会认错的⋯⋯

毛泽东转头问程世清：去年的庐山会议，吴法宪向华东空军系统的王维国、陈励耘、书祖珍这几个人打了招呼，有没有你程世清呀？程世清连忙说：我有错误，吴法宪对我有影响⋯⋯毛泽东并没有深问下去，接着就把话岔到其他人身上去了。

毛泽东的问话让程世清如惊雷轰顶，令他彻夜难眠，绞尽脑汁思考如何摆脱困境，如何向毛表露忠心，消除毛对他的疑云。并突发奇想：冒出了林彪可能要逃跑的想法。思谋停当，第二天下午，程世清面见汪东兴，说：我有很重要的问题，要亲自报告主席，但怕主席没有时间，是否先同你谈谈，再由你转告主席。接着便对汪东兴谈了自己的问题和对林彪问题的看法，并提出林彪可能要逃跑。

汪东兴听后说：你说的这些，应当亲自去向主席讲，我不替你转达。我刚从主席那里来，他还没有休息，你现在就可以去。

随后，程世清即到毛泽东处，向毛泽东讲了以下内容：

一、在庐山会议期间，吴法宪电话叫我到他住处，要我跟他去见了叶群，谈了华东组讨论的情况，我觉得叶群对黄、吴、李、邱四员大将搅得很紧，好像抓住了他们什么把柄，因此，要解决四员大将的问题，首先得从叶群入手。

二、1970年，林彪曾派专机将一辆苏制水陆两用坦克运到南昌，要我们仿制一辆，说是为林彪、叶群到北戴河游泳所用，制造完成后，又派专机把原车和仿制车一起运走。

三、1971年七月，周宇驰亲自驾驶法制云雀直升机到南昌。当时，我们省委正在梅岭开会，周要见我，由空八军（驻南昌）副政委李登云陪他到梅岭。我在午睡前和李登云一起见了他，只是相互寒喧了一番，约半小时，他就走了。后来听李登云讲，周驾机离开南昌后，到了庐山和井岗山再飞往广东，我觉得周宇驰独自驾机到处飞，很不正常，不知要干什么？

林豆豆曾两次来南昌采访，到过我家，她跟我爱人交谈时，流露出对叶群的不满，并说他家里的情况很复杂，请程世清政委不要涉及到她家里的事，弄不好要杀头的。林豆豆为什么把她家里的事看得这么严重，难以理解。

最后，程世清对毛泽东说：我怀疑林彪可能要逃跑，可能从北戴河坐水陆两用坦克往南朝鲜跑，也可能坐飞机往香港跑。

程世清讲完后，毛泽东说：程世清啊，你说的这些问题只能跟总理讲，其它任何人都不能讲！

听了程世清的报告后，九月一日毛泽东休息了一天，九月二日再次接见了许世友、韩先楚、程世清等人，九月三日吃过午饭，大家刚躺下午睡，突然传来命令，主席现在就要走，立刻启动安保程序。不一会，毛泽东在汪东兴和程世清的陪同下，从一号楼的内室来到门厅，招招手，登车而去。

过去，毛泽东在南昌的住行都很有规律，这次却很反常，突然决定提前离开南昌，经杭州、上海返京，这是为什么？从逻辑判断，应该是听了程世清汇报后，毛泽东对林彪集团的动向有了新的判断，感到情况紧急，必须立刻返京处置。

程世清这句林彪要逃跑的天来之念，或许真是二十世纪难解之谜。

正是因为这句：林彪要逃跑的预言，让毛改变行程，提前回京，打乱了林立果的部署，害得林彪、叶群慌了手脚，仓皇失措，急忙逃跑，导致飞机失事，摔死在温都尔罕。

程世清这句预言或许改变了中国或世界的历史进程，但并不代表世清天姿英纵，智慧超群。从他判断林彪和叶群会乘水陆两用坦克逃往南朝鲜，就让装甲部队人士笑掉大牙，水陆两用坦克只能在小江小河抢渡，对风浪水深等条件有严格的要求，岂能在大海上航行，尽说外行话，亏得程世清还是装甲兵出身，军事素养简直到了白痴的地步。而红司令也不具备这一常识，才会对林彪会坐水陆两用坦克逃往南朝鲜坚信不疑。

九.一三事件后，世清毫发未损，仍然坐在江西土皇帝的位子上继续作恶。特别是十一月份，周总理打来电话，感谢他在粉碎林彪集团中作出的贡献，说白了，就是他那句林彪要逃跑的预言起了作用。程世清为此得意忘形，趾高气扬，以粉碎林彪集团的大功臣自居……

但程世清未免高兴得太早，不久，他便以林彪集团的骨干份子撤职查办，关押十年。

程世清命运这种大起大落让很多人无法理解，其实只要深度探究，就不难理解。

首先，疑心重的毛泽东早就对他心存疑云：一个省部军级干部在中共的高层中并非举足轻重，对比黄、吴、李、邱四大将，份量差远了。可九届二中会后林彪竟派程世清充当说客，这就可见程世清在林彪心中的份量不轻。一年后的今天，他又准确地说出了林彪要逃跑这样惊天叛国要闻，他是怎么知道的，这是满门抄斩的大罪，不是最知己的生死之交，敢于托付性命的亲信，是不敢透露分毫的。因而程世清绝对是林彪集团中的一条大鱼，绝不能让他漏网，这是毛泽东几经反复最后对程世清作出的处置决定。

程世清并非林彪集团的人，这在后面对他的处理决定便可证明。他是自作聪明，自己给自己签发了逮捕令。

程世清对自己说合两大巨头，以及以后的惊天预言两大昏招，毫无自省，反而自鸣得意，在秦城监狱里写的回忆录里，还总把这两桩导致他坐牢挨整的举措当着他人生最辉煌的一笔……..

倒是大内总管汪东兴，洞悉今上的一切，他拒绝替程世清转告陈情，说明他的老练成熟，内庭智慧炉火纯清，伴君如伴虎。毛泽东并非一个好伺候的君王，而汪东兴竟然几十年如一日侍候毛泽东到死，他才是古今中外内宫第一人。

卷十五：政治教育的主要形式——忆苦思甜

《亲历浩劫：江西省九江市九纺文革纪实》

忆苦思甜的主旋律歌曲《不忘阶级苦》

1962年九月二十四日中共中央在北京召开了八届十中全会，毛泽东主持了这次全会。毛泽东不顾大跃进造成的大饥荒刚刚有所缓解，国民经济刚刚有所恢复，全国人民刚刚从饿死的魔爪下挣脱出来，毛泽东又要搞运动了。他在这次全会提出：千万不要忘记阶级斗争！阶级斗争要年年讲，月月讲，天天讲！

并将小说《刘志丹》打为大毒草。并提出了利用小说反党是一大发明这一论断。将习仲勋等一大批西北局老干部打成反党集团。

在一切以阶级斗争为纲的形势下，一大批图解和宣扬阶级斗争的文艺作品便应运而生。因为一切文学艺术作品都要为政治服务，做党的喉舌，驯服工具。

《不忘阶级苦，牢记血泪仇》这首歌曲，便是这批宣扬阶级斗争作品中最出彩的作品。

《不忘阶级苦，牢记血泪仇》这首歌是辽宁省丹东市文工团王玉文作词，曹世才作曲，1962年发表在《上海歌声》上。这首歌一出世便受到当局的强力推广，从社教运动到文革期间，每会必唱，每会必放这首歌的碟带，甚至会上齐唱，合唱。在一切以阶级斗争为纲的国策下，这首歌几乎成了国歌。几乎人人会唱，连不识字的乡下老头老太都会哼唱。神州大地九百六十万平方公里的天空中都飘荡着这首激发阶级仇恨，凄怆悲凉的旋律。

那个年代，每会必忆苦思甜，忆旧社会的苦，思新社会的甜。唱这首歌便能强化阶级斗争气氛，增强阶级意识，提高阶级觉悟，激发阶级仇恨，最终都达到牢记不忘阶级苦，牢记血泪仇的目的。

以后，这两句话写遍了中华大地山川河流，学校工厂，机关企业，军队营房，高楼大厦，穷乡陋巷，有的整座山崖都用石灰水或红油漆写上这两句话……

我1967年五月到北京上访，曾到北京最有名的古迹明朝十三陵定陵参观，明朝十三座皇陵，唯独定陵由国家组织开挖，里面的地宫可供游人参观，而下到地宫的甬通两边，赫然用红油漆写上"不忘阶级苦，牢记血泪仇"十个大字！

《不忘阶级苦，牢记血泪仇》这首歌的歌词全文如下：

天上布满星，月牙儿亮晶晶，
生产队里开大会，诉苦把冤申。
万恶的旧社会，穷人的血泪恨。
千头万绪，千头万绪涌上了我的心。
止不住的辛酸泪，挂在胸……
不忘那一年，爹爹病在床。

《亲历浩劫：江西省九江市九纺文革纪实》

地主逼他做长工，累得吐血浆。
瘦得皮包骨，饿得眼发昏。
地主逼债，地主逼债好像那活阎王。
可怜我的爹爹把命丧。
不忘那一年，北风似虎狼。
地主闯进我的家，狗腿子一大帮。
说我们欠他的债，又说欠他的粮。
地主狠心，地主狠心抢走了我的娘。
可怜我这孤儿，飘流四方。
不忘那一年，苦难没有头。
走投无路入虎口，给地主去放牛。
半夜去放牛，归来落日头。
地主鞭子，地主鞭子抽得我鲜血流。
可怜我这放牛娃，向谁呼救。
不忘阶级苦，牢记血泪仇！
不忘阶级苦，牢记血泪仇！！！

　　这首歌，以及这首歌的旋律宛若迷魂曲，这首歌的音乐一起，人们的良知魂魄就如同被魔鬼的魔瓶收走了一般。穷人出身的红五类便会血脉贲张，怒气满胸，要报仇的原始冲动不可抑止，穷人要向富人报仇雪恨。这时一切阶级敌人，都会受到无情的攻击，因为这首歌及这首歌旋律煽动起来的怒火，会促使平时看起来善良和顺的老实人，突然变成打人凶手，杀人狂魔，这种现象在文革时期是经常发生的……

泥塑《收租院》是阶级教育造假的最佳宣传品

1965年四川大邑县刘文彩庄园内展出的大型泥塑群体《收租院》，是由四川美术学院师生在刘文彩庄园陈列馆工作人员及其他有关人员的协助下创作而成。《收租院》泥塑共有真人大小泥塑人物一百一十四具，再现了地主刘文彩在收租时对农民残酷剥削的历史真实情景

这组泥塑在艺术上是取得了很高的成就，但反映的历史情景却完全是编造的假象。它是当时以阶级斗争为纲背景下，精心制作的，进行阶级教育的政治宣传品，也是造假的顶尖杰作。（当时，全国进行阶级教育的四个反面人物：刘文彩、黄世仁［电影《白毛女》中的地主］、周扒皮［高玉宝著《半夜鸡叫》中的老地主］、南霸天［电影《红色娘子军》中的地主］等人的劣迹，统统都是政治部门组织笔杆子造假编造的宣传品。）

大地主刘文彩是四川起义将领刘文辉的哥哥，他通过经商致富，但他有钱后做了很多善事，修路，办学，扶危济困，振兴家乡经济，被周围贫下中农称之为大善人。刘文彩于解放前夕病故。

解放后刘文彩的庄园被没收，刘文彩的坟被掘，抛尸荒野。地方当局欲把刘文彩庄园搞成一个阶级教育基地。发动庄园周围的贫下中农提供刘文彩压迫剥削穷人的罪行材料。但庄园周围的贫下中农几乎一致为刘文彩说好话，盛赞他行善积德。这把地方当局惹火了，把所有为刘文彩讲好话的贫下中农一律迁往环境恶劣的穷乡僻壤落户，被迫迁徙的农户大多在60年的大饥荒中饿死。

地方当局费尽心机搞了个"刘文彩地主庄园陈列馆"又称"阶级斗争教育馆"，但观者寥寥，人气始终不旺。

为了扩大影响，大邑县当局向四川美术学院求助，这才有了后来的泥塑《收租院》。

泥塑《收租院》制作完成后，立即引起轰动，各路媒体连篇累牍地报道宣传，于是调到北京展出。在北京展出，更是火爆，中央领导也对此称赞不已，评论界称之为：艺术领域里的精神原子弹。

于是，制作电影纪录片全国放映。《收租院》的纪录片的开头便是毛泽东的语录："阶级和阶级斗争的存在是一个事实，有些人想否认这种事实，否认阶级斗争的存在，这是错误的，企图否认阶级斗争存在的理论是完全错误的理论。"

《收租院》记录片解说词煽情地喧染富人恶，穷人苦，地主残酷地剥削压迫穷人，穷人走投无路，难以生存，所以要不忘阶级苦，牢记血泪仇！向富人阶级讨还血债，跟他们斗到底！要永远跟着共产党，世世代代不忘本……

应该说，泥塑《收租院》确实有强大的视觉冲击力，是一部出色的阶级斗争政治教育宣传片，为开展忆苦思甜教育提供了一台精彩的开场锣鼓。文革中，为红五类打杀黑九类提供了理直气壮的道德力量。当然，这组精心泡制的政治宣传品所带来的人道灾难也是罄竹难书的。

具有讽刺意味的是：这批无良的造假艺术家，竟然在文革中也遭到揪斗和摧残。《收租院》泥塑的总策划马力被打成黑帮份子，黑帮头子，在地主庄园的批斗现场与刘文彩的五姨太跪在一起，接受批斗。马力的助手，《收租院》制作总负责，曾任陈列馆长的何大亮，只因在向外省参观人员介绍了《收租院》制作的真实情况，就被揪出来，遭到酷刑折磨，逼得自杀身亡。第一批带领学生创作《收租院》的老师赵树桐，先是被中央文革看中，提拔到中央文革艺术口负责，可不久又被打成五.一六份子，押回重庆，投入重庆李家沱监狱的死囚牢房。

在当局制造的刘文彩、黄世仁、周扒皮、南霸天四个大地主的典型神话中，唯独刘文彩真有其人，其余三人统统是假的，捏造的，是阶级教育的宣传品。

其中最早的戏剧，电影《白毛女》便是文艺为政治服务的开山之作。《白毛女》电影中的插曲《北风吹》是中国几代人都熟悉的悲情故事和忆苦旋律，它展示了地主阶级的恶和穷人在地主压迫剥削下的苦难，穷人只有跟着共产党闹革命，打倒地主阶级，才能翻身得解放，过上幸福生活。这部影响到几代人的戏剧电影是怎么制造出来的呢？这其中有一个长长的故事……

《白毛女》的题材取自抗日战争时期中共治下的陕甘宁边区，边区某地开大会却应者寥寥，人到那里去了？一调查才得知人们都到庙里朝拜白毛仙姑去了。传说该庙中的白毛仙姑惩恶扬善，保境安民，法力无边……边区作家邵子南据此写了一个剧本，宣扬破除迷信，相信政府，文艺界最高领导人周扬看了这个剧本不满意，他指示要拔高主题，重新创作，并抽调了精兵强将攻关，最后由贺敬之等人几易其稿，搞成了一个全新的剧本，主题是：旧社会把人变成鬼，新社会把鬼变成人。这短短的十六字宛若点石成金的魔法，立刻将民间传说中行侠仗义的白毛仙姑变成了受地主压迫剥削的苦女，变成了勇斗地主翻身求解放的女神。

该剧经过精心排练，于1945年四月二十八日在延安杨家岭大礼堂上演，这一天正是中共在延安召开第七次全国代表大会的前一天，中共领导人及一千多代表观看了此剧。演出获得极大成功，中央领导高度评价该剧的政治意义，毛泽东指示：该剧结尾要加上枪毙黄世仁、穆仁智，群众要踊跃参加八路军……

每当这部戏一演出，台下观众便哭成一片，一个战士被剧情感染，竟开枪打扮演地主黄世仁的演员，可见其艺术感染力之深。这部戏正切合了改朝换代的需要，达到了让广大农民痛恨旧社会的目的，是文艺为政治服务的开山之作，受到中共高层的大力表彰和推广。

从此，带着对地主阶级的仇恨和穷人要在共产党领导下翻身求解放的《白毛女》旋风便席卷了陕北和所有中共领导下的解放区，随后席卷了全国，《北风吹》的忆苦旋律一响起，便激起了穷苦农民对旧社会和富人的仇恨，为土改运动和镇压反革命运动敲响了开场锣鼓……

电影《红色娘子军》中，南霸天这个地主形象也全是凭空编造出来的。《红色娘子军》的编剧梁信在1980年的庐山笔会上谈了南霸天的出笼经过，我在笔会中亲耳听其讲述南霸天的由来，都是领导出题目，笔杆子编剧为完成政治任务冥思苦想胡编乱造出来的……

而最荒诞不经的是高玉宝的《半夜鸡叫》：

高玉宝是解放军某部战士，在部队组织的忆苦思甜活动中，文盲战士高玉宝用图画写了一篇自己的苦难家史，领导看了觉得有些基础，便派解放军文艺编辑帮助他完成自传体的回忆录《高玉宝》。经过几年的编造打磨，长篇记实回忆录《高玉宝》出版了，其中的一章便是《半夜鸡叫》。

《半夜鸡叫》是小学语文课本中的一课，是小学教育贯彻阶级教育的体现。书中说地主周扒皮为了让长工多为他干活，半夜三更钻进鸡笼学公鸡叫，引得全村公鸡一齐啼叫，周扒皮便以公鸡叫了，天亮了，赶快起来干活！长工们睡梦中被叫醒，赶到庄稼地却漆黑一团，好半天也不见天亮，长工又困又累，都痛骂半夜啼叫的公鸡。但小长工高玉宝半夜起来拉稀，发现了半夜鸡叫的秘密，于是，长工们便设计报复周扒皮：当周扒皮再一次钻进鸡笼学鸡叫时，长工们便一齐大喊抓偷鸡贼！住在周扒皮家的日本军官闻声持枪赶出来大叫：毛贼死啦死啦的！开枪击中了头在鸡笼里屁股露在外面的周扒皮……

几代人都是读这篇课文长大的，对课文内容深信不疑。但改革开放后，记者走访高玉宝的老家，听到的却是一片责疑声：高玉宝的《半夜鸡叫》完全是嗜扯！我们祖祖辈辈都住在这里，那里有什么周扒皮？！那里有什么《半夜鸡叫》？！半夜到庄稼地里看不见怎么干活？那不是糟踏庄稼嘛！当年富人请长工都会善待，因为长工想偷懒容易得很！东家苛刻长工，吃亏的是他自己！当时，富人连乞讨者都不敢得罪，最少也要打发一碗钣一把米，不然他可能是土匪的眼线，当年土匪都打着杀富济贫的旗号，专抢富人财主。穷人光屁一根绳，穷横！富人时时担心不要得罪人。当然，个别无良恶霸使坏也有，但绝不会做半夜鸡叫这样的蠢事！地主周扒皮学鸡叫也不必钻进鸡笼里，鸡笼里全是鸡屎，他是傻子？钻进去吃鸡屎？！日本人开枪打周扒皮也是扯蛋，周扒皮钻进鸡笼到日本军官赶到起码也得几分钟，有这几分钟，他早就从鸡笼里出来了，不信，你试试，你能把头伸进鸡笼里待一分钟就算天大的本事！那股臭气能让你吐出胆水来！这样没影的谎话，你们也信？！

亏你们还是记者读书人……

是呀！这漏洞百出的半夜鸡叫竟然教育了几代人，影响了几代人，几代人都深信不疑，学者、记者、作家、史家、教授、科学家竟无一人质疑文中的疑点，直到改革开放后，一戳破才恍然大悟，中国人怎么这么弱智这么好骗？！

其实，高玉宝家乡的人早已明白。高玉宝一次在火车上偶遇同乡，同乡问：玉宝，你说的周扒皮半夜鸡叫，我们村里没有这个人，也没有这个事啊？！高玉宝脸红了，嗫嚅了半天才说：我们村没有，不一定别的地方没有……同乡还想问，高玉宝却一转眼不见人影……

1980年后，我终于从报刊杂志上知悉了四大地主真相，一个硕大的问号蓦然飘来：不是说万恶的旧社会吗，一千万个地主富农份子中，难道就找不到几个货真价实的恶霸地主，硬要用政权的威力制造几个假典型，难道不怕后世揭露真相难堪吗？难道不怕造假的名声让当政者信誉受损吗？共产党的统治天罗地网，竟然从万恶的旧社会找不到几个货真价实的坏地主资本家作为阶级教育的典型，这是不是反过来说明旧社会的富人并非那么坏！而我们现在身边的富人却很容易找到官商勾结、吃喝嫖赌、穷奢极欲、白道黑道通吃的新型恶霸富人……

《亲历浩劫：江西省九江市九纺文革纪实》

艰巨光荣的政治任务——选择好忆苦苦主

召开一个成功的忆苦思甜大会，关键是要找到好的苦主，即要身世凄苦，又要会说，有煽动力，类似传销中的授课洗脑大师。但要找到一个符合条件的苦主，实在太难了。照理，兴中纱厂老工人多，旧社会受资本家压迫最深，苦大仇深，可找来几个老工人忆苦，半途都被请下台。因为，他们讲来讲去最后都讲到60年最苦，没饭吃饿死人。画家吴振翔至今还清晰的记得：九纺工人常委杨长山母亲的忆苦思甜演讲，那是1966年六月，由社教工作团主持召开的忆苦思甜会：杨长山母亲是解放前兴中纱厂女工，她闻名全厂的事迹是当年她把杨长山生在厕所里。但她在这次忆苦思甜演讲会却澄清了这个传言，说：厂里流传我把孩子生在厕所里的说法是不对的，生在厕所里不就是生在屎里面吗？那怎么行呢？实际上，我是把杨长山生在纱篓里，血和羊水把纱篓都染红了，遭到工头的责骂，我们工人那时真苦啊！又苦又累，还要挨骂受气，不过，比起62年还是好多了。这句话一出，所有听众都为之一震，感觉不对，都瞪大眼睛互相探询，是不是自己听错了？主持人连忙把她的讲话打断，请她下台。

面对台下听众一片愕然，主持人开始发挥口才。主持人都是二、三十岁的年青人，都是看《白毛女》、听雷锋的歌长大的。接受了牢记阶级苦、不忘血泪仇，旧社会地主资本家比豺狼虎豹还要狠毒，新社会毛主席共产党比太阳还要温暖的教育。所以，主持人按照这套理念圆场，比老工人忆苦还要直接。

旧社会的老工人，文化低，受传统的孔孟之道影响深，他们认为资本家在他们走投无路饥寒交迫时给他们工作，给他们饭吃，就有恩于他们，如果要他们昧着良心讲假话，他们做不出来，他们只会实话实说，这使忆苦思甜的组织者很苦恼，一直埋怨老工人阶级觉悟低。如果让年青一点的政治宣传人员去讲，当然会按领导意图走，可又太假，毕竟不是自己的亲身经历。于是，有不少原来就偷奸耍滑、劣迹斑斑的老工人出来充当忆苦思甜的宣讲者，他们可以胡乱编造许多没影的苦情。曾有段时间，这些人风光了一阵，可对他们知根知底的正经老工人一揭露，领导们便尴尬了。

于是，寻找货真价实又能按领导意图操练的忆苦思甜老工人演讲者，便成了一项艰巨的政治任务。这项任务虽然艰巨，但也不是克服不了的，在恐吓、威胁、名利的诱惑下，一些老工人忆苦思甜演讲团终于组织起来了。他们被政治部门安排到各单位企业厂矿作忆苦思甜报告，每个人的演讲脚本都有一个班子筹划，这很像传销宣讲员给潜在的下线洗脑，写脚本编故事的、现场演讲表情动作编排导演的。一场报告下来，原先与这些演讲者同事的老工人都受不了，这是哪来的天方夜谭？当年我们都在一起嘛，从小到大都在一起，谁不知道谁的底细，可现在这小子说的这些事都是没影的事。（比如，陈凤英说的装饭栽到饭桶里，那都是别人的事，把别人的事搜罗起来，再编一些进去，凑成忆苦报告。）全部都是无中生有的谎话。可这些老工人向领导反映：忆苦思甜演讲者作假时，领导会严厉地警告这些讲真话的老工人：你们不要瞎说，这是政治任务，小心把你们打成反革命。为了革命，假话也得讲。你以为我们不知道他们做假吗？政治任务需要嘛。但这些老工人揭老底的话仍不迳而走，让忆苦思甜的人物成了鼻子上擦了白粉的另类丑角。

但这些忆苦人物后来都受到重用。当毛泽东提出工人阶级必须领导一切后，按照上级部署，各厂矿都组织工宣队进驻学校、医院，成了学校、医院的太上皇。九纺厂派出了以涂长印为队长的工宣队进驻九江市二中，涂长印在九江市二中大搞阶级斗争、大揪阶级敌人，九纺厂自制的脚镣手铐就实实在在地体现了工宣队的威力。九纺厂工宣队在九江市二中打吊老师（所谓的阶级敌人）、用大头皮鞋踢打老师的恶名，至今仍被二中的老人记恨在心。九纺厂原政治部副主任乐其信，后调到九江市二中任校长书记，他亲口跟我讲：涂长印带工宣队在二中名声太坏。别小看涂长印，很会来事的，他曾当众吹捧一把手张巨库为"张青天"，张巨库便把他提为副厂长……

忆苦典型陈凤英也派到医院当工宣队长，这个初小都没读过的半文盲却领导一个知识分子成堆的医院，她在医院里留下一句最有名的话便是：咯（这）些臭老九阴阳怪气，我恨不得拿斧子劈开他们的脑壳看看，里面装了些稀里（什么）东西。连陈凤英的前夫刘木生都说：这个女人最喜欢打乱话（谎话），她嘴里没一句真话，又冒文化，不晓得哪个瞎了眼，会派这么一个人去管医院。（陈凤英虽然个子小却色瘾极重，据传在车间经常找小青年过瘾，她死活要跟丈夫七级电工刘木生离婚，后找了一个比她小很多的退伍兵结婚，可结婚不久，这个强壮的小伙子便瘦如枯木，一年后竟然猝亡。）

另一个从工人中提拔为中层干部的郭普济。此人个子矮小，长着一副苦大仇深的模样，又总是一副行色匆匆的姿态，似乎总有忙不完的国家大事在等他处理，看到领导及他认为对他有用的人，他必定先敬上一支好烟，周到地为你划火点烟，然后自己抽几角钱一包的丑烟（他的口袋里永远是两种烟），然后满面谦卑跟你谈话。与你讲话时，他会用手掌挡住嘴巴，以防口臭熏人，讲完话后，他会像清朝的太监一样，躬身后退几步才转身离去。但他也确实吃得起苦，他可以用双手毫不顾忌地在阴沟里捞拉圾，把擦机器的油包布拿到河里漂洗，晒干再用，一身工作服常常油迹斑斑。他最热衷于做的，还是在领导面前表现他的吃苦耐劳。下雪天，他提前上班，到锅炉房拖一车煤渣，铺在办公大楼前的路上，以防干部滑倒……别看他平日对人满脸堆笑，但到了三查整顿反派时，他为了表明他紧跟当权派整治造反派的立场，又是一副面孔：黑着脸，叉着腰，口沫横飞地控诉造反派掌权时期是：好人受气，坏人神气，贫下中农受压，牛鬼蛇神横行。他凭着这一套功夫，由一个普工当上了科级干部………..

　　毛泽东关于要从工人阶级中挑选那些出身贫下中农，苦大仇深、根红苗正的工人苗子作为接班人，建设第三梯队干部队伍。但实践证明，这些苦大仇深、根红苗正的干部苗子大多没有文化，但充满了流氓无产者的狡诈，后来大多品行不端，口碑不佳……干部升迁制度，是一个逆淘汰制，讲真话的人、正派人、好人、有真才实学的人都给淘汰下去了，吹牛拍马、送钱送色的，看风使舵、看领导眼色行事的都官运享通，平步青云，这些人又会提拔跟他一路货色的人，整个干部队伍风气便每况愈下。

卷十六：我的表演由盛而衰

《亲历浩劫：江西省九江市九纺文革纪实》

我办桂光星专案

联络组第十六期学习班结束后，贺明星又指派我去搞桂光星专案。我的专案办公室设在厂招待所二楼靠北头的一间房。九纺厂原党委书记、一把手桂光星的专案由我负责审查结案，这本身就挺滑稽的，我不党不团又不是原政工干部，甚至也不是革委会委员，仅仅是在所谓的工会暂时负责人，在厂办公大楼二楼有一间我的办公室，仅此而已。

桂光星的档案袋很大一叠，但里面的材料却都是些乱七八糟的揭批材料，前两任桂光星专案人员的整理材料，有很多材料雷同，我用两天的时间，便把桂光星的材料整理完毕。

材料中最多的是九棉一厂老工人的血泪控诉，对桂光星最痛恨的是1960年下放农村的老工人。1960年是中国最艰难的岁月，刘少奇、周恩来、邓小平等人采取了许多果断措施来挽救危局。工业退缩是其中主要的措施，工矿企业该下马的下马，该精减的精减，九棉一厂便压缩精减了六百多人。这些工人由按月领工资有粮食定量的铁饭碗，变成了靠种地吃饭的泥饭碗，当年，这几乎是让下放工人陷入绝境，病死、饿死、自杀而死的不少。但造成这种惨状的责任应该由他负吗？

桂光星是在66年底便成为被打倒的当权派。我主持过多次对他的批斗会，其实翻来复去就是那么几件不该由他负责的事。他的真正问题在于他档案中的自述材料，其中有一句：记得我曾自"手"过的话，便成了桂光星叛徒的由来。他这一句：记得我曾自"手"过的话到底从何而来？他解放前既没参加过黄梅县地下党，又没参加过地下党的外围组织。因而，他有什么东西值得自首，向谁自首，有出卖过组织和同志的材料吗？没有，统统没有。而过去的专案人员总是在这个问题上止步不前，可我决心打破坚冰，快刀斩乱麻，直接否定这条他自己的"自首"疑点。经过这么些年斗来斗去，我看透了那些所谓的罪状。同时，经过了这么些年与桂光星的接触，我已经得出了桂光星是好人的结论。他一不贪二不嫖，处事公正、按部就班，是一个本分的高中级干部。当然，贺明星交给我办此案，也是看中了我可以干脆了断此案的魄力。贺明星只对我说了一句很原则的话：放手干，按政策该解放就解放。这句话其实已经给我指明了方向。

我把桂光星找到我在招待所二楼的专案办公室。桂光星此时还是一个打扫卫生、给总务科做杂事的被监督的走资派，他经过二年扫马路，那傲人的大肚子没有了。他走进我的专案办公室，一眼便看到桌上那写有自己名字厚厚的档案袋，不由地打了个冷战。我让他坐下并跟他说：老桂，你别紧张，其实，你的问题我看也没有什么大不了的，就是有一点，你再回忆一下，你在你的自述材料里怎么会有这么一句：记得我曾自手过。这个自首的首字，是左右手的手。

他听到我这话后，满脸的喜悦一下子又缩了回去，他怔怔地望着我，等着我的下文。我说：老桂，这样吧，你把你在兴中纱厂参加工作前的历史再写一下，尽量标明可查的证明人。这句：记得我曾自首过。实在让人有些莫名其妙，可又确实是你的原始自述材料。我怀疑这句话或许是笔误，总不能让这句话坑你一辈子。

桂光星从我的口气里听出了希望，他兴奋地搓着双手，一迭连声地说：好好好，我回去立刻写，立刻写。

桂光星走后，不一会又来了，这次他是为我的专案办公室送来两篓木炭。我并没有吩咐他给我送木炭，这完全是他自作主张，我只好连声道谢，他说应该的。这使我感慨系之，一个党委书记竟然沉浮如此。

桂光星第二天便交来了他的自传材料，并专门写了一封感谢我的信，对我的称呼是厂革工会负责人旷小林同志，信的内容如下：九纺厂革工会负责人旷小林同志对我的问题采取了实事求是的态度，细致地对待历史遗留问题，使很多过去模糊的问题得以澄清。这种认真负责的作风让我很感动，同时，旷小林同志一向对我和风细雨不粗暴也使我感动，我一定要更好地学习毛主席著作，彻底改正过去的错误，以实际行动回到毛主席革命路线上来。

桂光星这封感谢信我曾保留了一段时间。张淑琴看了后对我说：奇怪，桂光星从来没给人写过感谢信，我监管了他三年，这是第一次看到他的亲笔感谢信。不过，你过去主持过很多场对桂光星的批斗会，他怎么会感谢你呢？

我说：我虽然主持过很多次批斗桂光星的会，但我从没打过他，也制止别人打他。当然，我不是讨好他，而是执行要文斗不要武斗的政策。

原专案人员说：桂光星所写的自首，可能是指他在小时候参加过地下党的外围组织黄梅少年先锋队，类似儿童团。我一句话驳过去：小孩子晓得什么？

我在对桂光星的结论材料中，大刀阔斧地砍掉了一切不实之词，否定了桂光星自首的情节，只是犯了执行上级错误路线的错误。结论是：立即给予解放。

桂光星后来很快得到解放，解放后调到九江国棉四厂任党委书记。后任市委组织部副部长。

但桂光星解放任职后，我从没找过他。

《亲历浩劫：江西省九江市九纺文革纪实》

多雪的冬天

1969年二月，农历新年。这是一个多雪的冬天，江南罕见的大雪，山中的竹子、大树被大雪压折了不少，城乡普遍积雪盈尺。各单位门口、各家各户门口普遍堆起了雪人，大多数的雪人堆的是刘、邓、陶的模拟像，刘少奇的大鼻子往往被一根大红罗卜代替，邓小平的眼睛被两颗三角煤球代替。然后，孩子们朝这三个雪人扔雪球、撒尿，打靶比赛，以打得它们的头开花为赢，极尽丑化之能事。当时，无论开会游行，打倒刘少奇、打倒邓小平、打倒陶铸，这三句口号是必喊的，无论城乡，写有毛主席万岁标语的后面，必有打倒刘、邓、陶的标语。我的姨妈周淑元从湖南衡阳老家到我处探亲，指着这三个受尽侮辱的雪人说：要不是这几个人，我们早饿死了。

大多数牛鬼在过年这几天，还要在工武连战士的押解下到放假走空的厂里低头请罪示众，集中关押。在工武连民兵的刺刀下，扫厕所，扫马路，到车间清理废纱，清洁机台。但也有一些牛鬼被允许回去和家人共度新年，这些牛鬼感激涕零，一再向高抬贵手的有关领导鞠躬敬礼，一再向毛主席的像敬礼。有个允许回家的牛鬼见到我也像汉奸见到日本人一样立正鞠躬不已，他那青鼻涕也随之上下翻飞，让我唏嘘不已。而这样的牛鬼当时已达数百人之多。

1968年开展的三查清理阶级队伍运动造就了多少人间惨剧，多少无辜的人被折磨成一群麻木的鬼魅。但比较起其他地区和单位，九纺厂是受灾最轻的。1968年，这是中国人民灾难深重的一年，腥风血雨的一年。

叶剑英元帅说过：文化大革命整死了一千万。祸及一亿人。这死去的人和受牵连挨批的人大都发生在1968年。而1968年各省大多是军人掌权。

1968年，全国各省都成立了以解放军司令员、政委为首的革命委员会，军队干部不仅在省革委处于核心领异地位，在下面地市县主要领导也是由军人担任，全国全部军管。这是一个军管时期，正是在这个军管时期，人民大遭殃。

《亲历浩劫：江西省九江市九纺文革纪实》

我主持全厂庆"九大"盛会

血雨腥风的 1968 年终于过去了。1969 年降临神州大地。

新年中的一个重要的政治信号，便是迎接中国共产党第九次代表大会召开，各类宣传工具开足马力，宣传九大的伟大意义和不同凡响的美好前景。九大拟在 69 年四月一日召开，时间紧任务重，各单位都在紧张筹备九大的庆祝活动。首先是宣传造势，到处都是：以优异成绩迎接九大召开的大标语。红布横幔挂满了上班必经之路，黑板报、厂里的小报、墙报都是连篇累牍地迎接九大的表态文章，各车间宣传队都赶排迎九大的节目。忠字歌忠字舞在居民委员会的组织下，全体出动，大街小巷到处都有人在唱在跳，特别是那些七、八十岁的老头老太太也一个不挪地出现在跳忠字舞的队伍里。如果不让他们跳，他们还会不高兴：难道我们就不是革命群众吗？

九纺厂的俱乐部大房间里正在紧张地制作大型油画，三米高两米宽或两米高三米宽的大型布面油画摆了几十架，九纺厂财大气粗，庆典当然尽显排场。牛鬼们更没闲着，他们除了为庆九大做清扫垃圾、清沟除草的苦力外，还为他们准备了一次大的活动，这次大活动就是四.五清明节牛鬼化装大游行。

1969 年四月五日清明节这一天，九纺厂倾巢出动上街庆九大胜利召开大游行。游行队伍分两部份，一部份是革命群众的庆祝队伍，其中以纺织女工整齐的工装形象为主，她们人手执一束纸花摇着，随着领呼口号的口令喊口号。最前面的是八人抬的超大毛主席画像，各个时期的像被几十架像架抬着，八人一架的像架高二米宽三米，抬像架的人并不轻松，抬像架的方阵后面是几十面彩旗，绸制的彩旗迎风飘扬好不威风。九纺厂的游行队伍在街上经过时，震慑了整个九江，沿途观者如潮如涌。人们纷纷议论，也只有九纺厂才有这么多人、这么多钱、这么大的魄力，搞这么奢华的游行。当然，人们更喜欢看的是九纺厂游行队伍中的牛鬼蛇神队伍，几百个牛鬼蛇神化装各式各样的坏人：有身着长袍马褂、头戴瓜皮帽的地主土豪劣绅，有穿西装、油头粉面挺着大肚子挂着文明棍的资本家，有穿着美式军装、头插天线、前胸挎发报机的美蒋特务，有穿着蜈蚣布扣衣、戴武松帽的打手，有涂脂抹粉、脖子上挂着一串破鞋的女流氓，还有着干部服的走资派……所有各类坏人都被画家美工画得唯妙唯肖。而赋予角色的牛鬼蛇神个个都像顶级演员，让观者追逐、围堵，一时间，连交通也为之堵塞。

但一场不期而降的大雨又让整个队伍全乱了套，贺明星气得大骂……

九大前的疯狂造势，让九大成了人人期待的大会。人民群众期待九大能出台一些有利于国计民生的政策，让人民群众生活水平有所提高。解放二十年了，干部工人的工资基本上沒动，农民依然过着半饥半饱的日子。造反派盼望九大能出台有利于造反派的政策，当初是毛主席发动的文化大革命，号召群众起来造当权派的反，可现在搞的清理阶级队伍（三查），又把造反派整得呜乎哀哉。不少地方的造反派几乎一网打尽，希望九大能出台善待造反派的政策。老保则希望九大能出台彻底整肃造反派的政策，把造反派搞得乱糟糟的场面，恢复到文革前的正常轨道上来。就连牛鬼蛇神也盼九大出台落实政策的信息，绝大部份牛鬼蛇神都是冤枉的，他们希望早日结束这种非人的待遇，还他们清白之身。于是，各种人都真诚地盼九大迎九大，中国九百六十万平方公里土地上的生灵都翘首期盼九大的召开。

九大于四月一日召开到四日二十四结束。九大的政治报告由林彪宣读。九大形成的新的中央政治局几乎是军队将军的天下。林彪被捧到了天上，成了党章上的接班人，真正的一人之下万人之上。对于牛鬼蛇神来说，他们听到了盼望已久的春风，林彪的政治报告强调要落实对敌斗争政策，将那些只说过一些错话、做过一些错事的人解放出来。这句话使绝大部份牛鬼蛇神如沐春风，因为他们认为自己最多也只属于说过一些错话、做过一些错事的人。虽然林彪后面还有一句话：阶级敌人又嚣张起来怎么办？发动群众再一次把他们斗倒就是了。但这句话对于百分之九十九被揪三查对象而言，可以忽略不计。

最让我不可思议的是九纺厂庆祝九大胜利闭幕的群众大会，贺明星又让我主持。一个非党非团而且身世不那么纯正的小工人主持党代表大会的庆祝大会，实在叫我如坐针毡，几欲推辞，又怕领导说你不识抬举。

九纺厂庆祝九大胜利闭幕的庆祝大会极其隆重。全厂三千多人停产，出席大会，大会会场设在室外灯光球场，这个可以作为足球场的场地被三千多人塞得满满堂堂，露天舞台插满旌旗，一条足有几十米长的横幅横贯露天舞台上方，上书：九江棉纺织印染厂庆祝九大胜利闭幕大会。《大海航行靠舵手》和《满怀豪情迎九大》的歌声在会场上空经久不息反复吟唱。正值仲春时节，和熙的春风抚摸着每个与会者发烧的脸庞。几十面彩旗在风中飘荡，发出哗哗的声响。望着台下黑压压的人群，望着春阳下每一张充满期待的脸庞，我这个久经阵仗的主持也心跳不已，紧张得手心出汗。

贺明星低声说：开始吧。于是，我朝台边摆弄扩音器的广播员一个手势，震耳欲聋的音乐戛然而止。几千人的会场静得让人听得清心跳，尽管我一再对自己说镇静别紧张，但仍然禁不住微微发抖，我就是用这样略带抖颤的声音宣布：九江棉纺织印染厂庆祝九大胜利召开庆祝大会现在开始。

这一声开始，等于下达了奏乐令。顿时，鞭炮齐鸣，锣鼓喧天，闹腾了好几分钟，我才宣布礼毕。下面请九江棉纺织印染厂革委会主任、党的核心领导小组组长贺明星同志讲话。

贺明星上台讲话，他显然也很激动，他不像平时不用讲稿、张口就来、旁证博引、妙语如珠，而是照着讲稿一字一句的念。全场又回到死一样的寂静，唯有贺明星那略带东北口音的普通话，在暮春碧蓝的天空下飘荡。

熬过开头这两个程序，我平静下来恢复常态，显得自信而老练。下面是一连串各单位代表发言，第一个是卫生所的高个美女付芙蓉，我对她的印象是因为她的个子实在高，起码有一米七几，是九纺厂少有的高个。我利用每个发言人讲话的几分钟间隙，安排大会结束后一系列事情，每个车间离场的顺序，命人将这个离场顺序通知到每个车间领队，并指定专人负责此项工作。又到播音员这里安排会议结束时歌曲播放顺序，因我感到会议开始前播放的一首歌不合时宜。

这场庆典大会只持续了一小时便结束了。这场大会如此隆重热烈有序，我功不可没，很受一些人的称赞。说，主持这个会还是小旷有水平。我也为主持这场规模空前的盛会自豪了好一阵子。但我的好日子也很快结束了，我的偶像也是我的福星贺明星下台了。

《亲历浩劫：江西省九江市九纺文革纪实》

贺明星下台

贺明星的下台是因为与一个女工有染。但事发前，他有很长一段时间的压力期，这山一样重的压力是常人难以长久忍受的。那就是他的妻子也是南下干部的王淑琴被《江西日报》、《江西战报》、《火线战报》点名批判。王淑琴此前任江西化纤厂革委会主任、一把手。江西化纤厂是南昌市的大厂，王淑琴和省军区首长的夫人李丽同在一个厂分任一、二把手，两人因工作关系产生矛盾，发展到誓不两立。联系到以前的背景，王淑琴是造反派，李丽则和她省军区的老公一样是老保。冲突不免把各自的丈夫扯进来，王淑琴的老公贺明星远在九江，很难对她有所帮助，而李丽的老公是军区首长副省级，他的活动能量和影响力是贺明星无法比拟的。经军区的活动，省革委批准了揪斗王淑琴的提议。于是，王淑琴在劫难逃，被省报点名批判、被撤职被揪斗，作为正处级干部能被省级报刊连篇累牍地点名批判，这对于贺明星来讲确实是万箭穿心。全厂当然都知道一把手贺明星的老婆是被省革委点名批斗的阶级敌人，各种含意的目光都射向贺明星。如果，此时上级同时解除贺明星的领导职务，贺明星可能还好受一点，但上级丝毫没有要解除贺明星领导职务的意思，仍让他担任九纺厂一把手。而一把手要日理万机，面对全厂干群请示报告要表态，三查小组呈上要揪斗有影响人物也要他表态拍板，许多领导干部、老工人有冤屈也要找他倾诉，他身心俱疲，却又强力支撑。这时，甚至还有人趁机逼宫、篡党夺权，此人便是革委会常委董楚明，他找到二把手军代表高庆堂说：贺明星看样子是不行了，下台是迟早的事。建议由军代表主持工作，这个想法他已经跟有关人员沟通过。但军代表高庆堂断然否决了他的意见：这不行，老贺有什么问题是上级决定的事，在上级没有免去他职务之前，他就是我们的领导，就要按他的指示办，你这样做是非组织活动。

这一段时间，贺明星的痛苦、困窘无奈又无人诉说，我亲眼目睹了他这一时期的万般苦恼和无奈。在贺明星的提携下，我长期列席革委会常委会。当时厂革委常委计有：贺明星主任，军代表高庆堂第一副主任，副主任张巨库，王正龙（造反派），桂春喜（造反派），董楚明（造反派），宣雪春（董妻，造反派），冯炎木，赵福风作为细纱车间总支书记、原厂政治处副主任也列席常委，与我同列席常委的还有整理车间主任吴金秀（联络组常委）。

当贺明星老婆在全省批得沸沸扬扬之时，贺明星也在常委会上捂着胃病的腹部在会议室里兜圈子（应该说，常委会基本上就是贺明星的一言堂，是他的讲台，其他人都是听众），感情深重地说：我老婆这个事搞得我很苦恼，但回忆她过去的言行，似乎她应该是个正统的政工干部。当然，我要从新认识，要真正认识一个人不容易啊。当初，我找她做老婆时还太小不懂事，二十郎当嘛。过去，我们党在解放区有个规矩：二七八团，年龄二十七岁，党令八年，职务团级。符合这三个条件组织上才会批准同意你结婚，这三条中的团级是最苛刻的条件，这一条让很多老同志跨不过去，很多老革命年龄早已三十好几了，党令也十多年，就是职务到不了团级，因而结不了婚，成不了家，组织不批准，你就只能打光棍干熬。但到了1950年，颁布了婚姻法，任何人只要男满二十岁，女满十八岁就可以结婚。过去在老解放区的条条框框一律作废，都按婚姻法办。这下子，我们这批二十郎当的青年干部就欢天喜地了，不必再熬到二十七岁了。于是，适令青年都忙着找对象，我也寻思找一个。当时，南下工作团的女干部很少，王淑琴当时也是南下干部，只有十九岁，年青、漂亮、有文化、辫子一甩挺迷人的。东北老乡给我介绍，我一看就迷上了，年青人火热的心，那有不想女人的。特别是当时很多大干部都在找都在挑，王淑琴个子高苗条也有几分姿色，成了很多干部追求的目标，我这种小干部能不能让人家对上眼还不一定，可她偏偏也看上了我这个小干部。于是，趁热打铁，匆匆忙忙就结了婚。以后又各忙各的，真没有好好地探究她那灵魂深处的东西，现在报上一批，才知道还有这么多事。唉，一个人不经过摔打还真看不见底……贺明星讲故事一样把他和老婆的关系及他要不要揭发他老婆的问题，就这么轻飘飘地在常委会上交代了。这以后，贺明星仍振作精神，操持着九纺厂这个大家庭的一切事务。贺明星有好一阵却像一个带罪立功的傀儡皇帝，每次他那被揪的老婆来信，他都不私自开拆，而是把革委会里的党员常委（即党的核心小组成员），军代表高庆堂、张巨库、王正龙、桂春喜留下来，当着他们的面拆开信，宣读来信内容，这个搞法一直保持到他离职为止。

过了一段时间，忽然传出了贺明星和厂里一个年青姑娘通奸被抓现场。此时，我正在南湖宾馆开会，是军代表马排长告诉我的，我不相信。因为贺明星对于纺织厂干部利用职权奸淫女工是很警惕的，在干部会上经常警告各级干部，谁要是犯下了生产上的错误还可原谅，但如果犯下了作风错误，那就一定要从严处理，杀无赦！斩立决！纺织厂几千名女工，如果不设这么一条红线，那就乱套了。有个江纺来的老干部刘礼焜（后任九棉四厂厂长）向贺明星推荐江纺保卫科长，说此人有能力有魄力，治安保卫绝对是一把好手。贺明星问：此人既然如此优秀，为什么要调到九纺来，而江纺又会放吗？刘礼焜这才透底：原来此人犯了错误，也是一时鬼迷心窍，在男厕所这边用镜子照女厕所那边女人的下体。事情传开后，受了处分，他面子受损，想换个环境，而且他保证绝不会再犯。贺明星了解了这个情况后，坚决拒绝调进此人。贺明星说：这个人就是一朵花我也不要，在我们这个女儿国里绝不能引进色狼。贺明星的态度让推荐此人的刘礼焜很没面子。这样一个在男女关系把关甚严的聪明人会犯这样低级错误吗？

但马代表很肯定地告诉我：这是他亲自处理的事情。不会有假，贺和那个姑娘都承认了。

　　我急忙回厂向熟人打听事情真相，得到的回答是确有此事。我的心顿时沉甸甸冷飕飕的，贺明星将很快会被免去职务，继任者无论是谁都不再会像贺明星那样关照我。如果是张巨库继任那更可怕，他一定会报当老保被抓时受到痛打之仇。我能在"三查"中逃脱厄运，多亏贺明星这棵大树为我遮风挡雨，我痛苦、彷徨。想去找到贺明星本人安慰安慰，又一时找不到，他已经出去休假几天，似乎是避避风头。当我了解到贺明星桃色事件的全过程，又为他的草率和麻痹而痛惜。

　　和贺明星相好的小曹仅十九岁，是贺明星老同事的女儿。平常小曹便因这层关系和贺明星来往密切，小姑娘当然崇拜和钦佩这位长辈。贺明星在妻子被揪的痛苦时期，无人可以倾述，而小姑娘的安慰和体贴让他找到了宣泄对象，这个美丽姑娘的似水柔情也让贺明星不能自拔。问题是，小姑娘竟然经常在贺明星办公大楼二楼的卧室过夜，直到清晨才离去。而小曹名义上的男朋友正是二楼电话总机室的维修工。小曹的男朋友姓吴，是部队退伍转业军人。

　　小曹的举止当然瞒不过吴某某的眼睛。这天，他邀两个战友躲在总机室里观察守候小曹的行动。他们从小曹进贺明星房间开始便密切盯视，整整一个长夜，他们几个目不转睛地守候一直到清晨。小曹从贺明星房间出来，他们便一拥而上堵住了小曹，一切便无可辩驳。据说，贺明星听到门外的喧哗，从室内开门看了一下，脸色顿时刷白，又返回房间一言不发。吴某某当即报告军代表，军代表随后简单问了两句，都承认了发生关系的事实。

　　我质疑这么聪明的贺明星怎么会让小曹整夜留宿在自己那窄窄的单人床上。他难道不可以蜻蜓点水一下就飞走吗？这么长夜留美是极其危险的。另外，他可以在他住的宿舍里相会呀，那里住着二十多户人家，进出一个大门，完全可以混得过去。我为贺明星的粗心大意扼腕不已，但我绝对同情理解贺明星在此艰难时期寻找红粉知己慰藉的苦衷。人非圣贤，孰能无过。

　　贺明星出轨在九纺厂引起了八级地震。震源主要是中层干部，我记得织布车间书记郭善成曾在干部会上斗地主一样地指斥：贺明星一贯作风败坏，过去便有几宗桃色事件，要他彻底交代。但跟着起哄当面撕破脸的没几个，厂级干部大都沉默不语，不过，每个人心中的波澜都是难以平静的。

　　上级对于贺明星的处理并没有及时跟上，只是由张巨库暂时代理一阵子，贺明星仍然待在厂里。风声过后，贺明星多数时间住在家属宿舍里，他的妻子王淑琴也在九纺厂与其同住。这段期间，我经常到他家去看他。他在赋闲期间也乐于有清客上门唔谈。我们话题非常广泛，谈到官场，我印象最深的是他说：轻化工业厅的原厅长、现在轻化工业厅革委主任石济生。军代表和石济生关系不睦，军代表到省革委主任程世清面前总说石济生的坏话，虽然石济生有许多军代表横行霸道违纪违规的实例，但却总是在程世清面前说军代表的好话。久而久之，反倒让程世清觉得军代表性格偏激难以容人，因而站到石济生一边，最终把军代表调走。你看看，石济生这手法多高明，用夸奖你的手段把你搞垮……

谈到上山下乡的知青生活，贺明星说到他女儿的一桩小事。贺明星结婚早，大女儿都十八岁了，响应上山下乡号召，到农村插队落户。有一次回家探亲，到厨房看他们炒菜，失声惊叫起来：天哪，你们炒一个菜放这么多油，抵得我们炒一个星期的油了，太浪费，太浪费。她硬是把锅里的油铲出一大半才罢休。

我谈到目前的阶级路线，总把出身看得那么重。看看马恩列斯、毛刘周朱邓哪一个是出身无产阶级，可一样是革命领袖。我觉得，舍弃富裕生活投奔生活艰苦解放区的剥削阶级出身的子弟，倒是真正值得信赖的，因为他们是为了追求真理，为了建设一个平等公正的理想社会，而不是为了物质生活的改善。穷人出身的革命者，他们倒是为了摆脱贫困的生活，想到革命中来改变他们穷困的命运，希望能过上富裕一点的生活。两者相较，怎么总是对富家子弟的革命者对知识份子出身的干部百般提防、处处设限呢？

我的问题使贺明星陷入沉思，良久才说：事情有两个方面，穷人有天生的革命性，这就是马列主义的基础。他们要摆脱受苦受压迫的境遇，要翻身要革命，要推翻压迫他们的富人阶层，他们意志一般比较坚定，吃得起苦。在斗争最困难的时候，队伍只有苞米吃，还吃不饱，出身穷苦的人受得了熬得下去，而出身富裕人家的子弟往往吃不了这份苦，也有熬不下去开小差溜走的，这就是阶级烙印啊。领导上对吃得起苦的穷人子弟放心，就是因为他们朴实听话心眼实，知识份子有文化脑瓜子转得快，这让出身工农的领导不大放心。可没有文化的军队是愚蠢的军队，而愚蠢的军队是不可能打赢敌人的。所以，又极其需要知识份子，这种既要使用又要提防的矛盾已经长久存在，不是一时可以解决的。比如我妹夫，本来要做飞行员的，可政审就把他审下去了。我这样虽是地主出身可又是烈士家庭也会受到影响就可想而知了。

我始终认为贺明星是个正宗的共产党员，只不过比较温和有才罢了，当然恃才傲物也是他在官场上难以跨越的重要原因，中国官场的升降沉浮绝对是长官意志。与群众的评价没有一分钱的关系。

我有一次和他一起到食堂吃饭。（需要特别指出的是，贺明星在九纺厂主政的近三年时间里，一直坚持自带碗筷到食堂与职工一样地排队买饭菜，一把手这种作风可谓凤毛麟角。）我们端饭到饭桌上吃，一个买饭的女工与窗口里掌勺的师傅发生了争吵，许多人围过去看热闹。贺明星和我由此谈到东北老区公职人员的吃饭问题，那时候，他所在老区机关的干部对办伙食的人有意见，换一个不行，再换一个又不行，意见大得能把人吃掉。最后，换上来一个人，神了，竟然获得了大家的一致认可。他有什么绝招能把众口难调的伙食做到人人满意呢？其实他就是掌握了人们的心理。他的办法很简单，一上任就一连三天吃红烧肉，这下可把大伙吃得心惊胆战，因为当时每个人的伙食标准是每月一块银元，这三天的红烧肉几乎吃掉了一个月伙食金的百分之八十，这以后还吃不吃菜。在这种情况下，人们每天能吃到盐菜、白菜、罗卜佐餐就很满足了，这样一来，上下满意，皆大欢喜。

于是，这个会办伙食的人给我留下深刻印象，我追问：此人后来肯定会重用提拔。贺明星说：恰恰相反，此人后来下场可悲，才高遭嫉啊。我默然，我看到贺明星眼中也似有泪光闪烁。

贺明星后来也遭遇了诸多不幸，并于1988年仅五十八岁便因胃癌去世，一代才子英年早逝，令怀念他的人常常悲从中来。

《亲历浩劫:江西省九江市九纺文革纪实》

卷十七:进入张巨库十年主政期

《亲历浩劫：江西省九江市九纺文革纪实》

二.二八案和三.一案

张巨库主政不到二个月便出现了二·二八案件和三·一案件。两案牵涉到百多人，被隔离审查了七、八十人。

而这两起案件荒唐得令人心酸。1970年二月二十八日，动力车间值班电工黄昆发现车间五配电房的一个保险坏了（跳闸烧坏），于是，向电工班长蔡学宏报告。蔡学宏是八级电工技术权威，他针对保险丝过细，容易烧断的现状，决定用十八号铜丝代替锡保险丝，黄昆照此办理。结果于二月二十八日铜保险丝爆炸，爆炸的后果是损坏了一个保险丝盒，价值几十元。这次既没伤人也没引发灾祸的事故，引起了厂部、车间领导、三查人员的高度重视，特找来九江电厂的技术人员前来鉴定。

当时，正值在全国开展轰轰烈烈的"一打三反"运动，所有的宣传机器都在疯狂造势，坚决镇压现行反革命的破坏活动，要大杀大捕一批反革命，要坚决反对对于现行反革命的麻木不仁的思想。于是，一个比三查运动更酷烈的对敌斗争新高潮在九百六十万平方公里大地上掀起，规定每个市县都要杀一批关一批管一批。杀人布告贴满了城乡显目处，被血红大笔勾去的生命动则就是几十条。每个机关企事业单位都面临着要揪出现行反革命的压力，九纺厂当然也不例外，何况在造反派里抓反革命也是重新掌权的领导们乐于执行的。因而，在厂方的压力下，鉴定结果为人为破坏。于是，这个保险丝烧坏的事件便上升到反革命破坏案件，因事情发生在二月二十八日，便称之为二.二八案件。（同样的事故三月六日再次发生。）

第二天，就是三月一日，又发生了三.一案件。三.一案件的大致情况是：三月一日晚十一时左右，发生了一起办公大楼进门处的毛主席石膏半身像，被人从像座上推倒石膏像砸得粉碎的事件。第一个发现石膏像被砸碎的是二楼电话值班室的男工张火财，张火财说他听到轰隆一声响，就下楼查看，发现是毛主席石膏像被砸碎，就打电话给保卫科东门门卫室，再由东门门卫打电话给保卫科。保卫科再派武装民兵到现场，武装民兵到现场正好碰到来办公大楼一楼卫生间拉尿的机修车间十八连副连长张利仁。张利仁家庭成份工人，湖南长沙人，1965年由萍乡巨源矿调来九纺厂，时年二十九岁。张利仁后来参加造反派，因成份好，被推荐为联络组武装连的副连长。九纺厂成立革委会后，机修车间改制成十八连，张利仁被任命为十八连副连长。当时为了响应省革委主任程世清两个突破（即工业大突破、农业大突破）的号召，张巨库要求机修车间自制全套机床。于是机修十八连便日夜赶工造车床，张利仁虽然只是副连长，但营连长都不懂业务，具体工作都由他操持。张利仁每天都要工作到十一时回家，他每天晚上下班回家都要到办公大楼一楼的卫生间拉一泡尿（因为他住的宿舍房没有厕所，而办公大楼一楼有全厂唯一的抽水马桶）。他刚好路过拉尿，便被武装民兵碰到，于是他成了现场被抓的砸碎毛主席石膏像的现行反革命份子。

我于贺明星发生桃色事件的一个月前，下到动力车间水暖工段长日班当工人。因为这工作轻松舒服自由，我非常安心这一工作，愿意终老于此。

二.二八案件发生在我已落地生根的动力车间，我经历了动力车间处理二.二八案件的全过程。在车间大会上，动力车间指导员许运福在会上宣布把二.二八案犯周录发、蔡学宏、黄国和、黄昆、刘木生等六人揪出来。然后，早已布置好的民兵，将揪出来的人员押解到他们所住的宿舍里，让他们带上被褥牙具衣服等，到车间关押他们的牛棚住下来，由三查专案人员看守。

但车间三查人员在审理这一案件时，遇到了二.二八案犯的强烈抵抗，我听到二.二八案犯之一的黄国和粗喉咙大嗓子地与审讯人员顶嘴：什么二.二八反革命案？总共损坏的东西不过值几十块钱，有这样的反革命吗？破坏几十块钱的东西换来一个坐牢的后果，反革命有这么傻？你们用脑子想一想嘛？这明明是个防爆开关自我保护时发生自然事故嘛……

但这两个案件发生在70年初，林彪掀起的一打三反对敌斗争，又一个新高潮的大背景形势之下。70年开年之初，便又开始一波打击反革命的运动。（当时，镇压反革命的布告，贴满全省各地，各地市都有三、五十个被枪毙的死刑犯，载运死刑犯的刑车在架着机枪，由全副武装的军人押解下游街示众，气氛极其恐怖。）发生在造反派出身的贺明星下台，保皇派头头张巨库上台的形势下，发生在两起涉案人员全是造反派的形势之下，一直感到自已受压没被重用的原政治处副主任赵福风，原武装部长张治平，原党办主任伍清波等人，正欲借此案要达到出气解恨整人报复整肃造反派的目的。（伍清波是个典型的左棍子、整人狂，受到全厂干群的痛恨。曾有一个朝籍工人金省三，被厂足球队请去做临时裁判，伍清波看到后，立即向时任厂工会主席的桂春喜提出警告，让朝籍工人做裁判是一起严重的阶级斗争熄灭论的表现，绝对不行。必须立即当场撤换。桂春喜说当场撤换对金省三刺激太大，今后不请就是了，但伍清波坚持立即执行，两人在球场边一直争执到球赛结束。伍清波的极左引起民愤，后来很多人借故打他出气，比如财务科的刘金福便故意在厂门口当众打他羞辱他。令人匪夷所思的是80年召开台属座谈会，他赫然在座。他竟然有亲属在台湾政坛任职，他隐瞒这一重大海外关系三十年，却一直以极左的面目示人。）

与二.二八案相隔一天的三.一案更是荒唐，张利仁到达摔碎毛主席石膏像现场已是石膏像被打碎的十分钟之后，有与他同出车间的车工黄贵能作证（他们俩当时一同对了时间）。试问一个摔碎毛主席像的作案人会在现场停留十分钟。十分钟即使按正常步态都可以走出五百米，而从办公大楼出厂门到宿舍区也不过二百米，这不是连三岁小孩子都一目了然的逻辑吗。厂党委书记张巨库曾在干部会上作出对"三.一"案的判断，说：我认为

"三.一"是单人作案，而且，这个作案人个头应该比我高一点（张利仁比张巨库矮）。厂一把手的讲话实际上就排除了张利仁作案的嫌疑.

可铁心要借这两起案件整治造反派那几个人却大做文章。政治处副主住赵福风宣扬："三.一"案是集团案，"二.二八"案是"三.一"案的前奏！于是大造舆论，把"三.一"案上升到全省全国最大的反革命案件！是有组织有预谋的集团案。我们要一查到底，把他们统统揪出来！……而他们也确实办到了。处在1970年"一打三反"运动那恐怖的气氛中，这几个人的说法做法是大有市场的。张利仁被关在招待所楼上的房间里，由伍清波日夜审讯，开始他死不承认摔碎毛主席像是他干的。但几天几夜的打吊车轮战，几天几晚不让张利仁睡觉。终于，被逼承认三.一案件是他干的。（张利仁看到李慧生被打的惨象，想如果自己被打残了何以养家糊口。于是违心认罪。）赵福风兴奋地在办公大楼上下各科室串进串出，以他那特有的大嗓门报告这一特大喜讯：突破啦，突破啦，张利仁已经承认是他推倒毛主席像，嗨呀，整整几天几晚，熬得我都快受不了啦。

紧接着，全厂召开几千人的破获三.一反革命案的大会，由厂工会画家吴振翔画的张利仁的被抓画像，给人印象深刻。那是一幅三米高的巨幅画像，一个持枪民兵一手抓住张利仁背部提起，使他像四脚乌龟一样手脚乱划，头昂起惊恐四顾。这张画像唯妙唯肖，更添恐怖气氛。

在这几千人的大会上，几个高大的民兵把矮小的张利仁像抓小鸡一样的抓到台上示众后，关进公安局看守所

张利仁最好的朋友钳工姚培仁也被抓。

张利仁在看守所里受到的折磨，也是常人难以忍受的，他关在一号牢房，这一号牢房通常是关待决的死囚。这个高五米宽一米五长三米的牢房阴暗潮湿，不见阳光，密不透风，张利仁带去的棉被潮湿可以捏出水来，他在牢里浑身长满疥疮，奇痒难禁，病魔缠身，几次拉肚子，一天泻三十几次……几次病得几乎死去……但更让他生不如死的是刑讯逼供，负责他案子的是一个满脸络腮胡子满脸横肉的协理员和一个瘦子，这两个侦讯人员从来不报他们的单位和姓名，只是一味的漫骂吼叫和殴打，很多时候并不问案，只是打骂，打得他皮开肉溅，血肉横飞，并用各种手段折磨他……

连看守的武警战士也常常对他擅自毒打，其中一个四川籍的武警打他最狠，一个月内打了他三十多次，他的手掌骨被枪通条活生生的打断，有一次竟然用标准的刺杀动作从送饭口朝他头部刺来，他一闪仰，但刺刀还是刺进了他的头骨，现在他两眉上一寸许还有一凹进去的疤痕，好在值勤的武警战士一月一轮换（怕待久了会与囚犯产生感情），这个好打人的四川武警战土不再值勤了。

张利仁在刑讯逼供之下几次乱招，有次竟乱招了一百零八人，但一停止刑讯他又翻案。

他曾两次陪斩，把他和死刑犯一齐押赴刑场，枪响了，死刑犯倒地，他也吓瘫。审讯方指望张利仁能痛快承认所有作案细节，构成罪犯的合理作案链条。但毕竟是冤案，张利仁即使想按审讯者的意图招供也说不清楚。倒是与张利仁同时被抓的他的好友姚培仁却始终如一地否认对自己的指控。不论你如何刑讯逼供，他一字不改。刑讯逼供最恐怖的一招是背铐（俗称飞机铐），把你的右手用手铐从背上拉住，再铐上从背后反伸上的左手，这种刑只要铐上五分钟，便全身痛湿，手腕欲断，铐子深陷肉中。铐上十分钟，可让你双手一个月端不住饭碗。铐上半天，双手残废。姚培仁经受过数次背铐，却无法摧垮他的心理防线。为此，他不知吃了多少苦头，一个人被单独囚禁了四年，不放风不见阳光。在被单独囚禁的日子里，他虽然吃不饱，但每餐仍要省出几粒饭喂他的伙伴。他的伙伴是一只老鼠，每天上午固定的时间，它都会沿着他的衣袖爬到肩膀上，再下到另一只袖子上，当他的面吃完留给它的早餐，再从容离去。每当此时，都是姚培仁最欢乐的时候，他静候伙伴来访，眼睛都不敢眨一下，怕惊吓这个活的伙伴，第二天不再光临。

单独囚禁是最可怕的待遇，多少人宁肯被牢头狱霸打骂凌辱，也不愿单独囚禁，它那山一样厚重的沉默会逼得人自杀、发疯。但姚培仁熬过来了，他没说一句假话。姚培仁放出来后，我曾问他：是什么力量支撑你在酷刑下不违心地讲假话，不违心地承认他们指认的罪名。姚培仁说：这是因为段国刚的一席话，段国刚是福州军区段副司令员的儿子，也被揪出来。一天姚培仁偶遇段国刚，段国刚问姚培仁，三.一案你知不知情，参没参与？姚培仁说不知情没参与。段国刚说：你如果参加了就老老实实承认，没参加就坚决不承认。不管怎么打都别说假话，说假话最终害人害已。姚培仁说他正是因为把段国刚的话听进去了，才咬牙忍受住一切毒打和折磨，不说一句假话。

姚培仁的坚持不但救了他自己，也救了张利仁和萍乡同来的很多人，也包括我。赵福风一伙曾打算把萍乡来的几个眼中钉圈进去，狠狠地修理一番。赵福风也在三.一案发后的时期经常跑到我所在的十八连，找到连长熊文彬，硬要他把我揪出来。赵福风说：你们怎么还不动旷小林呀？他和张利仁都是从萍乡一个矿调来的，都是造反派，他们之间会没有联系，也许是旷小林指使的。但熊文彬抵制了，熊文彬是老保干将，腰杆子硬，敢跟赵福风顶，熊文彬说：你拿材料来呀，只要有一点材料牵涉到旷小林，我们立马把他揪出来，揪一个人总要有点理由嘛，总不能无缘无故揪人。赵福风说：你们也太右倾，旷小林这个人在九纺厂跳得这么高，揪出来一审绝对会审出问题来。熊文彬说：审不出问题怎么办？还是要讲政策嘛……熊文彬为杜绝赵福风继续施加压力，还把张巨库找来，当着张巨库的面与赵福风辩理，张巨库肯定了熊文彬的意见。我因而幸免于难。张巨库虽然对我有恨意，但始终沒有整我。其实，他要整治我只要动动小姆指就可以啦，但他没有。

三.一案件的一个可疑之处是，第一个报案的张火财竟然在案发十天后不声不响调离

《亲历浩劫：江西省九江市九纺文革纪实》

九纺厂，从此人间蒸发。而此人在报案后，神情恍惚，一脸惊恐，怕见人。（此人在1981年我在九江碰到他，突然叫他一声时，他吓得几乎昏晕过去，然后，一溜烟跑得不见踪影。）

　　我后来推断事情的真相可能是，张火财从二楼下来因楼梯滑，他滑倒时双手前扑，碰到楼梯前的毛主席像座。毛主席的半身石膏像用一个杉木架托着，轻飘飘的，总高不过一米六，摆放的位置离上二楼楼梯不过一米左右，如果晚上下楼不慎滑倒扑下去，正好可以推倒石膏像。毛主席石膏像打碎后，他不敢说是自己打碎的，而选择报案。发现毛主席像被打碎，以后的事情发展到那么轰轰烈烈，又牵连了一大群无辜的人。张火财于心不忍，良心深受折磨，便选择了坦白，他向有关领导坦白了事情真相。可三.一案已经像雪崩一样的不可阻挡，如果暴出真相，则整个领导层都不好收场。于是，个别两个领导通了气之后，便决定立即将张火财搞走，并嘱他守口如瓶。从此，张火财便消失了，一个最大的犯罪嫌疑人被人蓄意转移隐藏起来。（当然，这仅仅是我的推测，但也是合理的推测。还有一种说法是，伍清波、张治平等人，为了达到整治造反派，有意策划了这一假案。）

　　他们继续借三.一案件大做文章，三.一案件人人过关，交代当天行动每一分钟的时间表。厂、车间、工段、班组层层开会，宣扬二.二八、三.一是有组织有计划的反革命事件。三.一案件的造势，惊动了省地市三级政府，九江地市组织了以武装部长为首的联合工作组三进九纺厂，规模最大的一次有七十多人。九纺厂到处都刷上了两米见方的大标语：彻底清查与三.一反革命案件有牵连的人和事。彻底揭开三.一反革命集团的面纱。誓死捍卫毛主席。三.一案是全国最大的反革命案。

　　在这些令人胆战心惊大标语的环境下，在厂广播站声嘶力竭的恫吓下，凡是与张利仁有关系的人都遭到揪斗和逼供。其中以厂革委常委桂春喜为主要打击对象。桂春喜是联络组一把手结合进革委会任常委，他一贯反对另一常委三查组长董楚明的乱揪乱斗，被某些左派视为右倾。但贺明星比较欣赏桂春喜敢于逆潮流而动，直言三查的过火行为，有些话贺明星自己不好说，由桂春喜代言，使贺明星能处于超脱的地位评判是非，所以桂和贺的私交甚好。现在贺明星下台了，桂春喜便成了被攻击的主要对象。但桂春喜是一块硬骨头，不是那么好啃的，首先他出身成份好、党员，历次政治运动都是依靠对象，其次他作风正派，为人光明磊落，干群中历来口碑甚好。当然，最重要的一点还是他有文化有水平，敢说也能说。几次，市工作组与厂里头面人物围攻他，他据理争辩，常常让围攻者下不了台。在一次张巨库召开的所谓谈心会上，类似工贼的人物郭普济（此人的面目下面会谈到）充当第一打手，拍桌子大骂桂春喜，说他卷入三.一反革命案还不认罪，简直是不可救药等等。桂春喜也立即拍桌子还击：你有什么证据说我卷入三.一案，你血口喷人、栽赃陷害，到底想达到什么目的？张主任，你是说开谈心会，可现在开成了个批斗会，这个会我不参加。说完拂袖而去。满屋准备讨伐他的人，一个个瞠目结舌地望着他愤然离去的背影，不知所措。

虽然张利仁在刑讯之下曾牵扯过桂春喜等数十人，但张利仁随后又否认了。因此，当市工作组和厂部头头找桂春喜交代与张利仁及三.一案的关系时，他一口否定：我和张利仁是同事关系，至于三.一案，我至今仍认为有疑点，哪有一个人作案后十分钟都不跑，等待你们来抓，除非他是傻子、疯子，你们现在就定死张利仁，也许就放走了真正的罪犯。

桂春喜在这种高压恐怖的气氛下，竟然还敢为张利仁辩护，责疑三.一案的真相。这让那些三.一案的操弄者胆战心惊、左右为难，想将桂春喜硬性地打入三.一案犯又没有一点材料，可不打又怕桂春喜将对三.一案的看法扩散开来，让更多的人怀疑三.一案的真相到底如何。如果有人提出把张火财搞回来审问，张火财绝对经不住拷问，一旦讲出真相，九纺厂现有的领导便全部成了鼻子上涂有白粉的丑角，制造冤案，放走反革命要犯的巨恶元凶，而这种后果是无论如何要避免的。结果，对桂春喜便仅仅是调离工作而已。至于下面那些所谓的三.一案犯就受到残酷的折磨，被关牛棚遭到严刑拷打，受刑不过而乱说的比比皆是。

萍乡人黄文华也是机修车间专案人员准备重点审察打击的对象。然而，上苍保佑，他竟然案发前两天出差到河北某县购买轴承，他所在的地方偏僻得连电话都很难打通。因此，专案人员费尽九牛二虎之力也没联系上黄文华。待他终于回到九江，已是三.一案发后二十多天，揭批三.一案的声势和力度都有所缓和。但他一下车还是便被专案人员盯牢，一直到他从澡堂出来，马上被专案人员带到五营办公室，机修车间（连部）和营部各级领导都在营部办公室等待这条大鱼上岸。主审官是九纺厂公认的中层干部中最有水平的彭志营长，出乎专案人员的意料，彭治对黄文华很讲政策，很平和地介绍三.一案，问黄文华与张利仁的关系，黄文华回答不知情后，他只是要求黄文华把与张利仁的交往回忆回忆写一写，便放黄文华回去了。黄文华走后，专案人员不解地问彭志：怎么就这么简单地说几句就算了。彭志说：你要他说什么，三.一案发时，他在外地出差，与这件事不搭界，他无非就是与张利仁从萍乡一道调来的，其他还有什么材料吗？众专案人员面面相觑。

不过，把三.一案妖魔化的传说不迳而走。有的说三.一案是贺明星幕后总指挥，桂春喜是前线指挥，张利仁只不过是具体操作者。甚至还有很多匪夷所思的细节。黄文华告诉我：彭治跟他说的作案过程，桂春喜和张利仁一起，由桂春喜告诉张利仁要用雨伞柄去扳开关闸刀，断电后再去砸石膏像……

黄文华被不明不白的搁置起来，不过并没有对他采取隔离措施。

我虽然暂时没揪，但我看到动力车间对二.二八案的处理过程。二.二八案主犯蔡老八（八级电工，电工班负责人）、周录发（电气技术员，江西工学院六五级大学毕业生）、黄国和（电工）、黄昆（电工）等八人被隔离审查，关在车间水暖长日班工作间。

动力车间副主任王旺水在车间大会讲话时征求群众意见：对二.二八案犯怎么处理？群众竟一齐回答：枪毙。

（其实，这样的群众表态过去在电气工段发生过好几次，一次是电工白淑萍在电机下线时不小心剪断了两根头发丝般细的铜线，作为重大事故在工段大会上讨论处理意见，当车间副主任王旺水问群众：怎么处理白淑萍？群众异口同声地说：判刑！王旺水又问白淑萍的丈夫也是电工又是共产党员的乔富山：你的意见呢？乔富山照样回答：判刑！）

王旺水继续说：我们还是要讲政策，经车间支部研究，初步订为有期徒刑十五年。大家同意不同意？与会群众又异口同声：同意。

这是我亲身参加的车间群众会议，我当时究竟随口附合了沒有，我已忘记。但我当时心底确实涌上一股寒意：一个防爆开关保险自然炸裂，一没影响生产，二没造成人员伤亡，仅仅是保险丝被毁，几十元的价值，却冠以二.二八案件，要对这么多无辜的人处以这么重的刑责，这简直是乱杀无辜、草芥人命。而我们的工人群众明知这是一桩大冤案，却连沉默以对的勇气都沒有，都违心地附合表态。

啊，人啊人！

当然，二.二八案、三.一案早已平反昭雪，张利仁、姚培仁也无罪释放。可制造这起荒唐冤案的人赵福风、张治平、伍清波却仍然高高在上，丝毫没有因为他们造假制假受到追究和惩罚。这些饱受凌辱的案犯也从沒想到讨还血债，追究冤案制造者刑责，反而口口声声感谢那些把他们投入牛棚的施暴者。

张利仁虽然人放出来了，但老婆离了，女儿疯了，家破人亡（疯与死有何区别）。张利仁虽然人在牢外，但灵魂似乎还被锁在牢里。他一改过去活泼开朗的个性，变得沉默寡言，几乎不和任何人交往。我后来几次追问他为何变得这样。他说：他出狱后曾找过贺明星诉说冤屈，但贺明星劝他别再去申冤告状了，夹着尾巴做人算了，虽然是冤案，但有时冤案也会办成铁案。不然，那些高高在上的办案者，脸往哪里搁？这种冤案办成铁案的情况我见得多了。

贺明星也是张利仁最佩服的领导人，贺明星的话彻底改变了张利仁的人生态度，他便消沉和自闭起来，成了一具没有灵魂的行尸走肉。

张利仁诉说的原委让我又一次寒彻肺腑，虽然我尊敬贺明星，但对他这一说法难以苟同，难道被害者、被冤屈的人连抬头挺胸做人的权力都没有，连呼冤叫屈的权力也被剥夺了？这样的结局让那些作恶的人怎么能不横行无忌？！他们有这样的制度保护他们，又何惧之有？望着张利仁那一副呆滞麻木、不争不求听任命运摆布的神态，我回想起他曾经的辉煌。他曾独自一人提着一桶浆糊和一卷纸，趁夜在厂内，以几十个战斗队的名义刷了几十条标语，支持联络组，使处境困难的联络组群众士气高涨、人心大振。他那挎着大号勃朗宁手枪带领武装连操练的勃勃英姿，他带着武装连战士巡逻时被老保开枪打中小腿四颗子弹，我去看他，他竟然拖着未痊的伤腿又去执行任务……那个不知疲倦、勇敢无畏的老乡已经逝去了……

我的另一个老乡也为走资本主义道路案被揪住不放而苦恼不已。

《亲历浩劫：江西省九江市九纺文革纪实》

神钓刘汝德

我的这个萍乡老乡叫刘汝德，身高不足一米六，是一个幽默风趣快活的小个子。他有一门绝技，可以持一根指头粗的竹条，快速钓尽小河、小溪、池塘里的小鱼。看他钓鱼就像看魔术师变戏法，他那根小竹条可以在一分钟内连续钓上二十条鱼，速度快得你眼睛跟不上他挥动的鱼杆，鱼儿似乎排着队等候上钩。而且，他不用换鱼饵，一挥鱼杆，鱼便甩在身后的草地上蹦跳，钩上的鱼食并没有被消耗。有一次，他在仪表厂门口的小河钓鱼，观者如潮，看他钓鱼的人都为他那手神技叫绝，纷纷称他为神钓。他家的鱼常年不断，吃不完的鱼便晒干保存起来，作为馈赠亲友的礼物。

他有四个儿女，生活负担重，他自己又烟酒都来，五十一元的月工资实难养家。于是，他经常用钓的鱼去换烟或卖钱。他的这种行为被人举报后，被车间书记刘辉作为走资本主义道路的典型进行批判。他是动力车间锅炉房的锅炉工，锅炉工大组便在锅炉房批斗刘汝德。动力车间工会主任冯立东是最热衷批斗的阶级斗争专家，冯立东从厂三查小组下到动力车间当工会主任，仍然是一般干部，无论他怎么表现，厂历任一把手都把他看成野心家，不予重用。因此，他始终与中层干部无缘。他善于上纲上线，他虽然没什么文化，但无限上纲、罗织罪名倒是很有水平的。他可以从一句话一个字里找到犯罪的根源和阶级烙印，找到你思想深处的反动基因。刘汝德的行为完全够得上上纲上线的标准，甚至连厂部有关部门都觉得这正是工人阶级中滋生出来的资本主义萌芽，要狠斗猛批。刘辉在车间大会上几次把刘汝德拿出来批判：刘辉对刘汝德卖鱼以鱼换物的行为看成洪水猛兽，搬出毛主席语录"只有社会主义才能救中国"来批刘汝德走资本主义道路的危险性，要把资本主义消灭在萌芽状态中。刘辉、冯立东把刘汝德的卖鱼行为看成是亡党亡国的大事件，当然还没到把刘汝德隔离审查关起来的地步（刘汝德成份好），他还是上班下班回家吃饭，只是时不时的批判，让他不得安宁。刘汝德是老好人，见人三分笑，人缘好，从不得罪人。而且锅炉房的工人大都是周围农村招进厂的，农民意识浓厚，回家常常会带点厂里的包布、铁丝等物，照理他们对刘汝德批不起来。有人说，锅炉房的工人不会参加批斗，会抵制或以沉默相对。不是的，这是对工人群体的误解，其实工人也是人，也有趋利避祸的本能。工人中还有很多好事之徒，看领导眼色行事之徒和爱表现之徒。所以，锅炉房批起刘汝德也是火力十足。

我在76年打倒四人帮后也被列入三大讲人员遭批，锅炉房的工人也按领导布置，对我狠批了一阵。

对刘汝德的批判持续了一段时间后，要刘汝德写出深刻的检讨，但刘汝德的检讨总是通不过。于是，刘汝德找到我：旷小，这个忙你一定要帮。我很快便帮他写了一份深刻的检讨：钓鱼出卖或换烟绝不是小事，这是资产阶级个人主义思想在工人阶级队伍中的反映，是敌对阶级思想侵蚀无产阶级肌体的表现，若发展下去，党要变色、国要变修、人要变鬼……把钓鱼换烟卖鱼上升到党要变色、国要变修、人要变鬼的高度。这份检讨一交上去，很快就通过了。刘汝德高兴地告诉我：旷小，还是你有狠，几顶高帽子往我头上一戴就通过了。走，我们钓鱼去。他给我一套钓具和一桶饵料，这饵料其实就是厕所里的蛆，再用他特制的米糠搅拌而成，鱼饵便是蛆。

我们走到大桥公社那边的小河旁，我这才又一次见识到他的绝技，他先悠闲地坐下吸烟，再不紧不慢地一勺一勺往小河里撒鱼饵。不一会，成群的游鱼便逆流而上，他这才甩开了鱼钩。于是，一条条游鱼便迫不及待地跑到他这里报到。我在他身边也和他一样的甩钩，却只钓到十几条小鱼，不足半斤。不到一个小时，他已钓满了一篓子，估计起码有八、九斤。他从篓中抓了三、四斤给我，说：旷小，谢谢你把我从资本主义道路拉回到社会主义。他那风趣的鬼话惹得我们俩大笑不止。回去的路上，有人拦住他，用二包壮丽烟换他二斤鱼，他当着我的面，做成了这笔交易。然后撕开烟盒递给我一支，他深深地吸了一口烟，又美美地呼出了一大团烟雾，享受着好烟带来的快感。然后幽默地说：好烟硬是过瘾，旷小，资本主义道路还是要走啊！我们俩又同时哈哈大笑。

《亲历浩劫：江西省九江市九纺文革纪实》

1971年"九·一三"林彪坠亡事件冲击波

71年，党中央在庐山召开九届二中全会，九纺厂调韩方凤等女工去为九届二中全会服务，厂里那条通冯家村的路，被用于九届二中全会上庐山的通道，专门用沙石黄土修整了一番。当中央的车队通过时，正待下班出厂的人们被铁门拦住，但可以看到一辆辆轿车在前面路上飞驰而过。

谁也没想到处于九纺厂旁的庐山，正发生着一桩惊天动地的大事件。

在71年七月至十月这一段时间，三查运动宣传的烈度和声势都有所降低。很少举办大型的批斗会和大搞阶级斗争、大揪阶级敌人的造势活动，连经常举办的忆苦思甜大会也很少开了。

政治嗅觉敏锐的人开始感到要发生什么大事情了。

71年九月下旬，我听到九棉一厂的蔡飞因传播敌台消息被捕（原九江造反派中台上领呼口号的台面人物）。告诉我的人神神秘秘地爆出了这个敌台消息：林彪叛逃苏联，在蒙古飞机失事坠毁，林彪全家除了林豆豆外，全部死亡。

这个消息让我震惊得半天说不出话来。但我还是不敢相信，我叮嘱传消息给我的人千万别再外传，我自己当然更是守口如瓶。但也有人传播了这个消息被公安局抓去坐牢。

可十月一日，林彪和他那批军队政治局委员，都没出现在庆典的报导中，这才证实了传言的真实性。但直接听到传达林彪反革命罪证材料是十一月上旬，那一天车间把门窗紧闭，搞得紧张兮兮、神神秘秘，而且只有"革命群众"才可以听传达，被揪出的牛鬼蛇神被取消了听传达的资格。

林彪叛逃摔死这一事件，给中国造成的震荡不亚于一颗超级原子弹。人们的政治热情猛然降到了冰点。林彪是继刘少奇1942年造神运动首创者后（刘少奇在延安提出毛泽东思想统帅一切），狂热造神运动的推手，他接替彭德怀主持军队工作后，便在军队里搞起了突出政治、思想挂帅、学毛选讲用会、读毛主席语录、读老三篇、四个第一、三八作风、早请示晚汇报、四个伟大、学雷锋见行动、献忠台……极力吹捧神化毛泽东，报纸电台也把他捧成了毛泽东思想红旗举得最高的接班人，在党章上也确立了他的接班人地位。这么一个最最最忠于毛泽东的军事统帅竟然要暗杀毛泽东，那这个世界还该相信谁？他那些世世代代忠于毛主席，谁反对毛主席就全党共殊之全民共讨之的话言犹在耳，却一转眼变成了图穷匕首见的魔头。

听到传达"五七一"工程纪要中骂毛泽东的话语：他是个迫害狂，连自己的秘书都被整得自杀，知识青年红卫兵下放等于变相劳改，他把中国的国家机器变成一架自相残杀的绞肉机，把中国变成社会法西斯主义……

"五七一"工程纪要是武装起义的钢领，规划了三种杀"B52"的方式（B52是林彪集团给毛泽东起的代号）……

听传达"五七一"文件的人无不汗毛倒竖，直打冷战，我心头却总是升起一片疑云：这种以批判为名行揭露为实的罪行材料，怎么会被允许全国全民知道，这不正代表心怀不满群众的心声。对毛泽东的不满早已潜藏在许多人的心中，建国以来整了多少人，杀了多少知识份子和无罪的罪人。他经常说：说我是秦始皇，我承认，只是他们说得不够，秦始皇只杀了四百六十个儒，我们起码杀了四万六千个儒，比秦始皇多一百倍……

三年人灾饿死几千万人，建国二十二年，几亿农民又有几个吃饱了饭、穿暖了衣呢？凡此种种怎么不潜藏着仇恨的种子呢？这份传达到每个群众的中央文件替"隐藏的阶级敌人"出了口恶气。我推测这份罪行材料是周恩来搞出来的，周恩来早已感到向他逼近的刀剑，于是，借林彪事件巧妙地回手一镖……

九.一三后，江西省的土皇帝、支左部队政委、江西省革委会主任程世清因与林彪集团有牵连而下台，与程世清一起下台的还是跟他一道来的军队干部及一大批紧跟他的亲信。各级领导班子又面临一次大洗牌。程世清治赣，一向以铁腕著称，手段不可谓不辣。他的垮台让全省人民高兴了一阵子。省内到处流传程世清搞女人的新闻，说临时负责江西的陈昌奉指着程世清的鼻子骂：你老实交代，江西宾馆还有没有一个服务员是处女，全给你程大麻子玩遍了。一时间，关于程世清的丑闻又遍地开花，甚至关于军队干部的桃色新闻也不绝于耳。军代表也各自回营，解放军的威信也一落千丈。

人们似乎一夜之间从恶梦中醒来，政治热情一落千丈。什么政治挂帅、反修防修、阶级斗争、共产主义理想信念情操等等，统统他妈的是骗人的鬼话，宣讲这些大道理的各级官员，统统都是一些口是心非、满口马列主义，满肚子男盗女娼的家伙，还是搞点现实的物质利益才是正道。一时间，做家具成风，做沙发成风，那些可以把钢丝绕成弹簧的能工巧匠成了最受欢迎的人，至于到厂里偷带钢丝、包布、棉帘出来做沙发的比比皆是。当时，流行二句顺口溜：美洲有个加拿大，中国有个大家拿。党是我的妈，厂是我的家，我沒钱找妈要，我沒材料到家里拿。

一段时间，政治活动少了，即使开会人们也没有兴致参加，逼着开会，也是打瞌睡聊天，台下的声音比台上大。于是，干脆少开会，把大家都放松一下。

但72年初美国国务卿基辛格陪尼克松来华访问，周总理会谈，毛泽东会见。一下子又把人们震撼了，怎么回事？我们的全部宣传机器，我们党十几年不是一直教育我们痛恨美国佬，它是全世界最坏的坏蛋，是一切反动派的总后台，我们一定要消灭帝修反。可现在竟然和他亲切会谈，这让我们这些长期受到反美教育的人们情何以堪。

尼克松访华所掀起的波浪久久不能平息。厂里便开展如何正确对待外国人来华，我们应采取的态度。在车间大会上，王旺水副主任又作起了报告：美国尼克松总统来我国访问后，今后肯定有很多外国人到中国来，我们假如碰到他们该怎么办呢？要不卑不亢，他不先伸手，我们绝不可以去和他握手。总之不能主动去接近外国人，说话要谨慎，不能暴露国家机密，他问你多少工资，也不能告诉他，不然他们回去又会大造舆论……许多人以为美国人好富，其实不是的，我们中国才是最富的。美国国务卿基辛格在陪尼克松见周总理时，看到接待室里那个画着熊猫的痰盂好，就要黑格副国务卿把这个痰盂偷回去。你们不要笑，是真的。怎么偷？他们美国佬有办法，他把披在身上的大衣一甩就遮住了痰盂，就这么搂着回大使馆。王旺水做了个搂抱的姿式，他那笨拙的动作，引得听者发笑，显然不相信这么做瞒得过中方眼睛。王旺水急忙解释：这个行为我们肯定会发现，但周总理很聪明，说，让他拿回去嘛，这种痰盂我们景德镇多的是，不要揭穿他，给他们留点面子。你们看，美国佬连个熊猫痰盂都没有，还说他们有钱，他们有钱的是地主老财大资本家，穷人没饭吃没衣穿，等着我们去解放他们……我们现在不仅要跟美国佬谈，还要跟台湾国民党谈，只要蒋介石肯回来。周总理说，要给蒋介石一个部长当。毛主席说，周总理你不要这么小气嘛，给他一个副总理当也是可以的嘛。

这些花边故事都是上级统一布置传达的，各车间都传达了，女工们普遍相信，原来美国佬这么穷，连国务卿都这么不要脸，到中国的人民大会堂偷痰盂，真是不听不知道，一听吓一跳！但车间男工普遍不相信，我们动力车间男工听了王旺水的报告后，议论纷纷：美国国务卿偷中国的秘密文件相信，但堂堂一国副国务卿偷一个画有熊猫的痰盂不信。我当然不信，但我没表露观点，我只是质疑我们那些官老爷智商未必太低了点，你要编也要编个靠谱点的故事糊弄老百姓，编这么一个低级拙劣的故事，也实在太欺侮天下苍生的智商了……不过，手握生杀大权的当权者，编任何天大的谎言人民也无可奈何……这么一个痰盂故事也很快淹没在历史的长河里去了。

卷十八：九.一三事件后的人和事

《亲历浩劫：江西省九江市九纺文革纪实》

资本主义大泛滥

应该说，1971年九月十三日林彪死后，中国的政治形势变了，政治运动政治教育的力度明显减缓。过去的"三查"对象，"牛鬼"们绝大多数都被解放，专案组人员、政工干部也收起了那副显微镜似的眼神，那些灰色的人物也敢四处游荡，对政工干部也不再那么敬畏了，这让很多政工干部感到失落。人们开始忙于改善生活，打家具打沙发，打大衣柜五斗柜，人们钻天觅地地找能搞到便宜的樟木板，搞到弹性好的弹簧以便做沙发。而包沙发的原料、钢丝、包布、棉帘子大多都在厂里带出来，现在到厂里捞点什么成了常态。"四清"时，干部洗澡下楼，连用铁丝做晒衣架，用废纱头做抹布，用包布做包脚布，都要作为资产阶级腐化堕落苗头而受到批判。

当然，大多数人还是在为改善一日三餐上下功夫。张巨库掌权后的一大举措是开放厂里的自由市场，九纺厂周围的农民可以把自已的农产品拿到厂里的自由市场贩卖。于是，每天早上到自由市场转一转也成了全厂住户的必做功课。

但大宗的违禁物品，如粮棉油、花生、豆类、肉鱼不能在厂自由市场买到，而必须到九江长江边去买。当时，中央似乎并没有发布可以放开自由市场的文件。但各省都自行其是地放开了一点，中央政府也默认了现状。这些在过去绝对是资本主义自发势力产物的违禁行为，现在却大行其道。

当年长江没有高高的防琪堤，路边便是浩瀚的长江。秋冬季枯水时节，长江水仅剩江底的一泓，大片的江岸裸露出来。于是，这天然的交易市场就特别繁荣兴旺，一江之隔的湖北省黄梅县及安徽省宿松县的农民，便带着各自的土产来到九江西门口的江边市场来交易。

这天，我清晨便坐公交车到九江去买油，我于69年底成家。妻子是个美丽但性格偏执的姑娘，成家后就要天天面对柴米油盐，一人每月半斤油的指标确实不够，炒菜稍微油放多点便不够吃，必须买两斤黑市油补充，否则只能吃红锅子炒的菜了。

当时，九江只有一路公共汽车，这便是从五七二七厂到九江一菜场这路车。车费分站计费，二分钱一站，从九纺厂到新桥头是一角八分钱，到市文化宫烟水亭是二角钱。别看这二角钱的车钱，对很多人来说，这是不堪忍受的高价，个别有报销权的采购员、干部，常常捡别人扔下的车票回去报销。那时，九纺厂这么大个厂都没有小车，仅有几辆运送布匹棉花的解放牌货车。张巨库主政后想方设法七拼八凑拼装了一辆吉普车。从此，这辆车成了最高权力的象征，坐这辆车的人当然尊贵，而开这辆车的人也成了权贵一族，司机是当时最吃香的职业。

当时有一司机、二医生、三屠户（卖肉的）、四营业员、五干部、六才轮到工程技术人员。姑娘出嫁的要求是三十六条腿（指大衣柜、五斗柜、沙发、大床、碗柜等），三转一响（自行车、手表、电风扇、收音机），住房要求砖瓦房，有独立厨房。当时，九纺厂统一造的宿舍每户仅一室十四平方米，一厨三平方米，稍微好一点的是一室半，其中的半间仅六平方米，而且没有门。这就是当时的生存状态。

我赶到江边市场，只见堤下熙熙嚷嚷的一片，沿江水边往上，各类人群铺满了江岸。我看到很多上海人往人堆里钻，他们是找螃蟹、黄鳝的。听说很多上海下放到安徽宿松复兴镇的知青，从当地买了大量便宜的螃蟹、黄鳝回上海，轰动了上海。（上海人喜欢吃螃蟹、黄鳝，但上海的螃蟹、黄鳝很贵。）我也涌入人流寻找卖油的农民，卖油的农民很多，他们一般会附带卖其他农产品，但所卖的油均黑糊糊的，据说：很多的菜油都掺了米汤或其它杂物，搞不好就上当受骗。尽管卖油的农民都信誓旦旦指天发誓，但我总怀疑他们带有表演成份。列宁说过：市场上那些叫得最凶的人，往往就是想把最坏的商品卖出最好价钱的人。这时，我看到一堆人在围观为鱼肚里塞了铁条而打架的买卖双方，买鱼的人是我面熟的九江医专附属医院的医生，卖鱼的是一对父子，儿子看样子不过十三、四岁，他捏着秤砣朝医生打去，医生则揪住了卖鱼人的衣领不放，围观的人当然是支持医生，指斥卖鱼人在鱼肚里塞铁条的卑鄙下作。我也参与了支持医生讨还公道的作为，一个年青人抓住了卖鱼人孩子的秤砣缴过来丢到江中，那凶相狰狞的孩子在江边捡起石块去砸扔他秤砣的人，被我按住了。卖鱼人见势不妙，退回了鱼钱，收回了塞有铁条的鱼。于是，双方各自散去。

我在买油时看到一个农村妇女捶胸顿足地嚎哭，问为什么，原来她卖的蛋被人偷走了。后来我才知道确有一伙人练出了一手偷蛋绝招，他们将外衣袖口处缝一条布通道，当他装作选蛋，对着阳光照蛋时，便把一个个蛋溜进袖口的袋口中，蛋随袖口袋滚进内口袋。于是，一个蛋贩摊前偷几个再到另一个蛋贩摊前偷几个，一次收获总在二十枚蛋开外。这种偷蛋的招数曾让我瞠目结舌。但告诉我的上海佬又跟我讲了更让我吃惊的歪招，他们上海人中一些人有买鸡的绝招，这绝招的关键在于一根橡皮筋。买鸡时，装着挑选鸡，然后飞快地用橡皮筋套在鸡脖上，再顺手一抹，抚平了橡皮筋套鸡的痕迹，鸡由于橡皮筋卡住了咽喉，立时出现了呼吸困难、两眼翻白的症状。买鸡者于是大惊失色地叫：哎呀，不得了，你这是病鸡，快死了。卖鸡的农妇一看鸡的模样也慌了神，一时只是焦急地喃喃：怎么回事？来的时候还是好好的嘛，活见鬼。这时，买鸡者便立即跟上：快处理掉吧，不然便传染了其它鸡，你这一篓子鸡就全要死光。卖鸡的农妇无奈地只好以市场鸡价的二分之一或三分之一的价格处理。卖鸡者就是怕鸡受传染（农民最怕鸡瘟）。于是，这一绝招屡试不爽。人们还告诉我多种识别假菜油的种种方法，但我总觉得魅影重重陷阱深深。望着那片蚂蚁一样繁忙而又杂乱的交易人群，我深感到生存才是人的第一要务。人们为了过上好一点的日子，劳神费心、挖空心思，每个人的潜力都发挥到了极致，有死命苦干的，也有斜门歪道的，八仙过海各显其能。无论多么好听的口号都代替不了真实的生活，改变不了人的欲望，人的本性，可我们生活在口号里的时光太多了。

豆腐票

我终于买到了两瓶菜油,每瓶一斤三元,比粮油店的牌价七角贵四倍多。也不知是不是掺了米汤的,反正完成了我今天上午要做的功课。但在返回到文化宫车站等公交车的当口,遇到了萍乡老乡、现在在市文工团的刘学忠。

刘学忠是我们同一批从萍乡调来的老乡,也是我们萍乡人的骄傲,他曾考上了上海音乐学院二胡演奏系。他的二胡水平完全可以和专业人士媲美,但却最终没有以音乐为业。刘学忠虽然音乐造诣很深,但却是一个文化水平不高的人,与他交谈你会感到,二胡艺术功力深厚的人怎么会没有文化底蕴呢?他过去找过我为他写过离婚申诉,算是欠了我一份情。他的妻子于荷香是一个美丽能干而强势的女人。

(两人常常会为一点生活琐事打架,于荷香打架时表现出的勇敢顽强不屈不饶令人叹为观止,她可以连续打两三个小时,打倒了爬起来再战,实在打不动了她会爬过来咬上一口,最后求饶的输家总是刘学忠。刘学忠实在被打怕了,多次闹离婚,最后终于离了。离婚后的于荷香嫁了个家具商,当起了老板娘。后因与厂里一安徽打工小伙发生经济纠纷,扣了该工人的工资,被该工人怀恨在心,用斧头砍死老板娘,随即劫款潜逃。但该名年仅十八岁的工人逃到杭州,仅两天便被抓捕归案,抢去的八万元一分未动。当然这是后话。)

当天,刘学忠碰到我,盛情地邀我到他家坐坐。于荷香看到我也客气地倒茶端水递烟,我们讲了一会闲话,烟抽完了,刘学忠又拉开抽斗拿烟,但他打开抽斗的一刹那,我的目光都直了,我看到他抽斗里有一大堆各种票证,豆腐票、煤票、柴票、烟票。

于荷香看到我惊呀的目光:哦,你还不晓得,我就是发票的,我们土产公司管这些票证。

我说:想不到你还谋到了这份好差事,你晓得不,一个人一个月才一张豆腐票三块豆腐,你们起码可以天天吃豆腐。

于荷香一副不屑的神情:豆腐有什么好吃的,一股豆腥味。

我不无嫉妒地说:哎,你们是豆腐都吃厌了,我们是吃一餐豆腐都像过年。

于荷香大方地说:哎,你喜欢吃豆腐,到我这里拿几张豆腐票去。

我大喜过望,但仍故作矜持:你给了我豆腐票,回去不好交帐怎么办?那不让你为难。

于荷香撇撇嘴:有什么为难的,我们每次发完票证都要多几十份。

我感激不尽:那就太谢谢了。

我接过刘学忠送给我的四张当月的豆腐票,像乞儿捡到了金元宝一样的欣喜,起码一个星期的生活可以过得像神仙一样了。

我不理解于荷香为什么会对豆腐都不屑一顾,当时的豆腐份量足质量好经济实惠,一大块豆腐只要三分錢,我现在再也找不到当年吃豆腐的鲜嫩感觉。我的一个邻居曾经一块豆腐吃三天,他的老婆因为一次炒了二块豆腐,被他骂得狗血淋头:不会过日子的败家精!我的一个朋友也因豆腐结缘,他的美女老乡借他自行车去买豆腐,结果豆腐买来了,车却掉了。她说:把你的自行车掉了,我也赔不起,干脆,我把我自已赔给你做老婆算了。我的这个朋友是个"武大郎", 当然喜出望外,一辆旧自行车换一个美女老婆,这在现在,等于天方夜谭!可当年就那么真实地发生过。于是成就了一段美好姻缘。

我凭白得了四张豆腐票,也算发了一笔意外之财。回去后急忙到豆腐厂买了三块豆腐,又买了点辣椒姜葱蒜,三大块豆腐一次煎炒,美美的吃了一顿。晚上则拖凳带椅到厂灯光球场去看电影,那时的电影都是老三篇,除了江青搞的八个样板戏,就是《列宁在十月》、《地道战》、《南征北战》、《地雷战》都看过几十遍了,往往电影里的人物说上一句,看电影的孩子们便会齐声说出下一句。当然,放正片之前总会放一些新闻纪录片。

当时新闻纪录片主要是毛主席等中央领导接见阿尔巴尼亚代表团,有很长一段时间,阿尔巴尼亚占据了中国对外交往的所有版面,这个二百万人口、二万多平方公里的小国成了中国最热乎的朋友,毛泽东称其为欧洲社会主义明灯,它是一座高山,所有修正主义国家(苏、德、罗、匈、捷、南、保波)在它面前不过是一杯黄土。毛主席举全国之财帮助这个小个子朋友,阿尔巴尼亚的吃穿用及国防开支全由中国供给,计送给阿五十六万支冲锋枪、三千门大炮、几百辆坦克及建造五十万个碉堡的全部材料,以及建各种工厂,总计耗去了当时人民币二百亿。(而中国当时人均年收入不到一百元,包括农村。)中国援助阿尔巴尼亚的许多重型机械及大炮坦克因无法消化,都堆放在露天里日晒雨淋,任其腐烂。这让驻阿尔巴尼亚大使耿彪心痛万分,多次上书中央,不能再这么支援了。(耿彪,79年后任军委秘书长,习近平曾担任过他的秘书。)

继而又不报道宣传何尔巴尼耳了,转而和朝鲜热乎了一阵子,电影院专放朝鲜影片,《鲜花盛开的材庄》、《卖花姑娘》、《南江村的妇女》等,于是,全国上下又到处响起了朝鲜电影《卖花姑娘》里的歌声。

突然,朝鲜的影片及宣传全面叫停,全部宣传舆论工具都是歌颂越南抗美斗争,《越南—中国》的歌声响彻云霄,《南方来信》的故事成了小学生必读。

室传队上映的全是越南军民打美国佬的节目。

(中国给越南无偿援助达二百亿美元[相当于一千多亿人民市],越南的车辆枪炮弹药全是中国提供,越南的吃穿用等也全是中国提供,北越人几乎不用生产,全力以赴跟美国佬作战。中国甚至派出几十万高炮部队、工兵部队帮北越守护桥梁要地,抢修公路桥梁。

但越南人并不感谢中国及社会主义阵营中的苏、波、罗、捷、保、南、德、朝，因为他们认为他们是代表社会主义阵营与西方资本主义阵营作战，他们付出的惨重人员牺牲可以抵销援助。中国援越高炮部队、工兵部队，与美机作战数百次，击落击伤美机数百架，自己也伤亡数千，阵亡一千四百多人。每个阵亡在越南的官兵抚恤金是一百八十元，许多阵亡士兵的父母想到云南麻粟坡烈士陵园看望祭奠孩子都无钱成行。而美国对遗留在越南美军遗骸，高价赎买，归还一具美军遗骸，给二十万美元。）

蓦地，又不宣传越南了，全部舆论工具又大力宣传与柬辅寨红色高棉的友谊。于是，柬埔寨国王西哈努克和他美丽的法国妻子，后来还加上头总是神经质晃动的首相宾努亲王和他的妻子，便总是占据着报纸的头条，电影纪录片也全是西哈努克亲王夫妻，以及红色高棉的新闻。（当然，主要是柬埔寨共产党红色高棉领导人波尔布持是毛泽东的学生，才使中国对西哈努克格外礼遇。）

但不管什么影片，那怕看过一百遍，人们还是全家出动，凑凑热闹也是好的，这就是我们当年的幸福生活。

（中国付出巨大代价交的这四个朋友，阿、朝、越最后都反目成仇。红色高棉柬埔寨更是残暴无底线，其残暴程度远胜过希特勒、斯大林，它杀害虐死本国人民三分之一。全国七百万人口，被红色高棉杀死虐死二百多万，被世界舆论称之为人类历史上最恶毒残暴的政权。）

《亲历浩劫：江西省九江市九纺文革纪实》

我阻止了一起灭门案
（一块上海手表的故事）

我的朋友赵知汉，是九纺食堂科会计，而我的萍乡老乡周金城是食堂科总务。周金城到我们解放兵团任办公室主任，赵知汉因跟周金城同事，也参加了解放兵团，赵知汉是湖北黄梅人，身材高大，面容严峻。湖北黄梅与九江仅一江之隔，九江市黄梅籍的人口占九江人口的三分之一，因而，赵知汉虽在九江工作却依然是一口的黄梅话。赵知汉虽然参加了造反派，却对造反派的前景一点都不看好，他经常跟我私下里辩论，他的那些奇谈怪论常常驳得我哑口无言。

我们造反派的底气来自毛泽东的号召，来自中央文革，来自红卫兵的支持，特别是《人民日报》、《解放军报》、《红旗杂志》两报一刊社论，每次两报一刊社论，我们都会逐字逐句地研读，领会精神，联系实际，作为我们行动的指南。赵知汉却尖锐地嘲笑我们；你们造反派仅仅靠报纸上的话，广播里的话，红卫兵的话去行动去造反。全国这么大，各种情况千差万别，怎么能保证你们做的事是正确的呢？说不定突然翻脸就把你们统统抓起来……到时候，你们敢向中央喊冤吗？说；是你们号召我们造反的，现在又来抓我们？……

57年反右运动前，也是党中央号召全国人民帮助党整风，给党提意见，还提出十六字方针；知无不言，言无不尽，言者无罪，闻者足戒。结果呢？所有提意见者都被打成右派……

你们造反派踢开党委闹革命，各级领导各级组织都靠边，让你们来领导，你领导得了吗？造反派里面也是荷叶包钉子，个个想出头，你摆得平吗？共产党靠组织吃饭，一级管一级，工农兵学商，每一个系统、每一个领域都像织布一样织得严严实实，每个人都织在这匹布中，人人都被管着；学生有学校管，农民有公社大队生产队管，工人有厂子管，当兵的更是一切行动听指挥，就连七十岁的老头老太都由居民委员会管着。只有这种严密的铁桶一般的管制，才能让全国人民乖乖溜溜地听指挥。令行禁止，你们有这本事吗？……

我劝你不要太认真，千刀别打人，多积德，少栽刺……

赵知汉的很多话，我听进去了，整个文化大革命期间，我没打过一个人，暗地里帮过不少人，只不过我帮过的人中，唯独人事科长罗时海念念不忘，向他的儿女讲过我帮他的往事……

由于赵知汉经常和我争论，我与他成了密友，对他有更深的了解，他有毅力有决断，却又固执偏激，认定的理轻易不会放弃。他实发奇想要写长篇小说，便在宿舍里摆开了战场，他用毛笔直接往稿纸上写，不打草稿，这一写就是两年。两年中无论集体宿舍里的室友如何打闹，无论冬天刺骨的寒风，夏天里的暑热蚊虫，他都可以不受干扰地埋头苦干。但他写长篇却从不看中外名著，从不拟提纲，做笔记，从不与人商量讨论，只顾自己信马由缰，一路写来。我看过他长篇小说的个别章节，不敢恭维，像记流水帐，但他又是极固执的人，听不进别人的意见……

苦写两载，大作告成，三十万字煌煌巨著直接寄给了江西王程世清，程世清转给了省出版社，出版社来人直接否定了他两年的辛苦付出……经此打击，他不再写了，而是治疗自己的失眠症。两年笔耕，没有收获别的成果，却收获了顽固的失眠症，整日整夜睡不着，五心烦躁，急剧消瘦。于是，他又开始向失眠症宣战，他得到了一个偏方，那就是跑步，每天凌晨起来跑几个小时，要跑得浑身湿透，精疲力尽，再洗热水澡入睡。于是，他那顽强的毅力发挥了功效，他照此法坚持数月，终于治好了自己失眠顽症。

失眠症治好了，又一个更艰巨的任务摆在了他面前，那就是找老婆成家。他为此找我帮忙。他已经三十好几了，也确实到了解决婚姻大事的时候了，我曾介绍过一个大龄女与他见面，只谈过一次，便不再继续，他也努力与几个厂里的大龄女建立友好关系，但都无疾而终。但他终于敲定了一门亲事，女方是九纺厂工程师彭光涛妻子罗美玲的妹妹，罗妹子是农村姑娘，是个极勤劳贤慧朴实的姑娘，比赵知汉小十几岁，人也长得结实健美。赵知汉很满意，两人已谈定了结婚日期。赵知汉按乡俗给罗妹子买了布料衣服，其中定情物是一块上海女式全钢手表，价值一百二十元，在当年，那是极贵重的彩礼。

我真为他感到高兴。

但造化弄人，天公不作美，罗妹子在来九江前夕淹死了！

据说罗妹子对这门亲事也很期待，终于挣出农门，可以到城市里生活了。（当时城乡差别天上地下，农村人被死死地绷在土地上，钱粮油都掌握在生产队手里，一天的劳动只值二三毛钱。）但她又是个极贤慧孝顺的姑娘，在家乡，婆婆一直由她照料，她这一走，婆婆怎么办？于是，她尽力为婆婆积粮存谷，又起早贪黑，上山砍柴，好让婆婆在她走后不用为柴火发愁。这天，她去砍柴，途中天降大雨，归途中有一条两水塘夹持的小路，大雨淹没了两水塘间的小路，她仗着路熟，挑柴趟水前行，行至路中，一脚踩偏，跌入水塘，顷刻间水魔便吞噬了她年青的生命……

罗妹子不幸去世，赵知汉和女方家人都十分悲痛……

丧事过后，赵知汉提出，以前为罗妹子的其它花费他都不再追究，唯独作为彩礼的那块上海女表，请予归还，因为他们毕竟是没有打结婚证的夫妻。

但彭光涛与罗美玲夫妻坚拒，说罗妹子的手表不知所终，他们没经过手。双方为此闹得不可开交，双方领导出面调解也不能让双方各退半步……

我曾劝赵知汉作罢。天灾人祸。无法抗拒。但赵知汉说：这是他吃稀饭就馒头，牙齿缝里省出来的钱，不能放弃！今后还要不要讨老婆？讨老婆要不要花钱？！他是那么气势如虹，真理在手，我也只好默然。

一天清晨，我正在酣睡，被一阵急促的敲门声吵醒，一开门。闪进了一条大汉，原来是赵知汉，只见他双眼冒火满脸杀气，右手紧插裤兜。我惊问：老赵怎么回事？他喘着粗气，并不作答，我拖凳让他坐下，并倒水砌茶：有什么事慢慢说。他因坐下不方便，才从裤兜里抽出手来，原来他手里握着一柄杀猪剔骨尖刀，刀刃凛然闪着寒光。

我吓得脸也白了，声也抖了：老、老赵，怎、怎么回事？你要去干什么？

赵知汉喘着粗气，从牙缝里挤出几个字：我要去杀了彭光涛全家！

得知赵知汉的真意，我全身汗毛直竖，头皮发炸，一时不知如何是好，刚好尿涨，我让老赵稍坐片刻，我去公共厕所拉泡尿，利用拉尿这几分钟，我努力使自己冷静下来，思考如何劝赵知汉别干傻事，但赵知汉是个固执倔犟的人，不能硬劝，只能让他先施放怨气，再见机行事。思谋停当，我回到房内，对赵知汉说：你跟彭光涛的纠纷我虽然知道一点，但也是道听途说，从没听你详细说过，你能不能从头到尾细细说一遍，我也好给你参谋参谋。

赵知汉长吁了一口气，原原本本地诉说了他和彭光涛一家的恩怨情仇。泗积于胸的深仇大恨一旦倾吐出来，他脸上那团僵硬的杀气也慢慢消散。

直到这时，我才开始劝他：老赵千万别干这种傻事，你想想，你杀了彭光涛全家，马上会成为全市全省全国全世界最轰动的满门杀绝的血腥大案，你就是一个十恶不赦的杀人犯，不仅你个人要为此丧命，遗臭万年，你的家人亲朋甚至整个赵氏家族都要为你背负骂名！你想过这样的后果没有？

赵知汉说：我实在咽不下这口气……

我说：咽不下也要咽，大丈夫能屈欲伸！无非是一块手表，百把块钱的事，你当会计出身，从你手下流过的资金又何止千万，为了区区百元制造惊天血案，毁掉几个家庭，值不值？一百块钱换五条人命划不划算？你会打算盘，你算算这笔帐……彭光涛这边，我帮你去要钱，要不回一百块，要回五十块也是好的！……千万别为这点钱杀人做傻事，你是个文化人，千万别同乡下莽汉一样，一冲动便不计后果，遭人耻笑。

大慨被我后一句话说动了，赵知汉开始低头沉默不语，我趁势接过他那把令人生畏的杀猪刀，当他的面，用一张旧报纸包好。我说：这把刀我替你保管几天，过段时间等你冷静下来我再还给你。看他默许我的做法后，我再趁热打铁：老赵，我看你还是乘早班公交车先回市文艺站（(文艺站也即后来的文化馆，当时，赵知汉已调到九江文艺站），今早这件事别跟任何人说，就当没发生过一样……

送走赵知汉，我不觉全身汗湿，瘫坐在椅子上半天回不过神来，想想都觉得后怕。依赵知汉的性格，他绝对下得了手，如果赵知汉不是临动手前，到我这里一走，将会爆出一桩怎样的惊天血案……

但我帮赵知汉讨钱的诺言却没有兑现，彭光涛夫妻以手表不知所终为由，不肯补偿一分钱。当然，我也没透露那天早晨赵知汉带刀要杀他们的情况。

反倒是，赵知汉此后从不提这桩事，我也仅跟黄文华周金城等几个密友透露一二……

当年，为了一百元钱的手表，一个文化人竟然萌生了血洗一家人解恨的念头。现在听来，几乎是天方夜谭，没人会相信，但从那个年代走过来的人却可以理解，一百元在当时是一笔巨款，在农村一年到头或许都赚不到一百块。这桩匪夷所思的奇闻旧事重提，让现在的中青年也多少了解一点当年父祖辈的生存状况。

《亲历浩劫：江西省九江市九纺文革纪实》

1972年是我的幸运年

72年，在中国还进行了一次全国性的工资调级，也就是涨工资。但有名额有条件，三级以上的免调，主要给那些月工资还只有三十六元的老工人（58年进厂的称之为老工人），而且还有百分比，即使在可以调工资的人群中也要搞差额评比，五缺一，即五个可以调级的工人中，必须有一个不够格的。这次调级是63年以来全国第一次普调，经过十年的漫长盼望，终于盼来了涨工资的这一天，人人都看得很重，一级工资是七元钱。这七元钱对于月收入三十六元且已成家生子的老工人来说，的确是生死存亡的大事。于是，为了争取不被淘汰出局，展开了你死我活的争夺。我们萍矿来的人普遍工资都在五十元以上，已没有再调级的可能，便都抱着看热闹的心态。看他们哭哭啼啼、寻死觅活地闹，开会时，往往出去拉尿这一瞬间便被淘汰出局。传达了一个文件，说新疆建设兵团一个民兵，因为调级不公，携枪到会议室打死三个他认为影响他升级的元凶。毛泽东曾说：男儿有泪不轻弹，只是未到调级时。他针对的是部队官员对调级升职时的哭闹现象，现在轮到号称最有觉悟的工人阶级也为了区区一级七元工资而丑态百出了。

1972年对于我家来讲是个大喜之年：我父亲被解放了，补发工资，回原单位任原职。父亲能在1972年解放确属万幸，林彪71年"九.一三"叛逃坠机而亡确属一个历史转机，毛泽东对干部政策作了大调整，所有被揪的领导干部一律解放，官复原职，但对一般的技术干部并没有开大口子，只是少数幸运儿能搭上这趟"解放列车"，我父亲便属于这少数幸运儿之一。父亲的解放对于我来讲更是一次精神上的彻底解放，我第一次把心底里那顶"地主"帽子甩到太平洋里去了。既然我父亲经过审查过关了，回到了人民行列，他已是人民的一份子，我作为他的儿子，更可以理直气壮的漂白身份。我将这一信息广为传播，但并没有什么反响，因为人们从没有认为我的家庭有什么大问题，而且我现在又没有担任什么官职，也不需要证明家庭成份的变迁，我过去实在是把家庭成份看得太重了……

我从1972年开始抽调到厂宣传队任编剧，厂宣传队是一个半脱产的半专业文艺演出团体，当时，大一点的厂子都成立了半专业的宣传队、篮球队，九纺人多钱多，专业人才多，当然有条件成立高标准的宣传队、篮球队，我一年有大半年时间在宣传队里混，在宣传队可以晚来早走，甚至可以借口写剧本窝在家里，时不时还和导演一起去广州上海南昌长沙等地看戏观摩，实在是掉进了福窝里。加上我72年又在《江西日报》发表了小说诗歌和工农兵文艺评论（当时全省仅只有这么一份公开发行的报纸，别无其他出版物，该报每个班组一份），更巩固了我的编剧地位。1972年是我的幸运年。

《亲历浩劫：江西省九江市九纺文革纪实》

1973年李庆霖的信

1973年最大的事件便是福建莆田的一个小学教师李庆霖给毛泽东的信，被当作中央文件传达到每一个群众。这是一封诉说儿子当下乡知青的凄苦生活，辛苦劳动一年却养活不了自己，还要做家长的补贴才能生存下去。信中同时揭露干部子女下乡当知青往往过一趟路便以各种名义招工招干招兵离开农村返回城市，这种开后门以权谋私的现象很普遍，让平民百姓当知青的子女很不平……

李庆霖的信作为中央文件传达后，引起极大的反响。信是这么写的：

尊敬的毛主席：

首先，我向您老人家问好。

我是个农村小学教员，家住福建省莆田县城关镇，家庭成份城市贫民。我的教员生涯已有二十多个寒暑了。

我有个孩子叫李良模，是个1968年的初中毕业生。1969年，他听从您老人家关于"知识青年到农村去，接受贫下中农的再教育，很有必要"的教导，毅然报名下乡，经政府分配在莆田山区——荻芦公社水办大队插队落户务农。

在孩子下乡的头十一个月里，他的口粮是由国家供应的（每个月定量三十七斤），生活费也是由国家发给的（每个月八块钱），除了医药费和日常生活中菜金是由知青家长掏腰包外，这个生活待遇在当时，对维持个人在山区的最低限度的生活费用，是可以过得去的。

当国家对上山下乡知识青年的口粮供应和生活费断绝，孩子在山区劳动，和贫下中农一起分粮后，一连串的困难问题便产生了：

首先是分到的口粮年年不够吃。每一个年头里都要有半年或更多一些时间要跑回家吃黑市粮过日子。在最好的年景里，一年早晚两季总共能分到湿杂稻谷两百来斤，外加两三斤鲜地瓜和十斤左右的小麦，除此之外便无它粮了。那两百来斤湿杂谷经晒干扬尽后，只能有一百来斤，这么少的口粮要孩子在重体力劳动中细水长流地过日子，无论如何是无法办到的，更何况孩子年青力壮的时候，更是会吃饭的。

在山区，孩子终年参加农业劳动，不但口粮不够吃，而且从来不见分红，没有一分钱的劳动收入，下饭的菜吃光了没有钱去买，衣服在劳动中磨破了，也没有钱添置新的，病倒了，连个请医生看病的钱都没有，至于日常生活需要的开销，更是没钱支付。从1969年起直到于今，孩子在山区务农以来，生活中的一切花费都得依靠家里支持，说来见笑，他风里来，雨里去，头发长了，连个理发的钱都挣不到。此外，他上山下乡的第一天起，直到现在，一直没有房子住宿，一直是借住在当地贫下中农的房子。目前，房东正准备给自己的孩子办喜事，早已露出口音，要借房住的上山下乡知识青年另找住所。看来，孩子在山区，不仅生活上困难成问题，而且连个歇息的地方也成问题。

毛主席，你老人家号召知识青年到农村去，我完全拥护。叫我把孩子送到山区去务农，我没意见。可是，孩子上山下乡后的口粮问题，生活中的吃油吃菜问题，穿衣问题，疾病问题，住房问题，学习问题及一切日常生活问题，党和国家应给予一定的照顾，好让孩子能在山区安心务农。

现在，如上述的许多实际困难问题，有关单位都不去过问，完全置之不理，都要由我这做家长的自行解决，这怎么能行呀？有朝一日，当我去见阎王时，孩子失去家庭的支持后，那他将要如何的活下去？我真耽心！今年冬，我的又一个孩子又将初中毕业了，如果过不了明春的升学关，是否打发他去上山下乡呢？前车可鉴，我真不敢去想它！

在我们这里已上山下乡的知识青年中，一部分人并不好好劳动，并不认真磨练自己，并不虚心接受贫下中农的再教育，却倚仗他们的亲友在社会上的政治势力，拉关系走后门，都先后被招工、招生、招干去了，完成了货真价实的下乡镀金的历史过程。

有不少在我们地方上执掌大权的革命干部的子女和亲友，纵使是地富家庭出身，他们赶时髦上山下乡才没几天，就被"国家社会主义建设事业的发展需要"调用出去。说是革命干部的子女优先安排工作，国家早有明文规定。这么一来，单剩下我这号农村小学教员的子女，在政治舞台上没有靠山，又完全举目无亲，就自然得不到"国家社会主义建设事业的发展需要"而加以调用了。唯一的资格就是在农村滚一身泥巴，干一辈子革命而已。

面对我们这里当今社会走后门成风，任人唯亲的事实，我并不怨天，也不尤人，只怪我自己不争气，我认为，我的孩子走上山下乡务农的道路是走对了。我们小城镇的孩子，平常少和农村接触，长大了，让其到农村去经风雨见世面，以增长其做人的才干，是很有必要的。但孩子在务农实践中碰到的许多个人能力解解决不了的实际困难问题，我要求国家能尽快给予应有的合理解决，让孩子能有一条自食其力的路子可走。我想，这该不是无理取闹和苛刻要求吧。

毛主席，我深知您老人家的工作是够忙的，没有时间来处理我所说的事。可是，我在呼天不应，叫地不灵的困难窘境中，只好大胆冒昧地写信来北京"告御状"了。真是不该之至！

谨此敬颂

大安！

福建省莆田县城郊公社下林小学

《亲历浩劫：江西省九江市九纺文革纪实》

李庆霖敬上
1972年十二月二十日

  据毛泽东身边工作人员回忆，毛泽东是在中南海他的住地游泳池边看这封信的，看完这封信，他竟然泪流满面大哭一场，不知是为知识青年在农村凄苦的境遇难过，还是为在他二十多年英明领导下，城乡人民生活依然如此贫穷困苦而伤感，就不得而知了。

  毛泽东亲笔给李庆霖复信，复信全文如下：

  李庆霖同志：寄上三百元，聊补无米之炊，全国此类事甚多，容当统筹解决。

毛泽东
1973年四月二十日

  此后，中央政治局几次听取汇报，研究统筹解决知识青年上山下乡的问题，并于1973年六月十日将毛泽东的复信及李庆霖的信以中央文件下发全国，要求传达到每个群众。

  这份中央文件的传达，引起了极大的反响，特别是那些有子女上山下乡的普通民众更是欢呼雀跃。一般平民的子女上山下乡后，任你如何拼命表现，也只能眼巴巴地看着有权有势有关系的人把他们的子女一个个都轻而易举地从农村搞去当兵、提干、招工，都回城了。只留下平民百姓的子女在乡下滚一辈子泥巴，女知识青年为了回城，主动或被动地与乡村干部睡觉，与能帮她们跳出农门的各级领导睡觉……至于权势者开后门买紧俏商品更是普遍现象，人民怨声载道，李庆霖的信无疑代表了他们的心声，替他们出了口恶气……

  传达李庆霖告状信的中央文件时，我对李庆霖信中的最后一句"告御状"产生了联想："告御状"即向皇帝告状，把毛主席当作封建社会的帝王，这不是开历史的倒车？我们过去接受的教育，皇帝是地主阶级的总头子，而中央文件清楚地把李庆霖"告御状"的这句照发？

  李庆霖这封信及毛泽东的复信作为中央文件下放，并传达到每一个群众，我做梦也想不到这个文件的传达竟与我有那么紧密的关系，这就是我的"买肉风波"。

《亲历浩劫：江西省九江市九纺文革纪实》

买肉风波

豆腐虽然美味可口，但毕竟吃肉才是最高的享受。猪肉对于人的诱惑力远大于豆腐。但猪肉却始终是那么紧张，从59年起每人每月供应二两肉到63年后每人每月供应半斤肉。而且时不时会供冰冻肉，只有到过年（阴历春节）才每人增加到一斤。所以，每次决定买肉吃都是全家人盛大的节日，不过，每次买肉都要经过痛苦的折磨，每月的半斤肉凭票到公家的菜市场去买。菜场一角辟有卖肉的窗口，卖肉的这一摊子与菜场分属两个不同的公司，菜场属于蔬菜公司，卖肉的属于食品公司。虽然卖肉的窗口仅占菜场十分之一的面积，但卖肉的身价却是菜场营业员的十倍。卖肉的屠夫那副派头不亚于皇上出游，每个欲在他手上买肉的干部群众无不对他点头哈腰，讨好献媚。脸上堆着笑，殷勤地向他打招呼：啊，吃了吗？当时人们相见问候打招呼的话语都是：你吃了吗？而不像现在的问候打招呼的话语：你好、早安、晚安之类。

当时供应的肉有两种：一种是刚屠杀的鲜肉，另一种是冷库里的冰冻肉。买肉最怕碰到冰冻肉，冰冻肉看起来白惨惨的，煮熟吃起来也不鲜，口感差，特别是冰冻肉含水，化开水后一斤肉要少一两，每人月定量才半斤肉，连半斤肉还要损失十分之一，实在让人难以接受。冰冻肉是无论如何要避开的险境，但何时卖鲜肉何时卖冰冻肉的信息又掌握在屠夫皇帝手里。于是，与屠夫皇帝有点关系的人便神气活现起来，他会向他的亲友通报最新肉讯，说得神秘兮兮，再三叮咛不得外传，免得不相干的人捷足先登。但卖鲜肉的消息仍然不迳而走，很快售肉票的窗口便在头天下午排起了长队。

但也有不少人不来排队，只以石头或破篮子代人排队。这些人往往是斗狠使奸的角色，他们黎明赶来买肉，看到自己昨天摆放的石头破篮子被人丢开便不依不挠的插到前面，不惜与人争扎和打闹，为买一斤肉经常上演一幕幕狗血剧……

卖肉的共两人，一个女的叫张金桃，负责收肉票收钱再开具交给屠夫的肉条子。开票的女人也有权，她可以开后门，让相熟的人先开具肉票，排了一个晚上的买肉人只能干瞪眼。当然，权力最大的还是操刀剁肉的屠夫。此人姓邢，弟兄排行老三，因此，外号叫邢老三。他的权力在于可以给你一块好肉还是一块孬肉，这对于眼巴巴盼望吃一餐肉的家庭来说至关重要。一个月每人仅半斤肉，如果这半斤肉尽是些槽头肉、肚皮肉、杂七杂八的劣脚肉，那就会活活把人气死。我亲眼目睹桂永茂（桂光星长子，时任厂政工组干部，后任九江市庐山区检察院副检察长）拿着屠夫给他的那块肉与之争执，说：你看你给我砍的肉，皮吊吊的。所以，每个开好肉票交给屠夫的人，看他给自己砍肉的一瞬间心都提得老高，不知这位屠夫皇帝会怎么拿自己开刀。有时侯，明明轮到你面前是一片大好形势，肉已开拆，大腿肉和肋条肉就在眼前，你指着后腿肉，堆满笑容柔声说：请你砍后腿那一块。但他的刀会转弯，明明看见他往后腿好肉砍去，可在好肉下面还会带一大块皮，让你满心欢喜顿时打了折扣，当你与之理论时，屠夫会傲然睥视：要不要？不要给下一个。立刻会有排在后面的买家接嘴：给我，给我。你白了后面人一眼，只好忍气吞声，拿着那块皮吊吊的肉悻悻而退。而当你拿肉到旁边复称时，往往会少三、五钱，你又会气得眼翻白脚抽筋。屠夫靠每注肉克扣下的几钱肉，便可以做很多人情，有时两斤肉便可办成一个调动或一个指标，那年代贿赂的成本实在是太低了。

买肉要历经二关，开票关和剁肉关。为什么要过开票关呢？因为每天到的肉仅一两头猪，排在后面的人便买不到。而且排在后面的人即使可以买到，也仅剩下一堆杂七杂八的碎骨烂肉，惨不忍睹，只有排在前头十几名才可以买到好一点的肉。因此，买肉的人头天晚上便在开票的窗口排起了长队。当然，并非要人通宵守候，大都用一个破篮子、砖头、石头代为排队，直到凌晨四、五点钟，买肉人才会赶来以人排队。这时，因为谁把自己的石头扔掉，因而挤占了自己的前几位的位置而吵而打的也时有所闻。让我最揪心的是筒捻车间总支书记涂亮升总是最早在窗口排队的人，他也不怕别人说他总支书记这么好吃，总是一丝不苟的排队守候。这个管理七、八百人的车间领导，是典型的妻管严，据说每次买肉回去都要被老婆责备一番，因为他车间的女工正是屠夫的妻子，有这层关系你竟然买不到好肉，这让他那老妻愤愤不已。

我也因为买肉，在九纺厂掀起了一场风暴。

那天，我买肉时，前面总是插队，开肉票女人的老公是保卫科消防队开消防车的司机叫郑木应，部队转业兵。消防队归属保卫科，因而保卫科的人便可以很方便地开后门插队开肉票，加之其他有权势的亲友挤在窗口前一个接一个地插队开票，让我们这些老实排队开票的人怨恨不已。我虽然离窗口不足一丈但总不见挪动，而前面插队的人一个接一个的开票拿肉而去，我终于忍不住满腔怒火，大吼一声分开窗口的人，对开票的女人吼道：你还有没有一点道德，尽开后门，我们这些排队排了一夜的人还要不要买肉？但这女人却毫无收敛之意，反而蛮横地宣称：我就是开了后门，怎么样，你去告吧，你告到天上去我也不怕。

我隔着窗口对她吼道：你这个臭卖肉的别这么猖狂，总有你倒楣的时候……

后被人拉开，我也开了票买了肉而去。

上午十时，我正在家赶写厂宣传队的剧本。门外传来叫骂声：姓旷的，你给老子出来！

我出门一看，门外是一条粗壮的大汉带着一个矮壮的汉子杀气腾腾地要来打我。

矮壮的汉子我认识，叫吴花仔，是织布车间保养工段的保养工，粗壮的大汉我虽不认识，但我马上联想到他是开肉票女人的老公。

粗壮的大汉扑过来揪我衣领，给我一拳，我返身跑进厨房抄起一把矮凳冲出去用以招架。我挥舞着矮凳与大汉打斗，这条大汉其实也是银样蜡枪头，中看不中用，见我拼命与之搏斗，先自怯了，转身便跑。我扔下矮凳拔腿便追，他的跟班吴花仔并没及时跟上，我追到第二栋宿舍楼侧，终于追上他，扑上去抓住他，便和他搂抱着摔跤，他做梦也没想到，我曾是煤矿工人出身，并且有摔跤的功底，七摔八摔竟然把他摔倒在地，头磕在水泥板上，我骑在他身上挥拳便打。这时，他的跟班吴花仔跟上来把我拉起（应该说，吴花仔没有参与打我，只是把我的矮凳摔碎了），扶着大汉，在围观人群的嘘声中狼狈而去。

当时正值传达了李庆霖给毛泽东信的中央文件之际，文件中对开后门的现象严加指责，得到了群众的共鸣。我这次卖肉风波，恰逢其时。一时间，旷小林与卖肉的打起来了的新闻传遍全厂。立时，在我家门外涌来数百人一致声援我，群众对于开后门搞特权的行为早就怒不可遏。黄文华及许多萍乡老乡更是与我一起商讨下一步的搞法，就连原来老保方面的铁干将曹开满也手挽手地与我一道，要去砸烂开肉票女人在消防队里的家，一大群人跟着。这群跟随我的人大多数是过去的老保，在反对开后门的共同目标下，已没有造反派老保之分。

我在曹开满的陪同下手挽手走在最前面，几百上千人自发地跟在后面，浩浩荡荡地奔向开肉票女人的住地。但在途中，我们萍乡老乡中的周金城闻讯特地追过来，阻止我前去砸开肉票女人的家。周金城说：旷小，你要三思而行，你一旦砸了开肉票女人的家，就成了打砸抢行为，今后要把你定为打砸抢份子，你跑都跑不脱。他的话使我发热的头脑清醒了些，此后保卫科的几个人也来劝阻，我最终没有去砸开肉票女人的家，但围在我周围的群众，久久不肯散去。

入夜，聚在我家及聚在我家周边的群众仍不肯散去。

晚上十时，厂革委副主任王正龙赶到我家，郑重其事地告诉我：厂党委开了会，委托我来向你传达三条意见。

一、关于开肉票女人的丈夫郑木应上门打你一事，厂党委很重视，专门开会进行研究。

二、你不能因此事聚众冲击消防队和菜市场或找郑木应、张金桃吵闹打斗，希望你能冷静对待。

三、厂党委已经成立了一个五人调查组，专门负责调查处理此事。

厂党委的五人调查小组汇集了教育科、党办、武装部保卫科、厂办的头面人物组成的豪华阵营，郑重其事地开展调查，被调查的群众以目睹者的身份一致确认，郑木应如何冲上去打旷小林，旷小林没有还手，完全是郑木应的罪责。他妈的，老婆开肉票开后门，人家说两句，还带人上人家家里打人，什么世道，简直是比国民党还国民党。人们把旷小林说成是一个敢于代表群众仗义直言的勇士，把开后门的开肉票女人夫妇贬损成一堆狗屎。而我把他扳倒在地，被群众以目击者身份说成是他自己绊倒的。总之，所有的舆论都是一边倒，群众由此大骂干部作风败坏，说一套做一套，满口马列毛，满肚子男盗女娼，嘴里唱高歌，心里藏私货。

我被招到厂办公室与卖肉的主管领导、十里片区食品站长对话，厂办公室主任冯炎木作陪。十里食品站长是个脑满肠肥的大胖子，他那张油晃晃的大脸堆满甜腻腻的笑容没说了一堆代表郑木应夫妻道歉的话没然后说：他们卖肉的也不容易，一秤进千秤出……冯炎木立刻在旁随声附合：是啊是啊，太不容易了。我说：你是来道歉还是评功摆好，你们卖肉的不容易，我们纺识工人才真不容易，每天走巡迴都是几十公里，一身水一身湿。冯炎木，你老婆也是织布挡车工，你说苦不苦，容易不容易。冯炎木也只好奸笑地附和：也不容易，都不容易……最后，我对食品站长说：别总说些台面上的话，你们卖肉的开后门捞油水搞名堂的鬼事，全世界哪个不晓得！只求你们今后稍微收敛些……

干部们利用职权把老婆或子女从艰苦的车间工作岗位调入轻松舒服的岗位，或找医生拉关系为自己的妻子开病假条，利益交换，与有关部门搞紧俏物质等……早已被群众看在眼里，恨在心里，一旦有人敢于捅一棍子，这个人便会被群众视为英雄。调查组的意见偏向于重惩上门打人者郑木应，但在利益集团的干预下，调查组的结论难以作出，要求给郑木应夫妇以行政记过处分和仅仅批评一下的两种意见相持不下。于是，中国式的处理便是一个拖字，一拖了之，最终烟消云散。拖了几个月，连我自己都感到没劲。但事情往往有两面，这个买肉事件虽然没把对方怎么样，但也吓出对方一身冷汗。以后，我买肉就顺畅多了。而且各级领导对于旷小林因为和卖肉的司机丈夫打架，竟然得到全厂大部份群众的支持，其影响其能量不可小嘘，因而也不敢轻拿我开刀。其实我有自知之明，我那里有什么能量，只不过是借东风烧曹操，借传达李庆霖给毛泽东写信这份文件的东风吓了权势者一下而已，风声一过，他们还不是依然如故……不过，从此我特别关注李庆霖的命运。

李庆霖得到毛泽东的亲笔回信和亲寄的三百元，感激涕零自不必说，关键在于他这封信在全国引起的轰动则是他始料不及的。两千万知青和他们的家庭把李庆霖当作救星，上山下乡知青的苦楚连连曝光，特别是下放到军垦农场的女知青更是有苦难言，连中央文件都曝出多起现役军人强奸所部女知青的实例，已枪毙了几个罪恶特别大的团营连级军官，女知青的命运引起了社会极大的关注，到处都流传着女知青将私生子抛弃或火车上请人代看一下便溜之的传闻。

李庆霖这封信及中央为此信而发的文件给福建莆田当地的党政官员既得利益的权贵们很大压力，却又无可奈何，但这棵仇恨的种子却种下了。（76年毛泽东去世，仗毛泽东之势的"四人帮"立即被抓后，李庆霖也随即被抓，被打成"四人帮"的帮派份子，判处无期徒刑。）这自然是后话。

　　当时，文革大揪大批大斗的阶段过去了，中央两派之间的缠斗结果仍不明朗。干群都在往物质生活上奔，当然，干部手握大权，他们要搞物质享受、拉关系、开后门、搞女人都易于反掌。群众在经过四清和文革那种拿一根纱，都是走资本主义道路的无限上纲的政治语境中走出来，当然看不惯现在干部开后门谋私利，肆无忌惮地为自己捞好处。过去批判的干部以权谋私的种种行径，现在正以百倍千倍的疯狂复辟，"有权不用，过期作废"成了不少干部的信条。而中央似乎正在放纵和容忍这些行为，后又出了一个中央文件：说开后门的不一定都是坏人，而走前门的不一定都是好人。本来发文件都是解决倾向性的问题，现在你说开后门不一定都是坏人，走前门的不一定都是好人，那到底是要制止开后门的现象，还是要放纵开后门的现象呢？作为一个中央文件，这样逻辑混乱，必然令政局走向混沌，官场更形污浊……

卷十九：批林批孔运动

《亲历浩劫：江西省九江市九纺文革纪实》

山雨欲来风满楼

1974年元旦社论是《人民日报》、《红旗杂志》、《解放军报》联合发表的，社论强调要继续开展对尊孔反法思想的批判。中外反动派和历次机会主义头子都是尊孔的，批孔是批林的一个组成部份，要广泛深入地开展批林批孔运动。在党中央的号召下，一个声势浩大的批林批孔运动便在全国轰轰烈烈的开展起来了。此后批林批孔运动的调子越来越高，《红旗杂志》的短评说：林彪一向尊孔反法，攻击秦始皇（毛泽东总是自称自己是秦始皇），我们党同林彪之间的斗争，实质上是社会主义时期前进和倒退、革命和反革命的两个阶级两条路线的斗争，这个斗争还远没有结束。各级领导要把批林批孔当作头等大事来抓。

王洪文称：批林批孔是第二次文化大革命。

辽宁毛泽东侄子辽宁省委书记毛远新说：是毛主席发起了这场批林批孔运动，一个是解决九次路线回潮的问题，另一个是解决十次路线斗争没有解决完的问题。矛头暗指周恩来。

有些地方甚至明目张胆的贴出了：打倒当代"孔老二"，打倒黄埔军校政治部主任。

江青甚至公开宣称：就是要批当代的"宰相儒"。

毛泽东也在内部讲：批林批孔批周公。

毛泽东还给郭沫若就批孔问题写了一首诗："劝君莫骂秦始皇，焚书之事待商量。祖龙虽死魂犹在，孔丘名高实秕糠。百代都行秦政法，十批不是好文章。熟读唐人封建论，莫将子厚返文王。"

毛泽东高度评价秦始皇，并自比秦始皇，并说秦始皇只杀了四百六十个儒，而我们起码杀了四万六千个儒，毛泽东对任何批判秦始皇的言论都会火冒三丈严词驳斥，郭沫若的十批书引毛震怒就不难理解了。毛泽东还给郭沫若写了一首打油诗："郭老从柳退，不及柳宗元。名曰共产党，崇拜孔二先。"

1974年的批林批孔运动，是毛泽东又一次布署的强力"反击行动"。
1971年"九.一三"林彪事件对于毛泽东及全国人民的冲击震撼实在无与论比，毛泽东的精神和肉体都受到沉重一击。

军队代表开始退出政坛。

过去受苦受难的各级"走资派"又回到帅位，文革冲毁的旧制又全部恢复，连队军事建制一律取消。林彪过去推行的政治挂帅，天天读，老三篇，全国学解放军……等统统弃之不用，文化大革命产生的新事物都一扫而光。重新执掌大权的当权派当然不会忘记文革吃的苦受的罪，当然不会忘记造反派对他们的批斗，他们对最高当局无可奈何，但这股怒火却可以发泄在造反派身上。当初结合进革命委员会中的造反派，现在大都被踢了出去，剩下几个当花瓶做摆设，有的还被关在牢里。

毛泽东对自己亲自发动和领导的文化大革命遭到如此结局很不满，于是才有了中共第十次代表大会的新领导班子。

73年八月中共十大出现了一个让全国人民吃惊的变化：上海市革委会副主任造反派司令王洪文竟然当选为中共中央副主席，排名一度排在周恩来前面，仅次于毛泽东，这明显是毛泽东亲自选定的接班人。选择造反派司令当"储君"，这给全国人民一个强烈的信号，毛之后将由王洪文执掌天下。这对于大多数执保守立场的干部无疑是晴天霹雳，但对造反派来说，无疑是一剂强心针。造反派除了短暂的几个月辉煌后，一直遭到连续不断的打压整肃，已经奄奄一息，现在又死灰复燃，蠢蠢欲动。

江西看南昌，南昌看洪都，洪都看万里浪，万里浪的生死祸福牵动着全省造反派的心……

新的政治气候，让被软禁的万里浪等造反派的头面人物看到了希望，他们赴京上访，为自己的权利抗争，诉说程世清迫害江西造反派及江西人民在程世清的暴政下，遭受的深重苦难……

中央支持万里浪，并对洪都问题作了指示，江西省委也立即转弯认错：向万里浪认错道歉，向洪都广大群众认错道歉，万里浪恢复省革委副主任的职……江西的批林批孔运动轰轰烈烈的开展起来了……

《亲历浩劫：江西省九江市九纺文革纪实》

批林批孔很热，我却很冷

　　当时，我对外部世界发生的一切都茫然无知。我虽然也感到又一场政治风暴已经来临，但我已对政治运动不感兴趣了。然而，由于我过往的经历，还是有过去的红卫兵头目找到我，劝我出来看看形势，呼吸一点新鲜空气，并带我到南昌省政府八一礼堂，听老造反派南钢副主任曲风亭作报告。过去从没听说过曲风亭这个名字，现在横空出世。据说。他现在是和万里浪齐名的人物。他口才了得，江西造反派万派涂派上京办学习班，他是万派的代言人。曲风亭在北京学习班期间，连王洪文他都敢顶，气得王洪文指着他的鼻子骂：曲风亭，你别太嚣张了，你这样下去，总会有苦果子吃的！

　　曲风亭作报告的八一礼堂，在省政府院内，是一个可以容纳几千人的大会场，听报告的人坐得满满的，甚至还有人站在走廊和后面，与会的人都神情怪怪的，大有赴地下黑会之状……

　　曲风亭个子瘦小，声音却很有力度，纵论形势，激昂慷慨，似乎造反派明天就可以翻身得解放，重登政治舞台。虽然他的报告使很多人热血沸腾，我却不以为然，总觉得他有些过于自我膨胀……

　　（曲风亭后来下场可悲，打倒"四人帮"后，曲风亭被捕入狱，其妻与其离婚，曲风亭愤而自杀。曲死后，据说其尸体被挂在树上，任野狗撕咬……）

　　九纺厂的干部对于来势汹汹的批林批孔运动很惶恐，他们似乎感到马上会由造反派掌权当家了，一个个看到原来的造反派老远便笑脸相迎，热情招呼。九纺厂也立即新成立了批林批孔办公室，由桂春喜任主任，我任大批判组长。造反派中的很多头面人物，都安置在"批林办"。但那批曾被揪斗过的恨深怨重的造反派不愿进入"批林办"，他们自行成立了厂上访团，上海人余锡林任团长。令我感到惊奇的是各车间也纷纷成立了归厂上访团领导的上访组，上访组的组长副组长竟然由车间书记主任担任。不过，不管是"批林办"、"上访团"都没有搞批斗活动。厂革委主任张巨库还经常跑到"批林办"和我们聊天，"批林办"和"上访团"彼此也没有什么隔阂，都是过去的老朋友，经常在一起谈天说地，纵论古今。

　　有一天，余锡林、冯上松、桂春喜、旷小林到董楚明家闲谈聊天，话题散漫，乱扯一通，无非是闲得无聊，打发时光而已。其间，有人说过一句：对张巨库打不倒也要搞臭。大家一笑了之，也没就此深谈，也没当回事。当时的大气候，对于省地市的当权者都可以批斗，炮打火烧，何况议论一下厂里的一把手。可偏偏就在我们五个人中有一人连夜向张巨库告密，张巨库第二天便在干部会上痛哭流涕地宣布：他们（指造反派头头）已经定下了对付我的方针,那就是:打不倒也要搞臭!顿时,举座震惊,中层干部人人自危。桂春喜急忙向张巨库解释,重申我们造反派决没有作过这样的决定,至于个别人说的不负责任的话,大家也别把它当回事。造反派的一把手出面澄清,这才让张巨库及大小干部心安。这也可见批林批孔运动对当权派震慑到了何种程度!因为张巨库是个非常强势的领导,行事作风历来刚强果决,在干群眼中绝对是个硬汉,可就是这么一个强势的硬汉,却被一句谣传,吓得涕泪横流,当众失态。

其实,造反派的几个头头都患上了运动疲劳症,都厌倦了这无休无歇的斗争,都不想再回到过去剑拔弩张的对立状态,只要求平反冤假错案。"三.一"案"二.二八"案以及所有"三查"搞出来的一切案件都很快得到了彻底平反。

《亲历浩劫：江西省九江市九纺文革纪实》

我得到一个美差

在这期间，我得到了一个美差：参加由省"文教办公室"组织的"华东地区戏剧调演观摩评论会"。九江地区观摩评论组由五人组成。它们是：地区文化组长张作孚，地区歌舞团导演高成龙，九江市话剧团编剧毕必成，九江棉纺织厂工人旷小林，武宁县京剧团副团长张友新。我们的任务便是到江西省各地区看戏评戏。每个地区都派了四、五人参加，加上省直属文艺团体（省歌省话省京等）共计四十余人，在省文化组长张涛的带领下，乘坐省委一辆公交车到全省各地巡游，真是一路歌舞一路酒。张涛在一次酒后疼哭流涕，声泪俱下地诉说他不是程世清的老乡，他是山东人，程世清是河南人……有人硬把他和程世清联系起来，让他蒙受了不白之冤。张涛哭诉的动静很大，几乎在全体观摩团人员面前出丑。有人告诉我，张涛在批林批孔运动中过不了关，才拍好周升炬（省文教办公室主任），捞到这份美差，现在是借酒装疯，以洗白自己……

一路上，大家最乐于谈论的话题便是程世清到处淫乐的桃色新闻。

各地区都有程世清在他们那里搞女人的轶事，花样翻新，绝不重复。省直的人说：陈昌奉曾指着程世清的鼻子骂：程大麻子，你说，江西宾馆的服务员你有那一个没搞？！

省直代表谈到程世清搞女人总是眉飞色舞，绘形绘色，滔滔不绝。他们说：程世清搞女人有一套程式性的问话和手段。当然，首先是宾馆和招待所的领导事先做好准备工作。这些干惯了迎来送往的老江湖，对于领导的爱好早就洞悉于心。他们会物色好漂亮而又温顺的女服务员，再给她们以神秘而光荣的政治任务，那就是到首长房间里做服务员，满足首长的一切要求！每说到这里都会挤眉弄眼的暗示一番。并同时宣布政治纪律：任何时候任何情况下都不得透露在首长房里看到的一切，听到的一切，做过的一切！否则，将会遭到严惩，说不定还会掉脑袋！

程世清进到房间看到端坐在沙发上，惴惴不安的女服务员时，第一句话往往是：你怕首长吗？女服务员一般都会按宾馆领导事先交代的几句预案回答：我喜欢首长，能为首长服务是我最大的幸福。

程世清接着会说：你这个姑娘阶级觉悟高，政治素质好，是我党的忠诚的好党员，只要你靠拢组织，要求进步，就一定会有大好前途……

如果女服务员回答她还不是党员时，程世清便会当即表态：马上给她解决组织问题。当服务员说：谢谢首长。程世清这才开始直奔主题：其实，你们做服务员的服务好首长就是最大的政治，为革命做出最大的贡献，首长日夜为革命操劳，也想休息休息，首长也是人，也需要关心安慰，于是……

据被程世清临幸过的服务员透露：程世清是个性虐狂……

我们来到景德镇，住在景德镇最高档的莲花池宾馆，这是市委接待贵宾的唯一宾馆。程世清到景德镇视察就住在这里。我们吃饭时，看到一个绝色高挑的姑娘独自端碗到一偏僻角落里吃饭，落落寡合，神色落寞惨憷。我问景德镇的代表，他诡秘地一笑，告知我们原委：原来，程世清如此热衷于全省巡游，其中一个很重要的原动力便是饱揽"人间春色"，这是公开的秘密。程世清到景德镇也不例外，这个高挑绝色的宾舘服务员伺候了首长一夜后，也不知她有何魔力，竟然让程世清乐不思蜀，赖在景德镇不走了，原定只待一天，结果，待了三天。程世清走后，该姑娘立即提拨为宾馆副主任。自此之后，程世清隔三差五便要到景德镇来"检查工作"，而此女也成了景德镇的慈禧太后，她家门庭如市，人们都想通过她攀上程世清。就连市委书记也经常到她这里打听：程政委对我们的工作有什么看法，指示……

但程世清一垮台，她就成了一堆狗屎……

我们每到一地都享受最高规格的接待，住宾馆，喝美酒，吃宴席。外面批林批孔运动搞得天翻地复，我们一行却仿如在桃花源里消遥，我们还到景德镇鹅湖公社，观看电影《闪闪的红星》现场拍摄，扮演潘冬子的小演员祝新运才十一岁，一脸稚气，很可爱。

《亲历浩劫：江西省九江市九纺文革纪实》

李九莲事件

但这一行最让我震撼的是赣州李九莲事件。

我们一行到达赣州正值李九莲事件闹得最轰轰烈烈的时候。

李九莲，女，汉族，1946年生于江西赣州，家庭成份，城市贫民，本人出身学生。1966年文革兴起时为赣州市三中高三学生，三中团委宣传部长，校学生会学习部长。红卫兵风靡时为三中卫东彪兵团的副团长。

1969年2月分配到赣州市冶金机械厂当工人。

1969年二月二十七日，她给当兵的男友写了一封信，信中谈到她对当前国家政治形势的一些看法："……我不明白无产阶级文化大革命到底是什么性质的斗争，是宗派斗争还是阶级斗争？我感到中央斗争，宗派分裂，我因而对无产阶级文化大革命产生反感，我认为刘少奇有很多观点是符合客观实际的，符合马列主义的……我感到对刘少奇的批判是牵强附会的……林彪到底会不会像赫秃一样，现时的中国到底属于那个主义等项问题发生怀疑，对现行反革命发生浓厚兴趣，对反动组织的纲领也注意研究……"

这封信被其当兵的男友作为反革命信件交给他的领导。（此人原以此举可以得到赏识提拔，岂料他不但得不到晋级提拔，反而被部队提早令其退伍，退出现役。）部队领导将此信转给了江西赣州地方当局，李九莲便于1969年五日十五日被捕。

对于怎么处理李九莲，赣州地区领导层意见不一，主要负责人意欲批评教育释放，但管政法的军代表不同意，他专程赴南昌向程世清汇报，程世清听完报告后说：像李九莲这样全面系统地反林副主席的，在全国也不多见，属敌我矛盾，要从严处理。

有关方面考虑到李九莲成份好，又年青，仅判其有期徒刑五年。

1972年，程世清垮台，反林彪的李九莲也被释放，但依然作敌我矛盾内部处理，开除团籍，发配到兴国县钨矿当徒工，每月十六元工资，不准参加工会。她虽然参加了工作，可仍然是内控对象，人人都躲着她，她讨说法，监管她的人说：你在林彪没暴露前就反对林彪，是唯心论的先验论，是错误的。

有人给她介绍了一个出身地主的技术员，她同意了，但男方却嫌她的"反动身份"，说：李九莲想找我，做梦吧！跟她结了婚，运动一来，还让人活不活？

李九莲不满这样对待她，她一次次地到地区、省、京上访，反映自已因一封信，两年牢狱，出狱后仍被视为"反革命"。但她所有的申诉都如同遁入太空，毫无反响，甚至遭到训斥。

批林批孔运动兴起，李九莲于1974年三月在赣州公园贴出了"反林彪无罪"、"反林彪是逆潮流而动"、"驳反林彪是唯心论的先验论"等六份大字报。

她还把当年写给男友的那封信全文抄成大字报，贴在最前面。

李九莲的大字报轰动了整个赣州城，获得了老百姓的热烈响应，群众写大字报表示支持，声援支持李九莲的大字报小字报雪片一样贴满了赣州公园。

反林彪无罪！

向反林彪的英碓学习致敬！

中国少的是李九莲，多的是奴才！

坚决支持李九莲，李九莲无罪！

……

一时间，赣州公园人山人海，热闹非凡，赣州当局慑于对"批林批孔"运动困惑不解，也不敢贸然采取措施干预取缔，致使同情支持李九莲的声势越来越大，成了当时赣州市的主流民意。

人民群众如此大规模地替一个反革命份子翻案，这在中共历史上也是罕见的。

赣州地委十分惊恐，经请示省委，将李九莲于1974年四月十九日深夜秘密逮捕，关押在兴国县看守所。

赣州全城愤怒了，沸腾了，二十万赣州市民几乎一边倒地抗议逮捕李九莲，要求立即释放李九莲。几千群众涌向地委，涌向兴国县公安局，要求释放李九莲。连地委常委陈万兆，兴国县公安局长都同情群众的诉求……

更多的人涌向赣州公园，人们打着手电筒观看大字报。

我们观摩团来到赣州，恰逢此盛，我也跑到赣州公园一睹盛况。李九莲的有些观点疑问，我何尝没有，与李九莲有同感的何止千万，但敢于说出来并坚持到底就没有几个人了。我为之呼喊，在观摩团内大讲李九莲的事迹，呼吁大家都到赣州公园去看一看。

赣州地委急忙向省委请示。

程世清垮台后的江西军区司令员是陈昌奉，他下达了五点指示：

一、李九莲是地地道道的现行反革命份子。

二、赣州某些人争议此案，实际上是为现行反革命翻案。

三、冲击兴国县看守所是严重的政治事件，必须严肃处理。

四、某些干部，某些干警在李九莲事件上严重丧失立场，实际上是向反革命投降。

五、对李九莲问题上立场坚定坚持原则的同志要予以表彰。

这五点指示在赣州地市几十万群众中传达，给赣州人民带来巨大压力。

但赣州人民在重重高压下并不屈服，由中学教师朱毅领头成立"李九莲问题真相调查委员会"，简称"调委会"。这是个民间自组团体，没有一分资金，全体工作人员全部义务劳动，没有一分钱工资，但"调委会"照样办得红红火火。

赣州市男女老少都自发地为"调委会"捐钱捐物，孩子送来了他们的早点钱，老太太送来了她们的买菜钱，赣州市纺织厂一位女干部送来了五十元，她说：听说你们上访缺钱，我现在没解放，只发生活费，这五十元收下吧，可以买一张火车票……

赣南是个穷地方，许多市民家里连收音机都没有，但赣州人民却为 调委会捐助了大量钱物，使这个没有一分钱的民间组织竟然生存了七个月！直到最后，调委会工作人员全部被官方抓捕，方告解散。

"调委会"安营扎寨赣州公园，为李九莲鸣冤，呼吁为她平反的高音喇叭及传单从这里飘扬四方。

江西省委又急又怕，专程赴京请示，当时中央正由王洪文主持工作。王洪文指示：坚决镇压！于是，调委会被取缔，李九莲被判刑十五年。 调委会负责人朱毅被判二十年，总共有四十多人被判刑，六百多人受到刑事或党纪政纪处分，为一个素不相识的姑娘的鸣冤叫屈，无数人丢官丢职，失业离婚，家破人亡，精神失常……

再次重判入狱的李九莲并不屈服，绝食抗议七十二天……

1977年一月监狱监管人员得知她又写了质疑华国锋、寄希望于江青的日记后，立即上报，江西省委讨论决定判处李九莲死刑。李九莲至死不认罪，不服判。

1977年十二月十四日被枪杀于赣州通天崖刑场。卒年三十一岁。

李九莲死前死后其家人从不过问，倒是赣南机械厂工人何康贤惦记着她，这个两脚兽趁夜割下死者的乳房和阴部……此人后也被判七年。

《亲历浩劫：江西省九江市九纺文革纪实》

壮哉！钟海源

另一个为李九莲鸣不平的是小学教师钟海源，竟为素不相识从未谋面的李九莲而死，她的事迹更是感天动地。她在赣州公园看到李九莲的事迹后，毅然参加"调委会"的工作，担任广播员，日夜向外传播真相。

1975年五月，赣州大抓"调委会"工作人员，警笛声响彻全城。就在这万分恐怖的情势下，钟海源独自在家里起草了：紧急呼吁，强烈抗议，紧急告全市人民书。自己刻印传单，到处散发。

当局念她是个女子，又带着个两岁小孩，没有把她逮捕关押，只把她放在学习班里检查认罪。一般只要在学习班中检查认罪，便可以放归社会，回家过日子。可钟海源态度死硬到底，坚持认为李九莲无罪，"调委会"无罪！于是被捕坐牢。

中国搞运动有个最大的特色，那就是态度问题！被揪被斗被批的人，你必须在态度上附首贴耳，认可当时当地批你的政治形势，承认批自己批得有理，自己犯下了滔天大罪，只是在具体事例上做点辩解。例如：批斗走资派时，他一定会先给自己戴上一堆大帽子；我执行了刘少奇的修正主义路线，犯了方向路线性的错误，对不起毛主席共产党对我的培养，我罪该万死，死无葬身之地……可一到具体问题上便开始耍手段了，否认，抵赖，耍死狗，装糊涂……令批判者也无可奈何。不过，有了他开始认可革命群众对他的批斗无比正确及时，把他从危纲的道路上拉回来，如此上纲上线对自己一顿臭骂，也就让批判者觉得他态度好，往返几下就可以过关了。可偏偏年青的小学教师钟海源不会变通，认死理，这在中国是最危险的，讲真话认死理，为此往往会付出生命的代价……

在监狱里，她依然坚持李九莲无罪，"调委会"无罪，同时喊出了华国锋不如邓小平。她无数次被严刑拷打，但都不能让她改口，甚至越打越强硬！连监狱当局都承认从没见过这么顽强的女人。狱卒把她的腿打断，她硬是单腿站立在墙上写下"打倒华国锋"五个大字。

于是，因攻击英明领袖华国锋判处死刑。

行刑之日，她神色自若，毫不犹像地在死刑判决书上签字，签完字甩笔就走。法官问她还有什么话要说。她丢下生命中的最后一句话：我跟你们说话白费劲，我们信仰不同。说毕昂首赴死，令狱卒个个咋舌。

行刑日，几辆架着机关枪的军车押着瘦小的女囚开赴刑场。钟海源被五花大绑，颈上勒着绳索，背上插着斩标。一个军人用一尺长的针朝她肾部扎了一针，为的是活体保肾，刑前已商定将她活体摘肾给一个官二代。这一针下去，如此坚强的钟海源都痛苦得瘫了下去。

到刑场，装模做样地开了一枪后，便抬着她急急忙忙奔向刑场旁的医疗手术车活体取肾，只不过，换了肾的官二代并没有因此而得救……

两位女杰离我们而去，但她们为信仰、为真理、为正义而视死如归的浩气，将与世长存。

李九莲事件能长期较量，民间和官方互相拉锯，以至于全国轰动，这种状况只能出现在批林批孔时期，否则的话，早就在大幕后面悄悄地解决了……

李九莲事件后经新华社记者戴煌写出内参，上达中央，经胡耀邦批示，冲破重重阻力，终于得到彻底平反，"调委会"工作人员也都宣告无罪，李九莲、钟海源可以安息了。

但人们可以从李九莲、钟海源身上得到什么启示呢？

《亲历浩劫：江西省九江市九纺文革纪实》

天意从来高难问

对于我们九纺厂而言，天意从来高难问。那些高层内幕离我们仍然太远，我们只是感到74年初的批林批孔运动，肯定是毛泽东指挥那几个人发动的。表面看是两报一刊（《人民日报》、《解放军报》、《红旗杂志》）掀起的批判林彪、孔子的运动，但大家冥冥中都感到来头不小，似乎又是一场改朝换代的运动。暗流汹涌，各级干部都感到压力。惶惶然，悚悚然，似乎大难即将临头

厂党委书记张巨库更是火烧屁股，坐立不安，他派孙绍山等人火速赶到南昌，探听省二全会消息（二会会指省里奉命召开的省委全委会及省革委全委会，而省革委委员中大多是造反派和红卫兵）。张巨库还亲自出马到处找老领导老上级询问中央意图和内幕消息，但他徒劳无功，连他老首长的老首长对当前局势及走向都一头雾水……

厂里由厂党委组织成立了"批林批孔办公室"，属于厂里领导批林批孔运动的常设机构，由桂春喜任主任，我任大批判组组长。董楚明也在批林办。造反派中的另一部份，曾被揪出来过的恨深怨重的一批人，决心不参加受厂部管辖的批林批孔办，他们对我们这些没揪出来、没挨过揪斗的造反派头头有看法，于是根据省市形势，另立山头，成立了"厂上访团"，由余锡林任团长。

上访团虽是群众组织，但人们都把它看成是与厂部平起平坐的权威机构。不可思议的是，厂部成立上访团后，门廷若市，热闹非凡，各车间竟然几天之内也相继成立了上访组，往往由车间主任或车间书记兼任上访组长，率本车间人员全体加入。更不可思议的是，批林办也好，上访团也好，都没有搞什么活动，也没揪斗一个当权派，一把手张巨库甚至还经常到我们批林办来坐坐聊天。我们"批林办"与"厂上访团"也从不搞什么运动。只不过要求查清"二.二八"及"三·一"案真相及其他冤案，给受冤屈的人平反落实政策。

很快，"二.二八"案、"三·一"案由厂党委作出决定，彻底平反，对所有"三查"被揪被处分人员一律赔礼道歉。

1974年批林批孔初期，九纺厂出现了一个怪异的现象：当年搞"三查"的专案人员批斗会的活跃份子、头面人物、打人凶手都争相参加厂上访团，他们对于过去他们在搞阶级斗争、揪阶级敌人时的行为深刻反省，但都把责任推给领导，他们也明知所揪的人和事荒唐可笑，可上级逼迫，形势逼迫，人在江湖，身不由已……

此时此刻，最难熬的是原厂三查组长，厂革委常委董楚明。董楚明也在"批林办"上班，但每天灰头土臉，哀叹声声，因为他在"三查"中作恶太多，人人都怨恨他。他经常在我面前叹苦经：当初是省市领导支左军代表反复动员，要我们放手大胆干，对敌斗争不

能心慈手软，不能小脚女人一样左顾右盼，要刮台风，烧烈火，刺刀见红，穷追猛打，要查五代，挖地三尺，除恶务尽。党支持你，解放军支持你，我们党就是搞阶级斗争的……现在又翻过来了，要搞我们这些抓阶级斗争的人。唉……

董楚明自知罪孽深重，为了化解人们对他的仇恨，到处找人交换意见，赔礼道歉，求得谅解。但他找张巨库交换意见被呛了回去，张巨库毫不客气地声明：九纺厂其它人我可以不计较，但对你董楚明，这个帐还是要算的……

张巨库这个态度让董楚明心惊胆战，度日如年，恰好我从省观摩团回来，认识上饶地区文化组长姚平，董楚明求我帮他联系调到上饶，我陪他两赴上饶，终于让他逃离了九纺……

张巨库表明转变立场的一个实际行动，便是亲自开小车从监狱接回了无罪释放的"三·一"反革命案犯的张利仁和姚培仁。看到被折磨得不成人形的张利仁姚培仁，张巨库流下了眼泪。

74年批林孔闹腾了一阵子，从74年六月开始，宛若踩了急刹车，运动沉寂了，形势变了。一切都是那么怪怪的。报纸电台虽然依旧在批林批孔，但仿佛与实际无关，也不开大会了，也不搞运动了，也不传达上级指示精神了，连车间里的班后会也很少开，最多讲几句生产上的问题，不谈政治，不谈学习，人们空前自由了。这与以往运动紧张繁忙激烈日夜开会的做法完全不同。

我们这些"批林办"、"厂上访团"脱产人员无所事事，便经常在一起议论形势，对当前这不战不和、不明不白、不温不火、怪异平静的局面，作了很多推测。有的说：肯定是中央内部出了什么同题；有的说：这肯定是暴风雨的前奏，可能是要批周总理，但又遭到反对；也有的人忧心忡忡地说：又要整造反派了，前一向干部看到我老远便堆满笑容，跑到跟前跟我握手寒喧，现在看到我眼睛往上翻，装没看见……

我说了一句：天意从来高难问。众皆默然……

《亲历浩劫：江西省九江市九纺文革纪实》

写冯炎木的大字报

　　批林批孔运动电台报纸掀起一波又一波巨浪，可几个月来，我们九纺厂"批林办"及"厂上访团"竟然没有搞一场批斗会，没有针对厂里的情况写一张大字报，这与整个形势极不相称。就连党委书记张巨库都有点看不下去，中央发动这么浩大的运动，作为九江第一大厂，总要有点表示吧。张巨库到"批林办"串门时，总会有意无意地催促我们动一动。"批林办"主任桂春喜也示意我这个大批判组长写点应景的文章，但写什么呢？厂里几个厂级干部都不好写，中层干部中也没有可写的材料。这时，一位神秘人士向我提供了一份材料：这是一叠病假条，病假条是连号的，显然是从医生那里凭关系搞到手的，想休病假就自己填写，而这叠病假条的主人公竟然是织布车间党总支书记冯炎木的妻子，而冯炎木又是过去的老保，过去群众贴的很多大字报，往往都是没有证据的捕风捉影。而现在我手里却有了实实在在的真桩实据。于是，我写了冯炎木的大字报……

　　整个批林批孔运动期间，我仅写过厂财务科长冯炎木的大字报，大字报内容是揭露冯炎木为老婆搞病假条，他老婆的几张病假条都是连号的，我把这些病假条一起贴在大字报的眉头上。大字报题目为：奇文共欣赏，疑义相与析。一时间，看这张大字报的人又层层叠叠，大家都对病假条的编号感叹不已，想冯炎木是以极革命派的面目窜至厂革委常委的接班人苗子，革命口号喊得惊天动地，"三查"揪阶级敌人也是狠手，学毛选搞思想革命化也强调到了极致，斗私批修的调子唱得最高。特别是他过去领导下的女工更是愤慨，她们说：冯炎木过去当领导时恶得要死，职工请一天病假他都要调查核实一番，总是强调要一不怕苦二不怕死，有病也要坚持上班，严词批判女工中有人小病大养，到医生那里死乞白赖地吵要病假条，可暗地里竟做出这么卑鄙无耻、违法乱纪、弄虚作假的勾当，这哪里像一个革命接班人样子。

　　曾与冯炎木在旧城区一起玩耍长大的王大成（曾担任九纺厂机修车间主任）谈起冯炎木也极其不屑：冯炎木这家伙到哪里当指导员书记都是抓阶级敌人，什么摆敌情查出身斗批阶级敌人哪，说到底就是好整人！另外，对领导总是一副拍马屁的嘴脸，大家都说他是一碗面书记科长。冯炎木家穷，一个钱看得比箩筐还大，但为了拍领导马屁，他却舍得花钱；九纺厂党委副书记胡宪志在医院住院，他竟咬牙花二角五分钱买了一碗肉丝面送给胡书记吃，让胡书记很感动，出院后就将他提拔为财务科科长。

　　纵然冯炎木私德如此低劣，并不影响他的升迁。冯炎木此人看见领导或者可以影响他升迁的人，那副媚态、那张甜腻腻的笑脸，在公开场合都是如此肉麻，让很多正直的老干部都看不下去。保卫科长张连荣就亲自讲过：这小子，一副拍马屁的嘴脸，看着就让人闹心。

  不过，他对曾提拨过他、对他有大恩但现在过了气的领导却又是一副面孔，毫无情义，毫无报恩之心：当年把他从工人提拨为厂革委常委、织布车间总支书记的贺明星，卸职后，一次从南昌到九江火车站打电话给他，要他派车接接，但竟然被冯炎木拒之门外，贺明星气得大骂：这小子不是人，忘恩负义到这种地步！当初我真瞎了眼。

  （但大多数身居高位者还是喜欢吹牛拍马送钱送色之人，此人竟然靠这套吹吹拍拍的本领爬升到九江针织总厂党委书记、厂长的位置。冯炎木在该厂当土皇帝，也有不少劣迹，该厂改制［由国营企业变为私人企业］后，他又以私人身份占据了该厂股份的大头，成了货真价实的大资本家。这个靠忆资本家压迫工人之苦而发达的工人，摇身一变，自己成了身家千万的大资本家。世事沧桑如此，令人感叹不已。我常常质疑，一个把国营企业搞垮的厂长书记，他们为何不受到惩处，反而让他们改制后成为私人企业的大股东，一夜暴富，一个昼夜就往自己腰包捞了几千万！有这样的好政策，那个国营企业的负责人不想把企业搞垮！）

  批林办上访团做的另一件事，是把时任九棉四厂党委书记的赵福风拉回厂来批斗了一番，对此，张巨库是支持的。毕竟，赵福风当初反戈一击当叛徒，自告奋勇带领造反派去抓过他，让他吃了当面亏，对于这种叛徒行径，张巨库当然不会忘记。但批判的场面还是温和的，而且只批斗过一次。这对于他当年疯狂制造扩大"三.一"、"二.二八"案的打击范围，造成一百多无辜职工被揪被斗被打被关的罪行相比，实属"毛毛雨"。

《亲历浩劫：江西省九江市九纺文革纪实》

杨汉仕落实政策

74年与"三.一"案张利仁、姚培仁平反落实政策回厂的还有"坏份子"杨汉仕。

杨汉仕是准备车间浆沙工，其人相貌堂堂，也有一定的文化修养，就是好色。已经结婚生子却和一位彭姓姑娘保持着情人关系。"三查"初期，这段地下情被揭露出来，杨汉仕也因而被揪，被揪后，他交代了与彭姑娘地下情的细节，写了一篇名为"鄙恋"的交代材料，这份交代材料被抄成大字报贴在厂大字报栏里，也曾轰动一时。

杨汉仕最后处理为开除厂籍，回乡务农。

杨汉仕不服，多次向各级组织写申诉信，诉说自己仅因通奸而被开除公职，实属轻罪重罚，要求落实政策回厂复工复职，所有投诉一律没有回音。于是，他从73年开始到省委省革委上访，自挂冤情牌子站在省委门口示众，这一站就站了十个月，头发胡子不理不刮，长发齐肩，长须齐颈，这么一个怪人自然引起省委机关的注意。当时的省委领导是佘积德（原福州军区副政委）、白栋材（原省委副书记）、黄知真（原省委副书记）、陈昌奉（毛泽东过去的警卫员，江西军区守备师师长，程世清垮台后曾一度代理省委书记）。

杨汉仕还有一绝的是，他经常摸到这些省委领导的家里诉说冤情，要求回厂复工复职。但杨汉仕到领导家里告状做得很有分寸很得体，他不吵不闹，不纠缠，特别是不在吃饭和午休晚休时去打扰，只是在门口远远地守侯，常常空等一场。终于见到领导，他也不死缠烂打，递上一份材料，简略地说几句自己的冤情就走，因而不讨嫌。久而久之连佘、白、黄、陈家里的警卫员，公务员，家人都对他产生同情好感，甚至帮他通风报信，传递材料，给他点剩饭剩菜，使他终于熬过了漫漫的上访之路……后省委硬性下文，命令九纺厂收回这个被开除的"坏份子"。九纺厂也只好派专人专车接回了这个已开除三年的"坏份子"。

（杨汉仕后来也还有一个长长的故事。）

（杨汉仕上访落实政策一事给我很多联想。杨汉仕一个无业上访人员可以站在省委门口自我挂牌示众十个月。竟然没有被驱赶，没被治安拘留，还可以到省委领导家里上访诉冤，无阻无拦，如同走亲戚，并没有因为会对省委领导造成安全隐患而限制。而现在，你试试，即使想找县长书记乡长乡书记申冤告状，都会被公安机关以扰乱社会秩序而抓捕关押，最多派一个信访工作人员接待一下了事。而杨汉仕上访告状。那还是在文化大革命期间，现在这种对上访告状者严防死守打压抓捕的现象。是社会的进步还是倒退？）

《亲历浩劫：江西省九江市九纺文革纪实》

虎头蛇尾的批林批孔运动

文革十年，我全程经历，让我最难理解的就是1974年的批林批孔运动。开场锣鼓敲得那么惊天动地，像九级海啸那么不可阻挡席卷一切，整个世界都被翻了个个，江西省委已经完全转向，中央发文省委也发文对过去关押、整过的造反派头头全部平反复职，省委领导人佘积德（原福州军区付政委）、白栋才（原江西省委副书记）、黄知其（原江西省委副书记）频频向全省人民道歉，频频向洪都厂的造反派道歉，向江西造反派总头目、省革委副主任万里浪道歉，恢复职务，举行隆重会议予以宣布。全省到处流传着"错误在你身上，责任在佘白黄！"等歇后语。全省干群都作好了变天的思想准备，准备接受今上的安排。但风云突变，虽然党的喉舌仍然在批林批孔崇法反儒，但仅限于学术之争，与老百姓一点关系也没有。运动悄悄转了向，陷入了静默期。

火热的运动冷场了。上级并没有明文宣示批林批孔结束，但"批林办"和"上访团"的头头们都感到没劲，没有意思。"上访团"首先自我解散，成员各自回车间上班，团长佘锡林要求调汽车队当修理工，同意。"批林办"虽是厂党委组织成立的官办机构，但我强烈要求步"上访团"后尘，也不要厂里批准。

有人反对，说：我们"批林办"是厂党委正正规规设立的机构，还是等厂里正式发文吧。我说：别自作多情了，人家巴不得你卷铺盖回家，别赖在这里看人脸色，也自我解散算了。于是，各自打道回府，回车间上班。唯独桂春喜作了安排，安排为厂办公室第一副主任，虽是副主任，但由他主持工作，也算是有职有权。我估计：这样安排也是中央对造反派的处理上留了一点余地，不像以后，抓捕四人帮后，对造反派头头赶尽杀绝，一个不留！其实这也有点意气行事，高层领导人应该有点气量胸怀，不要总念念不忘文革初挨斗的苦，这笔旧帐不应该算在造反派头上，造反派也是受蒙散，为此早已付出了沉重的代价。现在搞经济建设、治国安邦需要人才，而造反派这边的人才远多过保守派这边的人才。现在，所有领域的领军人物大多都是过去的"阶纵敌人"、"造反派"或他们的子孙后代。知识份子大多是造反派嘛！

应该指出的是：批林批孔运动后期也没再整造反派和上访团批林办人员。

1974年的批林批孔运动，既是晴天霹雳，来势汹汹，又是虎头蛇尾，草率收场；既诡谲玄秘，吉凶难料，又云开雾散，雁过无声。整个过程属高高举起又轻轻放下。我心底忖度：最高当局本来是准备卷起袖子大干一场，后又因某种原因，顿改初衷，这绝非他的性格，他一向是认定一桩事就要干到底的，像这样中途生变，一定有重大原因。究竟是什么原因，这或许是千古之迷，就连他最亲信的几个人都难忖天意，何况他人！看到老人家接待来访的外国元首记录片，那掩饰不住的老态，我又猜度：或许他自感年老体衰，雄心虽在，力不从心，只得草草收场。也或许……一场轰轰烈烈的批林批孔运动就这么虎头蛇尾地收场了。所谓这个运动那个运动，无非是今上指挥那几个人变着花样收拾几个"暗敌"的举措而已，与老百姓一丁点关系都没有。我对政治时事的淡漠与日俱增，以后的什么"风庆轮事件"、"评水浒，批宋江，架空晁盖"、"创业"、"全面整顿"等等喧嚣一时的运动，我都视若无睹，安心做我的工人……

卷二十：四人帮倒台后的人和事

《亲历浩劫：江西省九江市九纺文革纪实》

我的三大讲

1976年是极其动荡的一年。首先，一月八日周恩来去世及随后群众自发的悼念周恩来的活动越演越烈，但中央明显地降低悼念的规格和调子，这就引发了群众对抗情绪。毛泽东没有出席周恩来的追悼会，充分说明毛泽东对周恩来的态度。直到1976年四月五日清明节，百万人民祭奠周恩来的活动遭到镇压。以后便是批邓反击右倾翻案风。以后是朱德逝世，唐山大地震，二十五万人瞬间丧命，直到76年九月九日毛泽东去世。

毛泽东去世，标志着一个时代的结束。

毛泽东去世，民间都知道中央两派终有一拼，不是你死就是我死，华国锋、叶剑英、汪东兴抢先一步，以开会名义逮捕了"四人帮"。

"四人帮"的被捕意味着又要开展新一轮的整肃造反派运动，果然1976年底便开展了全国性的清查与"四人帮"有牵连的人和事，运动来势之猛不亚于"三查"清理阶级队伍的声势。

中共中央总书记胡耀邦曾在一次讲话中对清查造反派扩大化不满，他说：现在清查的对象有一千万，比我们当年打败国民党的八百万军队还要多嘛！哪有这种搞法嘛！当年是毛主席下命令学生干部工人群众起来造反的，是奉命行事嘛！毛主席去世，他们就成了反革命，揪住不放，无限上纲！你们当年是当权派，受了点冲击，当时你们千遍万遍地认错悔罪永不翻案，实际上怀恨在心，现在要百倍千倍地报复，说不过去嘛！……我到现在还为自己的两次唯心的举手感到愧疚，一次是在打倒彭德怀的中央全会上，一次是在打倒刘少奇的中央全会上，大多数人都违心的举了手。因为是毛主席他老人家下的命令，不听不行嘛！……所以要客观全面地看待犯错误的同志，我不主张对他们动辄批打抓判杀……虽然有总书记的讲话，但在邓陈的强力推动下，清查运动仍如火如荼。

九纺厂清查与"四人帮"有牵连的人和事是以"三大讲"的方式进行的。即：讲清你在文化大革命中的种种活动；讲清你参加派性活动的情况；讲清你与"四人帮"及其爪牙有联系的事情。总之，要整造反派。

当然中央特别提出要清除三种人，即：结合进了革委会班子的造反派头头，这类人发现一个清除一个，绝不例外！九纺厂的整肃对象就是桂春喜。一夜之间，关于坚决拥护市委撤消桂春喜九纺厂厂办公室第一副主任的标语便贴遍全厂。

九纺厂成立了以党委常委杨长山为清查与"四人帮"有牵连的人和事小组组长。（杨长山也是造反派出身的，为何他没在运动初期清除，反而还当上清查组长，这与张巨库力保有关，后杨长山在张金松掌权时被开除党籍撤消一切职务开除公职，并追究逼死程敏洁的责任，差点坐牢。张金松曾被列为九纺厂七个重点"三大讲"人员。）

厂清查小组确定厂部七个重点"三大讲"人员和各车间科室五十个车间级"三大讲"人员。

我属于动力车间"三大讲"对象。

动力车间当时主政的是书记赵升，主任许英杰。赵升也是根"左棍子"，特别他还有一个得力的帮凶——车间工会主任冯立东，我落在他俩手里当然没有好日子过。我在74年批林批孔运动以及以后的历次运动中都是消遥派，没有任何可以下嘴的过错。但76年八月我却意外牵扯到都昌县造反派的一次集会中，这个错成了我"三大讲"永远讲不清的关键。

都昌事件全是张培基造成的。当时，九江市及各县都有一小批造反派在批邓反击右倾翻案风的形势下又动了起来，并与另一派水火不容（是造反派内部的两派），两派经常互相攻击，甚至拳脚棍棒互殴。参与这些活动只是造反派中极少数人，我们九纺厂根本无人参与，我对这些情况也毫不关心毫不知情。

但调到都昌县的张培基却深深地卷了进去。我到都昌张培基处玩，他除了热情招待外还心怀鬼胎，想我给他们那派人打气鼓劲，他策划这事却事先毫不透底，直到晚上，他把我带到都昌酒厂库房的会场时才说出此行目的，我坚拒不允。张培基：几百人为你而来，你不说话，我将在都昌没脸见人，你硬是要帮帮我，求你啦！

我一看酒厂库房总坐有二百多号人，灯光暗淡，显得与会者魅影重重，他们席地而坐，仰望着我一片期待。这么多人都为我而来，我暗暗叫苦：我已脱离造反派圈子几年，对他们最近的情况更是一抹黑，我能讲什么呢？张培基以我们的交情为赌注，召开这个会实在是一大昏招。

僵持之下我还是讲了，但我讲话与张培基所期望的南辕北辙，我讲了我造反的历史，讲了造反过程中的起起伏伏，政治形势的朝云暮雨，反反复复。原来说革命无罪，造反有理，后来变成了革命有罪，造反无理……最后，我说，如果实在要我给你们提什么忠告和建议的话，我建议你们不要搞了，回家安份守已，干自己的本职工作。实际上，造反派的命运全系中央的态度，不管你多么有理，中央说你错你就全盘皆输。74年批林批孔运动开始时也是把造反派上访团反潮流说成一朵花，后来又把造反派上访团说成反革命癞蛤蟆……

我的话一讲完，与会者顿时消失一空，张培基很生气：我是请你来帮忙的，不是请你帮倒忙……

然而我在都昌的这次讲话成了我"三大讲"的主要罪证。主持我"三大讲"会议的冯立东把我说成是全九江市最有影响力的造反派头头，可以影响整个九江市的形势。旷小林到都昌演讲并不像他说的是给都昌造反派泼冷水，而是给他们打强心针，给他们打气鼓劲。（都昌涂派造反派的头头叫曹文兴[此人我不认识]，此人后来参加九江1976年九月一日万派涂派的派性纠纷，被市公检法逮捕判处死刑，赵升、冯立东为此大做文章。）旷小林要交代与曹文兴的关系。任我如何解释，冯立东一口咬定我是他们一伙的。

（1976年九月一日事件简介：

1976年八月，九江地区革委会发了一个四十一号文件，文件的大意是针对造反派中的万派上访的指责，强调安定。都昌的万派群众很不满，准备到地革委静坐抗议，要求地革委收回这一文件。得到这一消息，九江涂派的的掌门人，结合进地革委常委的工人常委江波和红卫兵常委柯传煌，决定召集涂派人马阻止，以维护地革委的权威。双方人员于1976年九月一日在九江地革委门前发生冲突，这场九江万派和涂派发生的推搡拉扯打斗纠纷，仅有一人出了血，住了三天医院。该事件在一个多月后的抓捕"四人帮"后便被称为"九.一"事件，定性为"四人帮"武装夺权的前奏。因刚打倒"四人帮"急需杀人立威，竟把此次纠纷涂派参与人员全部重判，其中包括地区革委两名常委，拟报枪毙五人，后批仅枪毙曹文兴一人，无期一人，二十年二人，十五年四人，十年两人等等[简直是草菅人命]，后都从轻改判。本文附件有该案人员申诉材料和法院判决书。值得指出的是：纠纷的另一派，万派人员竟然无一追究，反而作为受害方带领公安人员四处搜捕涂派人员。当然，万派仅在此次冲突中被当作棋子利用了一下，过了一年，万派的头目也悉数被抓。实际上，当权者早就下了把造反派头目一网打尽的决心，利用矛盾各个击破只不过是当权者的权谋而已。）

一连几个月组织开我的"三大讲"会，批判我，工人群众都是墙头草，随风倒，更有一些讨好领导好表观之徒，批判会开起来火力十足，嗓门大得可以震撼屋宇。但所说的批判词全是重复赵升、冯立东的讲话，连开几场后，讲来讲去都是那么几句话，会场气势一场不如一场，群众也疲了。尽管如此，隔个把月总要开一场我的"三大讲"会议，不过，当时开批判会比"三查"时期温和得多，不打不骂，不跪不挂牌，不隔离审查关押起来，我还是一样的上班下班回家吃饭睡觉。

转折点在最后一次开我的"三大讲"会议。

那次会议仍然是冯立东主持，赵升讲话。

冯立东的开场白不同以往，似乎精心准备过，他说：今天又开旷小林的"三大讲"会，旷小林的"三大讲"已经讲了半年，到现在还没讲清，这半年来他讲了些什么呢？尽是些自我表功，给自己涂脂抹粉，把自己打扮成天下第一美女！但假的就是假的，伪装必须剥去！旷小林这个九纺厂跳得最高的造反派，在九江市也是赫赫有名的人物，不然怎么会窜到都昌县，指导都昌县的造反派篡党夺权呢？旷小林你今天再不讲清楚，全车间的群众都

《亲历浩劫：江西省九江市九纺文革纪实》

不会答应，同志们说是不是呀？满屋子里的人一齐回答：是呀！

有人喊口号：旷小林不投降，就叫他灭亡

冯立东接着说：下面请支部书记赵升同志讲话，

赵升也是南下干部，东北人，凭资历凭水平当个厂级干部也没问题，问题是他做了一件大逆不道的事，把前程毁了。原来，60年，他父亲病故，他向上级打报告批了一副平价棺材，他用这口平价棺材把父亲葬了。问题是他头天葬完父亲，第二天晚又偷偷地刨开坟墓，将其父尸身抬出放入另一口质量差的薄板棺材埋葬，将原棺材油漆一新高价卖出。此事披露后被上级严肃处理：撤销一切职务留党查看，作一般干部使用。后来不知走了什么路子，重新启用做了动力车间书记。

赵升抓阶级斗争也是一把好手，那些阶级斗争的政治术语张口就来绝不打顿。赵升说：旷小林的问题不是新问题是老问题，是一个隐藏得很深的老造反派头子，他很狡猾，屡次逃脱了打击，造反十年，甚至连一张大字报都没挨过，常在河边走竟然不湿鞋，你说他狡猾不狡猾？但这一次你逃脱不了啦，你的"四人帮"后台已经倒了。可他不甘心灭亡，又跑到都昌鼓动造反派跟我们干，但共产党会怕你？国民党八百万大军都被我们打垮了，还怕你们这几个跳梁小丑？今天你必须在会上讲清与"四人帮"有牵连的人和事，这是组织上最后一次挽救你。

赵升的话把我彻底激怒了，我一开口便火气十足，我说：赵书记，你讲话别总是大帽子压人，讲点实际的东西好不好？全是一些污蔑不实之词，我明明是要都昌造反派别干了，老实回家上班，安份守纪干工作。当时开会的几百人个个都可以证明我说的话，你们怎么总是颠倒黑白，栽赃陷害呢？如果不讲前因后果，不结合当时当地的时代背景看问题，一味地无限上纲上线的话，你们两位也是反革命骨干！

我这话一出，全场一片死寂，不仅赵升、冯立东瞠目结舌，全车间的人都瞪圆了眼睛。我这才不紧不慢地亮出了我的杀手锏：

现在说上访团是反革命组织，你们二位当年都参加了上访团，你们也都是反革命份子。你们不仅参加了上访团，还分别担任上访团动力车间上纺组组长、副组长，这不是反革命骨干又是什么？当然，你们俩还不只这些事，有些事我看情况发展再说。

我亮出的杀手锏，人们都松了口气，原来反革命骨干是这么来的。可又不得不认同我合符逻辑的推论，这正是给他们这些无限上纲肆意污陷的左棍子一记响亮的耳光。

当然，让他们最害怕的是我后两句话，赵升冯立东都有见不得人的老底，因此，他们两人脸色都有些发灰。会议一下子冷场了，他们俩交换了一下眼色，冯立东宣布散会，既不点评我说得怎样，也不按例说结束语的套话。会后，上海人电工张福昌追过来，朝我说了一句：英雄啊英雄！（张福昌虽和我一个车间但素无往来。）

其实我哪里是什么英雄,我一样的胆怯怕事,也时时处在恐惧之中,但我性格中有一个因子,一旦激起了我的邪火,头脑一热冲动起来,往往会不管不顾地提头一掷!

自从这次会议后,车间再也没有针对我开过会。我就这样有惊无险地渡过了清查与"四人帮"有牵连的人和事这一关,算是度过了文革最后一难。

《亲历浩劫：江西省九江市九纺文革纪实》

程敏洁后事

　　文革后的中国满目疮痍，1977年万里出任打倒"四人帮"后的安徽省委第一书记，他到安微省各地轻车简随走访，看到的情景令他惊心动魄，老泪纵横。许多地方老百姓不仅住的是泥巴墙茅草屋，就连桌子床都是泥巴堆起来的，而且连门窗都没有，绝大部份人都处在糠菜半年粮，饥寒交迫天天为吃饭发愁的苦日子中。一些家庭甚至只有一条裤子，谁出门谁穿。出了明朝开国皇帝朱元璋的安微凤阳县，全县竟有十万人外出讨饭，万里到一个生产队长家，全家十口人只有七只碗，桌、凳、床都是泥砌的，家里没有一件木制家具……万里到老苏区金寨县一户老红军家探望，惊奇地发现屋里的老人和两个女子都围着火塘蹲着，连省委书记到来都不站起来，原来老人和女子都没穿裤子！大冬天，连条裤子都没有！那种惨状让万里下决心立即分田到户，搞家庭承包制。万里在向中央的报告中，建议中央诸同志都到基层走一走，轻车简随，不搞迎送，直接到第一线看看老百姓过的什么日子，共产党执政二十八年了，人民生活还这么困苦，我心里有愧呀，我决心立即搞家庭联产承包制，即使再一次把我打成走资本主义道路的当权派，我也认了……

　　农村的改革走在其它领域的前面，于是有了"要吃粮找紫阳，要吃米找万里"这两句顺口溜。

　　九纺厂也感受到了改革的气息，变化也悄然而至，过去避之唯恐不及的事现在也敢提敢碰了，程敏洁后事的处理便是变化之一。

　　1968年，程敏洁死后是由张利仁负责安葬的。程敏洁装殓在装打梭棒的木盒子里，身上穿的是她日常衣物，只是鞋子换上了她新买的一双白塑料底的布鞋。与她相熟相好的人们为了避嫌，没有一个人前来送别。只是由张利仁指挥几个民工抬着，抬到厂外蔡家弯的后山上，寻一块空地埋了。一个美丽的躯体消失在荒山野岭之中。

　　虽然程敏洁死时无家人来料理后事，但十年后，他的家人还是找上门来，索要程敏洁的遗物和遗骨。

　　1978年，"四人帮"虽已就擒，但政治生活却仍未解冻，两个"凡是"束缚着人们，这是一个乍暖还寒的历史阶段。

　　九纺厂领导找到当时负责安葬程敏洁的张利仁，要他负责把程敏洁的遗骨找到，让她的家人带回赣州。

　　张利仁领着程敏洁的家人，来到当年埋葬程敏洁的荒山。可到了现场傻眼了，他已完全辨认不出程敏洁的葬身之所。十年风雨，荒草丛生，旧踪难觅，连一点隆起的土堆都没有。当年埋一个自杀身亡的"三查"对象，既没有墓碑又没有记号，挖个浅坑草草一埋了事。

　　苦苦地寻找了三圈，仍然毫无头绪，程敏洁的家人开始责问起张利仁来：程敏洁到底埋在哪里？！你是不是记错了，找不到程敏洁，你要负责！在程敏洁家人的抱怨声中，张利仁也急火攻心，程敏洁是由他负责掩埋的，找不到程敏洁的骸骨，他有责任，他既无法向上级交代，也实在无法面对千里迢迢赶到九纺的程敏洁家人。他在心里向程敏洁呼喊：程敏洁呀程敏洁，我知道你怨恨我，把你埋在这荒山野岭，十载春秋十番风雪，没有一个亲友来看望你，没有一个人为你焚一支香、烧一张纸、为你掬一捧泪，只有孤星冷月伴你美丽的冤魂，只有凄风苦雨为你早逝的青春号哭，你孤魂野鬼沉冤难雪，你怨恨难消，但你别怨我，我也和你一样是个苦命人，经历了九死一生。首先："三·一"冤案，让我入狱四年，那四年牢狱之灾所受的苦罄竹难书，四年来我单独关在死囚单人监舍，不放风不许探监，三平方米的死囚号子里阴暗潮湿，终年不见天日。家里带来的棉絮都捏得出水。出狱后不会讲话，只会像狼一样嗷嗷叫。在坐牢的日子里，两次假枪毙，无数次严刑逼供，被打得死去活来。连看守的武警都在一个月内打了我二十次，头骨被武警的刺刀刺了一个洞，手掌骨被步枪通条打断，我遍体伤痕，身心俱毁，自己都不知道怎么熬过来的。后来虽然平反了冤案，但已家破人废，妻离女疯。更可恨的是：领导上仍然把我看成黑人、内控对象，我在车间里埋头苦干为机修车间解决了三大技术难关，群众一致评我为先进生产者，可报到了车间书记尹海林那里，他断然否决，并声称：我如果批了张利仁的先进生产者，我这二十年的党白入了，我的阶级立场就成问题了。车间书记的话让我彻底心寒了，不论我怎么刻苦工作，不论我怎么清白做人，在领导的眼里我始终是罪人一个，可我到底有什么罪，我出身成份好，工作努力，不偷不抢没有犯过任何错误。"三·一"案也已彻底平反，该由制造这起案件的九纺领导向我认错，可仍视我为阶级敌人。这到底是为什么，难道就因为我是造反派而不放过我？程敏洁啊程敏洁，我也一样的苦啊，你已经离开了这个世界，身心得到解脱，可我现在依然在这个世界苦熬，我还是囚徒一个，只不过是从铁笼里转放出来的社会囚徒。念到这里，张利仁不由大放悲声、泪流满面、仰天长啸喊出声来：

　　天老爷，你开开眼吧！程敏洁啊程敏洁，你如果在天有灵，你就显显灵吧，让你的家人把你带回故土，长眠在你父母亲人的身旁，程敏洁啊程敏洁，你就现现身吧，别让我张利仁为难了！

　　张利仁说完点燃鞭炮，闭着泪眼随手往天上一抛，鞭炮落在荒坡一角爆响了。张利仁只觉得眼前灵光一现，将手一指鞭炮炸响处：程敏洁就在那里！

　　众人忙在鞭炮炸响处开挖，奇迹出现了，只刨去面上半尺土便见到了程敏洁的遗骨，当年装殓她的薄板棺材及她身上的衣服皮肉全都化为泥土，只剩下一副完整的洁白如玉的骸骨，最先映入眼帘的是她脚掌骨前那一双白色塑料鞋底仍亮崭如新，安静地躺在她的脚前，依然忠实地陪伴它那苦命孤寂的主人。她那头视为生命的秀发，她那头被剪去的美丽飘逸的青丝，此时仅剩稀疏发茬散落在泥土中。只是她的头骨仰昂着，那双黑洞洞的眼窝直视苍穹，宛若在叩问苍天：我犯了什么罪，要这样惩罚我。

（整个过程绝非杜撰，而是当时的真实场景。）

从发现程敏洁的的骸骨起，程敏洁的家人便嚎哭不已。张利仁也泪如雨下，他的心碎了，为程敏洁，也为自己……

《亲历浩劫：江西省九江市九纺文革纪实》

黄文华偶遇改信天主教的龚玉屏

贺明星下台后，九纺厂便成了张巨库的天下。张巨库大权在握，君临一切，我们这些造反派头头都活得胆战心惊。应该说，九纺厂的张巨库不是那种贪腐之人，也不是整人狂，做人的基本操守还是把持得住，总的来说是个正派人。不然，我们这些过去整过他的人，早就被他整得灵魂出窍，当时要找个理由还不是信手拈来。多少造反派被重新掌权的"走资派"整得死去活来，但我却安然度过了张巨库十年统治期，这在很多人看来简直不可思议，这主要还是因为张巨库没有刻意报复我，对此，我时在念中。只是他老婆、组织科长龚玉屏常怀恻恻，她是九纺厂的"慈禧太后"，对于过去的造反派总是恨意难消。黄文华一心想入党，几次都支部通过，报到她那里，被她一句话打了回去：加强培养，继续考验。这一考验便考验到两人都退休了。

张巨库于1987年因肺癌去世，失去了张巨库的光环蔽护，当年九纺厂的"慈禧太后"龚玉屏已风光不再。龚玉屏在张巨库去世后，又经历了子女离婚，子女工作的种种不如意，自己也遭到另一次婚姻的不幸，身心俱疲，因而皈依上帝。龚玉屏幼年便是在天主堂的孤儿院中度过的，现在重返上帝怀抱，一心虔诚信教。

龚玉屏为了排遣寂寞，经常到九纺厂来会会老同事。同时也是来宣传天主教教义。

这一天，她又回到九纺厂跟九纺厂的老人重温往事。黄文华恰巧路过，被龚玉屏逮住，热情地招呼，久久地不肯放手，并向周围的老同事说：小黄真好，老张去世时，小黄专门为老张调来了武汉两支管乐队为之送葬，真太感谢他了。

黄文华也问候龚玉屏：龚科长，现在还好吗？多保重身体。

龚玉屏一迭连声地说：我现在已经信奉基督教了，哎呀，到教堂里做礼拜听牧师传道，真是开窍，我的心结都打开了，心情愉快，几乎换了一个人，上帝不嫌弃每一个迷途的羔羊。

紧接着，龚玉屏又热情地向黄文华宣传起天主教来，她说：小黄，我劝你有空也到教堂去走一走，看一看，听一听，感受一下上帝的福音光辉普照，恩泽四方。无论你年老年少，无论你过去做过什么，只要你皈依上帝，上帝都会收留你。小黄啊，人是需要精神寄托的，没有信仰，人就是没有灵魂的行尸走肉……

黄文华一时被龚玉屏说蒙了，怎么回事？眼前这位龚科长变脸变得这么快，俨然成了一位天主教的传教士。可她曾经是厂党委书记的夫人，党委组织科长，党组织的守门人。干部的升迁调动，工作安排，全凭组织科一纸任命，入党升官，也由她全权掌握。黄文华当年申请加入共产党，几次基层支部通过，报到党委，就被严厉的守门人龚玉屏挡住了。

龚玉屏总是两句话，把支部报上来的申请打回去了：加强培养，继读考验……

对于龚玉屏絮絮滔滔的说教，黄文华已经没有耐心听下去了。

黄文华说：哎呀，龚科长，说起来，我年纪还比你小，可总是跟不上时代潮流跟不上形势。你都信奉上帝了，我还在信奉共产主义，还想为共产主义奋斗终身，还在申请入党。哎，我的思想总是跟不上趟。

龚玉屏听到黄文华一席话，脸色刷地变青，立即松开黄文华的手，匆匆离去。

《亲历浩劫：江西省九江市九纺文革纪实》

当年的施暴者和受害者现今如何面对

复仇是中国的传统文化。中国的历史很大一部份是复仇的历史。中国共产党更是把复仇推向极致：打土豪，分田地，不忘阶级苦，牢记血泪仇！地主资本家压迫剥削我们，我们要报仇雪恨，有冤申冤，有仇报仇……

当年被揪被斗被关被打受尽千般折磨万般蹂躏的"牛鬼"都怀着这么一个信念：我的冤案总有一天会水落石出，真相大白！到那一天，这些施暴者将如何面对我们这些受害者？！对他们将如何处理？！如何给我一个说法，如何还我的公道？正是抱着这个信念，他们才熬到平反解放的到来。

文化大革命中，九纺厂被揪斗的牛鬼达五百人之多，那些拍板把他们打成牛鬼的领导人，那些殴打他们的打手，那些揭发检举诬告陷害他们的人，肯定是他们的仇人。仇人相见，分外眼红。（当年的牛鬼都已解放，他们都是无罪的罪人，施暴者和受害者都在同一屋檐下。）他们迎面相撞，会不会拔刀相向，为过去受到的冤屈报仇雪恨呢？沒有，几乎沒有出现过这样的事端。当局者一句，一切苦难都是林彪、四人帮造成的，千仇万恨要集中到林彪、四人帮头上，便了结了十年文革的一切恩怨情仇。就连被揪被斗，历经九死一生的高立明也放弃了寻仇报复的初衷。

文革结束后，厂党委办公室主任，九纺厂最遭人痛恨的"左棍子" 伍清波跑到高立明处，向他下跪赔礼道歉，为他在文革中给高立明造成的伤害认罪，并说：这是厂革委会主任张巨库要他来的。张巨库说：在文化大革命"三查"中，你对很多人的被揪斗负有责任，其中对高立明伤害最深，他当然对你怀有怨恨。不过，这个人的脾气我了解，如果你亲自上门赔礼道歉，他是会原谅你的……

高立明接受了伍清波的道歉，以后相见竟然以礼相待。过去打他最狠的那几个人，他都不提往事，一笑了之……

唯独三.一案的受害人张利仁难忘旧怨，他一直对造成他苦难的元凶伍清波等人冷眼怒视，恶语相向。以后，伍清波儿死，伍清波也猝亡。 使他确信：这是老天对作恶者的惩罚。（也许真有天报应。确实，九纺厂文革中的作恶者大多没有好下场。）张利仁对伍清波之妻也不放过（伍清波之妻郭凤英曾长期任车间书记），经常当众拦住郭凤英痛骂，骂伍清波作恶多端，遭天报应，伍家上上下下都沒有好下场。郭凤英作为恶魔伍清波的老婆也罪责难逃。郭凤英被骂得住院，并向社区居委会、厂保卫科告状。但这种历史旧债深仇大恨积怨爆发，各方都不好表态……

高立明也曾劝过张利仁：这种历史旧帐是当时的历史环境造成的，我吃的苦不比你少，

《亲历浩劫：江西省九江市九纺文革纪实》

我都原谅了他们……

可张利仁有他的说法：我的冤案是谁造成的？谁该为此负责？！说是林彪、四人帮。但他们离得太远，我够不着，我只知道造成我冤案的具体个人，那就是伍清波、张治平（原厂武装部长）、赵福风（原厂政治部副主任）。三.一冤案让我坐了四年牢！四年啊！一千多个不见天日坐黑牢的日子，一千多个被打得死去活来的日子，一千多个地狱般熬煎的日子，一千多个吃糠粑霉饭还饿得要死的日子……出狱后，迎接我的是家破人亡，妻离女疯，我人也被折磨成半残废，一身的病，连话都不会说，只能像狼一样的仰天长嚎……我一个清清白白的人被折磨成人不人鬼不鬼，这样的深仇大恨，这样的弥天冤案，竟然找不到要为此承担罪责的人，一句：帐要算在林彪、四人帮头上，就完事了，就一风吹了。我绝对不认同这句活，我要追责，我要发泄，我要爆发，我只要那些加害我的人坐一天牢，尝一天我受的苦，我所有的仇恨就可一笔勾消。可这些衣冠禽兽没一个受到半点惩罚，每当看到当年制造冤案的人还在台上人模狗样地讲话作报告，我就恨不得与他们同归于尽。每当我伤痛发作时，我就恨不得与他们同归于尽。

高立明对张利仁的情绪可以理解，但不认同。对历史旧债，见仁见智各有抱负，不可强求。于是，长揖告别，互道珍重……

在这个问题上，我支持张利仁。那些用酷刑制造冤案的人总应该受点惩罚，不然，天理何在？公道何在？！不然，这些法西斯匪徒遇到时机，将来还会重操故技，再一次将无罪的罪人打入地狱……

我欣赏以色列人几十年如一日的追捕当年制造滔天罪行的法西斯匪徒，让他们得到应有的惩处，并不因为这些匪徒一句：我是执行上级命令，而放过他们。恶有恶报，善有善报，这不正是几千年来颠扑不破的真理吗？！

但我们现在连起码的追责，都被一句"宜粗不宜细"的方针淹没了。几百万具冤魂无处安息，几千万受苦受难的人恨难消，气难平，这笔历史旧帐总有一天会被清算的！

《亲历浩劫：江西省九江市九纺文革纪实》

最后一幕

1979年的一天，中央广播电台播出了中共中央关于全部摘除地主富农帽子的决定。以后填表不必再填阶级成份这一项了。

这几十个字的决定翻开中国历史新的一页。听到这个决定，我一时百感交集，我的祖母是地主这顶帽子算是彻底摘掉了，再也不用为填表发愁了。但我总高兴不起来，心里酸酸的，老想痛哭一场。

从1949年到1979年整整三十年，我和上亿人一直活在地主富农及反坏右资伪特宪警等敌对阶级反动份子出身的帽子下，战战兢兢活着，天天生活在阶级斗争这把屠刀下，提心吊胆地挨日子。尽管没做错任何事，但因出身不好的"原罪"可以在任何时候把你揪出来，飞来横祸随时会降临到头上。

三十年来，社会的方方面面都是以阶级斗争为纲，用阶级斗争的观点解释一切，看待一切，这种阶级斗争的毒素浸透到社会生活的每一个角落，渗入到人们的每一个细胞。

三十年来，九百六十万平方公里上的人们就为"阶级斗争"这四个字反复折腾。

中国人民从生到死就一直接受阶级斗争的教育，以阶级斗争的眼光去看待一切事物。当局从小学到中学到大学，无不以阶级斗争的理念贯彻始终。伟大领袖一再强调：阶级斗争要年年讲，月月讲，天天讲，千万不能忘记阶级和阶级斗争！

现在几句决定就否定过去三十年的一切，有这么简单吗？三十年来被当作阶级敌人杀掉的几百上千万人算什么？三十年来被关押劳改批斗的几千万人又该找谁问责？

三十年来，所有运动所有治国措施都是以阶级斗争为纲，无产阶级文化大革命更是把阶级斗争推到了极致，导致国民经济到了崩溃的边缘。是毛泽东以阶级斗争为纲的理念造成这惨痛的后果，但这一切又是必然的。因为马列主义毛泽东思想的核心就是阶级斗争，这是共产主义政党的灵魂和命根子。

作出取消阶级斗争为纲国策这些领导人，我真为他们担心：毛泽东说否定篡改马列主义基本原理的就是修正主义，如果中央出了修正主义就是反革命复辟，地方就要造中央的反，地方要出孙悟空大闹天宫。

毛泽东领导的中央又反复告诫说：如果中央出了修正主义，资本主义复辟了，地主资本家回来了，我们工人阶级贫下中农又会吃二遍苦受二茬罪，千百万颗人头落地。

可现在的中央轻飘飘的几句决定就丢掉了阶级斗争这个核心，这个命根子，又提出向西方学习，与世界接轨，社会生活的方方面面都全盘西化。现在共产党不但是搞修正主义，而是领导全国人民直接搞资本主义。（虽然换了新说法：中国式的社会主义，社会主义的初级阶段。只有古巴和朝鲜公然指责中国的改革开放就是搞资本主义。）现在，台上坐着的全部是新地主新资本家富人大亨，电视报纸宣传报道的也全是财主资本家老板富翁及他们的奢靡生活，书店里找不到一本马恩列斯毛的著作，家家户户书架上也没有一本马恩列斯毛的书。这样对毛泽东思想的背叛和对共产主义教义的公然丢弃，竟然没有引发地方上的孙悟空造反，资本主义全面复辟也没看到千百万个人头落地，甚至一个人头落地都没见到，毛泽东号召地方造中央反的孙猴子也一个都没看到。当年全国所有人民都举手呼喊：谁反对毛泽东思想毛主席革命路线就是我们的死敌，我们就要跟他血战到底！当年喊口号的表态的全国所有人是何等的激昂慷慨，可现在有哪一个喊口号的人会履行他当年呼喊过的口号所表达的誓言……

《亲历浩劫:江西省九江市九纺文革纪实》

卷二十一:九纺大罢工

《亲历浩劫：江西省九江市九纺文革纪实》

2001年九月十三日下午三时，九纺厂正值早中班交接班之际，一个惊人的消息在工人中迅速传递：知道吗？九纺厂被卖掉了，卖给了私人老板，我们再也不是国营企业的职工了，而是私人老板的打工仔！或许打工也不让你打？！

有人发一声喊，不干了，罢工！所有工人一致拥护，一刹那间山呼海啸般的机器声突然停歇，偌大的厂区显出异样的安静，几个平时在工人中有点威望的人领头组织罢工。他们首先要求大家团结一致听从指挥，同时要求早班下班的工人不能走，早、中班的集结在一起才人多势众，才可以要求市里的领导给我们工人一个说法：为什么背着工人偷偷地就将厂卖了？同时通知厂区大门紧闭，只准进不准出。

这是一次真正的工人群众自发性的罢工，没有任何人事先组织策划，没有任何人串连沟通，也没有人领导，它就这么自然而然、毫无预兆地发生了。

几千人聚集在车间内外乱轰轰的，人们这一堆、那一堆的议论，下一步如何。人们都茫然无措，几个挑头的人只知道，我们要问一问市里局里厂里的头头，厂子办得好好的，怎么说卖就卖掉了呢？厂子卖了，工人怎么办？

九纺厂罢工的消息迅速传到九江国棉一厂（九纺厂的工人很多是九棉一厂的子女亲属），这个厂是百年老厂，规模仅次于九纺厂。而且老工人多，他们也听说九棉一厂也与九纺一道卖了，于是，也奋起罢工。罢工群众很快汇集到厂大礼堂与厂领导对话，厂领导说这是谣言。群众代表特别是一个四十多岁的女工把厂领导狠狠地骂了一通，说厂子的垮台全是你们这些贪官污吏腐败造成的……群众代表对领导的责难得到了群众一阵又一阵的掌声，反倒是九纺这边的始作俑者，还没跟厂领导接触。

九纺罢工的消息如同惊雷响彻四面八方，更惊动了九江最高当局，九江市市委书记刘上洋、市长刘积福立即召集各部门开会，并决定亲自率队到九纺厂与罢工群众对话。其实，九纺厂厂长周长海、书记孙金荣，早已与厂区内罢工群众沟通过，但问到谁，谁也不愿意出头代表群众。都说自己是随大流的。

人群中有位中层干部向几个挑头罢工的人提议说：这样下去也不是事，总要解决问题吧，一定要推荐一个人做群众总代表，代表工人与市局厂领导对话，这个人必须有胆量，有政策水平，有领导能力，还要有口才，这个人只能是高立明。提这个提议的人是织布车间主任徐慧林。

一句话解决了罢工群众的困境，大家一致赞同选高立明作为群众总代表。高立明是九纺厂织布车间材料员。但高立明呢，有人说，我们曾劝高立明参加罢工，但高立明说他不参与。

高立明从一开始停车关机就表明态度，他不参与罢工。他是整个厂区内唯一一个表态不参加罢工的人。他有他的想法，一则他早就得到消息，九纺厂如果改制易主，对1945年以上的老工人一律提前按国营企业退休职工待遇退休。他自身利益无损。其二，他深知，一旦自己卷进去，必定成为罢工领头人。那就要承担罢工带来的一切后果。一旦罢工失败，自己必定会受到严厉惩罚，同时也会给全厂几千工人与上万家属带来更大的苦难。因而，他决定不介入，为了摆脱纠缠，他提早从厂区西门翻墙而出（因厂区东西大门警卫得到通知，只准进，不准出，大门紧闭）。

高立明回到家后，将厂里罢工的情况告诉了妻子赵桂如，妻子叹了一口气说，你想脱身也脱不了，我估计他们一定会来找你的……

九江市委书记刘上洋带领市委市政府有关部门领导连夜赶到九纺处理罢工事变。市委书记刘上洋，市长刘积福，这两位九江市的当家人都心急如焚，他们决定现场办公，面对面与罢工群众协商，以求尽快平息事态，如果九纺厂这个全市最大企业罢工的冲击波波及九江十县二区。那后果不堪设想。

晚上，市委书记刘上洋带领市委市政府一群官员在九纺厂大礼堂主席台就座，九纺厂也早就广播通知全厂职工晚上大礼堂开会，因而大礼堂也挤满了黑压压的群众，大礼堂外面也人山人海。此时，正值秋老虎肆虐之际，暑气逼人，人们都在外纳凉，恰逢此变故。连附近农民也赶来看热闹，至少有上万人拥挤在这狭小的空间。人声鼎沸，熙熙攘攘。

大礼堂主席台上，党委杨秘书声嘶力竭的呼喊，请群众代表上台与市局领导对话。但没有人回应，回答他的只有"嗡嗡嗡"的噪声，像一群炸了窝的蜜蜂。巨大的杂音淹没了台上主持人的呼喊。

夜幕降临，华灯初上，炽热的点钨灯照着台上大小官员惨白的脸，台上台下的人都不知如何收场。突然，门外的欢呼声四起，上万人呼喊着一个名字：老高来了，高立明来了！

高立明不是不参加罢工吗？他怎么又来了呢？原来，几十个人晚上涌到高立明家，一定要他出来当罢工群众总代表，这些人都是高立明的朋友，话说的很直很冲：老高，这是全厂一万多人的托付，你不能看着这么多人僵在大礼堂不好收场吧！市委书记已经在台上坐了个把小时。但高立明沉吟再三，不肯答应。

人们发急了：老高，你怕死吧，你如果坐牢，我一定陪你去坐！

你不去，我们用八仙桌抬也要把你抬过去！

最后还是妻子赵桂如开口说：这么多人等你，老高你还是去吧。

高立明终于答应了。

众人簇拥着高立明向大礼堂走去。聚集的人群一见到高立明到来，宛如来了救星。人群疯传着，老高来啦，高立明来了！接着，应和着高立明一行人的脚步响起了有节奏的掌声。掌声一直把他送上了主席台。

高立明一登上大礼堂的主席台，全场内外便响起暴风雨般的掌声。掌声经久不息。高立明双手往下压了压，掌声骤然停歇，整个大礼堂便鸦雀无声。他那天生的男高音和纯正的普通话，清晰悦耳。但他开头的一句话竟是：我只是一个工人，只是一个代表全厂工人表达诉求的工人，不值得大家用这么热烈的掌声欢迎我，我倒是觉得我们应该用掌声欢迎市委书记刘上洋同志的到来，感谢他在百忙之中抽时间到厂里来与我们工人对话，面对面的解决问题。

高立明带头鼓掌，群众也随之跟着鼓掌，高立明接着说：下面，我们欢迎刘上洋书记给我们讲话。高立明又带头鼓掌，但群众却没有跟着鼓掌，反而在刘上洋书记讲话时，群众在下面起哄：我们的代表来啦，让高立明讲话，我们要听高立明讲！

刘上洋只好勉强退回原位，但满脸是恼怒之色。刘上洋问旁边的官员，这个人是谁，答曰：高立明。

市委书记刘上洋的恼怒是可以理解的。建国以来党的市委书记就是一方的最高权威，它就代表党代表政府，口代天言，一言九鼎，谁敢不听谁敢不从，可今天竟然被群众哄下台来，这不是翻天了吗？可现在还得强忍怒火，看这个群众代表说些什么……

高立明讲话了，他并非信口开河，而是拟了几条提议。首先，他说到为什么会罢工。他说：

今天，我代表罢工的工人说几句话，我知道，领导是不喜欢罢工的，说不定还会因为罢工找我们的麻烦。但这是我们工人不得已才走上这一步，我们为了自己的切身利益，为了子孙后代的前途，为了还能生存下去，不得不发出最后的吼声，捍卫宪法赋予我们的权益，表达我们的诉求，讨一个公道。这么多年来，我们的领导，我们的党总是教导我们：地主资本家是万恶的豺狼，他们榨干工人农民的血汗发财致富，在地主资本家的奴役下，工人农民就是在地狱、火坑里生活。共产党领导我们打倒了地主资本家，现在倒好，你们又要把我们重新推入地狱火坑，我们工人能不心惊胆战，能不担忧害怕吗？

你们口口声声说，我们工人是当家作主的主人翁，你们当领导的不过是人民公仆，而你们这些仆人把我们这么多主人卖给资本家，连招呼都不打一声，连厂职工代表大会都不开，就背着主人卖掉了。你们把我们卖给谁？卖了多少钱？把我们工人怎么安置，我们统统不知道，我们这些主人能不愤怒，能不关机罢工吗？

九纺厂是我们的家，是我们几代人赖以生存的家园，九纺厂是58年大跃进诞生的老厂，几千工人从全省四面八方奔赴这里，为九纺厂的兴旺发达贡献了青春和热血。九纺厂曾经是那么的红火繁荣，是那么的灿烂辉煌，它曾经是九江市财政的半边天，是支撑九江经济的台柱子，上缴的利税是九江财政收入的一半。今天它却要被你们卖掉了，我们能不心疼吗？

我们以厂为荣，以厂为家，我们这一代人献了青春献子孙，献了子孙献终身，几代人都为这个厂子奋斗不止，流血流汗，在这片热土上繁衍生息。现在我们安身立命的厂子突然卖掉了，成了资本家的私有财产，这对我们如同晴天霹雳，我们能不愤怒吗？能不讨个说法，讨个公道吗？

当然，中央出于全国经济形势的考量作出改制改规的决策，我们也能理解，但总要和工人群众商量一下吧，开个会讨论一下吧？要卖也要卖个好价钱，卖给一个好资本家吧，我们的新主人到底是个什么样的人，他有接管我们这个大厂的经济实力吗？他对接管这个厂有什么举措，有什么打算？他将怎么安排这么多工人，怎么安置工厂里的老弱病残？如果把我们卖给黄世仁、周扒皮、南霸天这样的资本家，我们工人还有活路吗？我们不就如同在地狱里煎熬吗？

不知道你们这些领导有没有孩子在九纺厂工作，我估计没有，即使有，也只是蜻蜓点水一下又飞走了，飞到油水厚又舒服的单位去了。你们为自己的子女想得周到想得长远，可你们为我们工人想过没有？市纺织局长林文德，我提议你改名林缺德，你上台来，几个纺织厂都被你搞垮了，你是企业破产垮台的罪魁祸首，你又是资本家的走狗。工人的身家性命在你眼里不值一分钱，工人失业了，成了无家可归的丧家犬，工厂破产垮台是你们的罪过，应该追究你们的责任，可你们的工资一分不少，福利待遇一样不减，照样公款吃喝，消遥快活，造成的恶果却要我们工人群众承担，这公平吗？我们工人能不愤怒吗？！我们要求……

高立明讲完下台时，全场又爆发出暴风雨般的掌声，有的人手掌都拍红了，还不肯住手。有的群众高喊：高立明，好样的！你还要继续讲，我们喜欢听你讲话！

这时，一个官员模样的人，走近话筒，他用双手使劲往下压了几下，台下掌声才渐渐停歇。他满脸怒气的说：刚才这位群众代表的话是极端错误的，这是煽动群众跟党和政府对立！我们工人群众是有思想有觉悟的，是受党和毛主席多年教育的无产阶级队伍，有组织，有纪律，有理想，有觉悟，是国有大型企业的主人翁。千万别受一小撮别有用心的人的挑唆，破坏我们现在安定团结的大好形势，当前的任务是稳定压倒一切！我们广大的工人群众一定要和破坏安定团结，破坏稳定局面的人作坚决的斗争，一切听从组织安排……

这番话受到台下群众的一片嘘声。

高立明也气得浑身发抖，他欲跳上台反驳，但被妻子赵桂如和几个上海人死死按住。

老高，不能再说了，这些当官的，心狠手辣，什么事都做得出来！

高立明说：大家不要拦我，我不上台反驳他，我们这场罢工就会彻底失败！我们就会变成一堆狗屎，就会任人摆佈，我也会被他们整死！

高立明又一次跳上台，全场立刻又静了下来，静得掉一根针都清晰可辨。高立明在台上并不怒火冲天，他沉稳地走近话筒，目光扫视了一遍身后的官员，又扫视了一遍全场的群众，非常平和地开始了他的第一句话：刚才这位领导的话是极端错误的！他把我们工人全体与党和政府割裂开来，对立起来，我们工人群众最热爱党和毛主席，是毛主席共产党把我们从资本家的压迫奴役下解放出来的。毛主席、共产党一再教导我们：资本主义复辟，资本家重新骑在我们头上，我们工人阶级贫下中农就要吃二遍苦，受二茬罪，千万颗人头就要落地。因此，我们一心一意靠共产党，想躺在党的怀抱里享福。不愿受资本家的压迫剥削，不愿吃二遍苦受二茬罪，不愿人头落地。全厂工人才委托我向众位父母官谈点意见和想法，问一问这是怎么回事？能不能跟我们全厂工人群众解释一下。

可这就不得了！这就是煽风点火，就是挑动群众与党和政府对抗，就是破坏稳定，破坏安定团结的大好形势，就是犯上作乱，别有用心，就罪该万死！

而你们，我这里指的是一小撮贪官污吏。把国有资产随意贱卖，把国营职工随意打发，对资本家摇头摆尾，送上国营企业，让他们一夜暴富，你们从中收取回扣拿好处费。工人提点疑问就是煽风点火，就是与政府对抗。

正是因为你们少数贪官污吏肆意侵犯群众利益，群众才有意见有怨气，嗬！这就是对党不满，就是破坏稳定安定团结别有用心的坏蛋，就高帽子压人，就恐吓威胁，就要抓要杀。

其实，正是你们这一小撮贪官污吏才是破坏安定团结的罪魁祸首，才是破坏稳定的真正坏蛋，但你们却叫得最响，跳得最高！……

只许州官放火，不许百姓点灯！

只许你们胡作非为，不许群众议论纷纷！

你们打着党和政府的旗号，却干着破坏党和政府威信的勾当！

群众一表示不满就出动军警，抓捕镇压，要打要杀，制造恐怖，杀鸡给猴子看，杀一儆百，让人民群众有话不敢讲，有苦不敢诉，有冤不敢申。给你们这些贪官污吏制造一个安全的腐败环境，好让你们捞钱猎色，横行霸道，胡作非为都无所顾忌！

你们口口声声说工人是主人翁，实际上，那都是哄老百姓的鬼话，你们从来都是把群众当作任人驱使的奴才，这些奴才胆敢提意见，不服管，那还得了！

那就一定要镇压……

但时代变了，历史已经翻过了那一页，现在是依法治国，群众不再是任人宰割的群盲，他们也开始拿起法律武器捍卫自己的切身利益。罢工就是宪法赋与人民的神圣权力！……

高立明的讲话被一阵又一阵的掌声所打断，有的质问甚至引起了长时间的热烈掌声。

高立明也被这浓烈的气氛感染,越说越激动,越说越亢奋,越说越慷慨激昂,口无遮拦,说了很多让领导听了刺耳的话,他开始本打算很平和的提出诉求就完事,但一说开了就自己管不住自己的舌头了……

月已斜,夜已深,主持会议的杨秘书提醒高立明:老高,你已经讲了两个多小时,是不是可以休息一下?

高立明收住话头,这才发现主席台上刘上洋书记和大小官员都已不见了,只有厂部的杨秘书在主持,他与杨秘书交谈了一会,转身对台下的群众说:市领导要我们每个车间科室选出一个代表,明天上午九时在厂办公大楼会议室与市局代表会谈。于是,群众就在现场选出代表,一共十七人,高立明作为总代表,劝退了几个女代表,他说,你们不要以为当群众代表光荣,好玩,其实是要准备坐牢的。

第二天上午,按照头天约定,高立明和十三个群众代表提前半个小时来到了会议室。高立明问其他代表:今天与市里代表对话,你们准备了材料吗?会上你们准备提出些什么问题?众人面面相觑,都说没准备提案。高立明又说:我晚上睡不着,想了一下。拟出了十九条,我现在念一念,大家看看还有没有什么遗漏。大家一致同意高立明的十九条,并补充了两条,一共二十一条。上午九时,政府方面的代表来到会议室,双方对面而坐,类似国与国之间的会商。高立明他们每提出一个问题,政府方面的代表便离席到外面商议,二十分钟再来答复,但所有的答复都是带回去讨论研究,态度都比较平和委婉,避免引起对方过激的反应。高立明也表示理解,但高立明每谈一个问题都会派人向围聚在办公大楼周围的工人群众通报。

会谈到中午还没结束,九纺厂领导要求围在厂办公大楼周围的几千群众回去吃饭。但群众不答应,他们说他们要看到他们的代表平安的走出会议室,他们才会回去吃饭。

会谈一直持续到下午一点多才宣告结束,但并没有结果。政府方面表示要将代表们的话带回去仔细研究,到时一定会给九纺工人群众一个较为满意的答复。高立明表示理解,要政府代表当时就签字画押显然是不现实的。

政府方面代表迫切希望九纺早日复工。高立明也同意结束罢工,立即复工。他认为他们已经把他们的诉求意见表达出来了,罢工的目的也就达到了,再不复工,到时候受到的损失就是工人自己的了。有的工人希望借此休息几天,不愿复工。高立明气得掉泪,对工人们说道:我们罢工不是为了与政府作对,而是为了表达诉求,让九纺职工的家庭有更好的生存条件。我们要求市里领导能够听从民意,能和我们面对面的对话,这本身就是我们要达到的目的,见好就收。

经过高立明等人再三做工作,九纺厂复工了。紧接着九棉一厂也复工了,一场弥天罢工风潮就此结束。事后,高立明得到三条信息:

其一，九江国棉一厂一千多工人打着横幅准备游行到九纺厂，声援九纺的罢工工人，结果游行到三马路就被市长刘积福带人劝回。

其二，据说有一个中队的武警在九纺二里外的十里铺集结，作为威慑力量。

其三，九江市委书记刘上洋曾一度打算把高立明抓起来，但遭到了大多数人的反对，九纺厂原党委书记现任经委副主任的文小平就是反对最力的一员。她说：高立明就是被群众硬逼上梁山才做了代表，他个人其实并无要求。他虽然说了一些过头的话，但总的出发点还是想圆满平息这场罢工风波。九纺厂现任厂长周长海书记孙金荣都同意文小平的意见，连市公安局长唐九根也不同意抓捕高立明。

大多数人认为抓捕高立明只会引起更大的风波……

市委书记刘上洋也就没坚持了。

《亲历浩劫：江西省九江市九纺文革纪实》

后记

  党的十一届三中全会是中共历史上具有里程碑意义的盛会。所有与会者都愤怒地揭露和遣责了文化大革命的滔天罪行。文化大革命乱揪乱斗乱打乱杀，造成了冤狱遍地哀鸿遍野血流成河泪流成海，党的二把手叶剑英元帅在会议上说文化大革命整死一千万，祸及一个亿，国民经济到了崩溃的边缘。因此，这次会议作出了彻底全面地否定文化大革命的决议。把十年文革称之为十年浩劫，丢弃了以阶级斗争为纲的国策，清算了过去左的错误。

  这次会议使中国人民获得了新生，这次会议的伟大成果，怎么评价都不为过。这是中国历史烛照千秋的伟大起点！

  中国人民从此走上了改革开放的康庄大道，拨乱反正，打开国门，走向世界，向西方学习，与世界接轨，搞市场经济，引进消化一切现代化的科技成果。于是，国发生了翻天复地的变化。改革开放仅仅三十八年，中国已经发展成了世界第二大经济体。中国现在的发展变化真是日新月异，城乡面貌脱胎换骨焕然一新。各方面高速发展的成就令举世震惊。抚今追昔，怎不令我们这些经历过共和国每一步历程的古稀老人振奋不已，感慨万千呢！

  当然，改革开放一些政策失误也带来很多负面的东西：信仰缺失，道德滑坡，官德、商德、医德、师德尤甚，贪腐成风，奢靡成风，宣传舆论专讲吃唱玩乐，物欲横流，一切向钱看，黄毒赌猖獗，贫富悬殊，两极分化……

  但不管怎么说，现在，再穷的人，温饱是有保证的。这比改革开放前，不少穷乡僻壤的人们想吃餐饱饭都成了奢望，确实是天上地下。法制逐臻健全，因而不用担心各种运动横空出世，人在家中坐，祸从天上来。特别是改革开放后一大举措是抛弃了阶级斗争这把屠刀！摘去地主富农的帽子，取消填写家庭成份这一条铁律！使一亿多成份不好的人们真正得到了解放，不再为填表填家庭成份发愁了，不再担心因成份不好的原罪，被莫须有的罪名安在头上，被揪被斗被关被押被打被杀……而这一亿多过去的知识份子、造反派、贱民、以及他们的子孙后代，现在都成了现代化建设的主力军！大老粗不再吃香了！大老粗不再成为政治面貌可靠的标签，提拨升官的要素了！

  但眼下有一股否定改革开放，为文革为改革开放前唱赞歌的风在民间漫延……说现在经济是发展了，但思想却堕落了，现在是卫星上天，红旗落地，毛主席亲自发动和领导的文化大革命应该搞，反修防修，警钟长鸣！才不会被和平演变。苏联和东欧那些社会主义国家都变天了，就是因为他们没搞文化大革命，文化大革命有它积极的一面，全面彻底否定是错误的！改革开放前，那时，没有走私贩毒，没有赌博娼妓，没有毒药毒酒毒奶毒油毒肉毒菜……没有包二奶三奶，干部不贪群众不乱，那时穷是穷，但基本均贫富。那时代高揚正气，鄙视富贵金钱，而现在，为了追求发财致富，什么下作的事都做得出来，行贿受贿、色钱交易，色权交易，毫无节操、鲜廉寡耻到令人作呕的地步！贫富不均，穷人啃馒头就圤菜稀饭，富人却一饭万金；穷人找老婆比登天还难，富人却有如云的美女投怀送抱……凡此种种，都让很多正派人看不惯深恶痛绝。一议论起来便义愤填膺怀念文革时风清气正，甚至一些在文革时受到打击伤害的人也忘了伤痛，说起文革的好来……这种现象真让我感慨系之。中国人难道是这么一个健忘的民族吗？文革才过去五十年，竟然被绝大多数人忘得干干净净。

有鉴于此，我决心把我在文革的亲身经历写出来，给我们的后代留下一份历史的真实记录。当然，我的回忆录主要是写造反派受难。当年红卫兵、造反派和保守派之间的争斗贯穿了文革全过程，文革期间，九纺厂被揪斗的重犯共计二百五十二人，轻者合计五百人，所揪的人造反派居多，造反派大多文化层次较高，出身成份不好的多一点，独立特行的多一点，顽皮捣蛋的多一点，因而受到领导的冷眼。毛主席一号召造领导的反，这些人便纷纷响应，可一旦领导重新上台，就开始算帐了！保领导的保守派便对造反派开刀了！以各种罪名揪斗拷打造反派，造反派所受的苦被迫害之烈罄竹难书。我是一个老造反派，对于造保之斗有切肤之感。我曾在网上看过不少造反派方面人士的回忆，唯独没看到过一篇保守派方面人士的回忆录，不知他们是没有文化写不出来，还是因为他们大多是既得利益者，无苦可诉……

列宁说：忘记过去，就意味着背叛。但现在就是要忘记过去，你可以出版发表唐宋元明清甚至民国时期的书籍考证，但不能出反映土改、鎮反、肃反、三反五反、反胡风、合作化运动、公私合营、反右、大跃进、文革时期的文艺作品。于是电影电视便充斥着抗日神剧等烂片，现在的中青年对文革及以前那段历史茫然无知，也导致他们中一些人对改革开放大加挞伐，对文革大唱赞歌。

攻击改革开放的先生们请看一看下面这组数据：

1949年，中国人均GDP曾居世界的四十位，但1978年中国人均GDP竟倒退至全世界的一百七十位之后，倒数第四，人均GDP仅一百五十五美元，是台湾的十分之一，印度的三分之二，美国的六十八分之一。
1978年中国人均粮耗比1949年还下降了十九斤，多数农民都处在半饥饿状态之中。而改革开放三十八年的今天，中国人均GDP已达到八千八百美元，是1978年的六十倍！工业产量世界第一，外贸进出口总量世界第一，外汇储备世界第一，生活富足，大多数家庭都拥有轿车。整个国家几乎从农耕社会一步跨入到现代社会，并正在向世界第一强国迈进。这么样翻天复地的变化，难道还不足以说明走改革开放之路正确吗？！只有经历过共和国艰难岁月的老人才体会得更加深刻！

《亲历浩劫：江西省九江市九纺文革纪实》

改革开放带来的一些负面现象是符合自然规律的，过去冰封大地一片白茫茫当然干净，但万物凋零，百业萧索，现在春回大地万物欣欣向荣，这同时也伴随着病菌和毒虫疯长，可只要有有效的措施，病虫害是可以治理的，而冰封大地则无法可治。

我的这本回忆录绝对可以让现在的中青年体验到他们父祖辈经历过的文革时代的場景，体会到那个年代政治生态政治语境的荒唐可怕。体会到阶级斗争这个理论给中国带来的苦难，充分认识十一届三中全会彻底全面否定文化大革命的决议是何等的英明正确！中国从此以经济建设为主，走上了飞速发展的快车道。

人们祈望文革那样的灾难不要再降临到中华民族的头上，但不许披露文革的苦难，不研究文革的起因和防止文革再度发生的举措，则文革这样的历史可能重演。

本书作者：旷小林
2018年八月

[附录] 九江棉纺厂文化大革命"三查"和"一打三反"被捕被判被揪斗人员名单（二百五十二人）

（不包括各车间科室被揪斗隔离人员，如果加上这些人员则有五百余人。）

（一）揪斗后被解放人员（一百九十七人）

吴建国、郭明远、李中稠、刘细成、童淑华（女）、彭伯泉、孙家祯、高天申、邓金环（女）、焦文敬、张信海、刘钖九、龚国英（女）、张淑华（女）、熊文高、朱桂珍（女）、郑可首、李华德、姚玉成、盛家宁、骆凡如、熊静安、朱武元、李招娣（女）、胡显文、李爱珍（女）、刘金荣、汤培森、蔡先太、徐力恒、惠进发、卫文江、蔡锦康、王正中、吴玉珍（女）、朱冬梅（女）、罗翠云（女）、刘桂保、邓祥吉、王言森、程良宝、辜遵远、杨美珍（女）、归祯华、李政权、贾松林、赵桂茹（女）、周淑英（女）、刘安梅（女）、何云海、孙惠芬（女）、刘祖跃、王柏林、陈玉香（女）、罗贤富、吴年青、刘伟民、余文锋、谭义太、贾太平、梅国华、宋世民、刘美刚、朱树林、章玉昌、毛淑霞（女）、杨勇、肖瑞华（女）、朱成杰、谈忠杰、周元兴、胡啓保、李长春、王怀媛（女）、陈国华、李世永、熊乃焕、黄西芝、曹圣松、钱锦财、高立民、周德保、李金娟（女）、黎德寿、杜坤胜、肖名秋、张润民、陆江斌、陆德、陆学达、葛元明、蔡锦荣、余振华、刑江安、曹克皓、张向信、王晏茹（女）、吴萍、桂绍华（女）、金鹏飞、杜景堂、张复三、陈纪根、徐毛林、赵克辉、宗明坤、梁庆如、喻以佑、余平安、白树屏（女）、黄昆、蔡学、黄国和、李国泉、石呈珊（女）、陶贵保、胡金保、余自应、虞新炬、殷毓金、蒋仲阳、乔炳武、邓秀（女）、何珠、刘长根、程慧贞（女）、崔得发、周观炎、叶金水、杨文义（女）、李钰（女）、陆允宏、严锦荣、王治安、潘得铭、胡家文、葛勉仲、叶招生、曹国彬、刘树范、段德松、李菊生、黄道直、孙炎华、陈义国、李银汉、潘法明、蒋国庆、饶荣威、黄延森、周原波、徐达森、郭慕陶、杨云仙（女）、杨汉仕、王海青、潘润生、夏黄芽、马武川、秦龙根、周长春、胡家瑞、王维昂、邹亚东、琚建松、马学光、廖公仆、赵亚希（女）、李兴民、桂光星、胡必瑜、陈永达、陈世华、薛剑东、袁钧州、余天骥、刘大俊、季三妹、陈继君、张宗良、潘家庆、李惠生（女）、周维新、刘金福、严美华（女）、任祥征、张鹏、朱宗勋、赵绍文、周录发、李浔恩、闵代娣（女）、陈美良、林小平、王炎盈、方正。

（二）被捕（已判刑）人员名单（十二人）

丁君石、罗明忠、邓贤能（女）、谢爱恒（女）、章凡声、罗再枫、戈文福、陈良富、欧亭相、曾广强、李定国、许恩国（内判）。

（三）被公安局拘押人员名单（十六人）

张利仁、姚培仁、陈福海、黄桂莲（女）、陈辉姿、曹国彬、曹克皓、邓继尧、于学喻、李惠生、刘大俊、余锡林、季三妹、贾松林、汪锡锵。

（四）带帽子的"坏份子"人员名单（四人）

胡浔保、姚清露、余新清、冯神保。

（五）帽子拿在群众手中人员名单（三人）

符国豪、张文、张福保。

（六）敌我矛盾作内部处理的人员名单（原二十九人，经复查改为十八人，实际十二人）

朱贵荣、陈才能、吴树声、朱能生、黄桂莲（女）、文石山、俞锡林、汪锡锵、姜祖荣、张金龙、汪德伟、李常辉、韩运萍、廖幼民、吴长根、黄建祥、胡映林、蔡茂稠、王洪斌、赵超凡、郑远志、崔维安、蒋震寰、苏永春、俞宝泉、钱裕良、齐宪进、周金旺、陈辉安。

（七）尚未定性的人员名单（三人）

李建文、陈寿鹏、黎远跃。

（八）从略······

注：以上仅为保卫科和专案组存档的，不包括各车间科室被"隔离"、"办学习班"和批斗的人员。

《亲历浩劫：江西省九江市九纺文革纪实》

[附录] 文中部份人物照片

1969 年摄于九纺

作者全家照，前排为父亲母亲，后排左一为姨妈儿子许云初，左二哥哥，左三作者，左四妹妹。1968 年二月摄。

《亲历浩劫：江西省九江市九纺文革纪实》

左一张培基，左三作者。1986年夏摄于庐山。

作者

《亲历浩劫：江西省九江市九纺文革纪实》

九江市革委会第一次委员（扩大）会议九纺厂全体代表合影。
后排左一为1970年"三·一"报案人张火柴，报案几天后，此人调往他处，从此人间蒸发。
左三为萍乡人周金城。左四为作者。1968年四月二十六日摄。

《亲历浩劫：江西省九江市九纺文革纪实》

前排左一桂春喜，左二毛纺厂厂长李金城，左三段林，左四桂沅泉，左五王治安，左六杨德荣，左七胡必瑜，左八王治安妻。后排左一桂春喜妻，左二段林妻，左三冯上松，左四作者，左五吴振翔，左六黄文华。

前排左二为山东六零一四支左部队军代表七连指导员王国文，左一为其妻，左三为山东六零一四支左部队军代表张仕奇连长（后为团长），左四为其妻。后排左一桂春喜，左二作者，左三黄文华。

《亲历浩劫：江西省九江市九纺文革纪实》

前排左一魏英，左二刘德辉，左三董楚明老婆，常委宣雪春，左四厂革委主任张巨库老婆，组织科长龚玉萍，左五厂卫生所护士长，左六梁珍兰，左七毛淑霞，左八疗桂花。后排左一郭子成，左二王龙贵，左三熊志远，左四桂春喜，左五郑志发，左六邹怀昌，左七九棉四厂厂长刘礼昆，左八许运福，左九政工干部江斌。参观毛泽东故居的九纺厂干部学习班，1971年五月二十五日摄。

我的同学张开烈

《亲历浩劫:江西省九江市九纺文革纪实》

陆允宏一家1965年合影,右下角为成年后的陆明。

陆允宏、李慧生夫妻近照

《亲历浩劫：江西省九江市九纺文革纪实》

1970年"三·一"案受害人张利仁夫妻

左二为1970年"二.二八"案受害人周录发，左三为1970年"二.二八"案受害人黄昆，左四为二中工宣队长涂长印。

左一陈慕荣，左二桂春喜

九纺革委副主任王正龙夫妻

《亲历浩劫：江西省九江市九纺文革纪实》

1970年"二.二八"案受害人黄昆及其妻章叶华

1970年"三.一"案受害人姚培仁及其妻

《亲历浩劫：江西省九江市九纺文革纪实》

1968年九纺筹办"献忠馆"、"阶级斗争教育馆"全体工作人员合影，前右一为作者。

九纺宣传队部分演职员合影，1968年四月二十一日摄。前排左一彭爱珍，左二左萍，左三谢发桂，左七吴佩云。

《亲历浩劫：江西省九江市九纺文革纪实》

张培基前妻周棠英和她的四个子女，1985年五月摄。

神钓刘汝德

《亲历浩劫：江西省九江市九纺文革纪实》

1967年"三.一八"
被抓的造反派邓继尧

萍乡人冯满民

1967年"三.一八"
被抓的造反派于学渝

萍乡人刘翠云、梁章林夫妻

将九岁陆明用铁丝捆绑批斗的
九纺厂学校政工组长王浩明

青年张利仁

九纺1967年"六.二八"武斗事件的
始作俑者廖涧林

曾介绍给女"牛鬼"桂绍华做对象的
萍乡人周炳录（2015年摄）

《亲历浩劫：江西省九江市九纺文革纪实》

左一：九江万派负责人熊纯善
左二：江西省委常委涂烈
左三：九江造反派一把手王道广

萍乡人刘瑞斌近照

赵知汉

九纺原造反派党委常委杨长山

萍乡人丁君石

《亲历浩劫：江西省九江市九纺文革纪实》

原厂革委主任贺明星和他的妻子王淑琴

高立民和他的妻子赵桂茹

《亲历浩劫：江西省九江市九纺文革纪实》

九纺厂长夫人组织科长龚玉屏

九纺原厂长张巨库

九纺原党委书记桂光星

九纺原党委副书记黄问官

九纺动力车间副主任王旺水

闪耀着人性光芒的老干部贾风武

《亲历浩劫：江西省九江市九纺文革纪实》

地主周淑英

周淑英丈夫陈亮升

周淑英广场舞照

周淑英全家福

《亲历浩劫：江西省九江市九纺文革纪实》

www.ingramcontent.com/pod-product-compliance
Lightning Source LLC
Chambersburg PA
CBHW081103120526
R18283300001B/R182833PG44588CBX00001B/1